久留米大学経済叢書 11

文化経済学原理

森　正直 著

九州大学出版会

はしがき

　本書を上梓する目的は，文化経済学，即ち，「文化」事象と「経済」事象との広くかつ深い相互作用・相互関係の考察とその成果の利用の循環過程を体系的に論述・整理しようとするこの学問のほぼ全体にわたって，詳細にというよりはなるべく原理的に論述しようとすることである。その場合，本論に入る前にまず「文化」という，我々にとって空気のように身近でしかもその性質が極めて抽象的なるが故に，人々の間に思考上のすれ違い，混乱を招きやすい概念について少し触れておきたい（これと比較すれば，「経済」概念を巡る混乱の度合いはよほど軽微であると思われる）。

　さて，「文化」という概念の幅の広さ，奥行きの深さについてである。ある朝，仕事をしながらテレビを耳にしていたら，作家の白洲正子さんが，亡夫の次郎氏（現行の日本国憲法の決定等について日本占領中のGHQとの連絡事務所の参与を吉田茂氏らから委託され，後に貿易庁長官・東北電力会長等を歴任）の思い出を語っておられた。夫君は，若い時期から長くイギリス流の精神文化になじみ，自立・広寛な country gentleman の気風に親近感をお持ちだったが，白洲夫人によれば夫君はまた，戦後日本の復興・成長の担い手たる現場の物作りの人々を深く敬愛しておられたと同時に，「日本という国がとても好きな人だった」。そして「人間は，好きだと，そのことをよく考えるでしょ」とおっしゃる。

　なるほど人は，自分が所属する国家，社会，地域，同胞の意味を理解している人ほど，その集合体に対してより強い関心を持つことができ，集合体をその本質において，もっと良くしたい，つまりは，世直しに多少なりとも役立ちたい，という気持ちを持つことにもなる。そして，このようなタイプの人々ほど皆，そのような気持ちの土台・基盤として，その集合体をとにかく

「好き」だと感じているように見受けられる。日本に生まれ育ち，若い時分から久しく滞英・滞欧して異国の文化・価値観になじみながら，同時に，日本という国，即ち，日本人・日本の社会を心から愛している。我々は実際に身近な例を通じて，また，テレビや書物等から得た情報として，同氏と同じようなタイプの人々を多々知っている。

　ここで白洲氏やその同類の人々が「好き」と感じている日本，日本人，日本の社会こそまさに「文化」としての日本なのである。司馬遼太郎氏はその晩年，「この国のかたち」という作品を残されたが，筆者の理解によれば，あの標題の言葉こそ「文化としての日本」である。サダム・フセイン体制を武力で破壊したブッシュ大統領やブレア首相を支持したアメリカやイギリス。そのブッシュやブレアの武力行使とその行動理念に対して，好意や反感・憎悪を抱く(いだ)アラブ諸国。そして，今回の国際的事件を通じて，国連とその安全保障理事会の在り方や将来像，ひいては恒久的世界平和のための国際的公式機関の本質を論じ直すべき局面に「立たされた筈」の列強及びその他の国々。これらのすべての国々のかたちこそ，筆者の理解によればそれぞれが皆，「文化」の典型に他ならない。

　もちろん，それは「文化」概念の一部を成すが，全貌ではない。本書の本文において，もっと分析的に「文化」について述べるが，上記の例につなげて言えば，あの米英枢軸対イラクの衝突の理由の一端を成す自由主義・独裁主義（石油利権や地域覇権の帰趨(きすう)，アメリカの次期大統領選挙戦等の諸要素は「文化」と関連はするにせよ異質の問題）といった，我々人間が持つ精神的価値や価値体系は，仏教・キリスト教・イスラム教等の諸宗教，あるいは諸国家・社会が持つ勤労観・余暇意識・組織観・社会観・道徳観，更には，各国・各地域に栄える芸術文化・生活文化等とともに，これらを我々人間自身が生み出し，これらを各人が各自の存在意義の源泉とし各人の究極的価値としているものとして，すべて，広義の「文化」概念を構成している要素である。

　筆者らは，「文化」概念をこのように認識しているが，このことを前提として，「文化経済学」という学問を包括的に説明すれば次のようになるであ

ろう。即ち,「人間が作り出してきた「文化」は非常に広く奥深いもので,現代の人々の意識を大きく占拠している「経済」現象も,その基本的部分や時代的・時期的な部分において各国・各地域・各民族の在り方,伝統・価値観・道徳観といった「文化」の在りようから大きな影響を受けている。また,それだけではなく逆に,「経済」という世俗的な強い力は「文化」という人間の本性そのものの表現である現象・価値物に対し,その在り方,その消長に大きな影響を与えている。「文化経済学」とはこのような「文化」と「経済」との強い相互作用・相互関係の大きさに気づいて,それを考察・研究し,その視点から過去や現在を理解し,将来に役立つ方策等を考えようとする学問である」。

　論理学と数学,物理学と化学,あるいはもっと包括的に人文科学と社会科学等々,様々な対照による典型的概念の相互関係について,人は様々な角度から考察し,様々な認識を持つが,本書は上に述べたような「文化経済学」の学問としての枠組み,その内容を構成する事象・概念,その意義・可能性等,総じて文化経済学の原理について,筆者が日ごろ考え,諸先学に学び,認識を積み重ねてきたところを,細部にわたって詳論するよりは原理的な事柄に絞って取り上げ,論述したものである。従って,本書の各章の内容には,そこに簡略して述べた事柄の奥に膨大な,更に詳述すべき事柄がそれぞれ存在しているわけである。

　ところで,この「文化経済学」という学問は,「文化」と「経済」との深い相互関係について各人あるいは各国・各社会が実際にどのような体験を持ち,どのような状況に置かれているかによって,この学問への関心の度合いがかなり異なってくる,という性質を持っている。つまり,「文化」も「経済」も,それぞれの国家・社会の人々がそれぞれの時代において受け継ぎ変容させていくものであり,それぞれに固有の状況に置かれた「文化」と「経済」の相互作用・相互関係をどの程度まで深く認識する必要に迫られるかはそれぞれの国家・社会の時代・状況の違いによって異なる。そして,「文化経済学」という学問が,深い意味で多くの知識人から強い関心を寄せられるようになる時代とは,実は大量生産・大量消費ないし規格的生産・規格的消費

が社会・経済を主導する高度経済成長期の段階（時代）でもなければ，それ以前の発展途上の経済・社会段階（時代）でもなく，まさに，現代の欧米先進諸国や日本が足を踏み入れつつある脱工業社会・高度成熟社会の段階なのである。即ち，一国の経済・社会，一人の知識人の認識・経験がその程度の段階に達しなければ，「文化」と「経済」との深い相互関係を強く意識し考察・活用しようとする認識を持つことの必要性がさほど生じない。わが国において，従来，文化経済学に対する関心が低かった理由，それが近年になって徐々に高まりつつある理由も，このような国家・社会の到達段階の推移の中にあるのである。

　次に，本書の最後の章において筆者がおおよその構想を提起した「文化・経済均衡原理」とでもいうべき視点に立った「文化・経済均衡係数」とでもいうべき，各国・各地域ごとの文化・経済状況の相関的指標について特に触れておきたい。

　よほど独裁的傾向が強い人でない限り，それぞれの民族なり国家・社会に固有の文化の在り方を比較し，この文化ないし要素文化はあの文化ないし要素文化よりも優れている，或いは，劣っていると宣告することはしないであろう。その理由は，「経済」事象であればそれは「文化」に根ざしている部分があるとは言え経済の発展段階が進めば進むほど，利便的・道具的社会システムとしての「文明」に属する領域が増し，それに伴ってそこでの「経済」は普遍性・共通性を増していくので国際比較が容易になり，その余勢を駆（か）ってついには，その地域での「経済」がむしろ「文化」の要素である段階の，未発達の経済まで一括して国際比較の網をかぶせてしまうことさえしてしまうが，各民族・国家・地域が持つ「文化」の比較となると，さすがに，「リルケの詩」と「芭蕉の俳句」のどちらがより高度の芸術であるかとか，「闘牛文化」と「菜食文化」とではどちらが文化として高級かというような決着の付かない価値観論争が必至の比較行為を敢行する人はいない（か，稀（まれ）である）からである。つまり，「経済」事象は相互比較が容易かつ有意義であるが，「文化」事象についてのそれはしばしば不可能かつしばしば無意味である，というのが国際標準規格である。

筆者とて，このような常識はもちろんよく心得ている。本書の第11章において筆者が提起している上記の構想とは，このような世界的常識に対する反乱ではなく，各国・各地域の「経済」状況と「文化」状況との間にそれぞれ固有の相互作用・相互関係が成り立っている以上，その状況は，各国・各地域に相応の「文化・経済均衡」の一時的状態であると言うことができ，これらの状態に関して「経済」事象と「文化」事象の双方につき各研究者が各自の研究目的・意図の下に，複数・独自の指標群を設定し，適切なモデル式により特定の「文化・経済均衡係数」とでも言うべき指数を算出すれば，限定的にであれその限りにおいて各国・各地域の特定の文化・経済均衡状態の相互比較や類型化の分析材料が得られ，その後の学問的認識の深化・発達に役立つ可能性が増すであろうという意図に発する構想である。そこでの「文化・経済均衡原理」といい「文化・経済均衡係数」というものがこのように限定的・選択的な性格のものである，ということを前提にしてお読み願いたい。

　最後に末筆ながら，かなり広範囲の諸学問・専門領域にわたって，筆者に無量の学恩を賜った多数の先学たちに深く感謝の意を表するとともに，本書を，何はともあれこのような形で九州大学出版会から刊行するところまで，種々ご高配ご指導を賜った久留米大学比較文化研究所長の森本芳樹先生，同大学の大学院比較文化研究科長（であるとともに恐らく全国の大学に先駆けて同大学経済学部に「文化経済」学科を創設された）駄田井正先生，経済学部教授の浅見良露先生・宮松浩憲先生，また九州大学出版会の皆様に対し，心より厚く感謝を申し上げる次第である。

　　平成15年9月

　　　　　　　　　　　　　　　　　　　　　　　　　　著　者

目　次

はしがき ………………………………………………………………… i

序　章　経済学と文化経済学 ………………………………… 1
1．日本の現状 ……………………………………………………… 1
2．今なぜ文化経済学か …………………………………………… 3
3．補　足 …………………………………………………………… 6
4．本書の構成 ……………………………………………………… 7

第1章　文化の経済学 …………………………………………… 9

第1節　二様の文化経済学 ……………………………………… 9
1．文化経済学への関心の高まり ………………………………… 9
2．広義の文化経済学 ………………………………………………11
3．狭義の文化経済学 ………………………………………………13

第2節　学問論 ………………………………………………………14
1．学問の分類 ………………………………………………………14
2．学問の性質 ………………………………………………………16

第3節　文化経済学の役割 ………………………………………19
1．文化経済学の位置づけ …………………………………………19
2．文化経済学の目的 ………………………………………………20
3．文化経済学科等に関する注釈 …………………………………22

第2章　「経済」概念と経済情勢 ………………………………25

第1節　「経済」概念と経済学 …………………………………25

1．「経済」概念………………………………………………………25
　　2．経済と経済理論──その相互作用──……………………………27
　第2節　経済情勢──文化の背景──………………………………28
　　1．状況認識の必要性 ………………………………………………28
　　2．進行するIT革命の功罪…………………………………………30
　　3．マクロ経済予測 …………………………………………………31
　　4．不良債権処理 ……………………………………………………32
　　5．金融政策の限界性と国債発行……………………………………33
　　6．需要・供給のテコ入れと雇用拡大………………………………34
　　7．不況に弱い国民性の問題…………………………………………36

第3章　文化と経済の相互作用………………………………………41
　第1節　「文化」概念…………………………………………………41
　　1．「文化」と「文明」………………………………………………41
　　2．「文化」概念の整理 ………………………………………………45
　　3．ファジー領域の有用性 …………………………………………47
　　4．文化と流行 ………………………………………………………48
　　5．文化・経済主体としての人間……………………………………49
　第2節　文化論の基盤…………………………………………………51
　　1．文化相対主義の特質 ……………………………………………51
　　2．修正文化相対主義 ………………………………………………53
　　3．卑小な文化 ………………………………………………………54
　　4．卑小とは言えない文化 …………………………………………55
　　5．文化選好の仕組み ………………………………………………58
　第3節　文化・経済機能結合の態様………………………………59
　　1．文化の費用・消費的側面…………………………………………60
　　2．文化の付加価値・生産的側面……………………………………60
　　3．無償型の文化活動の特性…………………………………………63

4．上級財としての文化 …………………………………64
　　5．実利機能と文化機能 …………………………………66
　第4節　相互作用を促す条件……………………………………66
　　1．規制の維持と規制緩和 ………………………………66
　　2．情報アクセシビリティ ………………………………67
　　3．知的所有権保護制度 …………………………………68
　　4．公的機能とクラウディングアウト …………………70
　　5．有効需要振起の仕掛け ………………………………71

第4章　地域の振興と文化・経済 …………………………………77

　第1節　地域とその経済メカニズム……………………………77
　　1．地域の概念 ……………………………………………77
　　2．地域経済のメカニズム ………………………………78
　第2節　地域振興としての「街づくり」………………………82
　　1．課題認識・解決行動としての「街づくり」………82
　　2．街づくりへの行財政支援……………………………84
　　3．街づくりにおける文化経済の視点 …………………91
　第3節　「行財政」概念の整理 …………………………………94
　　1．国の行財政 ……………………………………………94
　　2．地方の行財政 …………………………………………95

第5章　観光と経済 …………………………………………………101

　第1節　観光の本質と観光産業 ………………………………101
　　1．観光の本質・特性 …………………………………101
　　2．観光産業とグリーン国富論 ………………………103
　第2節　観光のコンテンツ ……………………………………105
　　1．概　観…………………………………………………105
　　2．TDRの成功と立地 …………………………………107

3．失敗事例の分析 …………………………………………108
　　　4．余暇後進国・日本 ………………………………………110
　　第3節　観光の経済戦略 …………………………………………111
　　　1．特に重要な観光戦略のポイント ………………………112
　　　2．各指摘に対するコメント ………………………………113
　　　3．情報発信の重要性 ………………………………………115

第6章　組織文化と経済 …………………………………………119

　　第1節　文化経済学の重層性と多角性 …………………………119
　　　1．重　層　性——個別と普遍—— ………………………119
　　　2．多　角　性——認識と方法—— ………………………120
　　　3．本章の趣旨 ………………………………………………120
　　第2節　文化経済事象の数式化 …………………………………121
　　　1．新古典派経済学と文化概念 ……………………………121
　　　2．組織文化と経済 …………………………………………124
　　　3．数的処理が必要な種々の文化経済領域 ………………127
　　第3節　組織文化と構造改革 ……………………………………129
　　　1．構造改革の文化経済論 …………………………………129
　　　2．ガルブレイスの文化経済論 ……………………………131
　　　3．ヴォルフレンの組織文化論 ……………………………135

第7章　文教・学術の文化経済論 ………………………………141

　　第1節　文教・学術と経済の相互作用 …………………………141
　　　1．文教の経済的規模・機能 ………………………………141
　　　2．学術の経済的機能 ………………………………………142
　　第2節　教育・学習関係経費の規模 ……………………………143
　　　1．教育・学習費用 …………………………………………143
　　　2．政府部門の文教関係経費 ………………………………145

第3節　教育条件の整備・充実と経済 …………………………… 149
1．教育施設の整備・充実 ……………………………………………… 149
2．文教施設関連の公共事業策 ………………………………………… 151
3．情報化時代への教育の対応 ………………………………………… 154
4．少子化時代の学校環境 ……………………………………………… 157

第4節　高等教育と経済 ………………………………………………… 159
1．経済財としての大学 ………………………………………………… 159
2．高等教育の生産性 …………………………………………………… 161
3．医学部（歯学部）問題 ……………………………………………… 167

第5節　学術・研究開発と経済 ………………………………………… 168
1．学術・研究開発への期待 …………………………………………… 168
2．学術・研究開発の現状 ……………………………………………… 169
3．大学・産業・政府の関係 …………………………………………… 172

第6節　近未来の文教産業像 …………………………………………… 174
1．近未来の日本像 ……………………………………………………… 174
2．教育・学習システムの柔軟化 ……………………………………… 175
3．起業家精神への期待 ………………………………………………… 177

第8章　施策・活動の評価 ……………………………………………… 181

第1節　施策・事業課題と評価原理 …………………………………… 181
1．政府の政策と民間の事業計画 ……………………………………… 181
2．政策課題・政策とその改良メカニズム …………………………… 183
3．政策評価の原理 ……………………………………………………… 185

第2節　政策の本義と特質 ……………………………………………… 195
1．政策の本義と制約 …………………………………………………… 195
2．政策の特質──出自パターンとダイナミクス── ……………… 197

第3節　政策評価システムの中核 ……………………………………… 202

1．文化価値観と経済価値観 …………………………………202
　　2．価値観の衰弱——都市政策下のグレシャム現象—— …………203
　第4節　フィードバックとシステム中枢 ……………………………208
　　1．政策評価フィードバック・システム ……………………208
　　2．政策改良システムの中枢 …………………………………209

第9章　風土・環境と文化経済 …………………………………217

　第1節　風　　土——文化経済の基盤—— ………………………217
　　1．環境・風土・景観 …………………………………………217
　　2．文化経済の下部構造としての風土 ………………………218
　　3．人間（文化経済主体）にとっての風土 …………………221
　第2節　景観と文化経済 ……………………………………………222
　　1．「景観」の意義 ……………………………………………222
　　2．景観の形成 …………………………………………………223
　　3．耐久文化経済財の視点 ……………………………………231
　第3節　環境と文化経済 ……………………………………………232
　　1．環境は文化・経済の関数 …………………………………232
　　2．環境整備事業と前後アセスメント——文化と経済の均衡—— …234
　　3．大切な，もう一つの環境論 ………………………………236
　第4節　景観・環境を巡る諸課題 …………………………………238
　　1．環境としての交通網 ………………………………………238
　　2．環境としての公園・緑地 …………………………………240
　　3．環境としての資源・エネルギー …………………………241
　　4．文化・経済の圏域力 ………………………………………242
　　5．自然環境の文化・経済論 …………………………………242

第10章　所得・税等と文化経済 …………………………………247

　第1節　所得分配と文化 ……………………………………………247

1．君子国・日本のミクロ・マクロ問題 …………………………247
2．所得と税 …………………………………………………………250
3．所得分配と文化 …………………………………………………252

第2節　財政制度の基本問題 …………………………………………254
1．税収と公債発行 …………………………………………………254
2．財政制度の構造改革 ……………………………………………256
3．財政制度に関する注釈 …………………………………………262
4．現行制度批判の総括——経済・文化の視点から—— ………264

第3節　制度を規定する文化経済 ……………………………………268
1．主権と公権力 ……………………………………………………268
2．文化経済の視点 …………………………………………………270

第4節　原点回帰と原基準 ……………………………………………272
1．原点への回帰 ……………………………………………………272
2．原基準としての文化経済観 ……………………………………273
3．狂った原基準の例 ………………………………………………275

第11章　文化・経済論の別視点——文化・経済均衡原理—— …283

第1節　文化の多様性と経済 …………………………………………284
1．知的文化と感性的文化 …………………………………………284
2．知情一体的文化——愛情や友情など—— ……………………285
3．文化の動態論 ……………………………………………………286
4．知的文化と経済 …………………………………………………289
5．感性的文化と経済 ………………………………………………293
6．身体・肉体の文化経済 …………………………………………303
7．射倖の文化経済 …………………………………………………306
8．飼育・共生の文化経済 …………………………………………307

第2節　合成の誤謬と合成の成功 ……………………………………311
1．合成の誤謬 ………………………………………………………311

2．合成の成功 ……………………………………………………312
　第3節　文化・経済反応——異端が資する正統—— ………………315
　　1．文化・経済反応 ………………………………………………315
　　2．異端こそが正統を形成 ………………………………………316
　　3．日本と世界を結ぶ視点 ………………………………………318
　第4節　文化・経済均衡原理 …………………………………………319
　　1．文化と経済の均衡ということ ………………………………319
　　2．各項の構成因子 ………………………………………………323
　　3．文化・経済均衡係数 …………………………………………323
　　4．作業モデルの例示と解説 ……………………………………325
　　5．文化と経済——未来への旅—— ……………………………332

付表1　バブル経済ピーク時から小泉内閣に至る主要経済動向 …………337
付表2　日本の経済的基盤に関する参考資料 ………………………………339
索　　引 …………………………………………………………………………345

序　章

経済学と文化経済学

１．日本の現状

　早いものである。21世紀に入る，入ると世間を挙げて期待したり，思案したりしていたのはつい昨日(きのう)のようだったが，本書が世に出る時期には，早くも新世紀に入って3年目の半ばが過ぎている勘定になる。21世紀もまたこうして，倉皇として過ぎ去るのだろう。

　前世紀の末葉からの十余年間，日本は多少の起伏はあれ，ずっと，それ以前からの国民全体の軽挙妄動と国の経済政策の錯誤，国際経済・国際関係の影響等，バブル経済崩壊後の複合的経済不況に呻吟(しんぎん)してきた。これが，新世紀初頭の我々の国家・社会の状況である。

　そして，この長い「夜明け前」の日本の国政の場で，今年もまた恒例の通常国会が開会され，不況対症の補正予算案審議を皮切りに新年度本予算案等の審議が行われた。これらの審議の道行き・内容のおおかたには筆者はさほど興味がなかったが，ただ，開会4日目，衆議院予算委員会の初日に，小泉純一郎内閣総理大臣に対して質問に立った自由民主党の額賀(ぬか が)福志郎議員の質問内容は，複合的な経済不況に苦しむ日本が今後の進路として特に重視すべき，本質的な課題を指摘する，極めて重要なものであった（ただし，それに対する小泉首相の答弁は，その最重要の指摘・提言への対応を避けた，と言うよりも，その一事の重要性を実はさほど意識していなかった結果，故意にではなく自然に無視してしまったと受け取れる，一種の「すれ違い答弁」だった）。

　同氏の質問の正確な言い回しは，同日の同委員会の速記録を読まねばならないが，聞き流していた限りにおいて，印象的だった発言の要点は以下のご

ときものであった。

　　日本は戦後，ゼロから出発して，特に経済復興に重点を置いて努力・工夫を重ね，経済大国と言われるところまで経済成長を遂げた。しかし，我々は「経済」を最も重視し物事の中心に据えて進んできた結果，バブル経済を招きその崩壊をもたらし，日本の国家社会の一応の完成を見ることなく頓挫(とんざ)してしまった。我々はこれから，この日本の国家社会をまた改めて立て直さなければならないが，その際，最も大切な心構えは，これまでの「経済」最優先の方針を反省して，もっと「文化」を，「人間らしさ，生活の質」を重視する方針をしっかりと持つことではないか。日本はもっと「文化立国・文化国家，文化的な国家社会」を目指すべきである。そもそも日本の国力の中核は人材・人的資源にあり，人材育成は文化において為される。経済再建を果たそうという意味でも，文化立国こそ最も重要な国是であるべきである。

　この一点に対する小泉首相の答弁は確か，「仰せの通り人的資源の確保，人材の育成はわが国にとって最重要の課題であり，この点についても十分に配慮していく所存である」というような答弁だったと記憶している。

　このような問答を見て，筆者は上に述べたように「小泉首相はその最重要の指摘・提言への対応を避けたと言うよりも，その一事の重要性を実はさほど意識していなかった結果，故意にではなく自然に無視してしまった」という印象を持ったのである。

　筆者はこの額賀発言を，非常に大切な国政の基本的理念を改めて掘り下げたものとして，極めて高く評価する。このような基本方針に類する理念は一般に飾り物として棚上げされ，実益も実害ももたらさないのが通例だが，まずは認識されないよりは認識される方がマシであるし，次に，たとえその一部でも国家・社会の制度設計や財政政策，官民の事業計画・事業運営等の中で従来より意識され対応されることが増えれば，その分，世の中も少しはマシになっていく。

　本書の中でもその一部を利用させて頂いたK. ヴォルフレン教授の著書『人間を幸福にしない日本というシステム』に出てくる「豊かな国の貧しい

国民」(＝日本人)という評語は，我々の国家・社会と我々自身との現状を実にうまく表現していると思う。が，ここで同氏がこのように述べる時，同氏は，日本という国家・社会を「文化」面でも「豊かな国」と評価しているわけでは決してなく，また，「貧しい国民」とは決して「経済」面だけで貧しい国民と評しているのでもなく，「文化」面でも「貧しい国民」だと心配してくれていることを看過してはならない。

　我々日本人とその国家・社会は，なるほど飢餓線上に在るわけではない。しかし，では，今の日本の「文化」と「経済」の実状をまともに評価し納得している人間がいったいどの程度いるのだろうか。日本人と日本の国家・社会に対する筆者（ら）の深刻な自己批判は本書の至るところに顔を出すが，これらの自己批判のほとんどは恐らく読者諸賢からも当然のこととしてご了解頂けるに違いない。なお，前述の額賀発言において「文化」の重視とか「文化」立国という思想の欠如が強く指摘されたことを，筆者は高く評価すると述べたが，あの場で同氏が念頭に置いておられた「文化」，「人間らしさ，生活の質」というものの意味するところが，世間に通常よく流通している狭い意味での「芸術文化」とか「生活文化」にとどまるものではなく，広義の文化のことであると理解して間違いはないであろう。

2．今なぜ文化経済学か

　本書の主題である「文化経済学」とは，要約すれば，①「経済」と「文化」という我々人間とその社会（＝家庭・近隣社会・諸人間集団・組織・市町村・都道府県・各地方・国・近隣諸国圏域・世界）にとって必須・不可欠の，というよりもむしろ，我々人間とその社会が古来，自ら生み出しそれに依存して生きてきた最も重要な基本的機能・基本的現象の相互関係を重視し，②その相互作用の態様や変化，意義や活用策等を分析・考察・策定・改善しようとする学問であると言えるが，この学問の原理的考察の詳細は以下の各章にゆずるとして，ここでは，平素たいていの人々がほとんど意識することがないであろう「文化」の経済的効用という基礎的事実に絞って読者諸賢の注意を喚起し，いわば「なぜ今，文化経済学の視点が重要なのか」という時代的認識についてまず述べておきたい。

「文化経済学」という学問は，一般に最も無縁なもの同士と思い込まれている「文化」と「経済」との深く強い相互関係・相互作用への着目を重視する学問なので，このような学問の存在自体が無視されるか軽視されるか異端視される傾向が強いのは当然というか，やむを得ないことであろう。

　そもそも伝統的な「経済学」，つまり，複雑多岐な経済事象に関する理論的体系及び諸理論の整備・完成度が既に高いレベルに達している「経済学」という学問が，「金銭」中心の（その限りでは）合理的な論理体系・各理論として有効性を現に発揮し社会に貢献していることに疑問の余地はないが，その諸理論が順調に機能を発揮できるのは「金銭」中心の現象・課題に対処する次元においてである。また，それら諸理論の課題・状況への適用に際しては，極めて多くの場合，経済学者そのものが状況判断・理論選択等において分裂・対立し，結果的にお互いに原稿料・出演料等を稼ぎ合っている，という実状を人々は感心して眺めている。

　このような，宗家（そうけ）のいかがわしい状況に対して，ほぼ新興勢力と評してよい文化経済学に関わる学者・研究者たちの多くは，宗家が持つ理屈に対抗するというような意識を持つことに意義を感じているのではなく（意義を感じている者がいないわけではない），彼ら独自の強い課題意識，時代的な問題意識を持って，「文化事象と経済事象との相互作用・相互関係」という一見いかにも抽象的，しかし実際は極めて具体的な種々の文化・経済事象に取り組んでいるのである。それらの実例を挙げれば，まさに枚挙に暇（いとま）がない。例えば，①各地域社会における市民・企業・諸団体・関係自治体その他と連携・協力しての地域振興・地域再生のための方策・体制づくり，社会的に有意義な各種のボランティア活動の立ち上げや維持・拡充，②通常の公共事業・都市整備開発等に代表される従来型の財政政策・行政政策に対する新たな文化・経済連携の視点からの政策提言・実践活動，③慢性的な資金難・運営難に苦しむ芸術文化事業・文化財保護事業等の現状に対する効果的なソフトウェアの提示，等々。これらは，全国的に見られる現実の文化経済学関係者らの活動・実績のごく一部に過ぎない。カネがだぶつく所にはだぶつき，回るべき所には回らず，有効需要は低迷し，頼みの輸出相手は疲労し，日本をコスト面・技術面から圧迫する勢力は健在である，このような経済情勢，

つまりは深刻な長期デフレ不況のただ中にあって，わが国経済の再生を進めるには広い意味での「知価」の力，即ち「文化」の力こそが不可欠であり，この現実こそが「今なぜ文化経済学なのか」という問いに対する答えの「一部」である。

　それだけではない。このような当面の理由もさることながら，もっとマクロ的な国家・社会の歴史的発展段階の移行という広範・大規模な状況変化の面から，文化と経済の相互作用・相互関係をもっと重視することが不可欠の視点となりつつある。このことこそ，「今なぜ文化経済学なのか」という問いに対する，最も重要な答えである。このことについて説明すれば，それはほぼ以下の通りである。

　①政治的な価値観が激動ないし大きく動揺している複雑な状況の国家・社会や，「金銭」以外の様々な強い社会的要因（国民多数の価値観・生活意識の変化・分散等）が大きな存在になりつつある国家・社会では在来型の「経済学」の機能・役割は相対的に低下し，より大きく「価値選択」性をその本質とする「政治経済学」，更には国家・社会の経済的事象に対する「文化」の重要な作用（相互作用）を重視する「文化経済学」の機能・役割が相対的に拡大してくる。また，②そのような国家・社会の激動期や変動期ではない平時にあっても，詳細は第１章以下において順次述べるが，国家・社会の大小の諸装置・システムの複雑化・多様化と国民・市民の価値観・行動様式・生活様式・嗜好・選好の複雑化・多様化が進むいわゆる「脱工業社会・国家」にあっては，単純な「金銭」中心の経済学の諸モデルだけでは満足な分析も対応も望めない。むしろ「政治経済学」，いやもっと直截的には「文化経済学」こそが，そのような国家・地域社会等とそこの人々の生の文化・経済・社会状況を微細に分析・共感・考察し，的確な創造的対応を形成することを可能にする。

　つまり，「モチはモチ屋」ということである。例えば，優秀な経済学者が証券取り引きの駆け引きの理屈は上手に話せても実際にはサッパリ儲けることができず，多年にわたり様々な実践を重ねてきた町の投資家のほうが，実は駆け引きの道理にも明るく儲けるコツもよく心得ている。よく見かけるこの種の漫画的な現象は，前者が不出来で後者が上出来だというわけではなく，

前者は実体験とセンス・確率において不具合な優秀な理論的学者であり，後者は実体験とセンス・確率において恵まれた怜悧(れいり)な実践家だという違いである。他にもっと穏当・無難な例があるような気もするが，要するに，「経済学」といい「文化経済学」という時，また「外科学」といい「脳神経外科学」という時，それぞれの学問にも専門と非専門，ないし関心・課題意識の違い，センス・反応の違い，学問的使命・役割の違い，従ってまた，その成果・貢献にも大小の差がある，ということである。

3．補　　足

　以上でほぼ「序章」で述べておきたい事柄は一応述べたつもりであるが，なお二つほど，補足しておきたい事柄がある。

　①　詳しくは次の第1章において述べるが，「文化経済学」を論ずる際，特に目立つ形態的な特色として，「文化経済学」という強固な学問的な統一性・一貫性を持つそれ自体の学問体系にこだわる学者・研究者がいないわけではないにしても，極めて多くの学者・研究者たちはそのような観念にはあまりとらわれることなく，各自の学問的興味・関心と課題意識等の赴くところ，自由自在にそれぞれの学問対象を追究しており，ただその学問対象の性質や学問の手法が文化・経済の両面に深く関わっているので，そのような人々を「文化経済学」の構成者と理解している場合が，むしろごく一般的である。経済学部に置かれている文化経済学科の教員構成やカリキュラム等を実際にみれば，この辺の「文化＜経済」学というよりも「文化＋経済」学という状況がよく分かるが，詳しくは第1章の該当箇所の記述を参照されたい。

　②　「今なぜ文化経済学か」という箇所で，このような性質・内容の学問が現代の日本の国家・社会にとって極めて重要・不可欠であることの理由を述べたが，これからの大学の経済学部が社会・地域・企業・政府部門等の需要に応じて期待に応え得る若い人材を適切に育成・提供していくべきであるという認識を持つ時，在来型の経済学教育も無論大切であると同時に，21世紀の社会・経済の活力ある発展・充実に様々な形で役立ち得る文化経済学系の知識・素養を備えた人材を育て送り出すことは，極めて重要な視点である。

4．本書の構成

　本章の最後に，筆者が構想したこの原理的考察を主旨とする本書全体の構成について，簡単に一通り触れておきたい。

　第1章「文化の経済学」では，「学問」全般の中における「文化経済学」の位置づけを示しつつ，「文化経済学」全体の基本的性格・研究領域・基本的構造・特色等を原理的に考察するように努めた。

　第2章「「経済」概念と経済情勢」では，この学問の二大基本概念である「文化」概念と「経済」概念のうち，進めやすい説明の順序としてまず「経済」概念を取り上げ，「経済」の実体として，また文化・経済結合の視点から，外すわけにはいかない現実の生きた（自国の）経済情勢への重点的考察と併せて，原理的記述を展開するように努めた。

　第3章「文化と経済の相互作用」では，まず，文化経済学におけるもう一つの基本概念である「文化」概念，及び，我々の社会経済の発展段階に応じて重大な役割を果たしつつある「文明」概念（文明現象）について，文化経済学の視点から必要と思われる範囲で原理的考察を行い，その上で，文化と経済との結合の諸態様及びそれらの諸現象の進行を促す主な各種条件について原理的考察を加えることに努めた。

　第4章「地域の振興と文化・経済」から第7章「文教・学術の文化経済論」までと第9章「風土・環境と文化経済」の5つの章では，第3章までに示した基本的・総括的な論考に続くやや具体的な事例分析・紹介を意図して，現実の文化経済学の研究活動において大きな領域を占めている地域振興，観光振興，組織・社会の文化経済論，文教改革・学術振興，都市・地方計画，環境・景観保護等の主要分野について，原理的考察の展開に努めた。

　第8章「施策・活動の評価」では，社会組織があり社会・経済活動がある所であれば必ず，個人・住民・国民のための政府部門の施策の展開と，民間部門の事業展開とが見られるが，特に近年ようやく，施策・事業活動のコストパフォーマンスや正当性，諸般の合理性・効率性の向上等に対する事前・途中及び事後の「評価」の重要性が意識されつつあることに関し，こうした「評価」の意義，形態，評価基準・評価システムの在り方等について原理的レベルでの考察を行った。

第10章「所得・税等と文化経済」では，第6章（「組織文化と経済」）でも取り上げた「一見ほとんど純然たる経済現象と見られている事象の奥にあって，実は強くそれらの経済現象の内容・方向を支配している文化の作用力」について原理的考察を加えた。

　最後に，第11章「文化・経済論の別視点」では，この章よりも前では「文化」をその個別領域での個別内容に即して取り上げたわけではなかったのに対して，この章では「文化」の個別領域，個別内容・性格そのものを取り上げ，原理的考察を行うとともに，既に触れた通り，文化・経済均衡原理（文化・経済均衡係数）の構想について原理的説明を行っている。

第1章

文化の経済学

第1節　二様の文化経済学

1．文化経済学への関心の高まり

　先の敗戦から戦後復興，高度経済成長を経てバブル経済とその崩壊を受け，後遺症にあえぐ現在に至るまで，「経済」はそれなりに早く一応の水準に達し，おかげで「文化」も，各時期の国民及び日本がいろいろな姿で保持し，継承・変化させてきた。この両者の関係を，簡潔に表現すれば，「経済」は人間究極の価値である「文化」を支える基盤であり，「文化」は「経済」の発展を支える，人間究極の価値である。

　本書は，今後の高度成熟社会においてますます重要性を増していく，この「文化」と「経済」の相互関係をとりわけ重視し，「経済」・「文化」概念の整理をはじめ，文化・経済相互作用の諸相の分析・考察を通じて，複合的学問の一種としての「文化経済学」のパラダイムとコンテンツ，総じて，その原理を示そうとするものである。「文化経済学」とは，このような「文化」と「経済」の強い相互作用・相互関係の大きさを重視し，その視点から過去を理解し，将来に役立つことを考察しようとする学問であるが，ここでは，この「文化経済学」の学問像そのものに深入りしていく手前で，まず，脱工業社会・高度成熟社会と言われる現代の先進諸国において，社会・経済のサービス化・文化化の傾向が強まりつつあり，このような傾向が文化経済学への関心の高まりともなって現れつつあることについて説明を加えておきたい。

　現代の社会・経済の世界的特徴の最たるものは，第二次世界大戦後の国際

社会・経済を主導してきた欧米先進諸国や日本の顕著な先進性・優位性が徐々に揺らいで，特にアジアの後発的諸国を中心とする追走勢力による急速かつ効率的な追い上げを受け，安定的成長の持続の見通しがかなり不透明になってきている，という事実であるということについて異論を持つ者は少ないだろう。

　このような世界的規模での，先進勢力と追走勢力との速度・ペースの拮抗化の下でマクロ的に予測できる最も基本的な傾向は，経済成長率における前者グループの鈍化と後者グループの相対的優位である。もちろん長短それぞれの景気循環は各国・各グループに一律に同様のサイクル，規模で現れるわけではないので，実際の国際経済はミクロに見れば見るほど予測困難な動きを示すであろうが，マクロ的にはいま述べたような傾向を辿るに違いない。そこで，このような21世紀の世界の動きの中で，安定的で透明な見通しを持つことがかなり困難になった従来の先進諸国は，いずれもそれぞれの高コスト構造と追走諸国からのデフレ的外圧を抱えて，最も特徴的に言えば次のような道を進みつつある。即ち，①「高付加価値」路線を模索し実現しようとする道を進みつつある。それは，種々の豊かな選択肢の中から任意に選び取られた選択というような優雅なものではなく，その道を進む以外に国家として競争的な世界経済の中で比較優位を形成・維持できないという，いわばのっぴきならない事情に迫られての選択である。そしてまた，②自国の社会・経済自体が先に述べたようにほぼ脱工業社会・高度成熟社会のそれになりつつあるので，社会・経済のサービス化・文化化の傾向を強めつつある。従来の先進諸国を通じておおむね共通的に見られるこのような①・②の傾向の併存がもたらすところとして更に，③前述の「高付加価値」路線と，社会・経済のサービス化・文化化の傾向とが共鳴し合って，「高付加価値」路線の経済・社会作用とその作物が「輸出産品」として出回るだけではなく，実に自国内市場での「自前産品」としても出回り自国の経済・社会をも潤す作用・作物となっているのであって，しかもこのような傾向は各国内と各国間とを通じて，今後ますます強まっていくと思われる。

　ここまで述べてくれば多くの読者諸賢は，筆者が本項の冒頭で「脱工業社会・高度成熟社会と言われる現代の先進諸国において，社会・経済のサービ

ス化・文化化の傾向が強まりつつあり，このような傾向が文化経済学への関心の高まりともなって現れつつある」と述べたことの背景と状況とをおのずと了解されるのではなかろうか。「文化経済学」という学問が本当に深い意味で多くの知識人から強い関心を寄せられるようになる段階とは，大量生産・大量消費ないし規格的生産・規格的消費が社会・経済を主導する高度経済成長国家がそこに属する段階（時代）でもなければ，更にそれ以前の，発展途上経済・社会段階（時代）でもなく，まさに，現代の欧米先進諸国や日本が足を踏み入れつつある脱工業社会・高度成熟社会の段階なのであって，これはあたかも，伸び盛りの子供たちには社会を支える大人たちの価値観や知見が深くは分からず，働き盛りの青壮年たちには人生全体を見渡す老人たちの価値観や知見が深くは分からないという，やむを得ない状況と似ている。このことについてのここから先の思索はあえて読者諸賢の思うところに委ねるが，「文化経済学」という学問の価値や特質をどの程度まで理解できるかは，その人（その国家）の経済・社会的体験・状況と文化的体験・状況とがどの程度のものか，ということと深く関係し合っているのである。

2．広義の文化経済学

さて「文化経済学」と現代という時代との関わりについてこの程度のことを述べた上で，次にまず，文化経済学の実像のあらましを紹介するため，既に公刊されている多数の関係書籍の中から，1998年に出版された『文化経済学』（有斐閣）という書物を取り上げ，その「序章」の一部を適宜，引用させていただく[1]。その記述によれば，序章の著者が説明するところの文化経済学は，「文化が意味する範囲」を広く捉え，従って，この学問の考察対象も広い範囲に及ぶ，いわば「広義の文化経済学」と言えるものである。

> 消費者の文化的欲求，企業の文化志向，まちづくりにおける文化政策（等）が文化経済学登場の背景にあり，「文化による経済発展」という基本的方向を示唆していることを示してきた[2]。このことは，従来の経済学が，企業による利潤の最大化行動を一元的に前提にして，経済学の世界をつくりあげてきたことに対する根底的な修正の要求でもあった。

これ(文化経済学)は，金銭的な利益の追求を中心に一元的に理解されてきた伝統的な経済学に対して，金銭的な利益と人間的な価値や文化的な価値の追求という「2つの眼」をもち，両者を正面から見つめようとする経済学である[3]。たとえば企業……社会の文化産業化……家計は消費の主体……と同時に，社会的な価値や文化的な価値を追求する主体である。……ボールディング(K. E. Boulding)やベッカー(G. Becker)は，家計生産という用語によって家計が教育や学習による資本形成の主体となりうることを示したが，このような見方は文化経済学の発展によって，ますます強化されることになろう[4]。

　1960年代に文化経済学の研究に着手したイギリスの著名な財政学者で文化経済学者であるピーコック(A. Peacock)によれば……消費者たちは，2つの方法によって積極的に選好を変化させる。1つは，学習によって，より的確に……選択して鑑賞する。これによって，選択のスキルは上昇し，享受能力を高める。他方では，彼らは学校教育や生涯学習の中で……触れる機会をもつから教育投資による効果も大きい[5]。

　市場で，効用が同じならば「より安いもの」が選ばれる，という1つの財に1つの価格という前提を改める。……市場には消費者の個性に対応する個性的な供給システムが多様に共存していて，社会的な情報を伝達するシステムが発展し……多様な供給システムを評価・コーディネートする代理人や評価機関が必要になる。……個々人は自由人として，「価値のある人生」を選択しながら個性を発展させてゆく……自分の人生を他人と比較し，自分らしさを，他人とのコミュニケーションを通じて形成してゆく……個性を媒介に成立する経済の世界は，従来の市場世界とはまったく違ってみえてくる。元来は実演芸術を対象として成立した文化経済学は，……生活の中のあらゆる財やサービス，建築からまちづくりまでを総合的に取り扱うことになった[6,7]。

　この序章には，この他，著作権保護制度に関連しての「(夏目)漱石はロンドン留学中に(文化経済学者の源流に立つ)W.モリスによる「生活の中の芸術」思想に共鳴して関係書を入手し，日本に持ち帰って東京大学での講

義にも活用した。また，自著を公刊するときも，モリスに倣って，装丁そのものがデザインとして高度の芸術性をもつよう配慮した」というエピソード等，興味深い記述もある。

　さて，わが国の学界や実社会でも近年ようやく人口に膾炙(かいしゃ)しつつある，この「文化経済学」のおおよそのイメージはここに引用したようなものだが，このように広義の文化経済学とはニュアンスが異なるもう一方の，いわば「狭義の文化経済学」についての説明を見てみよう。

3．狭義の文化経済学

　前項の説明と比べて，次の説明はいわば「狭義の文化経済学」のイメージを念頭に置いているものということができる。前書と同じ有斐閣から同じ年に出版された『経済辞典』に記載されている「文化経済学」の項を読むと，「cultural economics／物の豊かさと心の豊かさとが相互依存の関係にあることを認識しつつ，文化芸術活動と社会経済活動の交流を幅広い視野から究明しようとする経済学の最も新しい分野であり，文化振興，文化支援，文化政策のあり方を経済学の視点から追求している」と述べられている。

　この辞典のこの用語の解説担当者は，このように「文化芸術活動と，社会経済活動との交流」，「文化振興，文化支援，文化政策のあり方を経済学の視点から追求」という形で「文化経済学」を捉えているのだから，前項で引用した記述に見られた「元来は実演芸術を対象として成立した文化経済学は，……生活の中のあらゆる財やサービス，建築からまちづくりまでを総合的に取り扱うことになった」という説明と比べて明らかに学問対象領域を狭く限定しているので，「狭義の文化経済学」と呼んだわけであり，この説明は文化経済学を，学問の発展過程の途中段階の状態で捉えているということもできる。

　何はともあれまず最初に，これから詳しく考察していく事柄の，おおまかなイメージを提示しておくと，その後の作業を慌てて進める必要が減じるので，このような書き出し方を採用したのだが，以下はもっと本来の論理にそって稿を進める。以上の説明を踏まえつつ更に筆者の見解を加える形で，広義の「文化経済学」の全体像を表現してみると，それは「文化と経済との

相互作用の諸相」を経済現象・経済学の視点から，現実の膨大な社会・自然現象に素材を求めつつ，多角的に分析し体系化しようとする学問であり，かつまた，この研究に参入している学者・研究者たちの関心事や考察方法は多岐にわたるので，当然の帰結としてこの学問は，その研究手法において複合的性格の学問である，ということになる[8]。

ところで，様々な手法を用いて，様々な分野の対象物を分析・考察し，その結果やプロセスから得られる知見を体系化しようとする，古来の「学問」とは，そもそもどのような知の集合体なのだろうか。

第2節　学問論

1．学問の分類

人間が古来，創り出し蓄積・改廃・継承してきた「学問」は，その内容・目的・方法が広範囲にわたるので，それらの内容・目的・方法の違いに即して形式的分類を加えることが可能であり，また，そのように分類することで研究上，教育上の諸関係の構築や合理的運用が図れるといった，種々の実益を得ることができる。

いわゆる必要・十分条件として「学問の対象となる事物・事象の性質・内容の違いと，その事物・事象に対する考察手段・考察方法の違い」に即した，最も代表的な学問分類としての人文科学・社会科学・自然科学及び（近年，特にその領域が拡大しつつある）これら伝統的学問領域の垣根を越えて成立している複合科学（例えば情報科学・環境科学・都市工学・社会医学等の学際的な学問）という分類に従えば，「経済学」は社会科学に属し，また，この「経済学」を構成している学問内容を更に細かくみると，理論経済学・経済政策・財政学・経済統計学・経済史・経済学史（経済思想史）等の諸学問があり，これらは更に「マクロ経済学」・「ミクロ経済学」・「金融論」・「金融工学」・「国際経済論」・「アジア経済論」・「アジア経済史」・「西欧経済史」・「経済統計」・「計量経済分析」等，種々の学問分野で構成されている。

次に，この代表的な学問分類と対立する性質の分類というわけではなく「整理の視点」を当該学問の「基幹性と派生性」ないし「基礎性と応用性」

の比較・考量に置いた分類もよく用いられるものであり，これは上記のいわば大分類に対する小分類として，例えば，「基礎（理論）法学」と法学各論（実定法学），「基礎（理論）経済学」と諸応用経済学，「基礎（理論）数学」と諸応用数学，「基礎（理論）物理学」と物理学各論，「基礎医学」と諸臨床医学，「内科学一般」と内科学各論，といった分類がみられる。この形の分類法の原理が依って立つ意味は単一ではなく，①その一つの形態は「入門的，基礎的な総論」とこれに続く「より高度，あるいはより専門的な各論」という分類を目指す手法であり，②この①が「学問」の分類というよりも教育上の配慮というべきことから，もっと本来の「学問」分類として，「各論を通じて共通に働く中核的，基幹的な理論」と，これらの基幹的理論よりも「具体的，多様，詳細な実際に即した各論」とに分ける分類とがある。

　なお，これらの分類形態において，「理論経済学」と各応用経済学，「理論物理学」と各応用物理学というような，「理論」とその応用的学問という分類において留意すべき事は，ここで「理論」といい「応用」といっても，それは，①「理論」に基づいてそこから「応用」諸学が生まれる，「応用」諸学を生み出す，更には，「理論」の母体がここでいう「応用」諸学であるという「相互関係」に着目する学問分類と，②その学問内容が「理論」の集積体であるか，それとも（「学問」である以上すべて濃淡の差はあれ各々固有の「理論」を備えてはいるが），その学問が「理論」以上に，あるいは「理論」と並んで，「個別具体的・個別領域的，実際的な固有のデータ・具体例・経験と，それらに関する学問的知見」を体系的に蓄積しているか，という視点から「理論」対「応用」の区分を為そうとする学問分類がある，ということである。

　そして，現実にどのケースがどの形態・手法による学問分類であるかを区別するには，個別に諸学問の具体的内容・性質を点検する必要があり，かつ「分類」という作業にしばしば伴う「両性具有」の事例は排除できないし，また排除すべきでもない。

　この他，また別種の分類形態として，例えば，特に国立大学（いずれは独立行政法人）において国費の支出配分時の基準的区分として重要な財政的意味をもつ「実験系」学問（部門）対「非実験系」学問（部門）という分類と

か，これに近い視点に立つ分類といえる「巨大科学」(big sciences／素粒子加速システム・宇宙観測システム・高度医療システム等の重装備を必要とする学問群）対一般諸科学というような，種々の学問の装置的規模の違いに基づく分類手法もある。

なお，本書は「文化・文化事象と経済・経済事象との相互作用」に関する論考を主眼としているので，いささかその面に留意して付言すると，経済学者の間には（と言っても，これは法学者や文学者等の間でも同様の事が言えるのだが）「純粋経済学」という観念があり[9]，また，この観念とのいわば組合せで例えば「経済史」等を「補助科学」と位置づける分類もある[10]。

2．学問の性質

諸学問の内容・目的・方法に即した分類について概略を述べてきたが，次に「学問」そのものの性質・本質について，本書の執筆目的に関わる範囲内で留意してほしい若干の点を述べておきたい。

(1) 交響楽としての学問

まず，多くの学問分野において見られる「学問の交響楽性」についてである。前項の学問分類を眺めてみても，「経済学」であれ「数学」・「物理学」であれ，「法学」・「医学」であれ，その内容は更に種々の専門的な学問分野によって満たされていることが分かる。上位概念から分枝した下位概念の集合体という発生過程があるとともに，下位概念の集積から上位概念が顕現するという発生過程もあり，現実には両者の混合が多くの学問分野の発達史において見られるだろう。

表現を換えれば，多くの学問は音楽の分類における「交響楽」に当たる。交響楽は，多種類の楽器と異相の楽章の交響によって，一つの統一された楽想（構想）の「運命」として現れ，「フィンランディア」として現れる。

上位概念としての「経済学」，これとの相対的関係において中位概念ないし下位概念としての「文化経済学」も，いわばそれぞれの規模・内容・性質において「交響楽」である。これらは一見，単層の単結晶体のように見えるけれども，実体は複層の複結晶体であり，学問のこのような形態を認識する

ことは決して無意味なことではない。

(2) 学問と，人間の多面性との関係

「学者バカ」とか「専門バカ」という俗語があるが，これらの言葉が意味するところは，自己の専門領域への熱中・没頭と俗事への無頓着さであり，本格的なバカでは，一応のレベルの学者・専門家の店は張れない。

ところで，学者（この際，いわゆる「専門家」の方は慮外に置く）にも，学問上の関心・問題意識が狭く深く尖鋭な方向に向かうタイプの者と，広く深くシステム的な方向に向かうタイプの者とがいる。どちらのタイプの方がより優れているか，というような問題提起は愚かなことで，この違いはただそれぞれの学者の生育歴や境遇，これらと先天的素質・体質との関数としての精神構造・才能の違いに由来している。

仮に，後者のタイプの学者，つまり，学問上の関心・問題意識が広く深くシステム的な方向に向かうタイプの者を「多才の学者」と呼ぶとすれば，アリストテレスもレオナルド・ダ・ヴィンチも，アダム・スミス，マルクス，マクス・ウェーバーも歴史に名をとどめる特級の「多才の学者」たちである。

これらの巨星群はさておき，現実に我々の周囲にも，この種の多才な星々が結構おおぜいいる。彼らは，哲学者や文学者，法学者や経済学者等と称しながら，しばしば本来の専門領域を越える他の専門領域に関して第一級の思索・指摘を公にする。彼らは場合・必要に応じて，専門の宿殻からマイクを持って抜け出していく，積極的なヤドカリであり，いわば複数の専門領域を持つ学者である。

さて，このような事態が，諸々の学問分野においてしばしば発生する。本項の見出しに「学問と，人間の多面性との関係」という言葉を掲げたのは，以下のことを指摘しておきたかったからである。即ち，例えば「文化経済学」という交響楽性の学問分野を観察するとき，芸術経営論の研究者が経済計算のモデルについて新しい視点から提案を行い，知的所有権法の研究者が市場理論の構成要素について，情報革命の進展に即した指摘を行う。あるいは，非営利組織論や観光学の研究者が財政論や地域経済論の在り方・内容について改良案を提言する。その他さまざまな同種の事例を通じて共通に見ら

れる傾向は，かなり多数の研究者たちがそれぞれの専門領域を拠点としながら，関連の「深い」学問領域，というよりも関連を「もっと深めるべき」学問領域に対して程度の差はあれ各自の関心・問題意識に応じて積極的に問題提起や提案を行い，みずからは意識するとしないとにかかわらず，「多才の学者」を目ざしているということである。

　アダム・スミスの分業説をまつまでもなく，我々人間の多くは生来，ゲーテやバートランド・ラッセルと同様（まさに程度の差はあれ），多方面への興味と才能とを遺伝されている。そのような人間の一部が学者の仕事を分業するのだから，「人間の作品である学問」の在り方が人知の多面性から影響を受けない筈がない。学問は，その蓄積された体系性・完成度の威力で新来の人間を馴らし，支配するけれども，やがて成長・発達を遂げた人間はその学問の在り方・内容を必要があれば改良していく。このような意味において，学問とは不変の牙城ではなく，歴史と時代の主人公である人間たちの所持品であり，所有者は所持品の銘柄・品質を選び変えていく。これが本項の冒頭に掲げた「学問と，人間の多面性との関係」である。

(3) 領域連携の実益性

　前項「学問の分類」において，「人間が古来，創り出し蓄積・改廃・継承してきた「学問」は，その内容・目的・方法が広範囲にわたるので，それらの内容・目的・方法の違いに即して形式的分類を加えることが可能であり，また，そのように分類することで研究上，教育上の諸関係の構築や合理的運用が図れるといった，種々の実益を得ることができる」と述べたが，上位概念のものとしてであれ，より下位概念のものとしてであれ，それぞれの学問は，①人間特有の単純な「詮索好き」の本能からあれこれ分類されてきた面があると同時に，②確かに，「研究上，教育上の諸関係の構築や合理的運用が図れる」ので，種々の実益面からもこれらの分類が進められてきた。

　ところで，ここに改めて注意をうながしておきたいことは，このようにいわば「線引き」された諸学問領域の相互交流ないし連携，場合によっては融合の動きが人間や社会にもたらす実益である。我々は以前，極端に言えば年々この種の異学問間の連携・融合の様を見てきたし，それらが我々にもた

らす種々の功績を見てきたが，時が経過してみると，それらの動きは単純な右肩上がりのものではなく，停滞ないし静穏の時期があるようである。しかし，いずれはまた，爆発的な融合（この場合には連携という表現は使いがたい）の時期が来ると思われる。

　なお，「政策科学」という学問分野がある。「政策」に関する，一切のことを科学する学問なのだから，ずいぶん対象範囲の広い，人文・社会・自然科学すべて総出の複合的な学問の筈である。筆者の旧友でもある根木昭・長岡技術科学大学教授がよく「文化政策論」に関する著書・論文を出しておられるが，思うに，その領域等は「政策科学」の領域円と重なり合う部分が多いのだろう。それらの二円が重なり合わない部分というのは，文化政策論の側からすれば，恐らく，①政策科学とは政策を考察・研究の客体とする科学だが，文化「政策」そのものを即自態として述べる時，その一部は単純な科学の客体とは異質のもので，その部分は政策科学の枠外に在る，②また，「文化政策」の内容には，細かく論ずれば単純な科学だけに納まりきらない部分がある，というようなことではあるまいか。ただし，②については，そのような部分でさえ処理・消化し得るのが科学であるというような異論が出てくるのかも知れない。

　そして，これらの学問領域と文化経済学のそれとの関係も，思うに，重なり合う部分があり，文化経済学はむろん「政策」というものの手法・内容・性格等について文化・経済相互作用の場に乗る限りにおいて大いに考究するのだから，これらの二つ（ないし三つ）の領域は，その数だけの知恵の輪のように，相互に重なり合う部分を持ち，連結し合っている筈である。

第3節　文化経済学の役割

1．文化経済学の位置づけ

　さて，学問の分類については上に述べたような分類が一般的だが，本書で論じる文化経済学はこれらの分類でいえばいずれに属するか。もちろん多くの学問は生き物なので，短い間に予想を超える変貌を遂げる場合もあれば，長い歳月を経る間に徐々に構造・内容を変えていく場合もあるので，諸学問

の戸籍に転居がないとは思わないほうがよいが，現段階でいえば文化経済学は，①「学問の対象となる事物・事象の性質・内容の違い，その事物・事象に対する考察手段・考察方法の違い」に即した分類からすれば，人文科学と若干の自然科学と連携した社会科学であり，②当該学問の「基幹性と派生性」ないし「基礎性と応用性」の比較・考量に焦点を置いた分類からすれば，基礎（理論）経済学と応用経済学との関係における応用的学問。即ち，「各論を通じて共通する根幹的な理論」に対して，それら理論の「具体的，多様な表象に即した各論」，「個別具体的・個別領域的，実際的な固有のデータ・具体例・経験と，それらに関する学問的知見を体系的に蓄積し，基幹（基礎）科学に影響をも及ぼす応用科学」。また，③「実験系」学問（部門）対「非実験系」学問（部門）という分類からすれば「非実験系」学問。そして，④「巨大科学」（big sciences）対「一般諸科学」という分類からすれば一般科学。これが，現段階における文化経済学の戸籍といえよう。

2．文化経済学の目的

　文化経済学の戸籍は今のところそうであるとして，また，この学問の登場のおおよその背景が前記引用文にあったようなものだとして，そこから出てくるこの学問の最大の目的・ねらい，また，この学問の特性はどのようなものか。

　その目的は，筆者がみるところ伝統的な経済学の在り方・論理・内容・手法に対する否定者となることではなくて，経済学の視野・関心をもっと拡げさせ，「文化」の力・機能を「経済」発展・品質向上にもっと活用させ，これらの実践を通じて「経済学」をもっと改善し，人間の生存・発達の手段としての「経済」・「経済学」の進歩により，人間存在の意義・価値そのものである多様な「文化」の繁栄を図ろう，ということにある。

　ここに我々がいう「文化」とは，詳しくは後述するが，我々人間が古来作り出し，継承・改廃し，未来へ渡していく諸学問や芸術や思想，教育，言語や宗教，生活様式や行動様式，地域・社会・国家の制度・伝統・習慣，文化遺産，国際関係等をその内容とする，いわば広義の「文化」である。そして，我々が考える「文化経済学」という学問・科学は，「文化」をこのようなも

のと認識しつつ，経済活動・経済学の諸機能と文化の諸機能との良き相互反応を考察・工夫し，手法化し，具現化し，実証・検証し，それらを取捨・蓄積・体系化する全過程と全知見を内容とする，提言・計画志向型の，複合型の学問・科学であり，これがこの学問・科学の特性である。

また，この「文化経済学」の目的・特性について，筆者自身も共同参画者の一人として応分の責任を共有していた文部科学省提出資料中の次の一文も間接的ながら理解の一助になると考える[11]。

> 経済構造がサービス・ソフト・情報に関連する産業に重点がおかれるようになり，経済学部のカリキュラムもそれに対応できるものへと改定しつつある。何よりもこれからの経済は，環境や文化が重視され，それらが経済を振興する条件となる。すなわち，環境や文化を大切にすることは，生活を豊かにするのは無論のこと，経済の振興にもなる。
>
> 例えば，21世紀には，「旅の時代」となり，人々があちこちと動きまわり，それだけに観光関連産業が発展するとみられている。この観光も，文化があってこそ人を惹きつけられる。九州の湯布院が成功したのも，温泉と美しい自然に加えて，音楽祭や映画祭を開き，小さな美術館や工芸店などが配置されることで，魅力を出しているからこそである。サービス主体の経済では，都市であれ田舎であれ，人が集まらなければビジネスが成立しない。地域が人を集めることができるかどうかは，結局は地域の文化力がものを言うことになる。
>
> 「文化」は，「文明」と相違し，多様性を指向する。したがって，「文化」が尊重される社会ほど画一的な対応が嫌われる。いわば方程式では解けないで，鶴亀算のように意味づけを考えながら手探りで解いていかなくてはならない。したがって，豊富な体験が必要である。このため，（久留米大学に新設する）文化経済学科のカリキュラムでは，実習を多く組み込む。これには，企業のインターンシップは無論のこと，ボランティア活動，農業体験，イベントの開催，海外での実習など様々なものが含まれ，学生たちが，これらの体験を通して「文化力」というものを肌で感じてくれることを期待している。

なお，冒頭の引用文に「消費者の文化的欲求，企業の文化志向，まちづくりにおける文化政策（等）が文化経済学登場の背景にあり，「文化による経済発展」という基本的方向を示唆していることを示してきた。このことは，従来の経済学が，企業による利潤の最大化行動を一元的に前提にして，経済学の世界をつくりあげてきたことに対する根底的な修正の要求でもあった。文化経済学は，金銭的な利益の追求を中心に一元的に理解されてきた伝統的な経済学に対して，金銭的な利益と人間的な価値や文化的な価値の追求という「2つの眼」をもち，両者を正面から見つめようとする経済学である」と述べられていたが，文化経済学という学問が近年，経済学者や実社会で活躍する人の間で少なからぬ関心を集めつつあることの心理的背景には，現実の経済活動に強く見られる拝金性・物質主義・没倫理性の風潮と，近時，経済学一般に顕著な自然科学化，技術・技法重視の傾向に対する，疑問や不満の広まりがある[12]。

3．文化経済学科等に関する注釈

「文化経済学」に関する学科やコース，あるいは，「文化と経済」に関連の深い学科やコースを経済学部ないし同種の性質を有する学部に設けて「文化経済学科（コース）」等と名付ける動きが既にあり，今後さらに増えると思われるが，そのような場合に多少，留意を要する点がある。

それは，大学にその種のものを設ける者たちの「構想の仕方」に，①「文化経済学」そのものをその学科やコースの重要なコアの一つと考え，そのように学科・コースを理解するタイプと，②必ずしもそのような発想に立たず「文化の要素・機能を比較的重視する性質の学問で，かつ，経済的活動・経済合理性・経済学の視点を重視する学問」群を有機的に，相乗的効果等も期待してグルーピングし，それら学問相互の連携・発達や，学生に対する教育効果を高めることを目指すタイプとがある，ということである。

①のタイプは分かりやすいが，②のタイプの意味するところがやや分かりにくいだろう。この場合，文化経済学という学問領域を中核（の少なくとも一つ）に据えるというよりも，「文化的要素・機能を重視する，経済・経済学に関連の深い学問群」を，経済学部（ないし類縁の学部）の学科・コース

に位置づけるから「文化経済」学科・コースという名称を用いるという意識が強く，これは「文化経済学」をコアの一つとする学科・コースであるという場合とは，ニュアンスをやや異にする。つまり，そこでの「文化経済学」とは，文化「経済学」ではなく，「文化と経済との関係（連携）学」であるとさえいうことができる「文化＜経済」学ではない，「文化＋経済」の科学。

　しかしこれは，①のタイプと，②のタイプの，どちらが正しいのかというような事柄ではなく，各大学・学部ないし各学科・コースの構成員がどちらを志向しているのかという，選択・判断の違いに過ぎない。そして恐らく実際は，①と②の両方を併せ志向しているとするケースが多いのではないか，と思われる。

〔注〕

1）池上惇・植木浩・福原義春編『文化経済学』有斐閣，1998年。
2）同書，7～8頁。
3）同書，12頁。
4）同書，12～13頁。
5）同書，14頁。
6）同書，19～21頁。
7）なお，同書によく出てくるラスキンやモリスの「経済学への文化的視点の導入」の主張が経済学の正統譜に位置づけられず異端とみなされてきた理由は，①数的処理・数式的処理が可能な諸因子でモデルを構成するのが経済学の正統的・理論的手法であるのに対して，文化的諸因子の多くが，その手法で処理できない異質のものであること，及び，②正統的手法で処理し得る文化的諸因子については，それらの数的処理・数式的処理の段階において既成の経済理論の枠内で消化することが可能で，ことさら新たな理論を形成・導入する必要性がないとみなされてきたことであり，この認識は今も続いている。
　　この，経済学における正統派（事の経緯に即して換言すれば従来派）と異端派に関する挿話として，前出の『文化経済学』の第6章で，福原義春氏（資生堂会長）は「都留重人は，1996年10月12日のラスキン文庫特別講演会で……その師シュンペーターがラスキンの経済学上の業績を否定し，ラスキンなどに関わってはいけないと諭（さと）されたので，ラスキンに触れることがなかったと述べた」ことを紹介し，その上で「歴史を振り返ってみると，19世紀に産業主義の繁栄の結果が社会にさまざまな新しい問題を生じさせることをラスキンはすでに予見していたのである。……産業の発達を経済効率のみに求めるのではないという思想が，すでに19世紀に展開され，環境・資源問題にも論及されていたことには大きな意味がある。……それではマーシャルやシュンペーターたちから発展した正統派経済学の系譜は，私たちの企業経営に

とってどのような意味をもつのだろうか。経済運営と企業経営にとって，経済学の発展はその指導原理の柱であった。そのこともまた今日でもまったく変わりがない。しかし，経済効率の追求に専心し倫理，環境，文化，芸術などの社会の諸価値の実現に対する配慮にバランスを欠いた経済発展が社会の不満を招いたといえる。……今日の企業経営をラスキン，モリスらの志向した世界に戻すのではなくて，その後1世紀にわたって発展し，巨大化し，効率化した企業活動に，いくつかの新たな指導原理をいかに組み込んで，いかに次なる発展に向かうことができるかという命題に挑戦することなのである」と述べておられる（同書，180～181頁）。

8）「久留米大学経済学部「文化経済学科」設置の趣旨及び理由書」(2001年，文部省提出資料) 中，文化経済学科の主要カリキュラム。

　　ポスト工業社会論，文化経済学概論，文化産業論，非営利組織経済論，非営利組織経営論，情報文化論，住民欲求論，消費者行動論，文化・教育行財政論，芸術経営論，知的所有権法，スポーツ経営学，観光学概論，観光経済論，観光地理学，地域文化開発論，環境経済論，環境政策論，ネットワークビジネス論，地域メディア論，情報社会計画論，グリーンツーリズム・エコツーリズム論，景観論，観光地計画論，地理情報システム論，環境地域論，環境アセスメント論，環境情報社会学，環境法，その他。

9）例えば，J. A. シュンペーター（J. A. Schumpeter 1883-1950）『経済学史―学説ならびに方法の諸段階―』（中山伊知郎・東畑精一訳，岩波書店，1980年）19頁以下。

10）同書，294頁。「イギリスの歴史学派の学説の積極的な側面は，その実をもたらした。歴史的，およびその他の記述的材料における細目研究は繁栄し（ウェッブ夫妻 (S. and B. Webb)），教授要目にあっても経済史はその一定の地位を獲得した。しかし，理論に代わるものではなくて，補助科学の地位を得たのである。」

11）前出「久留米大学経済学部「文化経済学科」設置の趣旨及び理由書」(2001年，文部省提出資料) 3～4頁。

12）この記述は，経済学の自然科学化，技術・技法重視の傾向を単純に批判しているのでもなければ，その傾向の成果が社会にもたらしつつあるデータ分析・予測・計画等の精度向上・緻密性向上という果実を否定しているのでもない。経済学における政治経済学重視の側面，ひいては人間的価値の中核性重視の側面へのこだわりが希薄化していることを述べたものである。

第 2 章

「経済」概念と経済情勢

　「文化経済学」の構造・内容について基本的な考察を展開しようとする本書において，まず取り上げねばならない基礎概念は「文化」と「経済」の 2 概念であるが，本章ではこの二つの基礎概念の相互関係に留意しつつ，説明する側も説明を受ける側も了解しやすい「経済」概念をまず取り上げて考察し，その後，第 3 章においてやや複雑な構造・内容を持つ「文化」概念を取り上げることとする。

第 1 節　「経済」概念と経済学

1．「経済」概念

　勘違いでなければ多分，国内すべての大学に先がけて，久留米大学は 2002 年 4 月に経済学部「文化経済学科」を初めて開設する大学であるが，同学内にあってこの構想を主導した「生みの親」は駄田井正 経済学部長であったと理解している。さて，同氏の論文の一つ「持続的地域再生産論(1)」（久留米大学「産業経済研究」第 41 巻第 3 号，2000 年）中に「環境・文化・経済」という項目があり（45～46 頁），次のように述べておられる。

> 　人間という種の特徴は，自然にあるものだけでなく，新たに人工物を作り出して，人間の生存に適するような人工的環境を作り出したことにある。これらの事物を意識的に作り出すことを生産と呼び，生産と生産されたものの交換・分配・消費等の諸関係の総体を経済とするなら，人間は経済に大きく支えられていることになる。

文化を「人間が集団として後天的に修得し集団の成員として共有する行動，思考，感性のくせ，ないしパターンで，個々の人間集団に個性を与える要素」[1]であるとし，文明を「人間の外的世界及び内的世界に対する制御と開発能力の総体。制御と開発能力は，それに対するフィード・バックを含み，したがって，文明は普遍的で累積的である」[2]とすれば，経済も文化や文明の一部を構成する。したがって，概念的には内包されることになる。しかし，経済活動は異質な文化間でも共有され，異なった習性やルールを持った人間集団間においても共通の取引ルールに従って経済活動が営まれる。したがって，活動ということから見れば，経済を文化とは独立の領域として位置づけることが，往々にして必要なことである[3]。

　　　文明はその発生においては，特定の文化集団が担い手となるが，やがて異質な文化集団に波及し共有される。しかし，その共有は，大部分が経済活動を通じて実現されていく。したがって，人間の生活を支えるものとして，大きく3つのもの，環境，文化，経済をあげることができる。

簡潔で有益な記述だと思う。このひそみにならい，おおかたの専門家から大した異論が出されないであろう形で「経済」概念をその歴史と実態と論理に基づいて述べる。

「経済」(economy)とは「個人のレベルから個々の家計，社会，国家，世界に至る人間社会に不可欠な有形・無形の財物・サービスの生産・交換・分配・消費関係」を意味する概念で，この無数の関係の，具体的な人間・人間社会における行為・活動が「経済活動」である。アメリカ東部現地時間（時差は夏時間期で日本時間から13時間後進）2001年9月11日(火)午前9時をはさんでNYマンハッタン島の世界貿易センター（WTC）ビル，直後の午前10時頃にはワシントンの国防総省等に，同時多発テロのハイジャック機が相次いで突入し，アメリカ・世界経済の象徴・WTCビルの2本の巨塔が，超高層ビルの大先輩・エンパイアステートビルのみつめる前で急落する棒グラフのように数秒で崩落・瓦解し周辺のビル群を潰した。どれほどの人命が奪われたか。全米の証券・商品取引も，飛行機の運航も，大リーグの試合も，

即時に全部停止され，アメリカはこの同時多発テロを宣戦布告と呼び，世界のテロ勢力群は相次いで犯行否定声明を発し，日本・世界の株価も激動した。その後の事態は，アフガンにおけるウサマ・ビン・ラディン勢力の武力討滅，更にはイラクにおけるサダム・フセイン政権の武力破壊へと推移したが，それにしても，各国の経済，世界の経済はこれまで，このような大事件の突発をたびたび経験し，その都度，湖面に投げられた石の波紋のように，経済の波動はいつしか徐々に収斂した。

　平坦に広大に拡がる大海原の果てでは，底なしの虚空に海水が轟々と落下していくのだと思われていた時代の「絶海の孤島」に一人漂着して孤独のまま死んだ人物が，工夫して釣り道具を作り小舟を作って食料を手に入れても，その孤独な生産・消費活動は他人と無関係なので「生存活動」ではあっても「経済活動」とは言えないし，仲良くなった島のサルたちと物々交換を続けたとしても，それは「人間社会」での生産・交換・消費関係ではないので「共生・感情交流」ではあっても「経済活動」ではない（ただし，この種の用語・概念の定義を巡って「正否」を論じることに，学問的な意味・実益はない）。

　未来小説の巨匠アーサー・クラーク原作，スタンリー・キューブリック監督作品の有名な映画「2001年宇宙の旅」（原題「A Space Odyssey」，1968年劇場公開）冒頭の原始人類の発達を回想するシーンではないが，我々人類の「経済活動」は，自給自足経済から物々交換経済（支配階層への財・サービスの上納と，支配階層からの生命・生存保護のような共生・主従関係等を含む），狩猟・採取型消耗経済から農耕・牧畜型蓄積経済，農業重視型経済から商工業重視型経済，そして，貨幣経済から信用経済，物質重視型経済から知価重視型経済へと歴史を重ね，人間社会の「経済活動」はここ2000年ほどの間に，速度を速めつつ大小様々な変化を遂げてきたのである。

2．経済と経済理論　——その相互作用——

　人類の，このような「経済活動」の歴史の中で，「すべての物事を観察し分析し演繹推理し帰納推理し総合判断しなければ気が済まない」人間の知性が，各時代の「経済活動」の状態を見ながら考え，既存の理論を補正し，あ

るいは新しい理論を組み立て，蓄積してきたものが「経済理論」であり，「経済学説史」である。

「経済ないし経済活動」と「経済理論」との関係は以上のようなもので，それは「宇宙ないし宇宙の活動」と「宇宙科学」，「生命体ないし生命体の活動」と「遺伝子科学」との関係等と同様，「大地」と「その作物」のような関係にある。ただし，「宇宙科学」は広大・無辺の「宇宙」に対してトゲほどの微かな加工しか加えられないが，「遺伝子科学」や「経済理論」は，「宇宙」ほど巨大な規模ではない「生命体」や「経済活動」に対して大小様々な加工を施すことが可能であり，事実，人間はそうしてきたし，今後もそうし続ける知的宿命にある（受動者かつ能動者としての知性体「人間」の本性）。

いま，宇宙や生命体や経済活動は「大地」であり，宇宙科学や遺伝子科学や経済理論は「その作物」と述べ，「作物」が「大地」に作用する（加工する）こともあると述べたが，経済活動と経済理論との関係においてこの加工作用の具体例を挙げれば，①マルクス経済理論に基づく社会主義経済体制の出現，②ケインズ経済理論に基づく積極財政政策の出現，③現代金融工学理論の土壌・母胎でもある多様な金融派生商品（デリバティブズ）[4]と高度金融システムの出現，④各種の現代経済理論の複合に基づく，経済活動の多様な規制法制・制度の蓄積・改変等，幾らでも大小の実例を挙げることができる。

このように，経済・経済活動という「大地」は経済理論という「作物」を産出してきたが，その「作物」がまた，「大地」に種々の変化を与え続けてきたのでもある。これが，経済・経済活動と経済理論との相互作用の姿である。

第 2 節　経 済 情 勢 ── 文化の背景 ──

1．状況認識の必要性

衣食足りて礼節を知る。人は「万物の霊長」であると言ったところで所詮その出自はアメーバー・鳥・猿であって，外被と食物と巣（衣・食・住）がないことには，礼節（文化）もへったくれもない。人間の精神生活はさてお

き（いや，その相当部分への影響さえ含めて）物的生活を支えるものは「経済」であり，各国・各地域・各家計に最低限度以上の経済が成り立って初めて，先祖伝来の「文化」も元気を保つことができる。

　身近な実例を日本に求めれば，先の敗戦から戦後復興，高度経済成長を経て，バブル経済とその崩壊を受け，後遺症にあえぐ現在に至るまで，「経済」はそれなりに早く一応の水準に達し，おかげで「文化」も，各時代の国民，組織がいろいろな姿で保持し，継承してきた。この両者の関係を，簡潔に表現すれば，「経済」は人間究極の価値である「文化」を支える基盤であり，「文化」は「経済」を営む人間の，究極の価値に他ならない。

　なお，永遠の思索家・思想家の一人として偉大なK. マルクスではあるが，同氏の「唯物史観」それ自体が，同氏における「文化の一現象形態」に他ならない。この上部・下部構造論を巡る循環論争の歴史が念頭にあったので，上に「人間の精神生活はさておき（いや，その相当部分への影響さえ含めて）物的生活を支えるものは「経済」であり，各国・各地域・各家計に最低限度以上の経済が成り立って初めて先祖伝来の「文化」も元気を保つことができる」と述べた次第で，重ねて繰り返すが，「経済」は人間究極の価値である「文化」を支える基盤であり，「文化」は「経済」を営む人間の究極の価値である。

　言わんとしている点を更に説明しよう。「A. マーシャルはまた，世界の物質的富が破壊されても，それを生み出した観念そのものが保存されていさえすれば，富は速やかに回復され得るが，観念自体が抹殺されてしまえば世界は貧困に帰するだろうと指摘している。第二次世界大戦で国富が無に帰した日本やドイツが，戦後きわめて速やかに経済復興を遂げたばかりでなく，さらに成長を続け得たのは他の理由・条件もあったが，基本的には，両国の国民の資質能力の中に上記の「観念」が保持され，戦後のサラ地に新型の科学技術・生産施設設備が活発に導入され得たからであった」[5]。

　ここで「観念」と呼ぶものの内実は各国の産業を支える科学技術や学問の蓄積，国民・勤労者各層の資質能力，国民性，価値意識その他だが，その大部分は既に本書において提示してきた「広義の文化」，文化という名のソフトウェアに属するものである。

「経済」とは，上述のとおり我々人間にとって最も基本的な生存基盤であり，それ故に，我々にとって生きた課題である文化と経済の関係，両者の相互作用を種々考えるにあたっても，我々が現にそこに生きている社会の経済的基盤を理解していないことには的確な判断は望めない。ここに本節「経済情勢──文化の背景──」を設けた所以である。

2．進行するIT革命の功罪

1990年代のアメリカ経済の長期繁栄は，IT（情報技術）革命を生かしたハイテク産業と気運に乗って豊富な資金を供給するベンチャーキャピタル，IT（情報技術）の申し子であるデリバティブ金融，これらが主導し，更には好況下の国民の消費・投資行動もそれを支えた世にいう「ニューエコノミー」によってもたらされたもので，この好況の構図は永続可能な性質のものであるというのが各国の経済見通しの主流だったが，世紀末には早くも電子機器産業等における需給ギャップの拡大・破綻とそれに連動した同国のIT関連株式市場のバブル状態の崩壊，その結果の世界経済への急速な波及という形で，経済分析・予測の甘さと難しさを露呈した。米国NBER（経済調査局）等は，2001年3月から同国経済が景気後退局面に入ったとしている。

この間の世界経済の暗転の幅の大きさと速度は劇的であり，この現象を端的に説明するならば，世界経済の神経繊維と回路の機能がIT（情報技術）化により広く強化され，それに伴って経済・景気の変動が一段と増幅・加速された，ということである。

好況期には多くの仕組みが順調に回り，高い株価，豊富な資金流通，活発な技術・事業開発等が維持されるが，実体経済の需給ギャップが臨界点を超えると，これらが一転して連鎖的な悪循環に陥る。この悪循環を再度，克服するには，実体経済に立ち戻って調整局面をしのぎ，スパイラルに需給構造を向上させていく努力をするしかない。

だが，現在の世界経済の苦境にまどわされて見誤ってはならないことは，「IT化の進行」が世界的規模で我々にもたらしつつある，明るい意味での社会的・文化的・経済的な諸貢献である。

すなわち，産業革命において蒸気機関が大規模かつ効率的なエネルギーを

産業活動にもたらし，そこから広く人々の生活全体へさまざまな形で波及効果が及んでいった時以上に，いま進み始めたIT革命というイノベーションは，我々のこれからの生活・生存に対し，予測を超えるほどのプラスの影響・効果をもたらすに違いない。

それは，やや長めの時間的尺度で見れば，地域社会と地域社会との関係，国と国との関係，人と人との関係，人々の公私にわたる日常生活，物心両面にわたる生活の形・質・内容，生産・需給・消費関係，教育・学習システム，政治組織・政治形態，社会の諸分野の諸制度その他，総じて個人と社会全般の姿とその内面とに大小・深浅さまざまな新たな影響をもたらし続けるに違いない。そして，この蒸気機関とは比較にならないレベルで人間の内面構造に（将来ますます）肉迫するイノベーションは，人間がその光の部分だけでなく「闇の部分」への留意・対応を忘れない限り，大きな恩恵をもたらしてくれるに違いない。

3．マクロ経済予測

次表は，先に公表された，日本経済新聞社の総合経済データバンク「NEEDS」の日本経済モデルによる2001年4～6月期の国内総生産（GDP）実績値までをベースとするわが国の当面の経済成長率予測であるが，2001年度の実質GDPが前年比−1.0％となれば3年ぶりのことである。アメリカ発，世界経済に波及したIT関連不況を主たる原因として，設備投資

表2.1　わが国の当面の経済成長率予測とその内訳（日経NEEDS）

区　分	2001年度 4～6月期	2001年度 7～9月期	2001年度 年　率	2002年度 年　率
実質GDP	▲0.8	▲0.4	▲1.0	0.5
個人消費	0.5	▲0.4	0.2	0.5
住宅投資	▲8.8	2.1	▲8.2	▲0.5
設備投資	▲2.8	▲1.9	▲2.6	0.3
公共投資	▲4.1	▲0.6	▲4.5	▲4.0
輸　出	▲2.9	▲2.8	▲7.2	0.7
輸　入	▲2.5	▲2.6	▲3.6	1.1

（注）単位％，▲はマイナス，いずれも前期比増減率

が2年ぶりに前年比－2.6％とマイナスを記録し，実質GDPを0.4ポイント押し下げる。個人消費は健闘するが，住宅投資が通年で大きく下降し，民間需要全体で実質GDPを0.6ポイント押し下げる。輸出入ともに減少するが，輸出の減少幅が大きいため外需全体として実質GDPを0.5ポイント押し下げる。

　なお，表中の個人消費に関連して，総務省が発表した2001年7月分の全世帯家計調査によると，1世帯当たりの消費支出は31万5,000円で，物価変動調整後の実質で前年同月比1.6％減と，4ヵ月連続して減少している。雇用環境・所得環境の悪化の下で食料・住居費等を抑えており，消費水準指数（世帯人員4人，2000年＝100）も99.2と前年同月比1.7％下落し，4ヵ月連続でマイナスとなった。

4．不良債権処理

　先ごろの新聞報道によれば，2002年3月期には経営健全化計画ペースの融資残高達成を目指している新生銀行が，2001年春以降，経営不振の取引先企業から貸出期間が数ヵ月の短期融資の回収を進めていることにつき，各方面から「企業倒産の引き金になる」との批判を受け，「性急な面があった。もっと中長期的に経営改善の可能性を見きわめ，再建計画・返済計画につき十分協議する」旨の釈明文を発表した。

　金融機関の不良債権問題とは，そのまま企業の失敗債務問題である。バブル経済期に患者に土地・家を担保に高いクスリ代をどんどん貸し付け，バブルの崩壊で病院の財務体質が問題になったので，慌てて焦げ付いた融資を回収し始めたが，不況・デフレで，土地・家屋も担保割れしている。借金した患者も患者だが，それを押しつけ続けた病院も病院である。

　この不良債権処理は，進めなければ金融機能の回復が遅れるが，急ぎ過ぎれば企業側を強く圧迫し新たな不良債権の拡大，景気低迷，デフレ圧力の亢進につながる。金融庁・柳沢金融担当相は不良債権の規模を32兆5,000億円程度（リスク管理債権）と見込み，その手前の要注意先債権で1年後に不良化するのは経験的に1割程度として，全体的なシナリオは，2004年以降に経済再生が果たせる見通しを前提として，2005年度ごろには不良債権処

表 2.2　貸出債権の分類別，銀行の債権査定基準と引当金引当率

貸出債権の分類	査定基準	引当金引当率
正　　　　常	健全企業向け融資	債権額×1％以下
要　注　意　先	赤字企業向け等，回収に注意を要する融資	債権額×3〜5％
▲要　　管　　理	元利返済が3ヵ月以上延滞している融資	債権の無担保部分×15％
▲破　綻　懸　念　先	債務超過等，経営困難な企業向け融資	同上部分×70％
▲破綻・実質破綻先	法的整理を申請した企業等への融資	同上部分×100％

（注）▲印＝不良債権

理状態を正常な水準に戻す。向こう7年間で主要15行の不良債権残高17兆4,000億円（＝政府の不良債権処理対象（破綻懸念先以下）11兆7,000億円＋要管理先分5兆7,000億円，2001年3月末現在→後出の付表2参照）をほぼ半減させる。日本ではそもそも，要注意先債権は劣化するよりも改善する確率のほうが高い。また，株安で銀行が万一，資本不足や配当不能に陥ったとしても，2001年4月施行の預金保険法改正により，金融危機時における資本注入のための公的資金15兆円の投入枠をセーフティネットとして整備した，との全体的認識を示している。金融庁としては，不良債権化している企業への新規融資を一律に禁止しているわけではないが，この一連のシナリオに対して，与党内部には，厳しさを増す経済情勢の下で，特に中小企業に対する不良債権処理を猶予すべきだとする動きがある。

5．金融政策の限界性と国債発行

　2001年8月，アメリカ連邦準備制度理事会（FRB）は連邦公開市場委員会（FOMC）を開き短期指標金利フェデラルファンド（FF）金利の誘導目標を0.25％引き下げ年率3.5％とすることを決め即日実施した。同年中7回目の利下げで，累計下げ幅3％となり，この措置に関連して各地区連邦銀行から金融機関に資金貸出する際に適用する公定歩合も0.25％引き下げ，年率3％に引き下げた。アメリカ経済が下降する中で，家計部門の需要は維持

されているが，企業収益・設備投資は悪化しており，海外経済の不況も圧力に加わっていることに対する追加措置で，FRB としてはこの利下げと大型減税により年後半からある程度の景気回復を実現したが，以後，この国の景気は基本的にこのようなパターンで小さく波動しながら現在に至っている。

一方，わが国の金利は限りなく０％に近く張りつき，日銀は 2001 年 3 月以降，金融の量的緩和に踏み切り，金融市場への資金供給量を示す日銀当座預金残高を同年 9 月末には 12 兆 5,000 億円，米国エネルギー大手エンロンの経営危機に伴う円建て債組込み MMF 問題時の 11 月末には 14 兆 5,000 億円に引き上げた。しかも，この金額はその後も量的緩和策の維持・拡大のねらいから更に拡大され，2003 年 3 月期以降は 30 兆円に達している。

しかし一般論として，有効需要不足の下で，銀行の融資基準にかなう企業の側には資金需要が乏しく，資金を求める企業群については不良債権処理を抱える銀行側がリスクを更に負ってまで融資しようとする動きが乏しい。その上，財務体質強化の要請から保有株式圧縮もせまられている銀行としては，量的緩和による余剰資金と預金・貸金差額を，主として安定的な国債の運用その他に当てる。これでは，量的緩和を進めても資金は金融界を循環するだけであり，一部の経済学者や政治家たちからインフレ・ターゲット論の採用を求められて困惑する日銀幹部らが，「金融政策だけでは限界があり，構造改革などが進めば，もっと効果を発揮できる」と述べる所以である。

日本経済のファンダメンタルズの強さや国債のそもそもの構造からすれば，この有効需要過小期にあえて国債発行額に狭い上限を課する理由はすこぶる希薄だが，国内世論や海外の論調・印象[6]に配慮して，小泉・構造改革内閣の姿勢を示すにはその公約をなるべく守りつつ，財政構造の合理化・効率化を図り，効果的補正予算を組み，新規産業・新規雇用を誘発する規制緩和を進める等，取り得る施策を総動員して事に当たるしかない。

6．需要・供給のテコ入れと雇用拡大

今次のわが国不況の主役となった電子機器及び関連部品産業を中心に，人員整理が相次いでいる。富士通が 5,000 人，日立が 1 万人，東芝は 1 万 7,000 人を 2003 年度末までに削減する。極力，内部での工場閉鎖と配置転

換,系列企業への出向等で雇用維持に努めてきたが,景気の落ち込みで内部努力の限界を超えた結果の日本的雇用形態の変貌である。完全失業率(季節調整値)は 2001 年 5 月 4.89 %, 6 月 4.92 %, 7 月 5.02 %と漸次悪化する一方,7 月の有効求人倍率(季節調整値)は 6 月より 0.01 ポイント低い 0.60 倍である。これらの状況はさらに,10 月には完全失業率 5.4 %,有効求人倍率 0.55 倍と「着実に」悪化しつつある(総務省発表)。完全失業者の 4 分の 3 は,求人側と求職者側との雇用条件の不調(ミスマッチ)とされる。

　政府は,不良債権処理で生じる離職者を最大 60 万人と予測し,サービス業で 5 年間に 530 万人の雇用を創出するとしているが,それぞれに甘い見通しであるとの批判が強い。不良債権処理をはじめ,国内製造業の海外移転と工場閉鎖等,有望な新産業として期待されているナノテク・バイオ等の雇用規模・必要人材層の不透明さ,また,それらの企業体・部門の成育年数。これらのことを考えると,大量の雇用をまかなうには上記のサービス産業とともに基幹産業たる製造業の活動条件,諸インフラ・コストの引き下げやインフラ拡充,企業税制その他の制度改革・規制緩和を急ぐべきである。

　なお,長引く不況下とはいえ,大規模な経済市場・経済的ファンダメンタルズを備えたわが国の国民経済の現況を見ると,その最大の柱である消費需要は低迷しているとは言え国際的には客観的に高止まりの状態にあるのであって,そこではまた,デフレがもたらす大きな経済効果の一つとして,資産階級が保有する金融資産の価値の相対的な上昇つまり一層の富裕化が,高額ないし超高額の動産・不動産商品に対する需要をもたらしつつある。そして,このような一部限定的な消費動向にとどまらず,わが国にあってはもっと一般的な形でも,食欲減退中と診断される庶民・消費者であっても望ましい商品はどんどん買うという事実を我々はお互いに承知している。このような日本経済の需要・供給構造の現状を見るとき,マクロの需要不足を重視して「需要が供給の水準を決める」というケインズの有効需要説に立った賢い効果的な財政政策を展開するだけではなく,広く産業諸分野にわたって,「供給サイド」の強化・合理化・商品開発を積極的に進めることも極めて大切であるということに思い至らざるを得ない。

7．不況に弱い国民性の問題

　前項の後段において，長引く不況下とはいえ，大規模な経済市場・経済的ファンダメンタルズを備えたわが国の国民経済の現況を見ると，その最大の柱である消費需要は低迷しているとは言え国際的には客観的に高止まりの状態にある旨を述べたが，この現況を国際的な視点からではなく国内のここ十数年，バブル経済前あたりからの情勢において見ると，この長いデフレ不況期にしては堅調であるとは言われても，やはり現在の国民の消費需要は低迷している。この状況についての一般的な解釈は，雇用不安・家計不安や将来の生活設計への不安があって消費者は財布の紐をゆるめられない。それに，ぜひ買いたいと思うモノは家電製品であれ，海外旅行であれどんどん購入している，というようなものである。

　そう言われれば，なるほどそれはそうだなと一応納得する理屈である。しかし，それにしても日本人は国際的な平均所得水準や労働条件からみて，やはり相当の貧乏人根性あるいは二宮尊徳・立身出世型の国民である。次頁に引用した二つの国際比較表だけでは不親切だが，それでもある程度の印象は持っていただけよう。

　世界経済のシンボルともいうべきNYマンハッタン島の世界貿易センターの超高層のツインタワーが両方とも同時多発テロ機の突入で一挙に消え去り，世界同時不況の更なる加速の時期に入ったが，世界がこのようになればなる程，実際には世界屈指の国内人口の規模を保ち，世界に誇る産業力・人的資源を備え，大きな金融資産を蓄えた日本経済は本来ならば島国根性の「アリンコ」暮らしから有効需要を自立拡大する「キリギリス」型の暮らしに脱皮することで，外需一辺倒のケチな経済から経済大国に似つかわしい経済に歩を進めることもできるのである。

　追い込まれてから精神論を唱えても手遅れではあるが，小泉・不況担当内閣としては国民みんなで死にたくなるような米百俵論の反復ばかりでなく，こうしたもっと元気を駆り立てるようなアピールをまじめに考えたほうがよいのである。このままの調子の日本国民では「多額の残高の預金通帳をもって，餓死してしまった気の毒な人」になる。文化と経済との強力な結合作用をもっと進めるべきだと考える立場からも，日本人は自分をはじめとして

表 2.3　年間所得・勤労条件の国際比較

区　　分	日　　本	アメリカ	イギリス	ド イ ツ	フランス
１人当たり国民所得	25,616 $	28,397 $	21,480 $	22,119 $	21,611 $
年間総実労働時間	1,947時間	1,991時間	1,925時間	1,517時間	1,672時間
年間労働日	240日	233日	229日	220日	227日
週　休　日	95	104	104	104	104
その他の休日	19	9	8	12	8
年次有給休暇	11	19	24	29	26
欠　勤　日	2	7	11	12	16

（出典）日本観光協会『数字でみる観光』
（注）国民所得＝1998年度，労働時間＝1998年度，労働日等＝1995年度

表 2.4　海外旅行の国際比較

区　　分	海外旅行者数の対人口比	海外旅行者実数
日　　　本	13.3%	16,803千人
ア メ リ カ	19.8	52,944
イ タ リ ア	20.7	11,920
フ ラ ン ス	29.2	17,115
カ ナ ダ	63.1	19,111
イ ギ リ ス	77.9	45,957

（出典）朝日新聞社『Japan Almanac 2001』

　もっと明るい，有効需要創出型人間に変身すべきで，そのための方策を工夫しなければならないと痛感する（表2.3，表2.4を，参考までに掲げておく）。
　文化と経済の相互作用を望ましい形で進め，我々の今後の物的・内的生活と社会のためにそれらの諸作用の成果がさまざまな形でもたらされることが強く望まれるが，その相互作用の過程に対して，その時代の経済情勢は種々の影響を及ぼしてくる。
　現代日本の経済的基盤については，以上の他，国内経済・国際経済を通じて無論なお多くの重要な問題があるが，本書においては一応この程度にとどめることとし，巻末に本章の参考物として「付表１　バブル経済ピーク時か

ら小泉内閣に至る主要経済動向」及び「付表２　日本の経済的基盤に関する参考資料」を掲げておく。

[注]

1) 鈴木董『オスマン帝国の解体―文化世界と国民国家』18頁（原注）。
2) 鈴木，前掲書，18頁。もちろん文化と文明の定義，その相違については，多くの人が言及している。ここでは，本章の議論に関係深いものとして選んだ（原注）。
3) アダム・スミスは，経済的関係（利害関係の優先）を同感が極めて希薄な個人や集団間の関係であるとしたが，換言すれば文化的アイデンティティを取り除いたところで成立する関係といえる。
4)「金融派生商品（デリバティブズ）」には，取引所への上場物，非上場の相対取引による店頭物として，株式・債券・金利・通貨関連等の先物・オプション・スワップ等の諸商品があるが，いずれも，現物市場での値動きを基に取引価格等が決まるので，「現物」から派生した金融商品ということでこのように呼ばれている。
5) 森正直『教育・学術の文化経済学』芙蓉書房，2000年，23頁。
6) アメリカの格付け会社ムーディーズ・インベスターズ・サービス（MIS）が，2001年９月，日本国債等，円建て国内債券の格付けを現在の第三ランク「Aa 2」から引き下げる方向で見直すと発表し，その通りに実施した。日本経済の基本的な強さは認めた上での，デフレ進行による債務加重等が理由だが，「Aa 3」に下がることで，日本はイタリアと並びG 7構成国中，最低ランクの国になった。

　機関投資家は一般に，トリプルA（Aaa：米・英・独・仏）でなくてもダブルA（Aa 1：カナダ，Aa 2：日本，Aa 3：イタリア）ならリスクを気にせず保有するが，日本政府としては国際通貨基金（IMF）によるわが国金融査察の申し入れと同様，無用の動きとして，当然，歓迎していない。なお，現在，米系格付け機関スタンダード＆プアーズ（S&P）と国内最大手の格付投資情報センター（R&I）による主要７ヵ国の自国通貨建て国内債券の格付けは，MISのそれとほぼ横並びの評価になっている。

　そもそも，現代社会の情報伝達技術・システムの急速な発達に伴い，そこからプラス効果ばかりが生まれているわけでは決してなく，さまざまなマイナス効果もまた生まれている事実を見落としてはならない。詳論するヒマはないが，そのマイナス効果とは端的に言えば「一犬吠え，万犬これに従う」類の増幅現象の氾濫である。これがよい場合もあるが，よくない場合が幾らでもある。自分が依って立っている判断の基盤の確実度，信頼度を疑う以前に，他犬に遅れじと吠え立て，行動する。それらが既成事実を形成し，次の局面へと事態が動いていく。

　これなら，竹林の奥の隠者のほうが，よほど真実に近くいる。この国債リスクの格付けに関して，国際決済銀行（BIS）の新規制案（格付けが，ダブルA以上ならば信用リスクをゼロとみなし，銀行の自己資本比率算定上，国債保有額を分母に加えず，シングルAならば原則として保有額の20％を加算させる。ただし，自国通貨建て国債を自国銀行が持つ場合は，各国の裁量でリスク・ゼロとみなせる）の2005年実施を

目指すわが国の方針につき，森昭治・金融庁長官（当時）が「自国国債の信用を否定することは考えにくい」と述べているが（日本経済新聞報道），わが国経済のファンダメンタルズとその国際的環境・将来見通しを総合的に勘案する時，この発言は当然のものである。

第3章

文化と経済の相互作用

第1節　「文化」概念

1．「文化」と「文明」

　経済に関する事柄をまず取り上げてきたが，次に「文化」概念及びよくその対概念として意識される「文明」概念について述べる。

　まず，ここに我々がいう「文化」とは，人間が自ら作り出し，継承・改廃し，未来へと引きついでいく学問や芸術や思想，教育，言語や宗教，生活様式や行動様式，地域・社会・国家の制度・伝統・習慣，文化遺産，国際関係等をその内容とする，いわば広義の「文化」である。我々は文化経済学の領域においてこの「文化」を最重要な柱の一つとしているが，人文科学とは目的・性格・使命を異にする社会科学の領分に主軸をおく文化経済学において，「文化」概念につきどこまで細密な考察が必須であるかは判断が分かれるところである。この点については，特に本節の「3．ファジー領域の有用性」の論述を参照されたい。

　さて，「文化」という概念は「赤・白」，「物・心」，「笑う・泣く」，「生命体・非生命体」等の，分かりきった言葉と同様，我々にとっては物心ついた頃から常に慣れ親しんできた最も基礎的な語彙の仲間だから，誰しも何を今更「文化」概念かと感じる筈である。しかし，ちょうど「赤・白」，「物・心」，「笑う・泣く」，「生命体・非生命体」等の概念がそうであるように，「文化」も，その概念をきちんと的確に定義し表現するのは必ずしも容易ではない。

そこで，まず結論的にいうと，広義の「文化」概念には，前述のように，広く，人間が古来作り出し，継承・改廃し，未来へ渡していく諸学問や芸術や思想，教育，言語や宗教，生活様式や行動様式，地域・社会・国家の制度・伝統・習慣，文化遺産，国際関係等が，その内容として包括的に含まれるべきである。

　例えば，「日本文化」とか「フランス文化」等というとき，それは，今列挙した諸文化要素のほとんどを含む，複合的・包括的な概念である。

　既に多少の紹介をしたとおり，文化経済学は当初，舞台芸術における芸術と経済との矛盾とか劇場経営や芸術関係者等をめぐる経済問題，企業の文化的行動と経済性というような，いわゆる「芸術文化」を中心とする（我々のいう「狭義の文化」の一部分についての）実証的研究や課題分析，政策研究等に取り組む事例が多かったため，今でもそのような認識の人々が存在する。これは学問のパラダイム論としては整理する方が望ましい状況だが，強いて決着をつけなければならない程の学問上の実益もなければ，必要性もない。ただ，我々が考える学問構造の方が，論理的一貫性と，学問としての将来性・可能性・自在性が大きいということである。

　次に，「文化」概念に対比してよく用いられる「文明」概念というものについて述べておきたい。この「文明」概念については，先の駄田井論文において（第2章第1節「1.「経済」概念」参照），「文化」概念を「人間が集団として後天的に修得し集団の成員として共有する行動，思考，感性のくせ，ないしはパターンで，個々の人間集団に個性を与える要素」とし，「文明」概念を「人間の外的世界及び内的世界に対する制御と開発能力の総体。制御と開発能力は，それに対するフィード・バックを含み，したがって，文明は普遍的で累積的である」とすれば，「経済」も「文化」や「文明」の一部を構成し，それらに内包されることになるが，経済活動は異質な文化間でも共有され，異なった習性やルールを持った人間集団間においても共通の取引ルールに従って経済活動が営まれるので，活動という面から見れば，「経済」を「文化」とは独立の領域として位置づけることが往々にして必要であり，「文明」それ自体の発生にあっては，特定の文化集団がその担い手となるが，「文明」はやがて異質な文化集団にも波及し共有される旨が述べられている。

「文化」と意識的に対比させて用いる場合の「文明」とは、このような説明によっても何らさし支えはないのだが、様々な文明論の記述に基づき筆者が最も適切なものと考えている「文明」概念の定義は「普遍性・蓄積性・利便性、したがって相当程度の実績規模もそなえた「高度の技術・技法の体系」」というものである[1]。

実際に、「文明」という言葉の具体的な使われ方をみても、文明開化、物質文明（↔精神文化）、黄河文明、メソポタミア文明、アメリカ文明（↔アメリカ文化）、「未開と文明」、文明民族（↔未開民族）、文明民族「の文化」（↔未開民族「の文化」）というように、普遍性・蓄積性・利便性と相当程度の実績規模をそなえた「高度の技術・技法の体系」という概念規定によく合致していると思う。これらの用例とは反対にふつう「ポリネシア文化」とか「アイヌ文化」等とはいうが、「ポリネシア文明」・「アイヌ文明」等の用例はない。つまり、一般的な歴史的判断として、これらの地域・民族には「文化」概念に合致する事績は豊かにあったが、「文明」概念に合致する事績は客観的に認め得ないので、用例がないのである。

「文化」がより発達した段階を表す概念が「文明」であると理解し、同質物の延長上の概念とする立場もあるが、ドイツのA. ウェーバーや、アメリカのマキーヴァーらの「文化は、人間がそれ自体の価値を欲して生み出した目的価値そのもの。文明は、それを用いて価値獲得の欲求を満足させ得る有効な手段として、人間が作り出したもの」という見解のほうが支持する者は多く、また、R. K. マートンは上位概念に「文化」を置き、その下位概念を「文化的文化」と「文明的文化」として、前者の特性に「人格性と主観性」を、後者の特性に「非人格性と客観性」を認めている。

これらの概念論争について面白い指摘は、京都大学の故 姫岡勤氏の論：

　　文化と文明を明瞭に差別する者は、人類学者ではきわめてわずかであるのに対して、社会学者のあいだでは少なくないのは、彼ら（社会学者）が現代の文明民族の社会を主要な研究対象とするからである。すなわち、文明を広義の文化のうちに包含せしめえないほど、それ（文明）の有する力が、社会生活において大きくはたらいているからである。し

> かし，文化人類学は，これまで主として未開民族の文化を考察の対象としてきた。そしてその文化の一つの特徴は，ここにいう「文明」の未発達である。一般的にいえば，未開民族にあっては，文化的要素と文明的要素の混合が著しい。たとえば，純粋な芸術的作品はなく，武器や種々の実用的道具に，そうした（芸術的）表現が試みられ，あるいは食物生産の技術的行為が，呪術・宗教的な意味をもった多くの行事を伴っている。「文明」とともに「文化」の要素を兼ねそなえている。文化人類学の立場では，文化と文明を包括した広義の文化の概念だけですますのが一般的である。

という指摘である[2]。

　氏が淡々と述べておられるように，概念の規定・区分や学問の枠組み・方法等についての諸判断は，論理上の成り行きが微妙で，かつ，重大なる実害・実損が無い場合は，研究者の立場，研究課題の性格等に応じて，幅をもつのが当然である。自然科学さえも含めて，ファジーの部分を認めるほうが妥当かつ生産的，効果的である場合が幾らでもある。

　なお，以上のような諸観念の分類作業だけを追っていると，例えば，世阿弥の能楽よりも室町文化のほうが先にあり，ナイル川の治水技術やピラミッドの建設技術よりも，エジプト文明のほうが先にあるかのような倒錯した感覚を持ちかねないが，事実はまったく逆であって，個別の才能，個別の着想，個別の情熱，個別の「集団的意志」等が，質の高い成果を生み，それらを後続の者や歴史が評価・分別して名づけたものが文化であり，文明である。その上で，今に至る各種「文化・文明」の本質を意識しその恩恵や制約という影響も受けつつ，現代の後継者たちが，それらの取捨・改廃や創造を進めているのである。分析・分類という行為は，考察対象物の出現・存在を受けて起こり，その段階を経て初めて，分析・分類の成果が以後の人々の意識へ影響力を発揮し始める，という当然の論理を忘れてはならない。

　また，ITなどの高度技術——文明——が，新たな芸術の創造や各種コンテンツの整理・蓄積・活用——文化——に役立つといった文化・文明の相互関係は，現代の顕著な現象である。

2．「文化」概念の整理

「文化」概念についての多様な角度からの種々の見解を検討して，文化経済学という「文化の経済的な側面・要素・機能」を特に重視する立場から，有用な部分を選び整理してみると，おおよそ以下のとおりである。

① 「文化」には，広狭の地域社会が共有する文化から，民族を単位にし得る文化や，ヨーロッパ文化圏・イスラム文化圏という程の広域の文化があり，そのような把握の仕方が可能である。そして，これら各層の文化にあっても，内部的には種々の社会的・歴史的背景等により，更に区分すべき「下位文化，部分文化」がみられることがよくある。

② 各文化の個性の出現理由が異なるため，必ずしも①の文化区分に即して上下関係に当てはめることができない，個別の宗教的階層や社会的階層，専門的な職業集団等に固有の「特殊的文化様式」もある。

③ 「文化」は交流・混血・変容も可能であり，その事例は幾らでもある。

④ 「文化」の内容の違い・種類に即して「普遍的文化パターン」をみると，大きくは言語，物質文化（＝衣食住習慣，輸送・旅行，道具，職業・産業等），芸術，大衆芸能・娯楽，神話，学問・思想・諸科学的知識，道徳・社会規範，民俗・習慣・伝統，教育，宗教，家族・社会・経済等の組織・制度，財産・経済・労働の関係，政治，コミュニケーション，戦争といった諸領域が挙げられる。

⑤ 前項④からもすぐに連想されるが，日本画家の伝統的表現技法等の「非物質文化」と，その伝統的技法・才能が生産した優れた個々の日本画等の「物質文化」という区分も一般的であり，わが国の文化財保護法も，例えば，各種の伝統的技芸の優れた継承者の「能力」（非物質）を重要「無形文化財」，優れた作品（物質）を重要文化財・国宝として位置づけ，両者及びその他を総括する概念を「文化財」としている。

　このような観念操作に対して，燃やしたり壊したりすることで消滅・破壊される物質・物体を「文化」に含めるべきではないとする立場もあるが，この点で緻密な論争を展開したところで，めぼしい実益・実損は学問的にもほとんどない。つまり，筆者の関心の外にある。

⑥ 「文化」を，「技術文化」・「社会文化」（行動様式）・「精神文化」（知

識・思想・価値等の諸観念）のように分類することも可能だが，その際，例えば，伝統的な陶磁器の作成が「技術文化」の要素であると同時に，作業手順に関する社会的ルールからは「社会文化」の要素でもあり，その行為や作品が帯びている流派的心情・価値観からは「精神文化」の要素でもある，というような複合的事例が幾らでもあることを承知しているべきである。

⑦　暮らし方ならば暮らし方という「文化」において，日本人や韓国人に一般の行動・習慣，中国人に一般の（と言っても，中国は広いが），行動・習慣には，三者三様の違いがある。それらの一つひとつの違いを，それぞれの文化を構成する各種要素の最小単位として，「文化特性」（culture trait）と考えれば，三つの輪をずらして重ね合わせたように，三者ともに重なり合う区域に入る文化特性もあれば，いずれか二者が重なり合う区域に収まる文化特性，どことも重ならない区域に入る文化特性もあるだろう。具体的に，文化相互の違いを生むのはこれらの「文化特性」の異質性の集積によるものであり，異文化間の交流や混血が進めば良かれ悪しかれ文化の変容も進むことになる。この「文化特性」も絶対的な固定物ではなく，種々の形で観念操作すべきものであり，その際は無論，特性複合ひいては文化複合の事例にも留意すべきである。

⑧　この文化複合の（相対的ではあるが）究極的な高次の複合が「文化の統合」（cultural integration）であり，これが，全体として固有の一貫性と結束性をもった体系としての「文化」の姿である。そして，このような「文化」の中で育った人間が，行為を通じて「文化特性」に自らも影響を与えたり新たな要素を加えたりしながら，「特性複合」・「文化複合」という「統合過程」を経て，「文化の統合」が無数に成されてきた。これが動的にみた「文化」の現在である。

⑨　『パンセ』でパスカルが言う「こちら側では犯罪。あちら側では美徳」（正確な記憶ではない）というような現象は価値観，即ち文化の違いに根ざした価値基準の違いから生じる。「文化」とはしばしば，このような価値基準の違いの上に成立しているので，単純に自己の文化尺度で他の文化を評価・判定すべきではなく，それだと異文化理解も不可能である。

これが「文化的相対主義」・「文化の相対性」(cultural relativity) を重視する立場だが、これは（その指摘の、歴史的貢献は評価するが）、いわば一種の静的・稀進化的立場であり、現実の地域住民・諸国民・諸民族は、文化学者などがわきから案じてくれなくても、交通・情報システム等の進歩も追い風にして、種々のレベルでの「文化」の交流・混血・自己分析・相互影響といった形で、それぞれの文化の進化・変容を主導しつつある。

まだ他に述べるべきこともあるが、この程度にとどめて、先へ進む。

3. ファジー領域の有用性

文化経済学の対象領域を論ずる時、気になることの一つが、その考察対象とする領域の範囲・境界である。例えば、「陶芸」分野を考えると、そこには重要無形文化財保持者制度（いわゆる「人間国宝」）とか作品について重要文化財、国宝等の制度があり、これらは無論、「文化」領域の事象である。しかし、極めて美的に洗練された家具用・食器用の陶磁器は「陶芸」というよりも「陶磁器産業」における大量・規格商品として大量に売られ大量に消費されている。この、極めて高度な品質を誇る「陶磁器産業」まで文化経済学における「文化」の対象範囲に含めることが、学問的枠組みからして妥当なのか否か、という点である。

前出の人物で、金銭・財物中心の伝統的経済学を批判して人間の精神的満足を中心に置く経済学の構築を主張したイギリスの J. ラスキン (1819～1900年) やその後継者の W. モリスらの立場に立てば、我々の生活全体・人生全体を通じて、その生活にも生活用品にも快適な芸術性が求められ、昔はさておき今は現実に、産業用具を除くあらゆる産業製品にこの配慮が行き届いている。自家用車・家電製品・家具・内装品・食器・衣服・住居・園芸その他、産業側は同業他社との差別化に必死で、「機能性」は当然の常識、「快適性・芸術性・割安の高級感」等を追求してやまない。経済産業大臣が毎年、優れた機能と優れたデザインを備えた実用品を表彰し、それらを作り出す技能を持つ職人たちを表彰する制度があるのは周知のとおりである。つまり、こうなると製造業でさえ「文化産業」の側面を、それも極めて重要な意味で備え

ているということになる。

　このような現代産業の水準をみれば，文化経済学の視点から最も妥当な判断は，これらの「各種産業における文化的要素・機能の役割，経済性」等といった領域まで考察対象に含めることが，時代に即した意味を持つことになる，という方向に向かうべきだと思われる。この辺りがまさにファジーな境界領域で，この辺の判断は個々の研究者・当事者の具体的な研究目的や課題意識により決定されるべきである，とするのが最も有意義な姿勢であろうと思われる。

4．文化と流行

　春4月に新学年や新年度が始まり，明くる年3月にその学年や年度が終わる。もちろん種々の例外はあるが，わが国の暦（こよみ）はおおむねこのような形で巡り，それに伴う歳時記が年々歳々伝承されていく。それともう一つ，旧暦・新暦の変更はさておき，毎年の元旦をもって新年が始まり，大晦日が暮れてその年が終わる。この暦にあっても年々歳々，なじみの歳時記が受け継がれていく。それはすべて我々日本人の，あるいはこの県この町の人々の間にすっかり定着している文化である。

　ところで，女子中学生や女子高校生の間である時期，ゆるんだハイソックスが大流行する。ご婦人がたの間である時期，腿（もも）まで見える短いスカートが一斉に流行するかと思えば，しばらくすると今度はその丈（たけ）が一斉に伸びて踝（くるぶし）を隠すほどになる。若い男女は無論のこと，しっかり年配の男女までが気軽に自分の頭髪を茶色に染めたり緑色に染めたりする。

　これらの社会現象が「流行」であることは間違いないが，これらはいったい「文化」であろうか。文化とは，かくもはやり廃（すた）りの激しい流行現象までも包括する概念なのだろうか。

　この種の流行現象の場合，ゆるいハイソックスも短いスカートも茶色の髪も，それぞれの立場・環境の人々がその折々の最適の自己表現として（主体性の濃淡はあるにしても）それらの「流行」を選んだのであり，例えば宗教的戒律が厳しい社会ではそのような表現は許されない。つまり，個々の流行を「文化」として一々登録すべき理由も必要もないが，これら諸々の流行を

文化要素として，流行という現象の流れは，その折々の時期・時代の一端を担い表象する一種の「文化」の姿であると理解して別に不都合はないと思われる。

5．文化・経済主体としての人間

　これまで，ほとんど「経済」概念と「文化」概念について述べてきたが，それらの主役である人間は皆，「幸福」を求めて生きている。が，この「幸福」というものに外的・客観的尺度はさほどなく，各人の生い立ちや境遇，性格や価値観・人生観がその人の「幸福」の基調音である。だから，空しい気持ちの金満家もいれば，自分に満足した悪漢もいるし，自分が中流階層だと思う今の生活にほぼ満足している民衆も無数にいる。

　このような，文化・経済の主体としての人間そのものには，一体どのような価値があるのだろうか。人間は（これまで人類が認識している限りにおいて）「万物の霊長」である。だから，この「万物の霊長」は，地下と地上の天然資源・生物はおろか，月や火星の総体とその資源も人間の財物であるとお互いに考えている。「知は力」であり，この力は人類の周辺支配の権力の淵源である。ちなみに自然保護・生態系保護とか捕鯨禁止等々，地球上のこれらのマッチ・ポンプ現象も「万物の霊長」たる人類が地上最強の権力者であることの表象である。

　この人間は，各個人及び各個人の大小の帰属共同体（家族，近隣，諸地方自治体，国，所属組織等）に固有の，複数の「基本的価値」を備えている。この基本的価値には二つの面があり，一つは，各個人及び各個人の大小の帰属共同体そのものが「基本的価値」の認識者・保持者として存在すること自体から来る「主体価値」（目的価値）。もう一つは，これら各個人及び各個人の帰属共同体が備えている「価値」継承・深化・増進の機能・能力から生じる「手段価値」（有意義な手段としての価値）である。

　このことをより明瞭に示すために日本国憲法に示された個人とその諸共同体の「主体価値」と「手段価値」に関する基幹的規定を示すと以下のとおりである（憲法「前文」中の基幹的文言は省略）。

① 主体価値の保障規定

　第 11 条：基本的人権　第 13 条：個人の尊重，生命・自由・幸福追求権の尊重　第 14 条：法の下の平等，人種・信条・性別・身分・門地による無差別　第 15 条：公務員の選免権　第 18 条：奴隷的拘束・苦役からの自由　第 19 条：思想・良心の自由　第 20 条：信教の自由　第 21 条：集会・結社・表現の自由　第 22 条：居住・移転・職業選択・移住・国籍離脱の自由　第 23 条：学問の自由　第 24 条：両性の合意による婚姻の成立，夫婦の同権　第 25 条：健康・文化的生活を営む権利　第 26 条：教育を受ける権利　第 27 条：勤労の権利，児童酷使の禁止　第 28 条：勤労者の団結権・団体行動権　第 29 条：財産権　第 31 条：主体価値制約に対する法律手続き　第 32 条：裁判を受ける権利　第 33 条：逮捕要件　第 34 条：抑留・拘禁要件　第 35 条：住居・書類・所持品の侵入・捜索・押収要件　第 36 条：拷問・残虐刑罰の厳禁　第 37 条：刑事被告人の権利　第 38 条：黙秘権，自白要件　第 39 条：刑事責任の遡及・二重処罰の禁止　第 44 条：国会議員・選挙人の資格　第 92 条：地方公共団体の法定，地方自治の本旨　第 93 条：地方公共団体の議会　第 94 条：地方公共団体の権能　第 95 条：一地方公共団体適用法の要件　第 96 条：憲法改正時の国民投票権　第 97 条：基本的人権の不可侵性・永久性

② 手段価値の定立規定

　第 1 条：天皇の象徴性　第 4 条：天皇の国事行為機能，国政関与機能の否定　第 9 条：戦争・戦力の放棄，国の交戦権の否認　第 12・13 条：法定自由・権利保持の努力義務，法定自由・権利の濫用禁止，公共福祉への利用責任　第 15 条：公務員の公平義務　第 20 条：宗教団体の特権・政治的権力行使の禁止，国の宗教的活動の禁止　第 21 条：検閲の禁止　第 25 条：国の社会保障責任　第 26 条：子女に普通教育を受けさせる国民の義務　第 27 条：勤労の義務，児童の不酷使義務　第 29 条：私有財産の補償つき公共使用　第 30 条：納税義務　第 40 条：国の刑事補償責任　第 41 条：国会の立法機能　第 65 条：内閣の行政機能　第 73 条：内閣の職務規定　第 76 条：裁判所の司法機能，裁判官の独立性　第 89 条：公共財産の，宗教的又は私的使用・支出の禁止　第 98 条：締結条約・国際法規の遵守責任　第 99 条：天皇ほか公務員の憲法擁護義務

なお，上記の「主体価値」保障規定，「手段価値」定立規定を比較すればすぐに理解される論理的構造として，同じ個人・団体が同時に価値主体であり価値実現・維持・増進のための手段でもあるので，憲法上，同一事項につき権利保障を受けると同時に義務・責任遵守をも反射的に求められるという，表裏一体関係として規定されている場合が多い。

第2節　文化論の基盤

　以上，「文化」（・「文明」）という文化経済学の一方の最基礎概念について説明してきたが，このまま「文化」と「経済」との相互作用・相互関係の考察へ進む手前で，筆者がとりわけ重要だと考えている「文化関係事象を深く本質的に分析・考察するために必須・不可欠の基本的な視点・態度」としての「文化論の基盤」について，解説しておきたい。

1．文化相対主義の特質

　前節の「2．「文化」概念の整理」の第9項において，筆者は「文化」に対する人間の認識の基本的態度という，実に重大な基本命題に触れて次のように述べた。即ち「『パンセ』でパスカルが言う「こちら側では犯罪。あちら側では美徳」（正確な記憶ではない）というような現象は価値観，即ち文化の違いに根ざした価値基準の違いから生じる。「文化」とはしばしばこのような価値基準の違いの上に成立しているので，単純に自己の文化尺度で他の文化を評価・判定すべきではなく，それだと異文化理解も不可能である。これが「文化的相対主義」・「文化の相対性」（cultural relativity）を重視する立場だが，これは（その指摘の，歴史的貢献は評価するが）いわば一種の静的・稀進化的立場であり，現実の地域住民・諸国民・諸民族は，文化学者などがわきから案じてくれなくても交通・情報システム等の進歩も追い風にして，種々のレベルでの「文化」の交流・混血・自己分析・相互影響といった形で，それぞれの文化の進化・変容を主導しつつある」。

　この短い記述の中に，筆者は今述べた通り，「文化」に対する人間の認識の基本的態度という，実に重大な基本命題が示されていると考えている。何

を言いたいのか。それは，次のことである。

　2003年1月，タイの人気女優スワンヌ・コンギンさんが「アンコールワットはカンボジアに盗まれたもの」と発言した（ことはないとご本人は否定）というので激怒したカンボジアの民衆1,000人ほどがタイ大使館を襲撃，焼き討ちしたという騒動があった。事実関係はよく分からないが，筆者がこの騒動に関心を持ったのは，事の真偽ではなく，一国が世界に誇る自国文化に対するその国民の密かな（或いはあからさまな）愛着心・誇りというものの大きさがそこによく表明されていたからである。他所（よそ）から輸入してきて育て，定着させた輸入文化ならば国民の独自の誇りもさほど強くはないだろうが，自力で生み出し開花させた文化，他所からヒントや刺激等を得たとしても自前の付加価値が大きくて，しかも今や世界に知られるまでに至った自国文化に対する国民の誇りは大きい，というのが世間通常の相場だろう。
　このように一国の文化，各地の文化のあれこれに対する国民・地域住民の愛着心・誇りには，異邦人・異郷人としてまずは敬意（と，できれば関心）を表すべき価値（とまでは行かずとも，少なくとも社交的価値）があり，「文化的相対主義」と呼ばれる価値論はこのような行きがかりによく適合した，広く世間から支持されやすい態度だった。その態度は，まず何よりも寛大に見えるし，一切の偏見・先入観を排して相手の心で価値を理解しようとするし，異論・異説・対立的価値を押しつけず，物わかりのよい，共存・共栄の平和の使徒の微笑（これを言い換えれば，「他者の幸・不幸はカラスの勝手。自分たちの幸・不幸は自分たちの後生（ごしょうだいじ）大事」という冷淡な微笑に通底し得る要素を否めぬ感情）をたたえている。これが，流行の「文化的相対主義」の素描であり，いわばこの平和的な主義の特質である。
　だが，この主義，この価値観が本当に文化論の基盤であると言えるのだろうか。筆者はそこには明らかに「ウソ」が在ると考えている。我々人間という価値認識者が，我々お互いの在り方，生き方へのこだわり，価値意識の本音を放棄してしまわない限り，我々お互いの「本性」に従い「文化的相対主義」の社交的微笑だけではお互いに納得し切れない，という本音を率直に凝視「せざるを得ない」ということを指摘したい。以下，その説明に入る。

2．修正文化相対主義

「文化」とはしばしば価値基準の違いの上に成立しているので，単純に自己の文化尺度で他の文化を評価・判定すべきではなく，それだと異文化理解も不可能である。これが「文化的相対主義」・「文化の相対性」(cultural relativity) を重視する立場だが，これは（その指摘の歴史的貢献は評価するが）いわば一種の静的・稀進化的立場であり，現実の地域住民・諸国民・諸民族は，文化学者などがわきから案じてくれなくても交通・情報システム等の進歩も追い風にして，種々のレベルでの「文化」の交流・混血・自己分析・相互影響といった形で，それぞれの文化の進化・変容を主導しつつある。

科学技術の進歩と人々の叡智の進捗(しんちょく)の果実として，今や我々人間の文化は狭い地域や一国を越えて様々な形，様々な規模・程度で相互の交流・混血・相互影響や新たな自己分析・自己評価・自己変容という形で，それぞれ進化・変容を続けつつある。この実勢を押しとどめることは誰にもできない。これらの歴史的な実勢を能動的あるいは受動的に，自律的あるいは他律的に生み出しあるいは受容しつつあるそれぞれの文化主体にしてみれば，そこには絶えず，その文化変容に伴う「得た価値，台頭(たいとう)する価値」と「失った価値，薄れゆく価値」があって，とある文化変容が常に「進化」を意味するとは限らない。だから筆者は，世間普通の人々の直観に従い，単純に文化の「進化」と言わずに「進化・変容」と表現しているのである。東京都区部の人々やニューヨーク市内の人々の文化，幸・不幸と九州の山間の人々やアラビアの砂漠の人々の文化，幸・不幸を単純に比較して優劣を論じることは恐らく空しい作業だろうし，彼らは皆お互いに，他が望めない価値を享受しつつ自己に望めない価値を失っているに違いない。「文化相対主義」の意義・効用はこのような複雑で有機的な諸文化の価値を素直に分析・考察・比較する力・機能に在る。

しかしながら，「文化相対主義」はその長所がそのまま短所になっているのである。それは，こういうことである。我々人類が太古以来，意識的ないし無意識的に営々と生み出し変化させ消長させてきた「文化」には，先ほど筆者が述べた「我々人間という価値認識者が，我々お互いの在り方，生き方へのこだわり，価値意識の本音を放棄してしまわない限り，我々お互いの本

性に従い文化的相対主義の社交的微笑だけではお互いに納得し切れない，という本音」に立つ時，我々がお互いに否定できない感情から，「卑小な文化」と「卑小とは言えない文化」とが在る。この「卑小な文化」とは何か。その判断基準として我々の率直な感情に作用してくるものは，現代の我々の人道的尺度・常識から許容し得ない事象に対する我々の嫌悪感であり，この嫌悪感を惹起（じゃっき）する「卑小な文化」の具体例として，食人文化，纏足・展唇（てんそく）等の奇形化風習，人種・階層由来の差別的文化（習慣・思潮・制度等），過度の残虐性や過度の競争状態を許す制度等，いろいろなものが挙げられるが，各人の性格・生い立ち等によって判断が割れる例として（つまり，中間的な性質のものとして）キツネ狩り，闘牛・闘犬等の高等動物虐待の風習，ある種の異常性愛，過度の弱者放置・弱者搾取の諸制度・習慣等も挙げることができる。ここに例示したような広義の諸文化事象は，すべて一律に我々の感情から拒絶されるわけではないが，いずれも「卑小な文化」の一覧表に載るか，採否スレスレの文化だと言えよう[3]。

　筆者は決して，「文化」における魔女狩りを許す方向を許す者の一味ではない。我々の価値感覚の本音から見て「虚偽」がひそむ，部分的な価値判断停止を伴う文化的相対主義の非全能性を指摘しているのである。これらの所見を総合すれば，我々が現に保持している最も自然な「文化論の基盤」とは，以上に述べてきたような認識を含む修正文化的相対主義に在る，と言うべきなのではないだろうか。その上，文化的相対主義とは，すでに前述したようにいわば一種の静的・稀進化的立場に立った学説であり，ダイナミックな実勢をもって進化・変容しつつある生きた文化の実相を，的確に把握・考察する上で最適とは言いがたい視座なのである。

3．卑小な文化

「卑小」とは，その行いや判断を支えている人間の心根・心情が卑（いや）しくて小さく貧弱な状態を意味する言葉である。だから，もし「文化」という概念には常に堂々たる人間の在り方・生き方が必ず付随しているのだと言うのであれば，「卑小な文化」という表現は「文化」の名において，あり得ないことになる。つまり，筆者が「卑小な文化」と評した食人文化，纏足・展唇（てんそく）等

の奇形化の風習その他の諸制度・習慣等の一群は，このような厳しい条件に照らせば「文化」のリストにそもそも登録され得ない，「反文化」事象の群れに過ぎないことになる。

　しかし，実際の「文化」の歩みを眺めると，「文化」とはその本質において，創造的な要素を持つと同時に，極めて多くの場合，「歴史的」由来を持つ人間の現象なので，この「歴史的」特質を考慮する時，我々人間の判断・行為が多くの場合に歴史の歩みとともに進化・変遷してきたことを思えば，やはり現代の人心の尺度のみをもって唐突に「反文化」として切り捨てるのは適切ではなく，それよりは「人間の文化の幾つかの徒花（あだばな）」として，「卑小な文化」と認識する方が妥当であろうと考える。

　ここでの論考に際しては，様々な思いが去来する。例えば，「闘牛」が「卑小な文化」ならば，文化においてスポーツ文化というよりも娯楽文化ないし射倖（しゃこう）（賭け事）文化と呼ぶのが適切と思える「競馬」だって，世界中で毎年，多数の競走馬が疾走中に骨折して，すぐに薬殺されているのだから，あれも人間が馬を奴隷視している冷酷・非道の「卑小な文化」ではないか，というような批評があり得るだろう。しかしそれは違う。事の本質において極めて異質のもの同士の混同・同一視がある。その相違点の主なものを挙げると，①競走馬とその様々な関係者との間には極めてしばしば，それぞれに感動的とも言える「心の交流，愛情物語」があるが，闘牛の場合にはそのような事例はほとんどない。②競馬における骨折・薬殺はスペースシャトル「コロンビア」の大惨事と同様，誰も望まない無惨な事故だが，闘牛における牛という弱者の虐殺は残虐な大観衆が期待し興奮する，没人道的な死の狂宴である。

4．卑小とは言えない文化

　筆者の歴史観によれば（それは恐らく，読者諸賢の過半も筆者と共有される歴史観であろうと推測するのだが），我々人類の文化が我々とともに進化ないし変容していく有様を示せば，図3.1のような軌跡を辿って消長・興亡するのであろう。ただし，この図に用いた「点線」の軌跡は「卑小な文化」に類する何か一つの文化事象の消長・興亡の例示（事象A・C）であり，「実

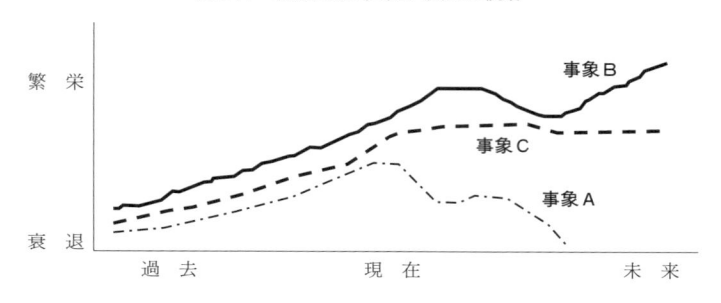

図 3.1　個別文化事象の消長の軌跡

　　　　　　　　　　　　　　　　　　　　　事象 B
繁栄　　　　　　　　　　　　　　　　　　　事象 C
　　　　　　　　　　　　　　　　　　　　　事象 A
衰退
　　　過　去　　　　　現　在　　　　　未　来

線」のそれは「卑小とは言えない文化」に類する何か一つの文化事象の消長・興亡の例示（事象B）なので，現実の諸文化事象の軌跡は，無数の点線あるいは実線の曲線として，様々な形で推移していくことになる。なお，この図において点線（卑小な文化）でありながら，衰亡の軌跡を容易には辿らない事象Cのような事例として例えば闘牛を挙げることができよう。我々人間の世界には，宗教（供犠祭式）との結び付きの濃淡の差はあれ，捕食動物としての人間の本能的蛮性という情熱に根ざす，まさに本能的な文化（文化要素）が生き続けており，このような現象が持つ文化経済学上の意味については，次項5において論じる。

　この図に見える未来に向けて，種々の文化事象に対する「魔女狩り」の影響は恐らく，昔ほどにはないと思われる。「まったくない」と言えないのは，昔の宗教的迫害とかヒトラーやスターリン等の人種的ないし文化的粛清等と同様の，党派的・集団的・制度的・組織的な迫害・狂気は今後それ程はないであろうが，もっと小規模な形でのそうした文化的圧迫は在るだろうし，組織的にではないにしてもその国，その社会，その地域のかなり多数の人々の心に方向・内容をほぼ同じくする文化的圧迫の衝動・感情が宿り力を振るうことは在るに違いない，と思われるからである。そして，そのような場合，圧迫を受ける標的となる確率は恐らく「卑小とは言えない文化」に類する事象（人々）よりも，「卑小な文化」に類する事象（人々）における方が高いのではないか，と思われる。

　さて，このような文化の歴史的消長の中で，「卑小とは言えない文化」の

様相を，本書の目的である「文化と経済との相互作用・相互関係について原理的な仕組みを考察する」という視点から観察すると，そこには，おおよそ次のような特徴が見てとれる。

① それらはまず，「卑小な文化」と異質な文化である。これは，白と黒の２色の選択肢において白でなければ黒である，という当たり前の記述だが，説明なしに通過してよい程の無意味な特徴だというものでもない。どこが異質なのかと言えば，その文化（文化要素）から遠い異邦人・異郷人が初めてそれに接触した時の違和感ないし嫌悪感が，慣れていくにつれて徐々に（あるいは急速に）薄れて，結局は自らその異文化（異文化要素）の本質を許したり，高く評価したり，それどころか熱烈な信奉者になってしまったりする，「本質的嫌悪感の減殺(げんさい)力」を持っている点が「異質」なのである。説明を飛ばして簡潔に述べれば，「卑小とは言えない文化（文化要素）」は，「本質的嫌悪感の減殺力」を持っている文化（文化要素）である。「卑小な文化」はその力をほとんど持っていないか，あまり持っていない。

② 一言で「卑小とは言えない文化（文化要素）」と総括しても，そこに含まれている無数・多彩な文化（文化要素）には，極めて素朴・原始的な種類のものから，最高度に精緻・複雑な種類のものまで存在しており，それらが様々な組合せで反応・離合集散し，あるいは，独自の伝統・純正を保持し続けたりしている。つまり，いわばピンからキリまでの多様なレベルのものが併存しているということである。

③ 今述べたように「ピンからキリまでのレベルのものが併存している」とは言え，それではそれらの等級付け・格付けが出来るのかといえば，それはその分類の基準・尺度の立て方によっては極めて困難というより，「危険」な行いである。つまり例えば，高級な文化，中級の文化，低級な文化というような分類をしようとすれば，具体的作業は早々と行き詰まるに違いない。

④ また，一言で「卑小とは言えない文化（文化要素）」と総括してもその内容を文化経済学的な視点から見ると，経済的効果・効用ないし経済的・社会的効果・効用の面から大小がある集合体である点が注目される。

ある文化（文化要素）はその担体たる人口の規模が大きいので（例：服飾ファッション人口・市場，プロ野球ファン人口・市場，スキーファン人口・市場，旅行・観光客人口・市場，映画ファン人口・市場等々）それに見合った経済的効果・効用（と同時にそれへのニーズを充足させる社会的効果・効用）を生み出すが，別のある文化（文化要素）はその担体たる人口の規模が小さいので（例：小さな村落の普通の祭礼，工夫の少ない街づくりやそこでのイベント，採算が取れない一部の伝統工芸・芸術・行事，人が向かわない社寺・観光地等々）せいぜい自給自足ライン程度かそれ以下の経済的・社会的効果・効用しか期待できない。

5．文化選好の仕組み

多数の人々の嫌悪感・拒否感を惹起する前者とそうではない後者との間の歴史的な消長を比較すると，前者の寿命が短く，後者の寿命が長いのは当然の理屈である。

ところが，前項４の図3.1及び関連記述において示したように，その文化（文化要素）自体の本質は「卑小な文化（文化要素）」でありながら，衰亡の軌跡を容易には辿らない事象Cのような事例（例えば「闘牛」）がある。なぜ，多数の現代人がその文化（文化要素）の本質に対して嫌悪感・拒絶感を持つにもかかわらず，このような現象が持続するのかと言えば，それは，この種の文化（文化要素）が，①濃淡の差はあれその起源以来，宗教（供犠祭式）との結び付き，あるいは民俗的ないし民族的風習という深い根を持っており，②自己の文化価値体系に同化され組み込まれたその文化（文化要素）への嗜好という形で，例の文化的相対主義の尊重する独自・固有の文化価値として根深く肯定され維持されており，更にはしばしば，③その文化（文化要素）の維持・執行に伴う大小の規模の経済的・社会的仕組みと経済的・社会的効果をその国，その土地の経済・社会に広く，かつ深くもたらし続けている重大な文化財でさえあり，またその上，④自文化に幼時から同化している人々にとって，他者から「卑小な文化」と評されるのは不快かつ心外なことであって，この故に，多くの人々は異文化に対して互いにあの「文化的相対主義」を守り合っており，この線上にあることとして，⑤自ら

の価値尺度で他者（文化・文化要素）を裁くよりも，相互の自由を尊び，自然の成り行きに未来のことを委ねようとする人々が極めて多い，といった諸々の状況があるから，である。

　このような複雑な状況があるため，筆者は本書の第 11 章において「文化・経済均衡原理」について述べるに当たり，我々人間の文化価値観の視点からは極めて重要な意味を持つ「卑小な文化（文化要素）」と「卑小とは言えない文化（文化要素）」という区別をそこへは導入せず，もっぱら個別具体的な諸文化（文化要素）の持つ経済的効果ないし経済・社会的効果のみに着目して考察を進めている。それは，筆者が提示する「文化・経済均衡原理」という発想の目的が，文化価値や倫理的価値を巡る論争などにはなく，「文化と経済との均衡状況」を数値化・類型化して示そうとすることに在るからである（本書，第 11 章第 4 節参照）。本節の最後に，筆者としては（本節の内容全体に深く関わることなので），それなりに思いを巡らす価値があると考える quiz を一つ出しておきたい。「人間は，いかなる意味において，どうしようもなく中途半端な生き物なのか。」

第 3 節　文化・経済機能結合の態様

　第 2 章「「経済」概念と経済情勢」において，我々国民の生活・文化をミクロ的にもマクロ的にも支える「経済」の現状を要約整理したが，これを踏まえた次のステップとして，本節では，「経済」におおむね支えられる一方，「経済」の潜在的な魂（精髄）・資質能力に他ならない「文化」（広義の文化）という最も基本的かつ多様・多機能の価値物を取り上げ，この両者，「経済」と「文化」の極めて緊密な結びつき・相互関係の諸相を，整理・分類した形で示すこととする。

　文化経済学という，「研究手法」が複合的な学問分野において，以下に列挙する文化機能・経済機能結合の諸態様及びこれらの結合・相互作用を助ける諸条件の分析・考察が，少なくとも当面の主な課題である。なお，「文化」は，これに対する人々の姿勢・発想次第で，①金食い虫になることも多いし，②金の卵となることも多い。

1．文化の費用・消費的側面

　例えば日本全体の大学生以下の教育関連家計支出は年間15兆円と地方交付税交付金総額に匹敵する規模であり，その他のいわゆる生涯学習関連産業の市場規模も10兆円規模の大市場である。また，オペラや古今東西の音楽，演劇，映画，芸能，美術，工芸，書道，華道，茶道，様々なスポーツ競技や屋内・屋外のレジャー活動，観光，旅行等，これらはすべて老若男女の人々の多様な「文化活動」とみなされているが，これら諸活動はそれぞれ，大小の道具や施設・設備，材料費や維持管理費，内容制作費や人件費，指導料・授業料や旅費・交通費・通信連絡費・支度費等々，種々の経済的要素が極めて重要かつ大きな部分を占めている。経済活動における，これら広義の文化活動の「費用」的（「消費」的）側面を抜きにしては，雇用創出効果ほか社会の経済分析においてかなり大きな経済領域を欠落させることになる。

　広義の文化産業の大きな特徴は，その構成要素の大半がサービスとコンテンツというソフトウェアだということであり，今後ますます定着・充実が見込まれるIT効果が特に広範囲に活用できる分野であるということである。

2．文化の付加価値・生産的側面

　前項の側面とともに，これらの「文化活動」の多くが極めて大きな「生産」的（「付加価値創出」的）機能を併せ持っていることを見逃してはならない。しかも，「文化活動」のこの面の機能・作用こそ，現代経済社会（生活の質，精神的な満足をいっそう重視する傾向が強い社会，ポスト工業社会）において，非常に多くの消費者たちがさまざまな分野で求めている文化的な付加価値ないし種々の需要を生み出すものであることに，注目すべきである。

　即ち，上述のオペラや音楽，演劇，映画，芸能，美術，工芸，書道，華道，茶道，様々なスポーツ競技や屋内・屋外のレジャー活動，観光，旅行等，ほとんどすべての文化活動は，これらの活動を「経済財」（economic goods／その財物・サービスに対する需要と比較して希少価値を持つため価格を得て売買され得る財物・サービス）として市場に提供する「生産・提供者」（具体的には，プロ芸術家や企画・制作集団，関連企業群，国や地方政府その他の公的セク

ター等）がこれらの文化活動を「商品」市場に提供し，生産・提供の原価プラス利潤を商品価格として，「消費者」と取引きする。このような「生産，価値創出」側面が持つ「文化」の経済的意義を見落としてはならない。

　生産財としてみる「文化」は「文化資本」といえるが，ここで「製品」と「商品」という用語について付言すると，「製品」とは，人間同士の市場での交換価値を持つものと，交換価値を持たないものとを包括した，「人間の一切の生産物」である。

　この「経済活動における「文化」の「生産」的（「付加価値創出」的）側面」という点について，同種の「商品」生産・付加価値創出であっても，実際には，各国・各地の文化の違いを念頭に置く必要がある。

　日米プロ野球の世界で，ハマの大魔神 佐々木投手や，万年首位打者のイチロー選手，あるいは大幅な年収・処遇ダウンを承知で阪神タイガースのスターの座から新庄外野手が，大リーグに入って活躍するに及び，BS放送の普及もあって，「アメリカの野球」がすっかり日本の野球ファンたちの「日常的な実体験」になった。平成15年1月にはついに読売ジャイアンツの，という以上に日本のプロ野球の主砲だった松井外野手がNYヤンキースのユニフォームを着てあちらのテレビ・新聞報道に登場した。このような日米プロ野球の新時代を迎えて，日本のファンたちの多くが昨今感じていることとは恐らく日米プロ野球の「力の差」といったこと以上に，実は衛星放送を通じて日々簡単に実見できる大リーグの野球と，毎度おなじみの日本のプロ野球との「文化の違い」であろう。日本の（そして，恐らく同様に韓国の）プロ野球の選手・監督も，熱心なファンたちも「勝負至上の仕事」に取り組んでいる。もちろんあまり単純には言い切れまいが大リーグの選手・監督やファンたちは，日・韓の場合と比べてもっと「優れた技を見せ，それを見せてもらって，お互いに心から楽しみ，満足する文化」に身を置いている。この点をもう少し具体的に言えば例えば大リーグのテレビ放映を観ていると，次のような点に気づかされる。

① 観客席に大軍団を構えて（両チーム選手のプロの技の競演にいつも背を向けているとは言わないが），好きなチームに対する熱狂的な大音量の応援を，最初から最後まで繰りひろげる，日本のスタジアム恒例の光

景は，大リーグでは「通常」は見られない。
② （日本でも，野球場によってはそうしている所もあるが，）大リーグの球場経営・ゲーム運営を見ていると，ゲームの合間に観客を楽しませるアトラクションを提供し，スタンドに入ったボールや，野手・グラウンド補助員が捕球したボールをファンにどんどんプレゼントし，したがって，観客のほうもグラブ持参の人が多いというように，「野球文化」・「野球商品」の提供者側（サプライ・サイド）と観戦者側（デマンド・サイド）との「距離感」が大リーグのほうが小さい。つまり，文化商品の供給者・需要者双方の一体感・交感度が大リーグの場合のほうが大きい。佐々木投手やイチロー外野手がいるシアトル・マリナーズの本拠地セイフコ・フィールドの「プレスリー・デイ」（E. プレスリーの日）には，当日の観客の中で扮装が最も E. プレスリーに似ている観客を選び，始球式をやらせている。第7イニング（ラッキーセブン）を迎えた時の，各球場での歌の大合唱や付帯行事の楽しみ方も，大リーグでは実に自然に「板に付いて」おり，商品需給双方がいわば一体となって娯楽・見せ物を盛り上げている。
③ ひいきのチーム，そうでないチームの別なく，優れた技やフェアプレーを見せた野手に対して盛大な拍手・声援を送る観客が大リーグでは多い（アメリカの野球文化と，その他の多くの国々のサッカー文化における精神風土の違いにも思い至る）。
④ 野手・監督らの不文律として，大リーグでは，得点差が大きく開いてしまった状況下で，盗塁しようとする行為や敬遠四球作戦に対してなおも打撃に出る行為等は，野球の美学，野球の文化に反する行為（・人道に反する行為）として，評価されない。

思い出すだけでもこの程度，日米野球の「文化の違い」の例を挙げることになるが，同じ領域，同じ種類の「商品」生産・付加価値創出であっても，実際には，各国・各地の文化の違いを念頭に置いて取り組まなければ異文化間ではミスマッチが生まれ，思惑違いを生ずることになる。要するに「文化」（と表現するのがやはり最も適切だろう）という人間界の現象は，このようにそれを無視してしまっては物事の的確な分析・評価・予測を不可能に

してしまう程，経済活動上もかなり重要な因子であることに留意すべきである。ただし，このような文化的ギャップにむしろ着目して，供給者側がそれをセールスポイントにするのが，いわゆる舶来趣味・エキゾティズム商品の生産・提供ないし輸入である。

3．無償型の文化活動の特性

　前項は，市場取引き価格を持つ「有料」の文化活動の例であるが，近年，市場価格を持たない「無償」の（あるいは，ほぼ無償の）文化活動が目ざましい勢いで国内外に広がりつつある。

　即ち，NPO（nonprofit organization／非営利民間組織）や NGO（non-governmental organization／非営利・非政府民間国際組織）のように組織性の高い民間ボランティア活動体から，もっと組織性の弱い仲間同士・住民同士の任意のボランティア・グループに至る，様々な文化活動体が，福祉・環境保護・資源保護・景観保全・文化財保護活用・芸術文化・地域スポーツ・人材活用・余暇活動・生涯学習等，多様な文化的領域で，「無償」ないしほぼ無償（＝実費徴収）のボランティア活動を展開している。

　これらの非営利組織・グループは，「無償」という点では単純な経済的付加価値を創出しないが，①彼らの文化活動の展開に必要な「費用」的（「消費」的）側面（本節1．参照）を持つとともに，②彼らのボランティア活動から派生する種々の「生産」的（「付加価値創出」的）側面（本節2．参照：例えば，環境保護のボランティア活動の展開に伴って環境保護関連の製造業での新商品の生産・提供・需要が発生・拡大したり，地域スポーツのボランティア活動の効果による愛好者の増大，関連業界での商品開発・需給量の拡大が進む等），③行財政・民間投資等の合理化・補強効果をしばしば備えている。

　なお，この「無償」型の文化活動の一種に，主として民間有志企業やそれらの連合体による「メセナ（mécénat）活動」と呼ばれる文化活動がある。これは企業の文化的なイメージアップや社会的貢献の一環として，企業あるいは企業が設立した公益財団，複数企業の連合体等が，芸術家の創作活動や公演活動，各種の芸術文化事業等に対して寄付金を提供したり，企業従業員によるボランティア活動を提供する等の文化支援活動である（古代ローマ帝

国の富豪で，芸術活動の支援者だったマエケナスのフランス語読み「メセーヌ」に由来）。NPO後発国・日本の大きな課題は法的整備である。

※平成2年「㈳企業メセナ協議会」設立→同6年，同協議会を国の「特定公益増進法人」に認定。同協議会への企業・団体・個人寄付金を，対象芸術団体へ同協議会からの助成金として公布＝各年度5億円超を損金算入。

4．上級財としての文化

　社会・経済の発展段階が低い諸国・地域では「商品」の種類・性能・形状等が一応のレベルに達していれば消費者から購入されるが，ポスト工業社会といわれる段階の国や地域では「商品」に対する消費者の選別・購入基準は厳しく，かつ，多様である。

　このような社会で，消費者が購入する「商品」は，「多種類・高性能・高品位」で，消費者の物的あるいは心理的欲求を満足させ得る財物・サービスである。もちろん，国家経済（場合によっては地域経済）には好・不況の変動が伴うので，景況の変化と消費者の「商品」購入基準の変化とは無関係ではないが，一般的傾向としてそのような購入行動が見られる。

　即ち，成熟段階の経済・社会では，既存の安定した技術力・技術開発力と，最先端レベルの技術力・技術開発力を駆使して優良・高品質の商品が生産・提供されるが，そこでは一般に消費財の中でもいわゆる「上級財」（所得の増大に比例して需要量が増大する財物・サービス。普通財・正常財）への需要が大きく，反面，いわゆる「下級財」（所得の増大とともに需要量が減少していく財物・サービス。劣等財）への需要が相対的に減少するが，「上級財」であればあるほど，その品質改良や新規開発に当たっては「よりキメ細かな配慮・工夫」とか「内容が非常に優れている」とか「高度に洗練されている」といった，まとめて表現すれば「高度の文化性」が要求される。

　具体的な財物・サービスを例に挙げれば，乗用車のジャガーやベンツ，二輪車のホンダやヤマハ，ゲーム機のプレステ2，陶磁器のノリタケや有田焼，あるいは，優秀な一流ホテルのサービス，優れた自治体の住民サービス・地域開発計画や都市景観の設計等，様々なものが挙げられようが，これらの多くに共通する長所はいわば「高度の文化性」である。このように，財物・

サービスをより上級化させ高度な需要に応え得るものにする上で極めて重要な要素の一つが経済活動における「文化」の「開発」機能であり，その経済的価値・効用は非常に大きい。

　ポスト工業社会段階の国・地域では「商品」に対する消費者の選別・購入基準は厳しく，かつ多様である。このような社会で，消費者が購入する「商品」は，上述したように「多種類・高性能・高品位」で，消費者の物的あるいは心理的欲求を満足させ得る財物・サービスである。成熟段階の経済・社会では，既存の安定した技術力・技術開発力と最先端レベルの技術力・技術開発力を駆使して優良・高品質の商品が生産・提供されるが，（高度な消費者社会の求める商品が）「上級財」であればあるほど，そのような局面で必要なことは，「有効需要の新対象物・新起爆剤となる文化性」への着眼である。

　イタリアの代表的ファッション・デザイナーのジョルジオ・アルマーニ氏は「カジュアル・ファッションのデザインに当たって，自分が気を付けている基本的な点は，町中で行き交う人々から快感をもって受け入れられるデザインのもので，着ている人にとって着心地がよいものを心がけている。また，自分のファッション・デザインを，新しく広げていく上で，社会の様々な種類の人々との出会いが貴重な刺激になっている」と述べているが，このように文化的感覚・感性をまず何よりも重視する，ある意味で純粋に「文化」感覚から入っていこうとする高度商品（上級財）開発主体・生産主体としての人間の体質こそが，当然の成果として文化性豊かな，優れた商品の開発を可能にし，それまで予想もされずに高度消費社会の消費者たちの購入欲の奥に埋没していた，新たな期待感を呼び覚まし，新たな有効需要を呼び起こす新「対象物」（新生の上級財，新商品）として高度消費市場に登場し，新たな有効需要の「起爆剤」になることが多い。これが，本項で強調したかったポスト工業社会で通用し得るレベルの有効需要の新「対象物」・新「起爆剤」となる「上級財としての文化」というものの内容である。

　この局面における「文化機能と経済機能との結合の態様」について言えば，ここでは，経済性・経済的感覚は企業経営に不可欠だが，それ自体がもつ需要喚起の機能は，「文化性」が発揮する機能の絶対的な大きさ・強さに対し本質において補助的であり，環境条件に位置する。

この視点に立つとき，百貨店「そごう」（全国規模）の破綻やテーマパーク「シーガイア」（宮崎県）の倒産などに顕著に見られる経営病理は，「消費者」という人間，すなわち文化的存在の心情，つまり「文化」感覚を本当に大切にする体質が希薄だった反面，そのように希薄な「文化」基盤の上に立って，補助的機能でしかない「経済」感覚のほうだけは旺盛だった，という経営陣の知性・精神構造・心理構造にあったといわざるを得ない。

5．実利機能と文化機能

従来の「貨幣中心・財物中心」の経済学とその姿勢を批判してもっと「人間の幸福感・精神的価値」を中心に置く経済学を構築すべきことを提唱した，イギリスのジョン・ラスキンやその後継者ウィリアム・モリスらの立場に立てば，我々の人生・生活も産業活動も，人心を快く豊かにする快適な芸術性・文化性に満たされているべきであるが，「各種産業や行政活動，民間諸活動における文化性の役割・効果」等という時，「産業技術と文化機能」，「行政行為と文化機能」，「民間事業と文化機能」の，各境界線を引くことは必ずしも容易ではない。それは，極めてしばしば区分しがたい両性具備の領域に属している（例えば，あの美しく洗練された飛行機や乗用車等の機能美は，産業技術・工業デザインという「実利」機能に属するのか，それとも，芸術・美術デザインという「文化」機能に属するのか。正解は，その双方に属する，ということになろう）。

第4節　相互作用を促す条件

1．規制の維持と規制緩和

広い意味での「法」には，書き言葉によって明示された成文法と，そのような法令・条文を持たない不文法とがあるが，これら両様の法が実社会において実際の仕組み・形をとったものが「制度」である。経済取引であれ，婚姻・親族・相続関係であれ，労働・福祉・社会生活関係であれ，この広義の「法」に基づく広義の「制度」（各国の各方面に必ず存在する様々な慣習・約束事等を含む）として維持され営まれ，時代とともに改廃されていく。文化

機能と経済機能とを，人間のための文化的環境及び経済的環境の充実のために活用する上で，現実には，これらの法的仕組み，法制の在り方が非常に大きな意味をもっている。すべての経済行為は常に適法でなければならず，違法は許されない以上，法律という強制力をもった「規制」が，新しい合理的な経済行為の障害になっては困るケースが少なくないからである。

「規制」とは，人間社会の種々の分野で，①不都合な事態が発生しないように，または，②望ましい事態が維持されるように，対象と条件を定めて，①一定の制限を課す，または，②一定の履行を課す法的な措置，制度である。具体的には，各省庁が持っている許認可権限の削減や緩和を意味しているが，これらの規制には，①国民・住民の利益や安全を保護するための社会的規制と，②既存の業者等の既得権を実質上保護することになることが多い経済的規制とがある。経済的な発展を図る上で問題になるのは当然，公正な市場原理の下で国民・住民の利益の増大につながる筈の，優れた新規参入を妨げることが多い②の経済的規制の緩和が思うように進められないことである。

2．情報アクセシビリティ

情報化社会・高度サービス社会としてのポスト工業社会では，提供されるさまざまな商品・サービスの本当の内容，細かな機能・性能が，消費者・購入者にとって事前にはよく分からない場合が多くなる。無形のサービスや情報という商品は使ってみなければ善し悪しや，自分との相性等が体験できないからである。

この問題は，これら商品だけではなく，そもそも自分たちの周囲の地域社会の状況や住民・NPO等の動き，芸術文化・教育・生涯学習・観光・娯楽・スポーツやグリーンツーリズム・エコツーリズム・地域の環境や景観の問題その他，さまざまな事柄について，仕組みが複雑な現代社会の中で，多くのという以上にほとんどの人々が，各種の情報の必要性は分かっていながら，入手可能な情報の種類・内容や入手の仕方その他が分からず，困りながらも何とか暮らしている。

これが，近年広く問題になっている「非対称的情報（asymmetric information)」への対処の仕方に関わってくる。この非対称的情報という言葉は，経済学では普通に通用している訳語だが，もっと平たい日本語で言えば「偏在型の情報」である。

例えば，文化産業の代表的な商品として，邦画・洋画のホームビデオ版が町のビデオショップでいっぱい売られているが，「ザ・ネゴシエーター」というビデオがどの程度の価値をもつ商品なのか，また，その隣の商品がどの程度のものか，普通の消費者・購入者には見当がつかない。しかし，その商品の生産者・販売者にはよく分かっている。

このような情報が「非対称的情報」である。つまり，いろいろな市場でいろいろな商品取引をするのに，生産者・供給者側は他の同種商品との質的比較・価格比較を含めて当然，十分な商品情報を持っているのに，それを選んで購入する消費者・需要者側にはたいした情報がない。だから，このような情報を「非対称的情報」（偏在型の情報）と称している。この種の例はいわば無数にある。各種の電子機器・家電製品・ソフトウェアから，新車・中古車，各地の余暇・観光・娯楽サービスの質，新規学卒者や途中転職者の質・生産性，証券・デリバティブ商品，等々。みな取引当事者の片方の企業・組織や個人の側に，必要な情報が非対称的に偏在していることが少なくない。

このような「非対称的情報」（偏在型の情報）をできるだけ相手に「適切に」公開していくべきだというのが，昨今の情報公開推進の流れであり，この情報アクセシビリティ（入手可能性）を高めていこうとする流れは，文化と経済との相互作用・相互寄与の質を高めていく上で，非常に大切なことである。

なお，上の文章の中で「適切に」と特にカギカッコを付けたわけは，一方に隠された情報を公開・提供する場合，適切な内容の情報を，適時に，適切な形で公開・提供するのでなければ，それはむしろ役に立たない情報，有害な情報になってしまう場合が多いからである。

3．知的所有権保護制度

IT革新が本格的に進歩・浸透していくこれからのポスト工業社会にあって，ますます重要になっていくことの一つが，人々の多様・高度な文化的諸

要求を満たす知的ソフトウェア・諸コンテンツ等，広義の文化的情報の保護・活用に不可欠な知的所有権制度への配慮である。

　高度情報化社会にあって人々は，必要なときに適切な知識・情報を容易に入手できるノウハウを身につけているのといないのとで，以前には考えられなかった程，文化的・経済的に大きな有利あるいは不利を持つことになる。いわゆる知識・情報格差の問題である。前項は直接この問題を取り上げたものといえるが，この極めて大切な「知識・情報」の多くは現在，それらの経済的価値が著作権法・特許法・意匠法・商標法といった，包括していうと知的所有権（知的財産権）法によってそれらの所有権・財産権が保護されている。

　素人がへたな詩を作っても，詩人が売れる詩を作っても，どちらも著作権法で著作権を保護されるが，前者は売れないのでカネにならず後者は詩集等の形で売れてカネになる。それで詩人やその家族は生活を立てる。これがもし，著作権保護制度がなければ，詩であれ絵であれ，ドラマ脚本であれ映画・ゲームソフトであれ，アッという間に人や他の企業からコピーを作られ長所をマネされて，本人の苦労は報われないままに，カネも得られず泣き寝入りするしかない。これはごく一部の例を述べたに過ぎず，詳しく述べれば，高度情報化社会でのたいへん大きな問題だということが理解される筈である。

　購入して使用して満足する消費者の側からすれば「貴重な知識・情報という価値物」はきれいな空気と同じようなものだが，これを苦労して作り提供・販売する側からすれば，それは貴重な財産（無体財産）であり，才能のある人々が今後も一般の人々のために優れた知識・情報をどんどん生産し供給してくれる心豊かな文化社会を維持していくには，この開発・創出側の人々の苦労の結晶を周囲が貴重な「財産・権利」として認め，そこから本人たちが妥当な利益を得ることを保障する社会的制度を確保すべきである。これが，知的所有権保護制度の目的であり，存在理由である。

　商品として知識・情報をみるとその特性は，①非消費性（時の経過による陳腐化・無価値化は別にして，一般の消費財のようには有用性・利用価値が減耗しない，またはしにくい），②非移転性（その商品を手放しても，必要なノウハウは他に移転しない），③累積効果性（役に立つ情報・ノウハウは

累積するほど価値がますます高まる)、④信用価値性(知識・情報の価値は購入・使用前には内容評価が不可能なので、それらの生産者・提供者の信用に依存する度合いが特に高い)等であるとされるが、このような性質を持つ「知識・情報」がこれからの社会の主役商品であること、また、この種類の商品の生産者の利益を保護し、そのことが結局は消費者の今後の利益を維持・拡大することにも繋がるものであることを認識し、この領域に現に存在する、あるいは今後生じてくる文化的ないし経済活動上の諸問題を、適時・適切に考察・対応することは極めて重要な意味をもっている。

首都圏の幕張メッセ等で開催される「最先端マルチメディア機器国際博覧フェア」等のイベントに出かけてみると、それらの分野の多彩で優れた現状がさまざまな面で理解でき、驚かされる。もちろん物事には「光と影」が付きものだが、21世紀はIT革新の光の部分を活かし、影の部分を改良していく、賢く人間的な世紀であることを目指さなければならない。

4．公的機能とクラウディングアウト

欧米諸国を巡り歩いていつも感じるのは諸都市・諸自然の、厚みのある美しいたたずまいである。日本は木や紙の文化の国なので、石の文化の国々と一概に比較はできないし、そうすべきでないが、やはり都市景観とか、人工物と自然との調和への意図的配慮といった面を長い歴史的なスパーンで比較する時、こちらは成るがままの出たとこ勝負で、あちらは「相対的に」もっと文化的、聡明な意図を備えている。この点はわが国、わが地域として、もっと謙虚に反省すべき部分だと思う。

惰性的、硬直的な、既得権保護型の公共投資を続けてきた結果、今やわが国の公共事業の在り方は国民からの批判の的になってしまったが、やはり財政政策本来の機能に即して、①不況期には、国民・住民がなるほどと納得する、後日大いに文化・経済の発展に役立つ、賢い公共事業を起こして有効需要を拡大する。これが在るべき「公的機能」活用の姿であり、②好況期に入ったら、さっさと財政規模を縮小して、元気で抜け目のない民間部門での資本活用をクラウディングアウトしない立場に立つ、というのが在るべき国家経済の姿である。このことに関連する、その他の種々の議論は省略するが、

大筋のところはこういうことである。

　消費財には，前述の通り所得の増加につれて需要が増大する上級財（正常財）と，逆に相対的に減少する下級財（劣等財）があるが，文化性が高い（つまり，これからのポスト工業社会でますます多様な需要が見込まれる）財はここでいう上級財である。そして，これらの上級財の中には地域や国家が外部に対して誇るに足る，かつ，そうであるべき高額の公共財・準公共財（国公立の種々の文化施設や学校施設，誰もが感動するような公園・ウォーターフロント，等々）が幾らでもある。わが国の国民・住民は貧乏人根性のアリンコ集団なので，「安物買いのゼニ失い」の歴史を繰り返しているが，こうした根の深い社会的問題状況に対しても，文化経済学等の視点から今後大いにメスを入れていく必要がある。

5．有効需要振起の仕掛け

　今が長期にわたる厳しい不況期なので特に痛感せざるを得ないのだが，現在の経済情勢の病理解剖結果に即していえば，これを打開するにはいわゆる供給サイドの合理化・構造改革・規制緩和等を進めるだけではなく，同時に需要サイドの体力・気力を振起する賢い財政出動や税制改革等を進めるとともに，民間部門・政府部門を通じて，優れた（アリンコも買いたくなるような）商品開発の仕掛けを工夫すべきである。

　2001年現在の日本経済はデフレ傾向に進みつつある，というのが政府及び多数の政財界関係者・学識経験者らの見解であり（「金利操作」という金融政策がゼロ金利状態の慢性化に伴う，いわゆる「流動性のワナ」により見るべき効果を挙げ得なくなってしまっている現状に対処するための追加策として，という側面とともに），このデフレ持続要因を軽減しようとする側面からも，金融の量的緩和策が追加されたが，客観的な国際指標で見れば，彼らがデフレ進行状態にあるとする現状は，実はやはり「極めて物価高の日本経済における，生産・流通過程の合理化・コスト削減効果の表れ」，即ち（「価格破壊，デフレ」という認識よりも）「特異価格の国際標準化」の流れであると認識する方がむしろ正しい。このような二様の認識が併存する現状において，これらの認識の相違を超えて，世間周知の複合的病理により長期のバ

ランスシート不況が厳存するのは不幸な事実なのだから，この不幸な状態を克服する方策を見つけ，それを実現していく以外に効果的な道はない。

その方策のすべてであるとまでは言わないが，非常に大きな重要な部分を占めるのが，この第5項，即ち「文化性」機能が発揮されれば実現可能となる「有効需要振起の仕掛け」という視点である。現在の日本経済のように，広範・大規模の消費余力がありながら，供給（生産）サイドに見るべき決め手がなく，したがって需要（消費）サイドにも食欲（購入欲）がない低調な社会・経済情勢を打開するには，何をおいても特に，上に述べたとおり，民間部門・政府部門を通じて，優れた（アリンコも買いたくなるような）商品開発の仕掛けに挑戦・工夫し，それらを実現していくことが最重要である。

具体的には，①有効需要を呼び覚まし膨張させていくことができる商品のコンテンツの開発と，②優れた広告・PR・情報提供の手法・仕組みとコンテンツの開発・工夫が必要である。

そこでまず，商品のコンテンツ（中身）の開発についていえば，民間部門のみならず政府部門にあっても，特に次のような諸点に留意しつつ，個別・具体的な課題に取り組むべきである。

① 秀でた刺激・個性

同じ種類の「商品」でも，ヒット商品になったり，ならなかったりする。例えば，同じ自動車メーカーの同じクラスの乗用車なのに，一方は非常によく売れ，もう一方はさほど売れない。また，ある商品を売り出した当座はあまり売れなかったのに，何らかの理由で5年後に再度発売してみたら，今度は驚くほど売れるような例もある。このようなごくありふれた現象の背後を分析してみると，次のようなメカニズムが存在していることが分かる。

人が「豊かな文化」，「豊かな文化性」等という時，それはしばしば商品の購入者（買い物客を迎える商店街も，観光客を迎える観光地も，ここでいう商品）に向かって，「秀でた刺激」を創出・提供・演出できる優れた文化担体が，品揃え豊かに存在して，消費者を迎える状態，社会状態を意味している場合が多い。豪華な設備・サービスの映画館が高値で栄えている。

優れた文化関連商品の内容（コンテンツ）の最大の特徴は，まさしく当該商品が「秀でた刺激」を備えていることであるが，それでは「これらの商品

の特性」としてどのようなことが観察されるかといえば，それは「秀でた個性」である。

　乗用車のベンツやロールスロイス，柿右衛門や今右衛門等の陶磁器，モーツァルトや瀧廉太郎らの音楽作品，テーマパークのディズニーランドや臨海集合商業施設のヴィーナスフォート，観光・景観都市としての京都やルツェルン……。

　思いつくままに列挙したこれらの「文化関連商品」の中には，乗用車は工業製品であるとか，ヴィーナスフォートは商業施設だとか，京都・ルツェルンは都市であって商品ではない，というような批判を呼ぶ種類のものが含まれているが，このような批判はいずれも「文化」や「商品」の意味・内容を極めて狭義に理解しているからであって，我々の立場，即ち，「文化」や「商品」の意味・内容を極めて広義に理解しそれらの効用・性質等を「文化・経済の繁栄・深化」の見地から考察・思索しようとする立場からは，何ら疑問の余地のない例示である。

　繰り返すが，優れた文化関連商品の内容（コンテンツ）の最大の特徴は，当該商品が「秀でた刺激」を帯びていることであり，これらの「文化関連商品の特性」として観察される共通因子は「秀でた個性」である。おびただしいリピーターを誇る東京ディズニーリゾート，ヤマト運輸「クロネコヤマトの宅急便」，ユニクロ，ドラクエ，「千と千尋の神隠し」，ヴィーナスフォート。いずれも「一日にして成った」わけではなく，関係した人々の発想と不屈の情熱，日本の産業界のどこにでもたくさん見つけられる感動的な「プロジェクトⅩ」の山。

②　ブランドの形成──意図と能力と気力──

　無数の経済財のうち，「自然物」以外の人手を要する諸財において，文化関連商品を含む，大半の「商品」はその生産者の単純な，あるいは複雑ないし複合的な「意図」（意志）から誕生する。即ち，その「意図」（意志）自体の出現が偶然・蓋然・必然のいずれによるものであれ，商品生産の意図（意志）が存在しなければ，その商品の誕生はない。ここで，商品生産の意図（意志）とは，最初の例えば「閃き」や「討議の結果・決断」といった「点」の如き状態に止まらず，そこから持続し発展・変化していく「工夫・研究開

発・加工」を経て「完成の見通し・見込み」までを含む「線あるいは面」の如き状態までも包括する，動的・持続的な発達概念を意味している。

　一つの新しい美術品の誕生。一つの新傾向の観光・景観・娯楽スポットの誕生。一つの新機軸・有効な文化関連 NPO の誕生。あるいは一つの優雅な高機能乗用車の誕生。これらの諸商品の中には，その品質の高さにもかかわらず，ヒット商品もあれば売れない商品もあるだろう。しかし，そのいずれであれ共通して，上記の「商品生産の意図（意志）」が必ず強く内在している。

　さて，ここで意味のある考察対象は，この発達概念としての「商品生産の意図（意志）」の更なる内容・内部構造，商品生産過程のソフト構造である。

　この概念はどのような内容・内部構造のものか。それは（さまざまな具体的・付随的現象を捨象していけば）生産者の情動（見込み）と能力と気力と運というソフト構造によって構成されている。

　先に「最初の例えば「閃き」や「討議の結果・決断」といった「点」の如き状態」と述べたが，これらが今示した商品生産の最初の引き金となる「情動（見込み）」である。ゴッホのおおかたの絵やバッハのおおかたの曲は事前の綿密な市場調査や消費者選好調査等の検討結果に基づく「成功の見込み」から出発したのではなく，各生産者の胸奥の「情動」から出発している。もっと平板に表現すれば「閃き」から出発している。また，ゲームソフトの「ドラゴンクエスト」やバチカン市国の「サン・ピエトロ大聖堂」，高級乗用車の「ロールスロイス」等は，もちろん各デザイナーたちの「閃き」の集積の成果でもあるが，そればかりではなく事前の精密な検討・調査・決断から成る生産者らの「成功の見込み」をも引き金として出発している。ところで一つの商品がヒット商品となるか否かの分岐点はしばしば早くもこの時点に在る。いわゆる「ボタンの掛け違い」が，生産者の予感・予測を超えて，早くもこの段階で生じている場合が少しも稀ではない。

　そして「能力」。上に「工夫・研究開発・加工」と述べたが，各商品が目指す品質の成否の極めて大きな部分がこの「能力」の高低にかかっている。「情動（見込み）」のいかんにかかわらず，「能力」が低ければ目標は達せら

れない。公平・不公平の議論を超えて，サリエリの情動はモーツァルトの情動に劣らずとも，前者の作品（商品）は後者の作品（商品）に圧倒され，某都市の都市計画は某都市のそれに圧倒される。それは，両者の「情動」の大きさには大差がなくとも，両者の「能力」が違うからである。

　なお，ここでいう「能力」には，個人の一代限りの能力に止まらず，個人を超えた組織的能力，先行諸代から継承・蓄積された能力，企業・組織体等における同種の能力等が含まれることは論をまたない。

　これらの情動（見込み）・能力において優劣をつけ難くとも，生産者らの「気力」の差が商品の品質の差に結びつくことが少しも稀ではない。もちろん①と②の成功要素は不可欠だが，「気力」の違いが商品の品質の差にしばしば直結している。このような一連のプロセスを経てはじめて，高度の完成度・品質，さらにはアフターケアも充実した「ブランド」商品が成立するのである。

[注]

1) 「文明」という言葉をみると，たいていの日本人はすぐに福沢諭吉先生の生涯最高の傑作といわれる（丸山眞男先生の大部のテキストもある）『文明論之概略』を思い出す。この書物の初版は，明治8年8月に発売された。大ベストセラーになった『学問ノススメ』が明治5年から9年にかけて17編の小冊子として発売され（これらが後に1冊になった），各編20万部，合計340万部ほど売れたのに対して，この『文明論之概略』がどの程度売れたのかは不明だが，一般庶民向けだった『学問ノススメ』のようには売れなかったらしい。

　この『文明論之概略』の第3章「文明ノ本旨ヲ論ズ」の部分を読むと，「文明は相対したる語にて，ただ野蛮の有様を脱して次第に進むものをいうなり」とか，「文明とは英語にてシヴィリゼイション。即ち，ラテン語のシウィタスより来りしものにて，国という義なり」とか「文明はあたかも一大劇場の如く，制度，文学，商売以下のものは役者の如し。……文明はあたかも海の如く，制度，文学以下のものは河の如し」とか，「文明とは人の安楽と品位との進歩をいうなり。またこの人の安楽と品位とを得せしむるものは人の智徳なるが故に，文明とは結局，人の智徳の進歩というて可なり」等と述べている。

　なお，ここで「文学」といっている言葉の意味は，現在，我々が理解している狭い意味での文学に限らず，もっと広く「人間が生み出した文物・科学技術・技芸」といった広い意味である。これらの文章を読むと，福沢諭吉は「文明」という言葉の概念を「野蛮状態から脱して，人間の安楽と品位を高めるために，制度や文物，科学技術や

商売等を工夫・発達させ社会・国家を作り出してきた人間の智恵と道徳心のすべての成果・蓄積である」というように把握し紹介しているようである。
2）姫岡勤『文化人類学』ミネルヴァ書房，1967年，47〜48頁。
3）ここに述べた「卑小な文化」において，それらの個々の文化事象が没文化的な経緯によって生まれ存在した（する）わけではなく，それぞれに相応の由来は在るのであって，現代の我々の率直な感情が拒否するものはそれらの歴史ではなく，その帰結としての現在の文化事象・文化状況そのものである。

第4章
地域の振興と文化・経済

第1節　地域とその経済メカニズム

1．地域の概念

　「地方の時代」という言葉が流布されてから既に久しいが，現実をみると今，小泉連立内閣の時期にあって，現行の地方交付税交付金制度は「全国の地方公共団体の財政力の差を縮小すべきだとするこの制度の趣旨から，財政構造改善に励んだ自治体よりも何もしない自治体の方に手厚く税収分が交付されていく仕組み」なのでこれを見直し，それとセットで，そもそも地方の自主財源をもっと増やし，国税・地方税比率を現実の歳出比率に即したものに近づけるべきであるとか，地方分権促進の動きや市町村合併の動きが漸進する中で，この際，財政再建・構造改革の一環として，国から自治体への補助金の規模・内容も厳しく見直し，時代の変化で不要となった補助金や目的・効果に疑問がある補助金等は厳正に廃止・減額・是正し，時代と各自治体のニーズに真に即した仕組み・内容・規模の補助金制度を目指すべきであるといった意見が高まりつつある段階にある。また，後述する「地方重視の国土計画」も，誰の目にも明らかな程の目覚ましいペースでとはいかないが，時代の空気や民間 NPO の活動等と相まって徐々に成果を挙げつつある。

　こうした「地方」の動きにおいて，民間部門と並んで，法的・制度的な中核をなしている概念が憲法第92条に定められた「地方公共団体」であり，我々地域住民のことは憲法上「地方公共団体の住民」（第93・95条）と表現されている[1]。

ところで，国や地方の政治・行政・経済の動きが論じられるとき，①このような「地方公共団体及びその住民」という法的・制度的な概念が主役になる場合があるばかりではなく，②極めてしばしば，もっと直接に人間的な，いわば社会学的なニュアンスでの「地域」や「地域住民」，ドイツ語でいう Gesellschaft（あえて割り切れば利益共同体）の色彩を含まないのではないがより色濃く Gemeinschaft（あえて割り切れば運命共同体）としての色彩を主調とする「地域」や「地域住民」が主役である場合がある。

ここの①と②の論理・議論の切り替えは，その時々の問題のテーマや内容に即して判断することになるが，その際にも，①と②の要素が渾然と複合していると判断せざるを得ない場合が極めて多い。

具体的な様々な課題の解決に向かって，意味のある生産的思考を進めたい人々にとって，この種の区分に過度にこだわることは労多くして益は少ないので，ほとんどの「地域，地域住民」問題はこの①・②の両面を併せ持っていると考える方がよい[2]。

2．地域経済のメカニズム

地域の振興は，その地域の住民にとって恐らく最大の願いの一つであろうが，それにとどまらず各地域の集合体としての都道府県，ひいては国にとっても，豊かで魅力的・個性的な地域が増えていくことは最も望ましいことである。しかし，現実はそれほど甘いものではなく，都市では経済の発展とあいまって新しい可能性が次々と展開されていく一方，農山漁村では過疎化が進み伝統的な生活様式を保持できなくなるとともに，都市において可能であるような新しい発展は期待しがたい。国の経済発展に伴い所得水準が上昇しても，新たな目ざましい選択の可能性は小さい。もちろんこれは一般的に図式化した総論であり，多くの例外があるにはあるが，これがおおかたの傾向である。

橋本内閣のころであったか打ち出された「首都機能分散移転構想」は今，国会の棚に放置され埃をかぶっている。何かの折りに政治的道具として，また埃を払われることもないとは言えないが，「地方の時代」を実現していくには，各地域の有志住民やNPO，その他の組織・団体・企業，それに地域の

第4章　地域の振興と文化・経済

政治・行政・財界等が，それぞれの地域の事情・特性・条件と課題の内容・個別性に即して，国や都道府県の諸計画・事業等も利用しながら，着実に行動実績を積み重ねていくしかない。

地域振興への取り組みは今おおよそこのような状況にあるが，それでは，そもそも地域の振興に関する経済的メカニズムはマクロ的にみてどのようなものと考えられるか。

地域社会の発展・充実に関わる分野を学問的領域の面からみれば，社会学・行政学・法学・経済学・財政学や都市工学・都市計画学・地理学・景観学・交通工学・防災工学・情報工学・土木建築学，更には農学・観光学その他，課題に即して非常に広い範囲のものが関係してくる。そしてそれがどのような規模・内容のものであれ，いわゆる草の根の小さな住民運動でもない限り，すべての地域振興計画・街づくり計画にはそれなりの規模の財源が不可欠なので，各地域にとって経済面での振興策が極めて重要である。ただし，地域経済の振興策において，広い意味での文化的視点からの取り組みが経済振興の重要な柱になるし，現にそのような実践例が全国的に多数存在していること，及びこれら多数の事例が示している「経済・文化の相互作用」について留意すべきである。

各地域の所得（Y）は，地域の民間消費（C）と民間投資（I），地方政府財政支出（G）の総和に，地域外移出（E）から地域内移入（M）を引いたいわば貿易差益を加えたものに等しいので，これを式として示すと，$Y=C+I+G+(E-M)$ である。

ここで，CとMとは所得（収入・Y）の関数なので，この関数の定数部分をそれぞれ c（この地域の民間消費性向），m（この地域の輸入（移入）性向）とすると，$C=cY$, $M=mY$ となり，上記の式は，$Y=cY+I+G+E-mY$ となる。

したがって，これを更に変形すれば，$(1-c+m)Y=I+G+E$　つまり
$$Y=\frac{I+G+E}{1-c+m}$$

この式から，単純なマクロ経済構造上，この地域の所得（Y）は，分子の民間投資（I）・地方政府の財政支出（G）・対外移出（E）が増えると増加

し、また、分母の消費性向（c）が高まり輸入性向（m）が減っても増加することが分かる。

この簡単な式から、概略、以下のような地域経済の振興諸策を考えることができる。

(1) 民間投資（I）の活用策

上式から、民間投資（I）が有効になされれば、生産活動の合理化、雇用機会の拡大等を通じて地域の所得（Y）を増すことができる。その意味するところは、「有効な投資機会の存在・拡大ないし創出」である。

近年のわが国の地域経済の実状をみると、首都圏・近畿圏・東北圏・九州圏といった各地区によって情勢の厳しさ・明暗にばらつきがあるが、従来の製造業中心の企業誘致とか、安易な発想によるテーマパーク・ショッピングセンター等の開設ということよりも、他県・他地域・（条件が類似した）海外の事例等、優れた成功例を十分に研究・検討して、サービス産業・情報関連事業・NPO関連事業等、今後に種々の期待が持てる分野を中心に、適切な投資機会を厳選して、できれば特化、比較優位の強化・創出等を目指すべきである。

(2) 政府財政支出（G）の改善策

地方政府の政策的な財政支出（G）は、国のそれとともに評判が悪い事例が多いが、それは主として従来の公共事業の既得権保護的・惰性的な面がよくなかったからであり、住民が納得し高い評価を下すような優れた事業・投資機会を住民ともよく相談して選択し、学校の教育条件の充実・再整備とか、街づくり計画の見直し・再構想等、それぞれの地域の重要課題に適切に対応し得るものについて実施する姿勢が極めて大切である。こんな当たり前のことが従来、あまりよく実行されてこなかったという事実を、公的セクターは厳しく反省すべきである。また、民間部門における動きを、必要に応じて効果的に支援するための適切な支出も政府部門の大切な任務・機能である。

なお、各地の行政オンブズマンや住民の行政監査団体等の事例報告によれば、公的セクター・政府の直轄のものにせよ、PFI方式によるものにせよ、

事業のニーズ予測，将来見通しの甘さが目立つとの指摘が多い。これも恐らくそのとおりなのであろう。

(3) 域外移出（E）の振興策

文化圏であれ経済圏であれ行政圏であれ，広狭各様のブロック圏域で交易収支を黒字化することは，有力な移出型産業をもたない地域経済にあっては困難な場合が多いが，この場合にも，比較優位のコア事業・産業として，文化的発想を重視した優れた発想・構想に基づくサービス・情報・娯楽・観光・農業その他の新規事業・産業の立ち上げや，従来からのもののリフォーム等が，諸地域間連携の推進ともあいまって効果を収める可能性がある。この場合でも，上に述べた，他県・他地域・（条件類似の）海外の事例等，優れた成功例をよく研究するような手順が必要であることはいうまでもない。なお，自県出身のスターが他地域に所属して幾ら稼いでも，その経済効果の大半は自県に寄与しない。

(4) 消費性向（c）及び移入性向（m）の所得・経済効果

前出の式の分母における消費性向（c）という定数部分の拡大は所得（Y）の増加につながるが，事柄が起こる順序を考慮しなければ，①貯蓄の相対的減少を通じて，分子の民間投資（I）の縮小傾向を生むと同時に，②分母の移入性向（m：輸入性向）の拡大と比例的に連動すればそれとも絡んで，その限りでは所得効果を相殺する要素を含んでいる。

しかし，現実には経済現象は時間を追って推移しつつ，①消費性向（c＝C／Y）の拡大は，通常，所得（Y）の増加に伴う消費（C）（及び貯蓄の同時）増加の結果として生まれるので，民間投資（I）との反比例的関係は実はさほどないと考えてよく，また，②移入性向（m＝M／Y）と消費性向（c）とは必ずしも常に比例関係にはない（つまり，cが増えて，mがそれほど増えない（→分母の数値縮小）ケースは常によくある）ので，これらの相互関係を総合すれば，所得効果について消費支出と民間投資・移入支出との相殺関係は地域経済の拡大についてブレーキとして働くよりはアクセルとして働くことが分かる。

第2節　地域振興としての「街づくり」

1．課題認識・解決行動としての「街づくり」

　我々が暮らしている地域社会・まちの住みやすさや豊かさ，美しさなどを考えるとき，自分が住んでいる地域と，他の地域との優劣比較をこまかく気にする人はさほどいない[3]。それは，人間（市民・地域住民）の一般的傾向として，つぎのような心理が広く存在しているからである。

① 自分や自分の家族の日常生活上の利害・得失に関係がうすい他地域の状況に対する関心が低い。

② 他の地域が自分たちの地域より，何かの点で恵まれていようが劣っていようが，それはしばしば仕方がない事情がからんでいるからで，それを不満とし，くやしがっても損なだけ（誇れる，満足できる場合は得）である。

③ イソップ物語のキツネではないが，人間の自尊本能・自衛本能の発露の一つとして，自分たちに（が）属するもの（地域社会・まち・その他）のよい点は好意的に高く評価し，劣っている点にはしばしば目をつぶる，気にしないような心理構造がある。

④ 以上の諸傾向の複合作用として，この程度の状態ならばおおむね満足できる，あるいは，がまんできるという感情に自分をおいて，なるべく現状改変の労苦・手数を回避しようとする。

　しかし，これらの一般的な住民心理の傾向に対して，片や同時に近年のわが国には，全国的に県レベル・地域社会レベルを通じて，次のような，住民心理を「行動」に向かわせる状況がみられる。

① 「情報（化）社会」といわれる今日，自分の地域と他の地域との情報距離，自分の県・地方（首都圏・関西地方・九州地方その他）と他の県・地方との情報距離，自分の国と諸外国との情報距離が昔とくらべて非常にせばまり，かつ，気になる諸情報へのアクセス・入手も非常に容易になり，また，気になるような諸情報が放っておいても外からどんどん入ってきて，人々の思考（・志向）に入力されている。

② 特に，NPO（任意団体や特定非営利活動法人等）や住民・企業・団体組織・学校・行政等の有志による様々な「街づくり」活動の輪が，着実に全国的に拡大しつつある[4]。
③ 飢餓線上にある国や地域，貧困状態にある国や地域とはことなり，物的・心的・時間的にかなり恵まれた層に属するわが国の国民・市民の自然な心理的傾向として，自分や自分の家族，地域住民や世界の人々などの状態などに対し，（前述の心理的傾向とは別に矛盾しない形で）知的関心，感情的関心を昔より持ち，また，自分・自分たちの心の満足，生き甲斐を多数の人々が昔以上に重要視する社会的段階にある。国の政治レベル・行政レベルでいえば，昭和37年（池田内閣）以降，現在まで五次にわたって策定され施行されてきた「全国総合開発計画」（閣議決定）の基本理念が時代により変化してきた根底にも，このような国民・市民の意識変化，各時代の課題の変化が強くかかわっている[5]。
④ これら①〜③の状況と複合して，自分・自分たちが住む地域社会を，文化的な視点から，あるいは経済的な視点から，あるいは生活環境の視点から，あるいはこれら複数の視点から，改善・変貌させられるはずだし，そうすべきだと考える市民・住民がふえつつある。

近年，広く意識され実践の輪が広がりつつある「街づくり」の動きの心理的・社会的構造は，おおむね以上のようなものであると理解される。

そして，これら「街づくり」の多様な事例を通じて見られる基本的類型としては，
① 自分たちの地域の欠陥を改善・解消することを課題としてこれに取り組むパターン。
② 自分たちの地域特性，眠っている特性を考えそれらをグリーンツーリズムなど，活性化・活用することを課題としてこれに取り組むパターン。
③ 他の地域・住民や他県・他県住民などの「街づくり」の事例などを参考にしながら，自分たちの地域の長所や個性，セールスポイント，今日的な社会的，国際的活動などを積極的に創造していくことを課題としてこれに取り組むパターン。
④ 実際の「街づくり」では，もちろんこれらの複数の課題・パターンが

同時に，あるいは順次取り上げられ，取り組まれている場合が少なくない。
⑤　これらの，いわば「協調」型のパターンに対して，住民の間に種々の利害対立が生じる，いわば「要調整」型のパターンもしばしば見られる。例えば，都市空間の高度利用という政策目標に即して，高層建築化を進める法制や都市計画・民間事業が出現すると，それにより収益増が見込める住民や関係者は当然それらの動きを歓迎するが，高層建築化で日照を奪われ，それまでの眺望を奪われ，街の落ち着いた景観・環境を破壊されるだけの住民は当然そのような動きに反対する。このような「経済性」と「文化性」との利害対立を適切に調整することは，地域計画担当行政及び政治の極めて重要な責務である。

いずれにせよ，市民・住民たちが主導し，あるいは行政サイドから触発されて，あるいは住民・行政・企業などの協力の中から，実践の輪が広がりつつある「街づくり」とは，このように，自分たちの地域社会の多様な課題を認識して，それらの解決をめざす市民・住民たち（広義には行政・企業・地域諸団体などもこれに含める）の意識的，計画的な実践活動であり，これらの活動を適正に進めていくための最も重要な判断基準は，広い意味での「文化性」と「経済性」との調和に関する地域住民の合意状況である。

2．街づくりへの行財政支援

「街づくり」には，それらの目的・内容や取り組み方によって，いろいろな立場の人々がかかわってくるが，その組合せや役割・負担などは千差万別である。また，例えば文化的視点に立った「街づくり」と一口にいっても，各地域が取り組んでいる課題は，次のようにさまざまである。
①　地域社会の公的ないし民間の各種文化施設（それら施設の想定利用者の地理的範囲や施設利用目的などの違いに応じ，施設の規模・機能などは一様ではない）など，ハードウェアの整備・改善。
②　芸術文化・伝統文化・地域文化における人材育成・機会充実・情報流通・活動支援・普及啓蒙・国際交流など，ソフトウェアの整備・改善。
③　地域にあってしばしば放置されたり活用されていない歴史的・伝統的

な文化財（人工物及び自然物）の保護・整備・活用[6]。
④　いわゆる生涯学習に関する地域住民の要求に即した学習機会・学習情報・学習ネットワークなどのハード・ソフトの整備・改善。
⑤　地域の小・中・高等学校などの学校施設や学校機能の柔軟な活用・工夫による地域の教育力の向上や，地域住民と教育者側との協力による地域の教育体制の改善・充実。
⑥　自然環境の保護・改善活動や環境教育などを含め，しばしば国際的な連携をも伴う広い意味の文化的諸活動やリサイクル・自然農業など。

　本項では，街づくりにおける役割分担の中の政府部門，特に全国共通の基盤的性格をもつ（各地域に密着して多様な個性をもつ地域レベルの行財政への支援・補完の役割を果たしている）国レベルの行財政の現状を，その総体と文化的領域の2段階構成で整理し提示する。

　まず，日本全国の多彩な街づくりを国の行財政レベルで支援する基本的，全体的制度は，国土総合開発法（昭和25年制定）に基づいてほぼ10年おきに逐次策定されてきた「全国総合開発計画」ないしこれに基づく種々の行財政施策である。

　現在，動きだしているものは平成10年3月，橋本内閣により閣議決定された通算第五次の計画で，「21世紀の国土のグランドデザイン」という表題を持つ。この際，こまかな説明は省略するが，街づくりに直接関係する部分を中心に同計画の内容を整理すると，おおよそつぎの通りである。

〈多自然居住地域の創造〉
①　多自然居住地域の圏域形成は，生活圏域としての基盤整備とともに，地域の個性・特性を生かし，自由に進められるべきであり，必要に応じ各地域の機能分担や連携の下に進められるべきである。
②　特に，中小都市と農山漁村等の場合，人口減少等に配慮し地域の活力の維持・向上を図りつつ連携を進める必要がある。また，連携の効果を発揮するため，小・中学校と高齢者福祉施設の併設その他，各種施設の複合化や多目的利用等を工夫すべきである。
③　市町村，農協，商工会，ボランティア団体等，多様な主体が連携して

地域づくりを進めるための組織体制を整備するとともに，それを支える人材の育成・開発を進め，かつ，住民の地域づくりへの参加を促進すべきである。
④　圏域の交通基盤や情報通信基盤の整備に当たって，道路の整備，道路空間を生かした光ファイバーケーブルの敷設等，各種公共事業の一体的実施等により投資の効率化を図るとともに，ローカルメディアの育成等を図る。また，既存施設の有効活用も工夫すべきである。
⑤　集落，旧村等の小規模共同体から圏域全体に至るそれぞれの地域において，多様な主体の参加を得て，土地利用の調整や景観・街並みに関する条例等により，美しい景観を形成する。また，住民参加により，伝統文化等の文化資源や自然資源等，地域の魅力・長所を発掘・保全・活用し，圏域外にも積極的に発信する。上下流域等の連携も重要である。
⑥　地域の特性を生かした付加価値の高い産業の創出や，自由時間の増大に対応した観光レクリエーション産業，高度情報通信基盤の活用による立地自由度の高い産業，高齢者介護・福祉や環境保全等に関連した新しい地域産業等の展開を図り，新しい雇用機会を創出する。

〈大都市のリノベーション〉
①　大都市圏では，地域での人々のつながりが薄く，街づくり等は地方公共団体の役割が大きかったが，萌芽がみられる街づくりへの住民参加の動きを加速させ，下町のよさの回復，商店街の活性化，水や緑とのふれあいの拡大，美しい景観の創出，生物の生息の場の整備ほか自然再生の推進，バリアフリーの街づくり，公共交通機関・自転車の利用促進やリサイクル・未利用エネルギーの活用等による環境負荷の低減等，様々なテーマでの住民・NPO等の「参加と連携」による街づくりを推進する。
②　大都市圏では，ネットワーク効果が顕著な交通需要の調整，ごみ処理や環境問題，防災における地域間協力と住民の参加・連携に基づく自主防災組織・防災ボランティアの整備，下水道処理の再利用ほか健全な水循環の形成等，広域的な連携の効果が大きい分野を見定め，行政境界を越えた広域的な取り組みを進める。大深度地下利用の制度化に対応する

取り組みも進める。都心部や臨海部に散在する低未利用地の基盤整備・土地利用転換を進め，特に臨海部の工場跡地等については，官民連携の検討を含め，広域的観点から適切かつ計画的な利用転換を推進する。
③　既存の社会資本ストック及び新基盤の利用者，施設整備主体，土地所有者等の関係者の連携に基づいて適切にストックの更新・有効活用の施策を推進する。既存ストックの機能の更新，管理主体の変更，小規模施設のネットワーク化等，ソフトを重視した取り組みを進める。

〈地域連携軸の展開〉
①　個々の地域連携軸の地理的空間を排他的，固定的に考えず，柔軟に変更し得るものとして取り組む必要があり，また，「規模の経済」，「範囲の経済」等の実現や，新しい価値の付加による地域の発展を促進する。
②　取り組みの初期段階で行政の役割が大きい場合があるが，住民や企業等の民間主体の参加・連携が極めて重要である。また，必要に即して，一部地域間の連携から段階的に地域全体として相乗効果を発揮できる複合的，総合的な取り組みを図る。
③　民間と行政との適切な役割分担・連携の下に，交通・情報通信基盤を活用した地域の観光資源・施設のネットワーク化等による広域観光ルートの設定，イベントの同時期開催や施設・イベント等の情報の共同提供，文化の発信に資する道の駅の整備，自然環境の広域的保全，諸段階の学校や社会教育施設・文化施設等のネットワーク化，機能の相互活用等を進める。

〈広域国際交流圏の形成〉
①　地域の国際交流の企画・支援・調整等を促進する役割を地方公共団体が担いつつ，民間諸団体も圏域形成に積極的に参加すべきである。一過性でない長期的，継続的な国際交流を目指すとともに，主体的な交流，地域の特性や課題を共有する地域間の交流等にも配慮すべきである。
②　地域を訪れる外国人，地域に居住する外国人が低コストかつ使い易い，魅力的環境を整備するとともに，彼らのニーズを反映した都市空間，安

全で快適な居住環境の整備や，地域間・都市間連携による高次機能の集積，ネットワーク・インフラほか国内外の情報通信環境の整備等の施策を進める。
③　国際交流情報の公開・周知や国際交流機会の充実，観光コストの軽減，交流支援NGO・NPOや公的支援機関と地域との連携強化等の活動・施策を推進すべきである。

〈これら4戦略の総合的推進〉
　全国の各地域が，これらの戦略を参考に必要な活動・施策を適切に進め，主体的・個性的な地域づくりに取り組んでいくことを基礎として，日本の国土構造を一極一軸型から多極型のものに転換していく。
　現時点で，形成が見込まれる四つの国土軸：
①　北東国土軸：中央高地から関東北部を経て，東北の太平洋側，北海道に至る地域とその周辺地域。→即ち，北海道から東北・関東の太平洋側と甲信・岐阜への圏域。
②　日本海国土軸：九州北部から本州の日本海側，北海道の日本海側に至る地域とその周辺地域。→即ち，北海道から北部九州に至る日本海側の圏域。
③　太平洋新国土軸：沖縄から九州中南部，四国，紀伊半島を経て伊勢湾沿岸に至る地域とその周辺地域。→即ち，中部・関西・瀬戸内海沿岸から四国・九州・沖縄に至る圏域。
④　西日本国土軸：太平洋ベルト地帯とその周辺地域。→即ち，関東から東海道・山陽線へと連なる圏域。
なお，これらの国土軸は，その周辺域が相互に重なり合う形態を目ざし，各地の歴史と風土特性に根ざした文化と生活様式を持つ，均衡のとれた国土発展を志向。

〈国の関係行財政施策例〉
　以下，施策担当省庁は，国の行政機構改革（平成13年1月から実施）に伴う，理解の混乱をさけるため，あえて改革前の旧機構によることとした。

① 上記4戦略に共通する施策
- 特定非営利活動促進法（NPO法）を制定，平成10年12月に施行。ボランティア活動促進のための環境整備を推進（経済企画庁：対象は市民活動団体など）。
- 民間の資金・ノウハウを活用して公共サービスの提供を図るPFI（Private Finance Initiative）を推進（国土庁：対象は県・市町村など）。
- 地域の個性・魅力を形成するための施設整備，地域活動，情報発信，地域間交流事業を支援（国土庁：市町村）。
- 住民相互の助け合いや交流などの地域社会づくりに対する，ふれあいの街づくり事業（厚生省：県・市町村）。
- 個性的・魅力的な街づくり，地域づくりを推進するための，地方債の活用など（自治省：県・市町村・広域行政機構）。

② 多自然居住地域の創造に関する施策
- 漁業と国民の海洋性レクリエーションとの調和ある発展に資する漁港・漁村の整備補助（農水省：県・市町村）。
- 中心市街地の活性化をめざしたマルチメディア活用施設の整備補助（郵政省：県・市町村・公益法人・第三セクター）。
- 地域の生活情報に関する通信基盤を高度化するための地域イントラネットの整備補助（同上）。
- 自然と人とのふれあい，自然の中での憩いなどの場の整備を進めるための，ふるさと自然ネットワーク整備補助（環境庁：県・市町村）。
- 長期休暇期間に農家・ユースホステルその他を「こども長期自然体験村」に指定し，異年齢集団での自然体験・環境学習等の教育・学習活動を行う事業補助（文部省：市町村・関係民間団体など）。
- 各地域の民俗芸能・伝統技術等を次世代へ継承させる体験・学習活動等の実践研究を都道府県に委嘱し，成果を全国に普及（文部省：県）。
- 各地域の歴史のロマンを再生させる史跡等の総合的・複合的な整備補助（文部省：県・市町村）。
- その他，各地域の諸文化財の保護・活用のための行財政支援（文部省：県・市町村・民間団体・個人など）。

- 市民の利用のための海浜創出・海岸環境の整備補助（運輸省：個人）。
- 主体的な地域づくりを永続させるための，ふるさとづくり事業補助（自治省：県・市町村）。
- 道路利用者の疲労回復，余暇利用，各地域の活性化に資する「道の駅」の整備補助（建設省：県・市町村）。

③　大都市のリノベーション

- 豊かで質の高い街路空間による，心豊かな都市の形成に資する，身近で先導的な街づくり（街路づくり）事業補助（建設省：県・市町村）。
- 道路・駅・建物等の段差・傾斜等につき，歩行空間のバリアフリー化事業補助（建設省：道路管理者／運輸省：鉄道事業者）。
- 老人・障害者・こども・外国人等に優しい，共生の街づくりを推進する，地域主導の取り組みに対する，地方債の活用による支援（自治省：県・市町村）。
- 交通の円滑化活動を行うNPOの活動・連携の支援（建設省：NPO）。

④　地域連携軸の展開

- 古くからの各地域の道・水路等の「歴史の道」を，地域のさまざまな文化財をつなぐネットワークとして，連携・整備する事業の補助（文部省：県・市町村）。
- 内外の芸術家が地域に滞在して創作活動や地域との交流活動を行い，地域の文化性の向上，文化発信に資するアーティスト・イン・レジデンス事業の補助（文部省：県・市町村・個人など）。
- 文化を通じた地域間交流を支援する「文化の街づくり」の事業補助（文部省：県・市町村）。

⑤　広域国際交流圏の形成

- 地域の関係機関等が連携・協力して積極的に留学生交流を進める地域を「留学生交流モデル地域」に指定し，「留学生モデル事業」に要する経費を補助（文部省：県・市町村・関連機関・団体など）。
- 中・高等学校の語学教育で指導助手に従事したり，各地域の国際交流活動に従事する外国青年男女の地域招致事業への補助・支援（文部省・自治省・外務省：県・市町村）。

- 地域の国際化に関し，外務省国内広報課でさまざまな関連知識・知見・情報を提供・助言・支援（外務省）。

3．街づくりにおける文化経済の視点

　前項の「全国総合開発計画」は，地域社会を含む全国土の質の向上を，文化的な視点や経済振興の視点，生活環境の視点，国際交流の視点，あるいはこれらを総合した視点から，10年前後の中長期のあいだに計画的・全体的に実現しようとするものであるが，本項ではつぎに，これらの複数の計画視点のうち，「文化的な視点」にしぼり，街づくりに関係の深い国の制度・支援の仕組みを，前述の第五次全国総合開発計画における，四つの戦略に即して示すこととする。なお，それぞれの行財政施策の所管省庁は文部省（現在，文部科学省）の外局である文化庁である場合が多いので，必要な場合以外，省庁名を付記することを省略する。

〈多自然居住地域の創造〉

①　文化庁が適当と認める，地方公共団体の伝統文化保存伝承計画のうち，緊急性・重要性の高い事業につき，伝統文化伝承推進事業として補助（補助対象＝県・市町村）。

②　重要文化財や登録有形文化財の保存・修理等の経費補助（当該文化財所有者など）。

③　伝統的な集落等，重要伝統的建造物群保存地区の該当物件の修理・修景・防災・買い上げ事業補助（市町村）。

④　地域開発が進む中での歴史的遺跡・城跡・古庭園等，記念物の保全・整備補助（県・市町村・公益法人・企業・個人など）。

⑤　各地域住民のふれあいや文化の相互理解等に役立つ場としての，史跡等の総合的・複合的な整備事業（歴史ロマン再生事業）補助（県・市町村）。

⑥　古くからの各地域の道・水路等の「歴史の道」を，地域の文化的環境の整備・充実の見地から整備する事業の補助（県・市町村）。

⑦　各地域の民俗芸能・伝統技術等を次世代へ継承させる体験・学習活動

等の実践研究を都道府県に委嘱し，成果を全国に普及（県）。
⑧　その他，各地域の諸文化財の保護・活用のための行財政支援（県・市町村・民間団体・個人など）。
⑨　長期休暇期間に農家・ユースホステルその他を「こども長期自然体験村」に指定し，異年齢集団での自然体験・環境学習等の教育・学習活動を行う事業補助（文部省：市町村・関係民間団体など）。

〈大都市のリノベーション〉
①　前項所掲の①〜⑨は，いずれも大都市における文化的空間・環境の改善・充実や教育機能の補完措置などとして，ここでも重要な行財政施策である。
②　大都市の各地域に多数存在する学校施設の防災機能・情報通信機能・生涯学習機能・地域コミュニティ機能などをさらに充実・整備する公立学校施設リニューアル事業の補助（文部省：県・市町村）。

〈地域連携軸の展開〉
①　古くからの各地域の道・水路等の「歴史の道」を，地域のさまざまな文化財をつなぐネットワークとして，連携・整備する事業の補助（県・市町村）。
②　内外の芸術家が地域に滞在して創作活動や地域との交流活動を行い，地域の文化性の向上，文化発信に資するアーティスト・イン・レジデンス事業の補助（県・市町村・個人など）。
③　文化を通じた地域間交流を支援する「文化の街づくり」の事業補助（県・市町村）。

〈広域国際交流圏の形成〉
①　地域の国際化に資する講演会・パネルディスカッション，地域リーダー・広域的地域リーダー国際化セミナー，内外の国際的文化人招聘等の事業（国際交流基金による各種共催事業を含む）の推進支援（外務省：県・市町村・第三セクター・NGO・NPOなど）。

② 開発途上国での開発協力活動を実施する諸NGOに対する事業補助（外務省：該当各NGO）。
③ 世界に開かれた地域づくりのための事業補助（国土庁：県・市町村など）。
④ 外国の文化財保護担当者・技術者，博物館・美術館職員等の，地方自治体での受け入れ・国際交流事業支援（文化庁・自治省：県・市町村）。
⑤ 地域の関係機関等が連携・協力して積極的に留学生交流を進める地域を「留学生交流モデル地域」に指定し，「留学生モデル事業」に要する経費を補助（文部省：県・市町村・関連機関・団体など）。
⑥ 中・高等学校の語学教育で指導助手に従事したり，各地域の国際交流活動に従事する外国青年男女の地域招致事業への補助・支援（文部省・自治省・外務省：県・市町村）。
⑦ 地域の国際化に関し，外務省国内広報課でさまざまな関連知識・知見・情報を提供・助言・支援（外務省）。

　以上が，第五次全国総合開発計画の4戦略の構成に即した，街づくりを支援する文化行財政施策の概要であるが，最後に，街づくりの問題の中でもよく関心が持たれる地域の魅力・集人力・にぎわいといった要素について，触れておきたい。
　地域社会（市や町）の魅力や文化性・文化度に関して最もよく使われる指標は，それぞれの広域生活圏なり日常生活圏に存在する，公私の各種文化施設（私的，民間の施設で知名度の高いものの例として，例えばブリヂストン美術館とか棟方志功・石原裕次郎・黒澤明氏らの記念館その他，著名な施設が各地にたくさんある），歴史的な名所・旧跡，伝統的な文化財・記念物・芸術・芸能・神社仏閣（とその門前町）・年中行事，現代的な優れたイベント・行事，人々を引き寄せるサービス娯楽エリア・繁華街・文化エリアなどであるが，これらのものの中には現在の地域住民たちが行政部門や時には企業・民間諸団体などとも協力しつつ工夫・活動して作り出せるものと，そうではなく，地域の歴史的ないし地理的遺産であるものとが混在している（もっとも，歴史的遺産といえども，その多くはある時代に創出され保護・継承され

てきたものであり，長い時間的尺度でみれば，現代の人々が「歴史的遺産を創出する」ことが幾らもあるわけである）。

この創出型や遺産型の，優れた有形・無形の文化的財物が，それぞれの地域社会の文化性・文化度のかなり大きな部分をにない，自地域住民や他地域・他県や諸外国からの訪問者たちを迎える大きな要素になっている。

第3節　「行財政」概念の整理

国や地方公共団体の諸機関が，憲法以下の諸法令の規定に基づき，国民・住民（在日外国人を含む）あるいはその団体等のために，経済的効果や社会的効果をめざして展開する（いわゆる財政政策を含む）種々の政策や経常的事務に関する行為・事業が「行政」であり，この「行政」行為・事業に伴う，国・地方政府の財貨の収支・管理が「財政」である。

なお，国や地方公共団体の経済活動は，国民経済・地方経済の動きに大小の影響を与えるので，その活動内容・規模・時期・期間などの判断・選択の仕方は，政治的・経済的・社会的に重要な意味をもつ。この重要分野において，各時期の国や地方の経済情勢に即し，国・地方政府の適切な財政行動を政策レベルで構成・実施することがいわゆる「財政政策」である。そして，この財政政策の帰属主体を，「三権分立」の面から整理すれば，重要な財政政策の決定主体は立法府（国会・地方議会），その実施主体は行政府である。

1．国の行財政

そこで，この「行政」と「財政」の仕組みを，憲法の規定に即して見ておこう。まず，国家の「行政権は，内閣に属する」（第65条）。そして，「国の財政を処理する権限は，国会の議決に基いて，これを行使しなければならない」（第83条）。この条文の本来の力点は「国の財政処理に対する国会（国民を代表する国会議員で組織する，国権の最高機関，国の唯一の立法機関（第41・43条））の統制権」の明示にあるが，今ここで注目すべきなのは，傍点をほどこした「国の財政を処理する権限」という規定である。即ち，財政執行権は国の内閣に属する。

ところで，国の「行政権は，内閣に属する」（第65条）とは，具体的にどういうことか。「内閣は，法律の定めるところにより，その首長たる内閣総理大臣及びその他の国務大臣でこれを組織する。（中略）内閣は，行政権の行使について，国会に対し連帯して責任を負ふ」（「法律の定めるところ」＝「内閣法」（第66条））ということで，このように構成された内閣が国家行政の権限をもち，第72・73条その他，憲法で定める職権を行使する。

　なお，「内閣総理大臣は，国会議員の中から国会の議決で，これを指名する」（第67条）が，「内閣総理大臣は，国務大臣を任命する。（中略）内閣総理大臣は，任意に国務大臣を罷免することができる」（第68条）。

　そして，「各大臣は，別に法律の定めるところにより，主任の大臣として，行政事務を分担管理する」（「別に法律の定めるところ」＝「国家行政組織法」（内閣法第3条第1項））。「内閣総理大臣は，閣議にかけて決定した方針に基いて，行政各部を指揮監督する」（内閣法第6条）。「1　各省の長は，それぞれ各省大臣とし，内閣法にいう主任の大臣として，それぞれ行政事務を分担管理する」，「2　各省大臣は，国務大臣の中から，内閣総理大臣がこれを命ずる。但し，内閣総理大臣が，自らこれに当ることを妨げない」（国家行政組織法第5条第1，第2項）。これが，世にいう国の「行政」，「政府」，「お役所」の本質・骨格である。

　そして，行政権限の細部は，各省設置法などによって各省大臣の部下たちにさらに委ねられていることが多く，「行政指導」などの形で国民，地方組織，民間組織などにつながる仕組みになっている。

2．地方の行財政

　以上は，「国民」に対する国の行財政に関する憲法の仕組みだが，「地域住民」に対する地方公共団体（都道府県・市町村）の行財政について，憲法は「地方公共団体は，その財産を管理し，事務を処理し，及び行政を執行する権能を有し，法律の範囲内で条例を制定することができる」（第94条）と規定している。この規定で注意すべき点は，「財産を管理し，事務を処理し，行政を執行する権能」という文言に，いわゆる「地方行政」と「地方財政」の双方を含めていることである。

通常,「行政」と「財政」という概念は区別して用いられることが多い。現に「行政学」と「財政学」とは別個の学問領域を形成しているが,「行政」と「財政」の関係を考えてみると,二つの円が重なりつつ,完全には重なり合わない図形になる。

そのわけは,特に現代の「財政」には,ルーティン(経常的)な行政的収支の領域と,それを超える経済政策(・社会政策)の領域がある,と認識されているからで,このような経済学的作用まで「行政」作用に含める発想が,一般に受け入れられにくいからである。

ところが,憲法第94条では,上記のとおり行財政を一括している。つまり,憲法では,「財政」は「行政」のいわば下位概念として包括されている。周知のごとく,民主主義国家体制の基本原理は「三権分立」であるとされるが,この「三権」とは,言うまでもなく「立法」・「行政」・「司法」である。そこでは,「財政」はどこに属するのか。「立法」の種々の意を体しつつも,究極のところ「行政」に属する。

憲法第94条は,地方公共団体について,このような概念構成のもとに,行政と財政を一括規定しているのである。そして,「地方公共団体の組織及び運営に関する事項は,地方自治の本旨に基いて,法律でこれを定める」(第92条)と規定し,この規定に基づいて,地方自治法・地方財政法・地方公務員法などの地方公共団体に関する基本的諸法律が定められているわけである。

[注]

1) 地方公共団体の種類は,地方自治法第1条の2において,普通地方公共団体として都道府県・市町村が,特別地方公共団体として特別区(東京都23区)及び地方公共団体の組合・財産区・地方開発事業団が定められている。ちなみに,地方公共団体は法人である(同法第2条第1項)。
2) この点について久留米大学の駄田井正氏は「地域というのを,行政区域として定義するか,生活圏として定義するかは別として,文化的・社会的・経済的・政治的な事項の一部について,共通の意識を保持したり共通の意志決定を行う手段を共有する空間的領域であると考えよう。文化的・社会的・経済的・政治的な事項は多岐にわたるので,空間的領域も重層的になる。すなわち,社会的・政治的には共通の地域性を持つ場合でも,行政区域が異なるため政治的には別の地域に属するというようなことは,

よくみられる事例である」と，極めて適切に整理しておられる（「持続的地域再生産論(1)」，久留米大学「産業経済研究」2000 年第 41 巻第 3 号，66 頁）。
3）㈱日本統計センターとダイヤモンド社が継続的に刊行している『全国都市ランキング』（日本全都市比較ランキング）は全国の市（東京都 23 区は区単位）の優劣を複数の都市特性ごとに年ごとに比較し順位づけているが，そこで用いられている指標はつぎのようなものである。
　① 暮らしやすさ：1,000 人当たり小売業商店数，同 医師数，公共下水道普及率，持ち家世帯比率，1 世帯当たり延べ住宅面積，1,000 人当たり都市公園面積，住宅地最高地価（高いほど暮らしにくい），1 人当たり小売業売り場面積，1,000 人当たり飲食店数，同 病床数。
　② 経済的豊かさ：1 人当たり預貯金額，同 所得額，同 小売業年間販売額，同 製造品出荷額，労働力人口比率，農家 1 戸当たり農業所得額。
　③ 成長度：人口伸び率（5 年間），生産年齢人口伸び率，小売業年間販売額伸び率製造品出荷額伸び率，着工建築物伸び率，人口集中地区人口伸び率。
　④ 自治体の行財政力：起債制限比率（標準財政規模に占める自己財源での負債返済額の割合；過去 3 年平均で 15％を超えると財政再建団体となり，20％超は地方債起債が段階的に許可されなくなる），経常収支比率，職員 1 人当たり住民数，同 歳出額，住民 1 人当たり歳出額。
4）特定非営利活動促進法（NPO 法）の「特定非営利活動」の定義
　「特定非営利活動法人」関連：
　① 保健，医療または福祉の増進を図る活動
　② 社会教育の推進を図る活動
　③ まちづくりの推進を図る活動
　④ 文化，芸術またはスポーツの振興を図る活動
　⑤ 環境の保全を図る活動
　⑥ 災害救援活動
　⑦ 地域安全活動
　⑧ 人権の擁護または平和の推進を図る活動
　⑨ 国際協力の活動
　⑩ 男女共同参画社会の形成の促進を図る活動
　⑪ 子どもの健全育成を図る活動
　⑫ 前各号に掲げる活動を行う団体の運営または活動に関する連絡，助言または援助の活動
5）全国総合開発計画：国土総合開発法に基づき，昭和 37 年以降これまで，つぎの通り五次にわたる全国計画が逐次，閣議決定され，国と各地方を通じた国土整備・地域整備の基本的な行財政指針として実施に移されてきた。
　① 全国総合開発計画（全総／第一次）＝池田内閣・昭和 37 年閣議決定。計画達成目標年次＝昭和 45 年。地域間の均衡ある発展をめざす拠点開発構想。
　② 新全国総合開発計画（新全総／第二次）＝佐藤内閣・昭和 44 年閣議決定。計画達成目標年次＝昭和 60 年。生産と豊かな環境の創造に配慮した大規模プロジェクト構想（累積投資規模：約 130～170 兆円＝昭和 40 年価格）。

③　第三次全国総合開発計画（三全総）＝福田内閣・昭和52年閣議決定。計画期間＝おおむね10年間。高度経済成長が終わり安定成長期に入る中での，産業の地方分散，定住圏構想を基本とする総合的居住環境の整備（累積投資規模：約370兆円＝昭和50年価格）。

④　第四次全国総合開発計画（四全総）＝中曽根内閣・昭和62年閣議決定。計画達成目標年次＝おおむね平成12年。特定地域への諸機能集中を抑制する多極分散型国土の構築（公・民累積投資規模：約1,000兆円程度＝昭和55年価格）。

⑤　第五次全国総合開発計画＝橋本内閣・平成10年閣議決定。計画達成目標年次＝平成22〜27年。多様な自律的主体の参加と地域の選択に基づく地域づくりの重視と，多軸型（＝北東・日本海・太平洋新・西日本の4国土軸を想定）国土形成の基礎づくり（投資総額を示さず，投資の重点化・効率化の方向を提示）。

6）歴史的・伝統的文化財（人工物及び自然物）に対する国の保護制度：

「文化財保護法」（昭和25年制定，以後逐次改正）において「文化財」とは，以下のものと定義されている（第2条）。

①　「有形文化財」＝建造物，絵画，彫刻，工芸品，書跡，典籍，古文書その他の有形の文化的所産で，わが国にとって歴史上または芸術上価値が高いもの（それらと一体をなしてその価値を形成している土地その他の物件を含む）や，考古資料その他の学術上価値の高い歴史資料。

②　「無形文化財」＝演劇，音楽，工芸技術その他の無形の文化的所産でわが国にとって歴史上または芸術上価値の高いもの。

③　「民俗文化財」＝衣食住，生業，信仰，年中行事等に関する風俗習慣，民俗芸能やこれらに用いられる衣服，器具，家屋その他の物件でわが国民の生活の推移の理解のため欠くことのできないもの。

④　「記念物」＝古墳，城跡，旧宅その他の遺跡でわが国にとって歴史上または学術上価値の高いもの，庭園，峡谷，海浜その他の名勝地で，わが国にとって芸術上または鑑賞上価値の高いもの，動物（生息地，繁殖地，渡来地を含む），植物（自生地を含む），地質鉱物（特異な自然現象が生じている土地を含む）でわが国にとって学術上価値の高いもの。

⑤　「伝統的建造物群」＝周囲の環境と一体をなして歴史的風致を形成している伝統的な建造物群で価値の高いもの。

その上で，⑥有形文化財のうち文部科学大臣（以下，大臣と略称）が指定する「重要文化財」（さらに，⑦このうち世界文化上，価値の高い，国民の宝たるものを大臣が「国宝」に指定），⑧重要文化財以外の有形文化財である建造物で保存・活用の価値があるものを，大臣が「文化財登録原簿」に登録する「登録有形文化財」，⑨無形文化財のうち大臣が指定する「重要無形文化財」，なお，この「重要無形文化財」（技芸そのもの）の保持者のことを俗に「人間国宝」と称しているが，これは法律上の文言ではない。⑩有形・無形民俗文化財のうち大臣が指定する「重要有形・無形民俗文化財」，⑪土地に埋蔵されている「埋蔵文化財」，⑫記念物のうち大臣が指定する「史跡，名勝，天然記念物」，⑬そのうち特に重要なものとして大臣が指定する「特別史跡，特別名勝，特別天然記念物」，⑭市町村が定める「伝統的建造物群保存地区」のうち，市町村の申し出を受けて，大臣がその地区の全部または一部を選定す

る「重要伝統的建造物群保存地区」，⑮文化財保存に不可欠の伝統的な技術・技能のうち大臣が選定する「選定保存技術」を定めている。

さらに，同法は，上記の指定や選定の解除や変更，文化財の保存・管理，国民文化・世界文化の向上・進歩に寄与するための文化財の活用，その他について広く，詳細な規定を定めている。

（補注）地域の文化的資源の保存・活用に関する，その他の法制

　国連ユネスコの「世界遺産」登録制度が典型的に表しているように，世界各国・各地には，大小様々な歴史的・伝統的な文化財（人工物及び自然物）がおびただしく存在しており，それらの多くがその国，その地域の貴重な文化資源・観光資源として，経済的にも国家・地域に貢献している。上記の文化財保護制度はわが国における歴史的・伝統的文化財の保存・活用に関する基本的制度であるが，この他にも，次のような諸法制が，地域の文化的資源の保存・活用に関しそれぞれ重要な役割を果たしている。ただし，制度が存在すると言っても，実際の文化的諸資源の保護・活用の状況は，各地域の計画・施策・経営の優劣・巧拙を反映して，文化的・経済的な貢献度に大小の差を生じている。

① 「文化芸術振興基本法」（平成13年制定）：議員立法。芸術・メディア芸術（現代メディア利用芸術）・伝統芸能・生活文化・国民娯楽・出版物・レコード・文化財等の文化芸術の振興についての基本理念を定め，国・地方公共団体の責務を示し，文化芸術活動を行う者の自主的活動の促進を基本としつつ文化芸術振興施策の総合的推進を目指すもの。→平成14年，（文化審議会答申に基づく）「文化芸術の振興に関する基本的な方針」を閣議決定（内容＝国の役割，基本的方向，留意事項，基本的施策）。

〈参考〉平成14年度　国の一般会計歳出予算額：81兆2,300億円
　　　　　　うち，文教・科学振興予算：　6兆6,998億円（8.2％）
　　　　　　うち，文化庁予算：　　　　　　985億円（0.12％）
　　　　　　（参考）防衛費予算：　4兆9,560億円（6.1％）
　　　　　　＊比率＝いずれも対国家予算（一般会計歳出額）。

② その他，「古都における歴史的風土の保存に関する特別措置法」（昭和41年制定。「古都」：京都市，奈良市，鎌倉市等。国土交通大臣＝古都における「歴史的風土保存区域」を指定→「歴史的風土保存計画」を決定）や「地域伝統芸能等を活用した行事の実施による観光及び特定地域商工業の振興に関する法律」（平成4年制定），「著作権法」（昭和45年制定），「美術品の美術館における公開の促進に関する法律」（平成10年制定。「登録美術品」＝所有者が登録申請→文化庁長官登録），「宗教法人法」（昭和26年制定。「宗教法人審議会」委員＝文部科学大臣が任命，10～20人以内）その他の法律が機能。

〈参考〉日本の宗教団体数：22万7,000団体（神道系39％，仏教系38％，キリスト教系4％，その他19％）……平成11年末現在。
　　　　同　　　　信者数：2億1,400万人（神道系49％，仏教系45％，キリスト教系1％，その他5％）……　　同　　　上。

世界遺産：「世界の文化遺産及び自然遺産の保護に関する条約」（昭和47年ユネスコ総会採択「世界遺産条約」）締約国174ヵ国，世界遺産730件，うち文化遺産

563件，自然遺産144件，複合遺産23件（日本＝文化遺産9件，自然遺産2件）……いずれも平成14年現在。

第5章

観光と経済

第1節　観光の本質と観光産業

　優れた有形・無形の文化的財物が各地域社会の文化性のかなり大きな部分をにない，自地域住民や他地域・他県や諸外国からの訪問者たちを迎える大きな要素になっているが，わが国の実状をみれば，この国は長びく不況の中で経済大国の座に辛うじてとどまっているとはいえ，この経済的規模以外には，長寿番付と若干の科学技術・産業技術と柔道くらいしか世界は認識していない，客観的にはその程度の極東の島国である。だから，観光客も少ない。

　そこで，本書の始めの方で，文化経済学は本質的に複合的な学問の一種であると述べたが，この学問の枠組みの中でみると，日本が恐らく諸外国並みに保有しているであろう貴重な経済財としての文化的諸財を多彩に活用する「観光」の経済作用の重要性が浮かんでくる。以下，本章ではこの観光の本質・特性，資源性，産業活動，戦略等を経済との関係において取り上げ，考察する。

1．観光の本質・特性

　夜の闇の中，誘蛾灯の光へ引き寄せられ死んでいく虫たちの反射的本能。それよりもずっと進化した段階のサルたちが先祖伝来の温泉に湯治にいく折りの心境。本書の目的は動物心理学や進化論にはないので，これらの現象の分析から「観光」論へ進むというような手数をかけるつもりはない。

　気晴らし・物見遊山や国内外の旅行等にほとんど或いはまったく興味を示

さない人間は結構いるが，これには幾つもの理由・背景があって，①内的充足・均衡に必要な外来刺激が少量でよい人，②内的充足・均衡に必要な外来刺激の種類が異なる人，③性格形成過程において，両親・家族等からの影響や経済的窮乏等の理由でこの種の刺激への嗜好が開発されなかったり禁圧されていたり，むしろ排棄されてきたりした人……こだわってかかれば，まだ幾つも別の理由・背景を思い付けようが，それも本書の趣旨ではないので，時間・労力のロスを避けたい。

このような一部の人々を除く多数の人々は，気晴らし・物見遊山や国内外の旅行等が好きであるか，嫌いではない。これらの余暇活動・趣味行動・娯楽行動等の本質は，①B. パスカルが『パンセ』で非難する気晴らし，②学習，③実利・実益，④社交，⑤これら諸要素の複合，その他であり，これらは普通の人間の精神生活にとって必要不可欠な価値である。

観光も（上記の①と②と③，時には④の動機も加えて，競馬場や場外馬券場へ希望に満ちて出かけて黙々と帰宅する善人たちにとっての競馬と同様），上記の⑤を本質とする，多くの人間にとっての価値物である。この種の活動を分析するためのマトリックスを考えれば，一方は時間・距離ないし費用（所要時間・日数，国内・国外，遠方・近場，必要経費等）。他方は観光の種類・目的・具体的対象（娯楽型・教養型・社交型，東京ディズニーランド・日光東照宮・ナイアガラ瀑布・ニューヨーク等）というようなものから，観光業者の視点からのもの，観光行政・観光政策の視点からのもの等，さまざまな指標からなるマトリックスが作られることになる。そして，これらの分析的行為を超えて，観光という価値物の特性は，その個別対象物（太宰府天満宮，ラスベガス，大英博物館）が，①人間各人と同様，代替不能物であると同時に，競争的には人間の人事と同様，代替可能で競争市場に存在していること，②ゲームソフトウェアや造形芸術・舞台芸術・音楽等，他の文化商品と同様，そのコンテンツの優劣・魅力度が消費者の選好を強く決定づける傾向が顕著であること，③改作・別作が容易な，他の多くの文化商品と異なり，改作・別作が（不可能ではないが），経済的・文化的見地から相当規模・相当レベルの資源・労役・人知を要すること等である。

なお，我々人間の周囲に存在するものは自然物か人工物であり，これに経

済性という価値視点を加えれば，自然物には自由財自然物（路傍の小石，軒端のスズメ）と経済財自然物（珍鳥トキ，三保の松原）が，人工物にも自由財人工物（筆者が描いた絵，朽ちていく戦場の鉄兜）と経済財人工物（値がつく絵，リサイクルできる鉄兜，ロンドン塔）がある。ただし，これらの区分は絶対的なものとは言えず，路傍の小石も役立って値がつくこともあるし，軒端のスズメも環境保護団体・動物愛護団体の出費・労役に支えられている度合いが著しければ珍鳥トキや三保の松原と同様，「自然物」であると同時に人手が不可欠という意味において「人工物」（もっと分類すれば「人工的自然物」）とも言える。朽ちていく古戦場の鉄兜も，「戦争博物館」で入場料稼ぎに役立てば経済財人工物に出世する。つまりは相対的な区分である。「資源」という概念があるが，その本質は「人間が価値を認める目的に関して，役立つ（可能性がある）もの」ということであり，我々の周囲のすべての自然物・人工物に対してこの光を当てることができるし，多くの場合「資源」の判断にも「経済性」が付随している。「観光」はこの一連の分類の中では，経済財自然物ないし経済財人工的自然物，あるいは経済財人工物及びこれらの複合体として位置づけられるが，この文化商品の競争性・選択可能性からその品質維持・品質改良の必要性は高く，これを怠り，或いは失敗すれば商品市場から撤退するか，片隅で細々と生きていくしかない。

2．観光産業とグリーン国富論

　国内型・海外型を通じて観光産業の市場規模は大きく，ことに今後，高齢化が進みつつ物的欲求に対する心的欲求の比重が相対的に増していくにつれて，この産業は斜陽産業と対極の成長産業に分類することができる。現在は長期経済不況のただ中にあるので，労働時間の短縮といっても元気の出ない「ワークシェアリング」型の話題が多いが，この不況を脱し得た時，人間労働にとって本筋に当たる労働時間短縮，余暇時間拡大の話題が，IT革命の成熟化も受けつつ，わが国でも種々の角度から取り上げられ，法制化されていくに違いない。このような長期的見通しを勘案すれば，観光産業は派手さはないが着実な型の成長産業であると見込むことができる。

　この観光産業については既出の図書・論文類が汗牛充棟の状態にあり，有

名な立教大学観光学部をはじめ多くの大学に観光関連学科やコースが置かれ，経営・戦略関係や従業員・関連業者養成のための専門学校も全国的に分布している。本書は，原理的に文化と経済との相互作用を観察・考察し，文化経済学の枠組み・構造を整理することを意図しているので，上記の現状の下で必要以上に観光産業論に進入することはせず，ここでは特に留意する価値があると考える点について言及しておくこととする。

環境経済関係の著書が多い千葉商科大学教授の三橋規宏氏は，その著書『日本経済 グリーン国富論』の中で，次のように（観光系も関連するが）グリーンツーリズム系にやや近い角度から述べておられるので，適宜引用させていただく。

> 停滞した日本経済を復活させるためには，循環型社会づくりへ向け大きくジャンプすることである。そのためには，環境配慮型の新発展パターンへこれまでの環境破壊型のそれを思い切って切り換えていかなければならない。思い切った路線転換をすることで，そのなかから新しい産業が育ち，それが人々の雇用の受け皿になる。
>
> 戦後の日本は，輸出主導で経済を短期間に発展させてきたため，家計部門の貯蓄を産業分野に積極的に回してきた。その結果，産業は栄えたが，住宅は先進国のなかで最も劣悪な状態に甘んぜざるをえなかった。
>
> 一人あたりGDPでは先進国でトップクラスに位置していながら，外国人の友人を自宅に招く余裕のない狭い住空間は決して健全な姿とはいえまい。自動車が走る産業道路は発達したが，歩道や自転車道など「人のための道路」は極端に貧弱だ。全国各地の河川の多くは，排水溝のような醜い姿に変えられ，多様な小生物が群がる川辺の生態系は無惨に破壊されてしまった。人が産業道路や巨大高層ビルに遠慮し，街の片隅でひっそり不便な生活を強いられている姿は，経済至上主義という嵐が過ぎ去ってみるとやはり異常というほかないだろう。国土開発のアンバランスも際立つ。
>
> 日本を含め先進国に限っていえば，スミス流国富論の時代は卒業期を迎えている。あらためて21世紀の国富とは何か，豊かさとは何かを問

い直す時期がきている。

　「無限で劣化しない地球」を前提にして経済活動が営めた時代は，モノの生産を増やすことが国富を増やす手段として正当化された。しかし地球の限界に直面してしまった現在，私たちは人類史上はじめて「宇宙船地球号」の乗客になったのである。すべてはそこから出発する。

　これからの国富は，社会資本の形成であれ，民間投資であれ，製品生産であれ，さまざまなサービス提供であれ，そのなかに環境配慮，自然との共生，脱物質化，循環といった要素を必ず盛り込んでいく必要がある。そうした国富のことをここではグリーン国富と呼ぶことにしよう。

　グリーン国富をつくるための法律，制度，企業の取り組み，人々の意識は，すでに大きく収斂してきている。あとは政府がそれを実現させていくための国家プロジェクトを作成，それを実現していくための協力を国民に呼びかけ，国家百年の計として取り組む姿勢を示すことである。[1]

　観光という現象，観光産業という活動は，極めて広い範囲でこのグリーン国富に合致している。多くの人々が観光に対しておざなりでなく価値を見いだしているのは，大小・長短さまざまな旅の初めの相談から，旅支度，資金準備，集合，出発，乗り物，宿泊，食事，観光，予定外の諸体験，ハプニング，買い物，語らい，帰途，別離，貴重な体験の共有，日常生活，再会，そして相談……こういった過程のほとんど大半が明るい深みのあるグリーンの価値（国富）で満たされていることを，よく承知しているからである。そして，この観光という文化・経済現象は個人のレベルでも地域社会のレベルでも国家・国家間レベルでも，いわば文化的満足度と経済的採算性との両曲線の交点において実施されているものである。

第2節　観光のコンテンツ

1.　概　　観

日本そして世界の，大小さまざまな「まち」。京都・奈良・札幌・東京・萩・

長崎。パリ・フィレンツェ・ハンブルグ・リューベック・ルツェルン。無数の大小都市がそれぞれ独自の「まちの歴史と事情と 志(こころざし)」を持ち，地域の課題に取り組み，「街づくり」を進め，大きな社会的・経済的効果をあげている。

その具体的な目標物・対象物の一つが各国・各地の観光である。ここでも深くは触れないが，日本各地の観光の消長を包括的に示すインデックスの一つとして，㈳日本観光協会刊行の『数字でみる観光』（2000年度版）所掲の，日本人の国内旅行及び外国人の日本旅行の規模の推移をみると，つぎの通りである。

```
日本人の国内観光旅行延べ人数 ……平成 2 年   16,500 万人
                          同    11 年   17,300 万人
外国人の日本来訪延べ人数 …………平成 6 年      347 万人
                          同    11 年      444 万人
世界のフランス観光延べ人数 ………平成 9 年    6,731 万人
同    アメリカ観光延べ人数 ………同    年    4,775 万人
同    スペイン観光延べ人数 ………同    年    4,325 万人
同    中  　国観光延べ人数 ………同    年      743 万人
同    日本への旅行延べ人数 ………同    年      422 万人
```
（上記の外国4ヵ国は「観光旅行」のみの人数であることに注意。）

これらの数値を見ると，①グローバル化が進む中で，外国人の日本訪問者数は非常に少ない（ただし年々増加傾向にはある）。②日本各地に関する対外情報発信の内容・方法・規模について格段の工夫・強化が必要である，と言わざるを得ない。東京都の石原知事が最近，「東京都はなぜこれまで，外国人向けの観光対策をこんな調子で放置してきたのか」と都政批判をしていたが，同氏は当然この批判を国に対しても向けていたのである（もっとも，その当人が先年，運輸大臣という観光担当閣僚の座にあったことについて，どのような補足コメントをされたのかは知らない）。

2．TDR の成功と立地

　ここでは，数ある競合観光商品の中から，多数の消費者が特定の商品を選択・購入する際の最大の決め手となる「商品のコンテンツ（内容）」について，優れた経営能力・企画開発力と立地条件とに恵まれたトップの事例を，宮城大学教授・粟田房穂氏の著書『ディズニーリゾートの経済学』に求めて，その「成功と立地」の要点を整理する[2]。

　　1982 年，千葉県の東京湾岸・JR 京葉線の舞浜駅前に，オリエンタルランド社が東京ディズニーランドを開業し，2000 年には商業施設のイクスピアリ，大型ホテルのディズニー・アンバサダーホテルを増設，2001 年には同ディズニーランドとほぼ同規模の，海を統合テーマとする東京ディズニーシーともう一つの大型ホテルを開業，施設間は延長 5 km のモノレール，ディズニーリゾートラインが結ぶ，これが東京都心から約 10 km の距離に立地する世界最大規模の娯楽空間「東京ディズニーリゾート」の現状である。東京ディズニーランドの総投資額は 1,800 億円，同リゾート全体の総投資額は 4,500 億円である。

　　東京ディズニーランドが開業した当時，この巨大施設はいずれ飽きられ行き詰まるとの予測もあったが，ディズニーランドの本場アメリカ・アナハイムが 30 年かけて迎えた 2 億 5,000 万人目の入場者を，こちらは 17 年目に迎えたというように，世界の DL の中で最大の集客力を誇る優等生で，従業員たちのきめ細かなサービスにも定評がある。

　　人を楽しませることを目的としたテーマパークには，顧客満足を効率的に提供するノウハウが集積されている。こうしたエンターテインメント性はサービス産業だけでなく，最近では商業施設，地域づくり，医療，教育の分野にまで及んでいる。このエンターテインメント性は，21 世紀の産業社会のキーコンセプト（事業概念）になりうるだけの内容がある。21 世紀の成長産業は，なにも IT 関連企業だけではない。優れた経験を提供できる企業もまた，成長産業たりうる。

　　感情が高められたり興奮することで消費が促される。消費者に「素晴らしい経験」を提供することが，ポスト大量消費社会に生き残る経営戦

略となる。そのノウハウがディズニーテーマパークに凝縮されている（1〜33頁）。

　本リゾートは装置産業であるとともに，人手がかかるという点で労働集約的産業である。運営主体オリエンタルランド社の正社員は2,500人，パートタイムの準社員が約1万人（季節的ピーク時は1万2,000人），出演契約者700人。かなりの雇用効果を維持している。また，「企業参加制度」という1業種1社の，各種施設やアトラクション等へのスポンサー制度を設け，スポンサーは関係経費負担と見返りに，自社の広告・商品販売促進等にディズニーテーマパークのブランド性を活用できる（2000年11月現在のTDR参加企業＝20社・28件，キリンビール・JAL・コカコーラ・日本通運その他）。

　当社はディズニー本社との間でロイヤリティ・フィー（基本特許使用料）として入場料の10％，物販・飲食売り上げの5％，年間50億円の支払いを続ける契約を2046年期限で結んでいるが，契約更新も可能である。三菱総合研究所の試算では当リゾートが生み出した経済効果は約3兆2,000億円である。

3．失敗事例の分析

　2001年春，アメリカ・ロスアンゼルスのユニバーサル・スタジオを原型とするユニバーサル・スタジオ・ジャパンが「大阪を商業都市から集客都市へ」という構想のもと，都市開発・地域活性化の起爆剤として，大阪市を主体とする第三セクター・株式会社ユー・エス・ジェイにより開設された。TDRは民間事業だがUSJは公・民合同の事業であり，地域・地区の期待度はUSJのほうが高い（同書，41〜71頁）。

　さて，1987年に総合保養地域整備法（通称「リゾート法」）が施行されたが，これは自由時間増大への対応，地域振興，内需拡大を目的とし，「特定地域」に指定されると，税制・金融面で優遇され，同地域内では「農地・国有林・港湾や自然公園の活用に関する規制緩和」が認められる。これによってリゾート開発が全国的にブームとなり，多くのリゾートが出現したが，巨額投資・ランニングコストに対して事業採算がとれず，経営に苦しみ或いは行き

詰まる所が多かった。その理由を要約すれば，
① 　バブル経済崩壊による不況の長期化，所得・生活環境の低迷。
② 　集客力の核である客の共感・欲求を呼ぶテーマ性が希薄で，リゾートの魅力ある特徴を出せず，「金太郎あめ」の施設にとどまったこと。面白さ・魅力を創出・演出するという基本的視点に欠けていたこと。
③ 　大規模開発時に自然保護への配慮が万全でなく，自然破壊・治山治水機能低下等をもたらし，リゾート開発への反発が強まったこと。
④ 　集客力・集客見通しが甘く，施設経営の基盤となるリゾート需要を過大に見積もったこと。
⑤ 　地域活性化を目指す第三セクターの開発・運営が行き詰まり，官僚体質と関連企業の金儲け主義による放漫経営も災いしたこと。
⑥ 　諸外国の施設の充実度，そのソフトの独自性，海外体験による満足度等も比較障壁になったこと。
⑦ 　施設にとって重要なリピーター（再訪者）を捉えるには，新鮮なテーマの追加や，新規施設の建設等の改良，良質のサービス・活性の維持が必要だが，経営不振との悪循環により追加投資等も困難になったこと，等である（同書，138～168頁）。

〈参考〉　東京ディズニーリゾートへの，同一人物の再訪回数：
(開園～2000年9月累計)
初めて：3％弱　　2～9回：40％　　10～29回：40％
30回以上：18％……極めて驚くべき再訪率である。

なお，「観光のコンテンツ」と言いその「失敗事例」と言う時，見落とすわけにはいかない「ユーザー側の，時代的な需要の変化」というごく一般的な文化的・経済的現象が見られる。その一例として，平成期に入ってから入園者数の漸減が続く各地の動物園という，かつての観光資源・観光商品の凋落現象が挙げられる。さすがに東京の上野動物園が閉園の危機に追い込まれているという話は聞かないが，毎年，永い伝統を持つ地域の動物園の幾つかが閉園を余儀なくされ，従業員や動物たちの身の振り方が案じられている。

これらのケースでは，特定の経営者や責任者の誰が悪いというのではなく，多くの場合，①住民一般のモータリゼーションの定着状況の下で，周辺の広域的な文化活動圏域内に，もっと刺激的・魅力的な新規商品，それこそTDRとかUSJ，ハウステンボスといったテーマパーク等が出現した。②社会・経済・情報等の高度化・文化化の中で，目が肥え贅沢（ぜいたく）に慣れていくユーザーたちにとって，従来のレベル・形の商品は一段と刺激・魅力を持たない不要品になっていった。③親の世代の向刺激性・向文化性と，彼らの子供たちにおける少子化の進行・定着とが相まって，商品需要規模ないし市場規模そのものが縮小の一途を辿ってきた。……というような，いわば当事者・関係者たちの責任・能力範囲を超えた大きな時代的な流れに押し流されて，このような事態を迎えてしまったと言わざるを得ないような面が大きい。とは言え，このような一種，不可抗力のような事態にあっても，そこには経営者・責任者たちの油断・不勉強・無能力が深く関わっていたということなのであろうか。

4．余暇後進国・日本

資本主義経済は供給過剰の体質をもつ。需給バランスが崩れると，不況局面で政府は需要拡大策を打つことを迫られる。これがケインズの考えた政策であり，彼が資本主義経済を救ったといわれる所以である。それとともに資本主義の延命・成熟に力を貸したのは，人々の限りない欲望の増大であった。しかし，閉じた有限の「宇宙船地球号」では，モノへの欲望中心の消費資本主義は限界に達している。

実態は「モノも，ココロも」の時代だろうが，現代の消費社会では，消費者の性向に適合し得るエンターテインメント性（人を快くさせる機能）の視点を欠いたビジネスは発展できない。買い物に行ってもいろいろと楽しいショッピングセンター，子供・若者・家族，誰でも楽しいラスベガス，こうしたエンターテインメント重視の発想が商店街や都市の行き詰まりを救ってきた。人が大切な分野であれば，商業施設・ホテル・地域づくり・教育・医療・オフィス，これらすべてに役立つ発想である。多くの人にとって教育は苦手だが，エンターテインメント効果が人々に教育の始まりの興味を抱かせ

る。エデュテインメントという新しい教育の発想である。

　パイン2世とギルモアというビジネス・コンサルタントが『経験経済』（エクスペリエンス・エコノミー）という本で，優れた実体験の価値を指摘し，その種の感動や美的な満足感を与えてくれる商品・サービスには，人は進んで対価を支払うとし，「4E領域」：エンターテインメント経験（Entertainment）・教育経験（Educational）・脱日常経験（Escapist）・審美経験（Esthetic）の経験価値の重要性を述べている。そして彼らも，経験価値の根源をたどればディズニーに行き着く，と述べている。余暇先進国の欧米では，リゾートそれ自体が生活の目標である。日本の場合，現段階ではレジャーの変形としてしか位置づけられていないが，いずれ欧米のような道筋を辿るだろう（同書，170～205頁）。

　以上，ポイントを摘記した「ディズニーリゾート」は，立地条件も資本規模もディズニー本社との関係もすべてそれなりに特徴的なので，全国各地の自治体・企業・地域・住民等にとってあまり参考にならない面もあるが，各自の個別の課題や現状と向き合う際に，種々役に立つ部分を含んでいる。京都観光のスポット「東映太秦映画村」の見所は数十ヵ所に及ぶ。

　なお，粟田氏は「余暇先進国の欧米では，リゾートそれ自体が生活の目標である」と述べておられるが，そこには，①一般の日本人よりもリゾートそのものを深く楽しむ文化を身につけている，という意味とともに，②そのようなリゾート文化の世界が，それの内部で人間に，日常生活でのものとはいささか異なる魅力あるものや価値に出合う内面生活をも提供してくれる，という意味も含めておられるのだと思われる。

第3節　観光の経済戦略

　本章の最後に，経済合理性を目指す観光産業における戦略ともいうべき事項について触れておく。多くの関係図書の中で，英国のM. T. シンクレア及びM. スタブラー共著の『観光の経済学』（原題 *The Economics of Tourism*）は，総括すれば，観光需要・観光供給とその市場構造について，観光業の特性を組み込みつつ経済理論の手法で分析を行ったものであり，その面に

おいて有意義な記述が多い。本節では，上記の「観光の経済戦略」という角度から，最も関連が深い内容をもつ「第6章　国際的文脈における観光」を取り上げ，その中でも特に本節の趣旨にかなった適切な記述内容を厳選してそれらの要点を次項「1」として整理・紹介した上で，続く「2」においてそれらに対する筆者の解釈・注釈を一括して加えることとする[3]。

1．特に重要な観光戦略のポイント

① 規模と範囲の経済としての観光経済

観光部門に属する多くの企業は，規模の経済を経験する。供給者は，収益性を上昇させるためだけではなく，競争相手がその産業に参入することを阻止するための手段として，単位費用の削減を達成しようとする。一方，低所得で低水準の需要をもつ国にあるような比較的小さな観光企業は，高い初期費用や価格のため，効率的に競争するために十分な規模の経済を得る前に市場から排除されるかも知れないので，そのような状況においては「幼稚産業」は短期的に保護されるかも知れない。

② 研究，開発，革新及び模倣による競争

価格や質に基づく競争に加えて，企業は国内外の競争相手を技術的にリードするために，研究や開発に取り組むことによって競争している（Posner, 1961）。観光部門の事例は，アメリカや西ヨーロッパによる航空機や旅行，宿泊や目的地施設のコンピュータ予約システムのような情報技術の成果を含んでいる。

③ 経済構造への影響

地域の観光拡大の最も明白な効果の一つは，経済のサービス部門の重要性が増大することである。スペイン観光の事例は，観光の需要・供給の急激な成長を明瞭に示している。1951年にスペインを訪れたのは130万人だったが，1990年には5,200万人を超えている。加えて，1,300万人以上の国内観光者が存在する。観光の拡大は，観光産業に従事する安価な労働力の需要の増加を満たすために，内陸の村から大量の出稼ぎを創り出した。余暇と観光の著しい拡大は，所得と雇用を創出し，1990年代にイギリスで起こったように，観光の空間的分散を増大させている（D. Diamond & Richardman,

1996)。

④　観光による経済成長の特徴

貿易でも「規模の経済」等に恵まれた先進国と異なり，発展途上国では明らかに観光，観光生産物を含む輸出品に特化することで比較優位を変えることができる。観光は，低所得国が低生産・低所得・低支出の循環から解放されるための実現可能な手段を提供する（Rivera-Batiz & Romer, 1991）。

⑤　政府等の役割

新しい経済成長理論（Grossman & Helpman, 1994 その他）は，政府の役割を肯定している（van der Poeg & Tang, 1994）。物的・人的資本と同様，自然資源への投資も行われるべきである。立法手段は，持続可能な成長を支える制度的枠組みを提供するものであり，商業政策等の手法は，観光用の宿泊施設の供給や近代化に向けての投資を刺激する手法として用いられる。また，観光への投資は各国政府やアジア開発銀行・世界銀行・世界観光機関（WTO）・国際連合を含む国際機関によっても支援があり，これらの国際機関は，観光プログラムや観光インフラストラクチャー，技術的面についても援助を進めている。比較優位は，動態的な戦略的政策操作の対象になる。

2．各指摘に対するコメント

前項に要約・紹介した観光における重要な経済戦略に関する各指摘につき，以下，筆者の立場から順次，コメントを加える。

①　規模と範囲の経済としての観光経済

ここに紹介した原著は，幅のある諸経済発展段階にある各国を包括的に取り扱ったものなので，ここに要約したように，低開発諸国の観光戦略にも配慮した記述を含む場合が少なくないが，実は，原著者らの「幼稚産業」という発想は，現在の日本国内の状況についても十分に示唆的なのである。即ち，首都圏の一部の市区町であれ地方圏域の相当数の市町村であれ，同書が指摘する「幼稚産業」の保護・育成と同様の支援策・助力措置を必要としているという実状がある。

②　研究，開発，革新及び模倣による競争

原著による1961年ないしそれ以前の時点の事例を示されるまでもなく日

本の各企業はこの種のシステムとそのコンテンツの充実に久しく取り組んでいるが、それにもかかわらず我々一般ユーザーが、必要に迫られてネット情報にアクセスしてみると、いまだに使い勝手がよくなかったり、もっとサービス・工夫をしてほしいと不満を覚える場合が少なくない。つまり、IT革命の進行等と言われる割に観光分野における諸サービスのコンテンツ及びソフトウェアはそれ程進歩・充実してはいない。ということは、取りもなおさず、観光戦略においてこの領域は、民間部門・公的部門を問わず、また国内外・圏域内外を問わず、最も競争的な状態にとどまっているということを意味している。つまり、ここで遅れをとることは、そのまま、例えば前述のTDRの優れた事例等と比較して、観光戦略全般にわたって敗退していくことになりかねない危機を孕んでいるということである。

③ 経済構造への影響

「観光資源」はある意味では必ずしも一部特定の市町村・地域に偏在するものではなく、かなり多くの市町村・地域が、従来から保有しあるいは「工夫・形成」さえし得る文化的経済財であるともいうことができる。近年よく見聞きする「一村一品運動」とか「グリーンツーリズム」等の動きに実に様々な創意・工夫が見られるのが、その好例である。その上、「地域社会・経済の振興・活性化」を目指す時、原著が指摘する通り、観光の経済効果は特にサービス部門において著しく、かつそれが（当該事業の規模によるが）広く周辺地域に及ぶ雇用・所得の増大を生み、また、観光事業そのものの空間的分散がみられる、という傾向を持つので、これら二様の利点（即ち、相対的な遍在性・工夫可能性と、相対的にシミュレーション可能な経済合理性）から、原著が指摘するような国家的レベルでの経済・社会戦略に限らず、地域レベルでの経済・社会戦略としても非常に大きな可能性を持っているのである。

④ 観光による経済成長の特徴

原著のこの指摘は、国際経済関係における発展途上国ないし低所得国の観光戦略による比較優位実現の可能性という観光経済ならではの特殊性を強調したものであるが、これもまた、国を地域に置き換えることが可能であるし、必要である。即ち、常にそうなるとは言えないが、当該地域がもつ先行条件

によっては，海外観光・国内観光・圏内観光等を通じて比較優位の強化・創出が，低所得地域の経済・社会の成長を可能にする場合があるに違いない。なお，これまで特に強調はしなかったが「観光の経済戦略」という場合でも，それは，当該国家・地域における経済・社会振興策として単発的なものでは決してなく（原著の他の箇所でも触れているが），観光を政府の政策レベルにおいて必ずしも特別の安定的選択として位置づけるのではなく，全経済部門の見地からこれを位置づけ，ポートフォリオを構成する選択があるのは，当然のことである。

⑤　政府等の役割

原著のこの指摘は，まず観光産業における政府部門の役割・機能として，制度的・財政的措置による自然資源への投資を含む投資刺激のような手法を，また，地域に関連する国際機関等による各種の金銭的・技術的支援の事実を述べたものだが，これらも各地域レベルに引き戻して参考になる指摘である。即ち，①地域経済・社会の振興にあっても，最も必要な公的部門の役割はまさにこの制度的・財政的な支援措置であるし，②原著が紹介している種々の観光インフラ・技術・人的資源等の強化・充実のための，国家レベルの国際プロジェクト・国際支援活動は詰まるところ，各国の「地域」レベルの事業・活動に結びつくものなので，それらの国際的作用の多くは，各国の国のレベルに限定されることにはならない仕組みになっているのである。

3．情報発信の重要性

ここまで，観光による経済振興，雇用拡大等について種々説明や紹介を行ってきたが，それらはおしなべて国及び地域の観光そのものの望ましい在り方，内容についての論述であった。もちろんこの点が最も重要であるのは明らかだが，実は，そのようないわばコンテンツの充実を前提として，国や地域の観光資源・観光メニューを外部に向かって魅力的な「情報」として発信するシステム及び手法が非常に重要であるということを，特に強調しておく必要がある。

先般，石原慎太郎東京都知事が観光都市としての東京都について，また，これを追うような形で小泉純一郎首相が観光国家としての日本について，

もっと本腰を入れて観光小都市・東京や観光小国・日本の資源見直しやコンテンツ，メニュー等の充実とそのための支援施策，更には産官民の連携システム，民間での取り組みと政府部門の取り組み，その他，ソフトウェアとハードウェアの両面にわたって国際的及び国内的視点から観光振興・拡充のための戦略・戦術の策定・強化に取り組もうという動きを見せ始めた。実際，本章第2節の冒頭に示したとおり，古来の伝統文化・文化財と現代の先端的文明と変化に富む豊かな風土・景観に恵まれた経済大国・日本の観光小国ぶりはこの国とその諸地域とを通じて我々が改善すべき最も重要なマクロ的課題である。

そして，この重要課題の解決に当たって非常に大切な決め手の一つが，国内及び海外に対する効果的な，つまり魅力的な観光情報の発信である。この点について，国や自治体等の関係諸機関も民間の関係諸組織・業界も既に様々な工夫・努力を重ねそれらを地道に実施してきたと言うのであろうが，過去の仕事柄，海外旅行・国内旅行の経験が平均的日本人よりもかなり多い筈の筆者自身，いつもその種の情報の中身と情報伝達の巧拙に気をつけていて感心するような事例にはあまり出合わない。この問題をより効果的に論じるためには，まず広域的な観光圏域からもっと身近な観光圏域まで具体的な観光圏域の分布状態を想起し，同時に，実際の広狭多様な諸観光圏域が，①他圏域との連関が希薄か，②他圏域との連関・連携が強いか，③現状はさておき今後の方向として連関・連携が有効か無効かという類型のいずれかに在るのだから，その有りようを想起し，これらの総合的状況を具体的な所与の前提・場として，観光情報の発信体制，発信内容，発信方法・技法を検討・工夫する必要がある。

図5.1は一つの原理的モデルを例示したに過ぎないが，実際にこのような相関構造図を作成するとなると，それは極めて詳細・複雑なものになるだろう。分析・表示すべき事項・記述は多岐にわたり，相関関係の現状や計画等を表す線分は濃淡多様なものになり，同様に，情報発信の体制・情報内容・方法・技法に関する矢印の種類も関連記述も格段に増すだろう。それはそれとして，少なくとも原理的レベルにおいてこの種の相関構造モデルから，広狭の各観光圏域における然るべき観光資源・観光内容・観光メニューや相互

第5章　観光と経済　　　　　　　　　　　　　　117

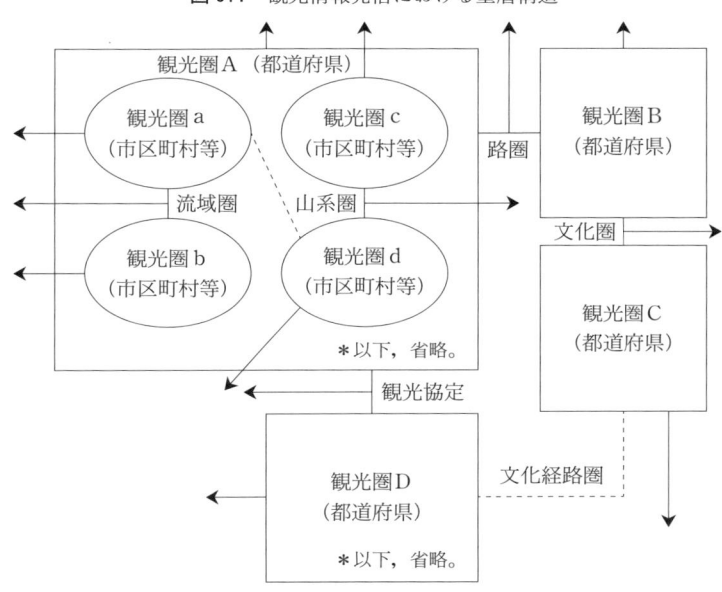

図 5.1　観光情報発信における重層構造

```
    観光圏A（都道府県）
  ┌─────────────────────┐         ┌──────────┐
  │ ┌観光圏a┐  ┌観光圏c┐ │         │  観光圏B  │
←─│ │(市区町村等)│ │(市区町村等)│ │ 路圏 │ (都道府県)│
  │ └──────┘  └──────┘ │         │          │
  │   流域圏   山系圏     │─────────│          │
←─│                       │  文化圏 └──────────┘
  │ ┌観光圏b┐  ┌観光圏d┐ │         
←─│ │(市区町村等)│ │(市区町村等)│ │         ┌──────────┐
  │ └──────┘  └──────┘ │         │  観光圏C  │
  │          ＊以下，省略。│         │ (都道府県)│
  └─────────────────────┘         │          │
          ↓ 観光協定              │          │
  ┌─────────────────────┐         └──────────┘
  │    観光圏D            │  文化経路圏
←─│   （都道府県）         │
  │   ＊以下，省略。       │
  └─────────────────────┘
```

（注1）モデル図において，各矢印は情報発信源と発信方向を表示。
（注2）諸観光圏を結ぶ線分に添えた流域圏・山系圏・路圏（交通路圏）・文化圏（共通文化圏）・観光協定・文化経路圏（空路・中遠距離鉄道等で移動容易な同系文化圏）等の補語は諸観光圏相互の連携要因を表示。
（注3）「市区町村等」としたが各円がそれぞれ単一の自治体であるとは限らず，複数の自治体ないし自然的・歴史的同一圏としての有機的複合圏域である場合等をふくむ。
（注4）国の政府及び民間旅行業界・その連合組織等もマクロ的立場から同様に観光情報を重層的に発信。

関係・連携等の現状及び計画・構想が既に示されていることを前提として，我々がお互いに観光現象・観光問題の直接的な経験者・実消費者としてただちに思い浮かべる「観光情報発信」に関する論点・課題とは例えば次のようなものであろう。

　①　情報発信の担当・分担・連携関係は，個別・具体的にどのような形態が最も効果的か。→モデル図から明らかなように，この論点については各観光圏域とそれらの連携単位のみならず，国の政府，民間旅行業界やその連合組織等もマクロ的立場から適切に参画することが不可欠。

　②　効果的，つまり国内あるいは海外の消費者・需要者にとって魅力的な

情報内容・メニューとはどのようなものか。→内外の，好評事例の分析・研究。

③　国内，及び，日本やその都市・地方等を知らない海外における，観光商品の購入希望者が近寄り興味を持つ可能性が高い，情報提供の場の形成，プレゼンテーション方法とはどのようなものか。→内外での現地主義（支店網・出先機関等）の拡充，情報・紹介技法に優れた専門的人材の配置。

④　効果的，魅力的な観光情報伝達に必要な経費支出が確保されるか。→不十分な経費支出の下での事業活動は構想倒れで出費全体がムダ。効果的投資規模が高収益を実現。

［注］

1）三橋規宏『日本経済 グリーン国富論』東洋経済新報社，2000年，374〜379頁。
2）粟田房穂『ディズニーリゾートの経済学』東洋経済新報社，2001年。
3）M. T. シンクレア，M. スタブラー著『観光の経済学』（原著 *The Economics of Tourism,* Routledge, London and New York, 1997年）小沢健市監訳，学文社，2001年，154〜189頁。

第6章

組織文化と経済

第1節　文化経済学の重層性と多角性

1．重層性——個別と普遍——

　諸科学・諸学問を通じて広く共通して見られることであるが，文化経済学においても，「個別」と「普遍」という概念が極めて重要な基礎的意義を持っている。即ち，地球上のいかなる地域社会であれ国家社会であれ，それぞれが保有し漸進的に変容あるいは混淆もさせていく（広義の）文化は，各々が継続的に開かれつつも完結もしている一個・独自の体系・システムであるという意味では，相互に「個別」であると言えるが，比較・観察の階層を引き上げれば，複数の地域間，国家間等に共通して見られる「普遍」の文化要素も多々遍在している。同様のことが，逆に比較・観察の階層を微視的レベルに変えた場合にも言え，一家族・一個体に現象する種々の文化要素が，種々のレベルにおいて「個別」であり，あるいは，種々のレベルにおいて「普遍」に属する。ということは，文化と経済の相互諸作用の分析・考察を目指す文化経済学において，この「個別」と「普遍」という論理要素は多くの場合，閑却・軽視してはならない概念であるという帰結に必然的に到達せざるを得ない。

　我々が属している現実の世界は，地域社会であれ，都道府県であれ，国家社会であれ，国際社会であれ，それらすべての「場」において，「広義の文化」の諸事象に「個別」と「普遍」とを共存させ，しかも，それらの相互関係が必ずしも截然と固定・区別されているのではなく，むしろしばしば相対

的であるという構造を認識していることは，文化経済学の諸領域を諸方法により分析・考察するに当たって，大切な心構えである。

2．多角性——認識と方法——

筆者が所属する大学に先般，恐らくは，全国の大学に先駆けて設置された文化経済学科において，同僚たちが研究対象としている多彩な領域は，「広義の文化」の内に点在しつつ実は相互に種々関連し合っている事象が多い。この学科の現状に対して筆者が全く違和感を持っていないのは，筆者とその同僚たちの多くが，本書において既に縷説（るせつ）してきた「文化経済学のパラダイム」論ないし「文化と経済」学科論を巡ってさほど異論を持っていないからであろう。

そもそも，大成を遂げ，持続している諸学問の各パラダイム・構造を総覧すれば，それらの多くは交響楽的である。数学といい，物理学といい，社会学といい，経済学といい，それらは各々，統括的な枠組み，共通する認識論・方法論上の特性を共有しつつ，同時に，その内的構成は極めて多彩な有機的複合体を形成している。また，それぞれ上位概念から下位概念に至る「学問」上の重層構造を備えている。我々が関心をもつ文化経済学という，いわば中位概念に属するであろう学問も当然，このような交響楽的学問の一種としてそのパラダイム・構造・内面が，縦横に人々の思索によって照射され，その認識が深められ，その方法が磨かれていくべき学問である，と考える。

3．本章の趣旨

本章では，文化経済学の原理の整理において不可欠な「広義の文化」と経済事象・経済学との相互作用について，文化事象とその属性が経済事象に対して発揮する機能・作用・効果を組み込んだ経済学・経済理論を目指そうとする立場からの論考を取り上げる。

その第一の事例は，具体的な一個の国，ここではわが国という，独自の文化を保有する国において[1]，その独自の文化がわが国の企業組織や雇用制度にどのような経済的影響・効果・負荷を及ぼし，また，それらの過程・状況

第6章　組織文化と経済

をどのような数式モデルによって経済理論に組み入れることができるかということを考察・提示した労作であり，第二以下は，いずれも著名な二人の学者たちの論考である[2]。

初めに取り上げる著者は，筆者が以前からずっと注目してきた一橋大学の荒井一博教授であるが，同氏はここに紹介するよりも以前に公刊された著書[3]において，次のように述べておられる。

> 本書で文化というときは，伝統に根ざした広い意味の価値観を意味することにする。倫理・人間観・自然観・美意識などを含む。文化にはさまざまな定義がありうるが，これは代表的な定義の一つである。文化というと固定したものという思い込みが強いが，本書は右のような価値観は時間とともに部分的に変化するとみなす[4]。

> 「文化経済学」の名を冠した分野で，芸術活動などの経済分析が行われている……そうした分析は，本書と重なり合う部分もないわけではないが，基本的な目的を異にしている。文化は芸術よりもずっと広い概念であるから，本書のような目的を持つ分野に，文化人類学と同じように「文化経済学」という名称をつけたほうが適切であると筆者は感じる。だがすでに「文化経済学」が右のように使われているので，本書の題名は「文化の経済学」とした。本書は……文化が経済の効率性ないしは成果に大きく影響すること，また文化により経済のあり方も異なることなどを論じた。……文化の経済学的な分析が重要になってゆくと思われる[5]。

それでは，先へ進むことにしよう。

第2節　文化経済事象の数式化

1．新古典派経済学と文化概念

さて，同氏はその著書『文化・組織・雇用―日本的システムの経済分析―』において，まず「本書では各民族の伝統に根ざした広い意味の価値観を文化

と呼ぶことにする。倫理感・美意識・人間観・自然観などがその主たる構成要素である。……文化は固定的ではなく，時間とともに部分的に変化する……そこにはなかなか変化しない部分や，ある方向には変更しにくい部分もある」との文化認識を述べた上で，「Debreu（1959）の一般均衡論を考察対象として，（今日の主流派経済学である：引用者注）新古典派経済学の文化に対する見方（正確には無視の仕方）を検討」する[6]。

そこで，まず個別消費者Aの選好・価値観・確率を表現する効用関数 $u^A = u^A(x^A, y^A)$（x^A は消費者AのX財の消費量，y^A は同人のY財の消費量）は別の消費者B，C……にも個別・独立に成立する。ここで同氏は，

> （一般均衡論の効用関数において：引用者注）他者の消費や他者との関係のあり方は当該消費者の効用に影響しないと仮定されている。……それに対して（同氏が先に文化の定義で用い，筆者（森）も常に強調している文化概念に合致する：引用者注）「広い意味の価値観」は，他者の消費や他者との関係に対する価値観も含みうる概念である……価値観・好み・主観的な確率も文化の影響を受けるとみなせる。たとえば慎重な民族には，事故の起こる確率が高いと考え，それに備えて貯蓄する個人が多いであろう

とされる。

この点について，筆者（森）が指摘しておきたいことは，この効用関数における消費者A，B，C……のX財，Y財……の「個別」消費量の差異は，数式モデルの段階はさておき現実の統計処理段階にあっては，「他者の消費や他者との関係のあり方は当該消費者の効用に影響しない」形での統計量としてではなく，「他者の消費や他者との関係に対する価値観（文化要素：引用者注）」に影響された結果としての統計量として立ち現れる，という事実にも着目しておく必要はあるということである。即ち，①理論的なモデルとしての一般均衡論の効用関数は，実際の統計値によってその不備を補完される結果，その実害・錯誤の程度が減免され得ること，及び，②だが，そのことにより理論としての粗雑性が減免され得るわけではなく，それ故にまた，予測モデルとして，統計的確率により補完されない限り高い信頼度を獲得す

ることができない，ということである[7]。

次に同氏は，一般均衡論は，すべての取引は契約に基づいて行われすべての契約は無費用で締結・履行されると仮定していることに注目され，現実の世界では，個人間の利得の多寡(たか)が，当事者間ないし彼らの帰属社会のシステムの下で，当事者相互の行動選択に依存している状態（人間関係がすべてそうなのではないが，日々の取引関係であれ多くの文化的な諸行動選択であれ，この種の状態は枚挙(まいきょ)にいとまがない）を，「相互依存性（相互依存関係）」としてとらえ，人間同士のこのゲーム的な相互依存性が発生する根本原因は契約の不完備性が契約当事者に自由裁量の余地を生み出すところにあることを重視される。

そこで，同氏は，特定条件の下での他者の行動への期待を表す「他者に対する期待」という概念を提示し，新古典派経済学にない要素として，経済の効率性に対する文化の影響を考察される[8]。即ち，

> 文化は他者に対する期待を形成する機能を有する。同一文化の下にいる人間は似た価値観を持つので，他者に対する期待も似てくる。個人はその期待に基づいて他者に対する行動を決定する。……それがゲームにおいて実現する均衡のタイプつまり経済社会のあり方を確定し，それによって効率性も決まる。このような経路で文化は経済の効率性に影響する。……「他者（他社）は協力的である」という期待を持つ企業が支配的な社会では，協力的均衡が多く実現する傾向が生じる。そうした社会では，長期間継続する取引を行う制度によって当事者間の協力を引き出すことができ，高い効率性を発揮できるのである。わが国に長期継続取引が多く見られるのは，協力を重視するわが国の文化のためである。……文化の変化速度が大きいときは，主観的確率の値が大きく異なり，他者に対する期待やその実現が混乱する可能性が高くなる。……各種の人間行動における相互依存性の重視の仕方は文化に依存する。

このように，各経済主体による契約遵守を前提として成り立っている素朴な一般均衡論の既存の体系を，文化に強く規制された「他者に対する期待」の概念・要素の視点から批判し，同氏は，また，取引費用の節約を最も合理

的に可能にすることを重要な目的とする「組織」も，企業内から社会内にわたって設けられている「制度」もともに信頼等の文化的因子に依拠した存在であることを指摘され，それらの視点から第2章以下において幾つもの基礎的数式・モデルを提示されている。なお，この辺りの記述に関して筆者（森）が特に留意しておきたい点は，社会制度であれ組織内制度であれ，当初は，そこでの文化と非整合的な制度と言えるものがやがて強制的・外来的な要素を薄めて定着していく場合も決して稀(まれ)ではないということであり，この傾向から外れる要因を持つ制度が，同氏の言われるように「短命に終わる可能性が高い」ということになる。

　以上，現代芸術・芸能・技芸，伝統芸術・芸能・技芸，文化財，大衆芸能・娯楽その他，ないしこれらを包括する芸術文化を内容とする，いわゆる「狭義の文化」それ自体やそれに関する施策・制度等についての経済的・経済学的な論述・調査等とは異なる，「広義の文化」の視点から経済的・経済学的に重要な意義を持つ主題を選んで論考を深めた好例として，荒井一博氏の著書の一部をごく大まかに紹介してきた。

2．組織文化と経済

　本項では，複合的システムにして一個の文化システムでもある日本の社会システムを，その文化・組織・雇用制度に焦点を当てて経済的に分析された荒井氏の同書の第2章以下の詳論について，本書の目的である「文化と経済との相互作用」考察の見地から，「組織文化と経済」という括(くく)り方で，これもまたすこぶる大まかにフォローする。

　まず同書の第2章（「信頼をいかに定義するか」）[9]において，著者はその組織・経済論の基本的概念である「信頼」を取り上げ，「社会生活において信頼は……基本的な重要性を有するにもかかわらず，経済学はそれに対する考察を怠ってきた。新古典派経済学のバックボーンとなる一般均衡理論（Debreu, 1959）には，信頼という明示的な概念がない。……一般均衡論では，「すべての経済主体が法や契約を必ず守る。……」と暗黙のうちに仮定されただけなのである。そこでは，法や契約に規定されていること以外の「倫理的ないしは利他的な行動」はとられないと単純に想定されている」と指摘さ

れ,「現実の社会で信頼が必要なのは,契約の不完備性ないしは取引費用の存在のためである。……契約に不完備性があれば当事者に自由裁量の余地が発生する。……つまり相手が信頼できるか否かが重要になるのである」点を重視される。

そこで,著者は,「信頼」問題を客観的に処理するための最適の数学的手法として確率を取り上げ,「信頼」の数学的定義を提案される。即ち,当事者二人を信頼主体（懐疑主体）A,信頼対象（懐疑対象）Bとし,BがAの信頼に応えた場合の付加価値をs_0,BがAの信頼を裏切った場合のAの残有価値をw,BがAの信頼に応える確率（Aの主観的確率）をpとし,更に対象がs_0以下の値の付加価値s_iをもって信頼に応える確率をp_iとすれば,Aが危険中立的（Bの応報確率分布にのみ反応的）の場合,

$$p=\sum_{i=0}^{n}\frac{s_i}{s_0}p_i$$

Aが危険回避的（Bの応報確率分布以外の分布情報も含めて反応的）の場合,フォン・ノイマン＝モルゲンシュテルン型の効用関数をuとすれば（$u'>0$, $u''\leq0$）,

$$p=\frac{\sum_{i=0}^{n}p_i[u(w+s_i)]-u(w)}{u(w+s_0)-u(w)}$$

をもって,信頼度の定義式とする。

次に,同書の第3章（「終身雇用制の理論」）において,著者は,従来,人的資本論を用いて説明されてきた終身雇用制のメカニズムについて,それが採用される条件をゲーム論から説明するとともに,組織における協力関係や組織的価値を生み出す終身雇用制の利点を考察する[10]。即ち,

　　　終身雇用制を説明する伝統的理論に人的資本論がある。……人的資本は教育や訓練によって獲得される知識や技能を意味する。それを蓄積すると長期間にわたって生産性の向上が期待できるので,そのための支出は投資となる。……ゲーム論を適用して終身雇用制の存在を説明したの

は，筆者の知るかぎり荒井（1996）が最初である。……1回だけアクションの選択が行われてゲームが終了する場合には，ゲーム論でみるかぎり協力的な行動がとられない。労働者の回転率が高く雇用が短期的な組織では労働者間の協力が成立しにくいことが，これによって示唆される。……ゲーム論的な終身雇用制の理論を一言でまとめれば，適切な文化の下では，終身雇用制は関係する経済主体の間の協力（組織的価値）を生み出すので，企業や労働者に利益をもたらす，ということになる。そして企業は，それにより終身雇用制の維持費以上の利益を得ることができれば，同制度を採用することになる。ここで維持費用とは，不況期に生産物需要が減退しても労働者を解雇せず保蔵するために発生する費用を意味する。……仕事の複雑化・非定型化は経済発展とともに増大する。先進国にキャッチアップした後でも終身雇用制が有用となりうるのは，この事実によって説明できる。

　同氏が指摘されるこうした文化・経済・社会関係が今も有効だということは確かに事実であろう。

　ただし，筆者（森）の見るところ，我々が生きている現代日本において，①仕事が複雑・非定型的で自由裁量の余地が大きい場合であっても，終身雇用制・年功賃金制を支えてきた文化（価値観）が長期にわたる極めて深刻な経済不況，業界再編を強いる程の外圧と内圧の下でその変容を迫られ，極めて不安定な雇用情勢に陥り，結局のところマクロには安定雇用体制が崩れてその枠組みから脱落していく事例，あるいは引き剝がしていく事例が漸増している。そしてまた，その一方では，②生産性増大効果が維持費用を下回る場合であっても，制度的に比較的高度の身分保障が見通せる公務員・教員等の職業にあっては，終身雇用制（更には年功賃金制）がおおむね維持され続けていく事例が，わが国に限らず広く見られることにも留意すべきである[11]。

　ここにその一部を紹介した荒井教授の労作に加えて，例えば，文化経済学会・日本刊行『文化経済学』2002年9月号所掲論文「CVMによる「文化資本」の便益評価の試み」（筆者の旧友で一橋大学教授の垣内恵美子氏らの研究論

文）が提示する方向なども文化経済学の在るべき構成・内容の一部を示す好例であり，また本書の第10章「所得・税等と文化経済」や第11章第4節の「文化・経済均衡原理」等も，文化経済学における同種の方向を目指すものであると言えよう。

3．数的処理が必要な種々の文化経済領域

　前項までにおいて，文化経済学の領域に関わる数式モデル化の動きを荒井教授の例を中心に紹介してきたが，この領域においては更に，少なくとも以下に述べるような事柄について適切な手法による数的処理が必要であり，現にその方向での種々の課題設定と分析・考察がなされつつある。ここでは，それらの動きについて，その背景・経緯を含めて包括的に論述する。

　筆者の誤解でなければ，21世紀以降の脱工業社会，多品種・高品質商品社会，高度知識・高度情報社会を総括して「知価社会」と呼んだ人は堺屋太一氏だったと思うが，我々がそこで生きつつある知価社会はまた，必然的に，我々が「広義の文化」として認識している多種多彩な文化が人々の生き甲斐にとってますます重要性を増し，人々のこのような傾向に直結して，極めて広範な商品において文化的価値の要素が購入選択の決め手となる社会であるということができる。文化経済学の視点に立てば，このような段階の経済社会にあっては，文化は単なる消費財ではなく，商品生産過程で最も重要な中間生産財としての側面を拡大し，この意味において文化と経済との相互作用・相互関係の諸相のなかでもこの側面が特に際立って重視されつつあるということになる。

　紙製のコップとか調味料を入れるガラス瓶，机上を照らす電気スタンドとか荷物を運ぶ自動車その他，無数の実用品に対して大きな需要がある一方で，芸術品と考えざるを得ないレベルの陶磁器食器やガラス細工，照明家具や乗用車等もまた大きな需要を充たしている。これらのレベルの需要を充たし得る各種商品に共通の特性は疑いもなく繊細・高度の芸術性志向，即ち文化的価値への志向である。そして，ポスト工業社会においてシェアを拡げつつあるこのような文化的商品には，既に多くの人々が指摘しているように幾つもの特色がある。

① 個々の文化価値についての先達（せんだつ）からの教育・指導や，自らの学習・習熟が進むにつれて，同じ系統の文化価値を帯びる商品であってもより高水準の商品を求めるようになる。あるいは，同種でも異なる要素を帯びる商品や，同種の商品を繰り返し求める状態が持続する。いずれにせよ限界効用逓増の傾向を示す人々が少なくない。

② この傾向と無関係ではないが，文化的商品にあってはそれらの需要者が程度の差はあれ当該文化価値に対して敏感なので，商品の少しの差異，微妙な違いに反応して多品種，多市場の状態を生み出す。

③ 文化的商品の本質はその商品に示された独自の文化価値そのものに在るので，その価値を別の形態の商品に転移できればその新商品もまた別個の文化的商品として需要を生み出す場合が少なくない。例えば，ミッキーマウス等のディズニーキャラクターが出版物・映像商品・テーマパーク・土産物（みやげ）・広告手段・各種商標や意匠等の形で，世界中のおびただしい数の人々に大きな文化的満足を与えつつ，おびただしい数の業者・企業にどれほど莫大な経済的利益をもたらしたか。

④ 文化的商品には生産的効率・投資効率が低いもの（例：寡作（かさく）な芸術家の作品，舞台音楽・舞台演劇等のように必要経費が事業収入を上回ることが多い諸芸術，公共財にも位置づけ得る伝統的文化財としての文楽や檜皮葺（ひわだぶき）の技・材料等）や，特別の才能・技術が必要なために個人あるいは零細規模で生産せざるを得ないもの（例：規格的・機械的生産ができない細密な一部の伝統工芸，それらを支える諸中間財の生産者等）があり，公的支援を要する場合が少なくない。

なお，ここに述べたような事柄以外にも文化的商品に固有の特性はもっとあるであろうが，その一方，時として特性に加えられる次のような事柄は多くの実用的商品についても見られる要素なので，むしろ文化的商品に固有の特性には数えない方が適切と思われる。

ア）商品開発のための初期投資は大きいが，コピーないし大量生産における費用は小さい。

イ）当該商品の消費経験そのものが当該商品に対する理解・習熟を深め，新たな商品生産のための消費資本として蓄積され機能する。

ウ）当該商品の内容・品質の実態が，消費・使用体験を経なければ分からず，予測しがたい。

さて，実用的商品に対比しての文化的商品に固有の特色は，おおむね①〜④に示したようなものであるが，①に関連して，文化的商品需要者の教育・学習やこの種の商品の購入行動と購入額，収支分析等を行う人々が存在する。また，②に関連しては，このような文化的商品の差異が生み出す多品種，多市場の経済的効果やその規模等について分析・考察を行っている人々も存在している。更には，③に関連して，本源を成す文化的商品とその転移商品とが生み出す経済的効果やその規模等について数的処理を試みている人々がおり，④に関連して，この種の文化的商品を巡る経済的問題や経営的問題，支援のための経済政策ないし財政政策等について分析・考察・提案等を行っている人々も多数存在する。

また，すぐ上の段落において注記したような文化的商品と実用的商品とに共通して見られる要素についても，ア）のように数的処理に適した現象を取り上げ，そのような方向で経済的分析・考察を試みている人々も存在している。ここに包括的に分類・紹介したことについて実際の事例をチェックするには，既刊の各種書籍を見るのもよいが，既にこれまでにおびただしい種類・分量の研究・報告等が蓄積されている文化経済学会・日本の機関誌『文化経済学』のバックナンバーを利用されるのが最も便利である。

第3節　組織文化と構造改革

1．構造改革の文化経済論

荒井教授の著述と並んで筆者が，文化経済学の原理的視点から取り上げておきたい幾つかの論考物があり，ここではJ. K. ガルブレイスとK. ヴォルフレン両氏の作品を選んで，それぞれの細部の紹介ではなく，その論点・主張の核心部分を要約・摘記し，筆者（森）が必要と考えるコメントを適宜加えていくこととしたい。

これらを選んだ共通の基準は，本節の見出しに用いた「組織文化と構造改

革」という，文化経済学による学問・人間・社会への貢献において不可欠の「視座」への理解を深める上で基礎的に役立つ主張を展開している作品である，ということである。

ところで，なぜ「組織文化と構造改革」ないし「構造改革の文化経済論」という視座が文化経済学において原理的に重要なのかといえば，それは，①現に国家・国民の重要課題になっている構造改革の主な対象の一つがまさに他ならぬ「組織文化」それ自体であるということ，その上，②この構造改革を実効あるものにしていくためには，これまた，「組織文化」それ自体を構造改革の重要な道具として活用しないわけにはいかない仕組みになっていること，といういわば二重構造が存在しているからである。

人間の学問・思索が，学問・思索それ自体のための文化的価値物そのものであるにとどまらず，小は一個人・一学者の価値充足から，大は広域の社会的システム，国家・地球的システムの価値充足に至るまで，それらの価値の充足・深化・進化に「寄与する」公共的任務を帯びているとする立場に立てば，その学問・思索は必須・不可欠の属性として必然的，論理的に「構造改革」を最も重要なOS（operating system）の一つとして内装せざるを得ず，この不可欠の戦略・戦術的OSたる「構造改革」の内実・性能の充実・深化・進化にとって，「組織文化」ないし「組織文化と経済」という視点がこよなく重大な意味を持っているからである。

ここに示す二つの見解はいずれも，①方向と手法と手順を誤たずに，個別・具体的な構造改革を志向し的確なグランドデザイン・構想を立てるには，その基本的理念をまず的確で誤りないものとして保持することが何よりも重要であること，そしてまた，②本章の第1節冒頭でも述べた通り，我々が属している現実の世界が，地域社会であれ都道府県であれ国家社会であれ国際社会であれ，それらすべての「場」において，「広義の文化」の諸事象において最も明瞭に理解されるように，「個別」と「普遍」とを共存させているものである以上，「これらは米国社会において重要な個別的現象と普遍的現象」，「これらは日本社会において重要な個別的現象と普遍的現象」という形で，それぞれの対象社会に対するカルテが，重要な個別的現象と普遍的現象とを的確に洞察して示されなければならないこと，という二つの視点から，

「組織文化」の構造改革及び「構造改革」の効果的遂行の上で大いに役立つ，簡潔かつ優れた論考であると言うことができる。「構造改革」とは，現に欠陥を抱えている社会システムの大小各部，あるいはその全体を改革する作用であり，多くの向未来型の学問は，それぞれの学問の特性に即した形で，それぞれが何らかの構造改革を志向している。文化経済学においても，その状況は同じである。

2．ガルブレイスの文化経済論

まず，J. K. ガルブレイスの社会認識と将来予測に関する洞察のポイントをその著書『満足の文化』から厳選・要約し，必要なコメントを加える[12]。なお，同氏は，The Affluent Society や The Age of Uncertainty, The Culture of Contentment 等のベストセラーで名高い制度学派の経済学者である。

(1)　「満足の文化」(第 1 章)

　　[要点] 歴史上の普遍的な事実として，有利な経済・社会・政治状況に在る個人や集団は，自ら享受している利益・状況を，社会道徳に合致し永続性があるものとみなしている。この，裕福な人々の心情は，これを大義名分として正当化し安心させてくれる経済思想や政治思想を求め，事実，これに応えてくれる人種（学者）の学説が常に存在する。

ただし，ガルブレイスは，このことによって「満足の文化」を享受している人々が安定的状況にいると保証しているわけではない。心を安らげてくれる状況があることと，その現状を変化させていく状況があることとが同時に併存する場合は少しも稀なことではなく，ガルブレイス自身，後出の要約(5)のような形で，その点を示唆している。

(2)　「満足の社会的性格」(第 2 章)

　　[要点] 社会・経済の現状に対する満足層は，有権者全体の中で多数派なのではなく，投票行動をする市民という意味の多数派，「満足せる選挙

多数派」(the contented electoral majority) であり，彼らは「満足の文化の所産」である。彼らは，その満足状態を侵害しそうなものには，はっきりと怒りを示す。他方，このデモクラシーには，恵まれていない人々はあまり参加しない。満足層の所得の基準はほぼ見定められるが，彼らの職業や社会的地位は均質ではない。この基準に達している人々の中に，多数派と異なる思想を持つ若干の人々がおり，彼らは福祉の分け前が少ない人々にも配慮し，自分たちの快適さに満足している状態から生じる長期的な危険を考慮に入れている。

このガルブレイスの指摘において，特に重要な点は「満足層の所得の基準はほぼ見定められるが，彼らの職業や社会的地位は均質ではない」という部分である。「満足層」等という場合に我々はとかくその層の構造が一様であるように大雑把に考えがちだが，事実は決してそうではなく，この指摘の通り均質ではないのがむしろ普通である。この着眼は，「組織文化」の種々の作用，例えば構造改革作用というようなものを考察する時，非常に大切な視点であって，一見かなり安定的に思える現代経済・社会の仕組みや運営等を巡って，それが適切なものでありさえすれば実効ある構造改革の形を取ることも可能となることの，重要な「契機」・「突破口」になり得ることを示唆している。

(3) 「下層階級なしには社会は機能しない」（第3章）
　[要点] 機能的で清潔な現代社会を実際に支えてくれている「下層階級」において見られる近年の重要な事態は，彼らの上昇志向の機会が阻まれ，その世代限りではなく「下層階級の固定化現象」が現れていることである。「下層階級には，貧困というハズミが必要で，社会的援助は彼らをダメにする」という極端な意見（C. A. マレー）も，満足層の抵抗の正当化に役立っている。

このガルブレイスの指摘の前半は現代のアメリカ社会に見られる傾向であって，同様の現象が日本でも見られるのかという点については恐らく見解が分かれるだろう。しかし，日本におけるこの種の問題について例えば以前

から親の所得・学歴階層と子供のそれとの相関関係の実証的分析が幾つも存在しているように，両国間に程度の差はあれ当方に同様の傾向がないとまで，言い切る見解は恐らくないと思われる。それはさておき，筆者（森）としては，「組織文化」の視点からむしろそれ以上に重要と思われるのはこのガルブレイスの指摘の後半部分である。

多くの人々が，様々な場面でよく体験してきているであろうが，このマレーらの「下層階級には，貧困というハズミが必要で，社会的援助は彼らをダメにする」という見解は実はガルブレイスが言うような「極端な意見」ではなく，日米その他を通じて古来すこぶる一般的な「片方の常識」であって，絶えず諸政府の財政政策・社会政策の基本的理念の一つとなってきたものである。つまり，この一見ごく簡単な見解は実は決して簡単な理念ではなく，これ一つを巡って一連の財政体系・社会政策体系の「叢書」が編まれる程の命題である。ちなみに筆者自身は，その信念において，この古来の「片方の常識」の流れの左岸を歩む者の一人である。

(4) 「官僚症候群」（第6章）

[要点] 個人の閃きによる発明がなくなったわけではないが，現代イノベーションの多くは，多様な能力を持つ専門家が，共通目標に向かって各自の能力を活かす協同努力の成果である。多様な才能を多数抱えた組織には，各人の才能とは別種の，組織自体の知性と権限がある。現代のこの組織文化的な実際の傾向を指摘する時，もう一つの重要な現代組織文化論として見落としてならない事実は，精神的・知的動脈硬化を意味する時の「官僚（的）」であるという病弊から，民間企業とその経営者の多くが（実態に反して）免れている，ということである。この虚構は「企業は「厳しい」市場原理に従っている」という固定観念，「企業家は独創性・指導性に富み，リスクと責任を負い，競争市場でダイナミックに戦っている」という固定観念（幻想），これらを含めて競争市場と企業の関係に関する因習的で表面的な経済学教育がもたらす固定観念によるもので，ここにも企業人の「満足の文化」が存在している。

ここには,「組織文化」に関する二つの（常識とも言えようが）大切な指摘がある。一つは,アメリカが一時期顕著に先導したIT革命の動きや,長引く世界規模の経済不況を背景として近年しきりと言われるV・BとかV・Cの動静にもかかわらず,やはり実勢において多くの先端的開発能力は「多様な才能を多数抱えた組織」が保有しているという実証的事実。もう一つは,（改めての指摘としては,この方が明らかにユニークだが）民間企業とその経営者の多くが精神的・知的動脈硬化を意味する時の「官僚（的）」病弊から除かれているという「虚偽」についての指摘である。

　民間企業（とその構成員）という現代国家・社会最大の「組織文化」が時に抱えるこの虚構についてのガルブレイスの指摘に関連して筆者が特に注意を喚起しておきたい点は,現代の国と地方の政府部門が逆に必ずしも常に「官僚（的）」とは言えない状況が増えてきているということである。この傾向を加速している要因としては,①かなり広範な行政分野にわたって見られる,優れたNPOやNGOとそれらの諸実績の存在,②それ程まで組織的ではなくとも,その他の種々の市民活動・住民運動等の活発化,③国内外・地域内外を通じてのこれらの動き・貢献についての各種マスメディアの情報提供,④以上のような諸状況を受けての,国や地方の行政機関・職員（・政党・政治家）等の変貌,等が挙げられる。

(5)　「将来の予測」（第13章）

　［要点］将来はどうなるのであろうか。最も可能性が高いのは,満足の社会の構造そのものが原因となって,変化が生まれることである。旧南部諸州での満足の文化に対決し人権立法をもたらしたのは,ケネディやジョンソンではなく,社会の「下部」からの爆発だったし,ベトナム戦争を終結させたのもニクソンやキッシンジャーではなく,戦争に狩り出されることを拒む若者とそれを支持する人々の行動だった。原発への投資が現実に縮小したのは,スリーマイル島事故の後だった。

　ガルブレイスのこの指摘は,我々の歴史に重要な変革を現実に加えていく基本的な力が,観念的な主義・イズムの主張等ではなく,止むにやまれぬ

種々の現場の直接の当事者とその支援者達の連携の輪であり，その盛り上がり，拡がりであるということを近々の史実に即して強調したものである。無論，このような動きが常に実を結ぶという保証はない。しかし，相対的に安定しているように見える「満足の文化」の享受者たちの安心や不満の強弱にかかわらず，ここに例示されたような種々の「非満足層」が生み出す「組織文化」が現代の構造改革，古い表現では革命，の主たる原動力群であることは明らかである。

(6) 「レクイエム」（第15章）

　[要点] 満足の文化で，国家の役割が是認されるのは外交政策，軍事，社会保障，失敗金融機関の一定の救済等，限られた範囲の事柄であって，もっぱら短期的視野での問題回避が多い。もっと重要なマクロ経済政策として資本主義経済では，公的誘導が必要なことはケインズの偉大な革命の遺産である。特に，都市の環境改善その他，多くの条件整備は公的活動によってのみ可能であり，私企業がこれに代わることはできない。

ここでのガルブレイスの指摘は全体としてまことに簡潔なものだが，それでも「満足の文化」が主役である現代資本主義社会の基本的特徴と，政府・公的部門が担うべき役割及びその主たる方向をきちんと提示している。つまり，その指摘の前段は，いわば現代資本主義社会が好況期ないし順調期に在る際の政府・公的部門に対して「満足の文化」が期待する役割・方向を示す一方，後段は，「満足の文化」の意思・意向にかかわらず，ガルブレイスが期待する政府・公的部門の役割・方向を示している。

3．ヴォルフレンの組織文化論

　K．ヴォルフレンの著書『人間を幸福にしない日本というシステム』は，極めて示唆に富む，日本の社会・政治・経済分析の書，あるいは，むしろ日本文化論である[13]。

　同氏は，日本の社会経済制度・権力構造等について長年，分析・考察を続け，その成果を公表してきた学者だが，ここでは，ガルブレイスの場合と同

様,「組織文化と構造改革」の視点から,その論考を3点に絞って要約・紹介し,筆者のコメントを加えることとする。

(1) 「バブルの真犯人」(第2部・第2章)

　[要点] バブル経済の昂揚・崩壊の主犯は大蔵官僚であるが,彼らも,彼らの判断に応じた金融界も国家的犯罪を目指したわけではなく,1985年プラザ合意後の円高期の日本経済の持続的成長をある意味では極めて巧妙に目指したのである。日本人が考え方を切り替え,その国策を国内の粗末なインフラ(社会基盤)整備中心の,有益な事業計画の設定・推進に向ければ,経済的にも国民的にも有意義な事業になる。

　日本の文化・経済についてのヴォルフレンの基本的認識は,明治維新・開国以後,日本及び日本人が意識的にも無意識的にも帯び続けてきている使命が「果てしない工業生産力の蓄積」で,その使命の最大の動機が「西洋及び西洋人から認められたい」という栄光願望に在るということなので,バブル経済の膨張・崩壊とその前後を通じて日本人が作り出してきたものは常に「豊かな国の貧しい国民」という状況だった,ということになる。

　そこで,ヴォルフレンがこの極東の特異な有色人種の先行国家・日本を,もっと人間を幸福にすることのできるシステムに改良・改革していく上で特に重視した具体的な課題が粗末な社会基盤・公共システムの整備・充実と,個々の日本人ひいては「組織文化」としての日本人意識における市民としての自覚の保持及びそれと一体の市民活動への目覚めというものであった。ここに要約したのはその第一点目の主張である。

(2) 「思想との戦い」(第3部・第2章)

　[要点]「文化」には,その定義の一つとして,人々が共同体の慣習に従い通常行っていることのすべて,という意味があり,その場合の文化は,ある社会で世代から世代へと継承される行動パターンの全体を指す。しかも,言外にそれが神聖な不可侵の価値であるという意味があり,それを変えるようなことができようか,という響きがある。他方,「文化」

には，ある社会が過去あるいは現在に生んだ偉大なる象徴物だけを意味する用法があり，この二つの「文化」の意味の違いを区別しないと，日常的な知識の総体的イメージとしての「リアリティー」のわなにはまる。異文化の間の調和，あるいは逆に（アメリカの文化人類学者らによって広められた）異質文化を記述・理解する際の「文化相対主義」等々，この種のわながたくさんある。ある民族をその文化に内在する基準以外の基準で評価してはならないとする文化相対主義が理性的に聞こえるのはそれが寛容主義のように思えるからだが，これは良い統治の姿を求める政治理論からすれば敵となる場合がある。政治理論は，最終的には，国境を越えてすべての人類に望ましいものは何かということを問題にするものだからである。

ヴォルフレンのここでの指摘は，次の第3項のそれとともに，今紹介した同氏の第二点目の主張，即ち，「個々の日本人ひいては「組織文化」としての日本人意識における市民としての自覚の保持及びそれと一体の市民活動への目覚め」という課題について述べたものである。確かに，例えば我々が平素「日本文化」とか「日本人的感覚，価値観」等という時，その言葉・概念の裏には，ここで同氏が言う，みだりに変えてはならない「神聖な不可侵の価値」に近い感覚・感情を伴っていることが少なくないのではないか。この民族的・同族的感情が実はしばしば日本文化に位置づけられた種々の「偉大なる象徴物」としての文化価値によって装飾された「わな」を備えているという問題を同氏は指摘しているのである。

筆者は本書の第3章第1節において，文化とはしばしば価値基準の違いの上に成立しているので，単純に自己の文化尺度で他の文化を評価・判定すべきでなく，それだと異文化理解も不可能であるとするのが「文化的相対主義」・「文化の相対性」（cultural relativity）を重視する立場だが，これは（その指摘の，歴史的貢献は評価するが），いわば一種の静的・稀進化的立場であり，現実の地域住民・諸国民・諸民族は，文化学者などが案じてくれなくても，交通・情報システム等の進歩も追い風にして，種々のレベルでの「文化」の交流・混血・自己分析・相互影響といった形で，それぞれの文化の進

化・発展を主導しつつある旨を述べたが，ヴォルフレンもまた，これと同じ立場から，過剰な「文化相対主義」への没入を批判的に見ている。

そして，この見解の分立は，本書の第11章「文化・経済論の別視点——文化・経済均衡原理——」の最終第4節において筆者が提示する「文化・経済均衡原理」の存否の判断に直結していくのであるが，その論点及び内容の詳細は当該節において改めて述べることとし，ここではただ，民族的文化ないしその価値観という装置が時に備えている狭量な「わな」の問題と，「文化相対主義」という思想に付随する「理性的な寛容主義」が時に我々の思考・判断を人間の普遍的深化・進歩の道筋から，分裂・孤立の道筋へいざないかねないという問題についての，同氏の危惧につき注意を喚起するにとどめる。

(3) 「制度との戦い」（同 第3章）

　［要点］個人には無理でもグループが特定の問題に絞って行動すれば，新聞の編集者たちの気持ちさえ変えさせることができる。たいていの民主主義国家では，活力に満ちた報道機関が市民社会の支柱である。有効な市民社会がなかったら，日本の民主主義が大企業と官僚の連合体に乗っ取られてしまったように，民主制は特定の利益団体に乗っ取られてしまう。日本が今おちいっている「有害な惰性」を打破し，日本の市民社会をもっと活性化させていくことが，最も重要な課題である。

この指摘こそ，「豊かな国の貧しい国民」という，人間を幸福にし得ない日本の組織文化を日本人自身が構造改革していくためにヴォルフレンが提起する，「制度との戦い」の基本戦略である。この戦略を進めるためには第2項で指摘したドグマ打開が必要であり，その線上にこそマスメディアにも支えられた形で有効な市民活動の展開が期待できる。暴力的な戦術ではなく説得・合意を核とする戦術を支持し確信する同氏から見れば，いわゆる権力側に近い立場・要員さえ市民の側に組み込むことも重要である。このため，氏は，例えば「審議会」等が権力側・官僚制に仕える人々で構成されている実態が在る場合でも，市民の立場から審議会等のメンバー中に理解者を増やし審議内容の公開を拡げさせメディアを使って有害な虚偽を明らかにさせ，良

識ある方向に事態を動かす等，種々の手立てがあるということをも重視している。

　筆者としては既に本書の第2章（第2節　7．不況に弱い国民性の問題）等において，ここにごく概略を紹介・論評したガルブレイスの文化経済論やヴォルフレンの組織文化論と軌を一にする立場から，「経済大国の，貧しい生活システム」を形成させている日本の「組織文化」を自己批判したが，我々が本当に真剣に，この国の文化経済の深化・向上を考えるつもりならば，我々は，文化経済学の原理の構築においても，また，様々な文化・経済への取り組みにおいても，この章で紹介したガルブレイスやヴォルフレンらの諸論の指摘するところをよく反芻し，念頭に置いているべきであると考える。

[注]

1）ここに述べた「わが国という，独自の文化を保有する国」という文章は，わが国を，各国横並びの中にあって格別に際立った独個の「文化」を保有している国として認識しているということではなく，各国もそれぞれ同様に「独自の文化を保有する国」である，という認識を前提としている。あるいは，各国とも「際立った独個の文化」を保有している，という表現と同義の文章であると言い換えてもよい。

2）荒井一博，J. K. ガルブレイス，K. ヴォルフレンの各氏。

3）荒井一博『文化の経済学』文芸春秋，2000年。

4）同書，7頁。

5）同書，181～182頁。

6）荒井一博「第1章　制度と組織に対する文化の影響」『文化・組織・雇用―日本的システムの経済分析―』有斐閣，2001年，1～6頁。

7）「この効用関数における消費者A，B，C……のX財，Y財……の「個別」消費量の差異は，数式モデルの段階はさておき現実の統計処理段階にあっては，「他者の消費や他者との関係のあり方は当該消費者の効用に影響しない」形での統計量としてではなく，「他者の消費や他者との関係に対する価値観（文化要素：引用者注）」に影響された結果としての統計量として立ち現れる」とは，現実の個別消費者は必ず個別の「文化」個性に基づき各自の消費行動を決断するので，それらの個別行動を数式モデルの形で精緻に一般化することは不可能だが，現実の統計量には必ず「文化」個性を数量化した結果がそのまま集計されている，という意味である。

8）同書，19～23頁。

9）同書，41～57頁。

10）同書，59～98頁。

11）この「教員」等を例示した記述に関しては，既に広く知られている事ではあるが，同書第8章（「1990年代以降の雇用制度」）の注6において，「最も競争的といわれる

米国でも，大学教師（自由主義的経済学者も含む）はテニュア（雇用保障）を求めて必死に努力する」と述べられている（同書，239頁）。

12) ガルブレイス（John Kenneth Galbraith，ハーバード大学名誉教授）『満足の文化』中村達也訳，新潮社，1998年。

13) ヴォルフレン（Karel van Wolfren，アムステルダム大学教授）『人間を幸福にしない日本というシステム』篠原勝訳，毎日新聞社，1997年（第28刷）。

第7章

文教・学術の文化経済論

第1節　文教・学術と経済の相互作用

1．文教の経済的規模・機能

　一国の国民の教育水準はその国の経済力，国民の経済力の強弱によって大きく規制されるが，それと同時に，国民の一般的な教育水準がその国の経済力・経済発展の度合いを規制するという，いわば相互作用関係が教育と経済の間に存在する[1]。

　ところで，教育と経済との関係はこのような「教育の質」に関する側面にとどまるばかりではなく，教育に関連した費用あるいは投資の動きが教育と経済との間の極めて大きな関係を成り立たせている。即ち，個々の家計において，教育費は一般にかなり大きな支出割合を占めており，これを国民的規模で合計すれば，年々たいへんな金額になる。また，教育は個々の家庭における私的な行為であると同時に，既に述べたように国家的，社会的にも重要な意義をもつものでもあるため，国や地方自治体が教育について様々な財政支出を行っており，それらの金額を合計すればこれまた年々たいへんな規模に達している。

　つまり，幼児から青年層までの学校教育費や学習費を中心として，若い人々から高齢の人々までを含めた国民全体の教育・学習関係の費用・支出ないし投資の規模は，国家経済という大きな尺度でみても極めて大きな割合を占めているということができる[2]。

　受験産業とか教育産業といった言葉があり，カルチャーセンターとか稽古

事といった言葉があるが，これらの様々な教育・学習活動の場の極めて多くがいわゆる民間企業の活動として提供され利用されているのだから，このような意味だけでも教育は国民の経済活動の上で大きな機能を果たしているということができる[3]。また，今述べた国や地方の教育関係財政支出も，その内訳はすべて学校建築や社会教育施設の建築，教育・学習設備の購入や，教育関係教職員の給与，私立の幼稚園から大学までの補助金等，様々な形で支出され，公共事業や教育・学習関係民間企業の経済活動，家計の消費活動等の形で国民的規模の経済活動を成り立たせている。

このように，普通にちょっと考えるとほとんど無関係のように思える教育と経済とは，もっとよく考えてみると非常に大きな相互関係をもっているということが分かる。

2．学術の経済的機能

わが国をはじめ各国の経済発展・経済成長のメカニズムを見ると，時代の最先端を行く学問・科学技術，ないしは，おしなべて高度の水準を保つ学問・科学技術が，大学発あるいは企業発，産学連携，産学官連携等の形で大小さまざまな製品・システム・サービス等を生み出し，あるいは，「技術革新」（イノベーション）と呼ばれる画期的な製品分野の実現や生産システム・流通システム・情報システム等の開発によって，経済・景気の局面を一新させ，大幅かつ持続的な発展・成長をもたらすという歴史的事実が目を引く。

このように現代国家の社会経済にとって極めて重要な局面をもたらす技術革新を可能にするものが，国民一般の基礎的教育の充実を基盤としてその上に成り立つ優れた高等教育の存在であるということが広く認識されている。この端的な例からも明らかなように現代の国家社会においては，高い質を備えた高等教育の存在がその国の経済発展を可能にするのであって，この意味において，学術（科学技術を含む）は経済に対して最も核心的な役割を果たすものであるということができる。なお，わが国の学術の経済的規模や国際的水準については，節を改めて後述する。

第2節　教育・学習関係経費の規模

1．教育・学習費用

　わが国の国民の教育・学習関係経費はどの程度の規模なのだろうか。一般に，教育費という場合，子供たち（と言ってもここでは，幼稚園・保育園に通っている幼児から大学や大学院で学んでいる若者たちまでを含めている）が色々な学校で教育を受けることに伴って必要になる，保護者や本人の負担額を思い浮かべる人が多いだろう。

　それはそれで確かに間違いではないのだが，国全体の経済活動の規模との関係で教育関係の経費を考える場合にはもっと広範な視野からこれをとらえる必要が生じてくる。教育というとどうしても今触れたように学校関係の事柄だけに限定して考えてしまいがちだが，子供をもつ各家庭が経常的に支出している費用は学校の授業料とか学級費，PTA会費，通学費，学用品費，教科書費や参考書代だけではなく，児童向け図書費用とか学習塾・お稽古塾の月謝，家庭教師代とかサッカークラブの活動費等，直接には学校関係経費とは言えない出費を色々含んでいる。このように色々な費目を含んだ経費なので，この節の見出しに示したように「教育・学習費用」という広めの表現を用いているわけである。

　ついでに言えば，いまや国民の間でかなりの程度まで「言葉としての市民権」を得るようになっている「生涯教育」，あるいは，もっと学ぶ側の主体性を重視して言えば「生涯学習」の形で全国各地の成人・高齢者等が繰り広げている，様々な学習活動，文化的な余暇活動に伴ってこれらの人々が支出している諸経費もその総額を推計してみれば，極めて大きな額になる筈である。

　さて，現在のわが国の子供たち（幼稚園児から大学院生まで）の学習に関する家計（保護者と本人）の年間支出額は全国規模で総額どの位なのだろうか。まず表7.1は，平成10年5月現在の在学者数（単位：人）で，次の表7.2は，学生ないし児童・生徒1人について，平成10年度の一年間に保護者や本人が支出した学習経費の総額（単位：円）である。この二つの資料の各

表 7.1 学校種別・設置者別在学者数　　　　　　（平成10年5月現在，単位：人）

学 校 種 別	国　　立	公　　立	私　　立	合　　計
幼　稚　園	6,823	359,854	1,419,452	1,786,129
小　学　校	47,334	7,548,163	68,036	7,663,533
中　学　校	34,415	4,107,590	238,599	4,380,604
高 等 学 校	9,718	2,977,114	1,271,553	4,258,385
盲聾養護学校	3,131	83,464	850	87,445
高等専門学校	49,326	4,497	2,391	56,214
短 期 大 学	9,648	23,254	383,923	416,825
大　　　学	617,348	95,976	1,954,762	2,668,086
専修各種学校	17,432	38,085	958,625	1,014,142

（出典）文部省学校基本調査
（注）「大学」には，大学院在学者を含む。高等学校・大学等の通信制課程及び放送大学の在学者は本表の使途上，除いている。

表 7.2 家計の学校種別・設置者別総学習費年間支出額

（平成10年度：1人当たり，単位：円）

学 校 種 別	国　　立	公　　立	私　　立
幼　稚　園	＊243,893	243,893	496,451
小　学　校	＊302,019	302,019	＊1,228,145
中　学　校	＊439,522	439,522	1,228,145
高 等 学 校	＊515,605	515,605	966,259
大　　　学	1,543,500	1,463,800	2,050,900

（出典）文部省調査
（注）＊印を付した金額は調査値がないため，支出額が近いと推定される学校種別の年間支出額を再掲。学生・生徒の自宅・学寮・下宿別は，その平均額。大学は，短期大学を含まず。

項目はきちんと対応し切れていないので，費用推計に当たっては盲聾養護学校・高等専門学校及び専修学校・各種学校の在学者当たりの経費には高等学校在学者の単価を適用し，短期大学在学者当たりの経費には大学生の単価を適用することとした。なお，表7.1において大学生数には大学院生数が含まれている。

このようにして推計した全国の児童・学生等の平成10年度における保護者・本人負担の学習費総額はおおよそ表7.3に示す通りである。なお，この

表 7.3 学校種別等家計負担学習費の総額推計 　　　　　　　　（単位：百万円）

学校種別	国立	公立	私立	合計
幼稚園	1,664	87,766	704,689	794,119
小学校	14,296	2,279,689	83,558	2,377,543
中学校	15,127	1,805,377	293,035	2,113,539
高等学校	5,011	1,535,015	1,228,650	2,768,676
盲聾養護学校	1,615	43,035	822	45,472
高等専門学校	25,433	2,319	2,311	30,063
短期大学	14,892	34,040	787,389	836,321
大学	952,877	140,490	4,009,022	5,102,389
専修各種学校	8,988	19,637	926,280	954,905
合計	1,039,903	5,947,368	8,035,756	15,023,027

（注）各計算結果の百万円未満の端数はすべて切り上げ。なお，経費の単価は，すべて自宅通学者・自宅外通学者の平均額。

数値には高校を卒業して大学等を受験中の「浪人」の分は含まれていないし，厚生省所管の保育園児の分も含まれていないので，それらを上乗せすれば，子供の学習経費のための家計支出の全国総額はもっとふくらむことになる。

　表7.3に示した通り，全国の幼稚園児から大学生等に至る子供の学習関係の家計支出の総額は年間約15兆円から16兆円程度であると推計されるが，これは，平成13年度における国の地方交付税交付金の総額16兆5,000億円にほぼ匹敵し，同じ年度の文部科学省の一般会計歳出の当初予算（6兆7,000億円）の2.4倍に当たる額である。この額に先ほど触れた保育園児や大学受験浪人等の分を更に加えれば恐らく17兆円前後の額になるものと推測される。

2．政府部門の文教関係経費

(1) 文教関連市場の構成

　次に，国と地方自治体の文教関係の財政規模について述べることとする。政府の産業構造審議会の資料等によれば，わが国の産業において情報通信・物流・医療福祉・教育文化・環境・都市・住宅・ビジネス支援・新技術・エネルギー開発利用等の主要産業の市場規模は約180兆円超であり，きたるべき西暦2010年には530兆円程度に拡大・成長すると見込んでいる。このう

ち，文化・教育に関連する分野の市場規模は現在 8 兆円程度であり，2010 年には 19 兆円に達するものと推計している。

これらの数字の中には，前述した子供の学習活動について家族や本人が支出する経費のかなりの部分がいわば二重計算の形で流入しているわけだが，この他に現在既にかなり盛んになりつつある若い成人男女から主婦や一般の社会人あるいは高齢者層でも活発な種々の学習・文化活動ないし余暇活動に関する個人・家計支出や関連企業の活動収支も含まれてくる。

これらはいずれも民間経済の領域に属するが，文教と経済との関係において（民間経済への直接・間接の影響・寄与という要素を含めて）非常に重要な役割を果たしているのが国と地方自治体による文教関係財政支出である。国民の個人や法人から国と地方自治体へ直接あるいは間接的な形で移転されていく税金が国・自治体の行政を支える中心的な財源であるが，以下この政府部門の文教関連財政について，国から地方自治体へ順に紹介していく。

(2) 国の文教財政の構造と規模

国の行政はその財政によって裏付けられており，国家財政は具体的には各会計年度ごとに編成される国家予算として執行される。この各年度の予算はまず前年度に政府が予算原案を編成して国会に提出し，その議決によって成立，執行される。以下，詳しい説明は省略するが，現在のわが国の予算制度では一般会計予算・特別会計予算・政府関係機関予算の 3 種類があり，一般会計予算は国の様々な一般行政に必要な基本的経費を内容としている。特別会計は財政法に基づき，国が特別の事業を営む場合や特定の資金を保有し運用する場合，更に特定の歳入を特定の歳出にあて，一般の歳入・歳出と区分して経理する必要がある場合に限って設けることができる会計で，国立病院特別会計とか国立学校特別会計，空港整備特別会計，郵政事業特別会計等，平成 13 年度現在 37 の特別会計が設けられている。政府関係機関予算とは，国際協力銀行・日本政策投資銀行・国民金融公庫・住宅金融公庫・中小企業金融公庫等，特別法に基づき資本金全額が政府出資で設立された法人（政府関係機関，平成 13 年度現在 9 機関）の予算で，これらの機関は公共の利益を目指しつつ効率的な企業的経営を行うために設置されている。

これら3種類の国家予算は一方から他方へ財源を繰り入れたり利益を繰り入れるなど，相互に密接な関連をもって運用されているが，ふつう予算という場合には一般会計予算を指すことが多い。

平成13年度当初における国のこれら3予算の歳出総額は462兆9,000億円であるが，上に述べた相互の重複分を差し引いた純計額は253兆1,000億円で，一般会計予算の当初歳出額は82兆7,000億円（重複分込み），うち文教・科学振興費は先に述べた通りである。

この，国の文教・科学振興費82兆7,000億円（文部科学省所管）の内訳を示すと，日本国憲法第26条第2項の「義務教育は，これを無償とする」という規定に基づき国が義務教育諸学校の教職員給与等の一部を負担する経費である「義務教育費国庫負担金」が3兆円余，義務教育用教科書の無償給与費や私立学校助成費・生涯学習振興費・公立養護学校教育費国庫負担金・学校教育振興費・体育振興費等としての「教育振興助成費」が6,500億円，日本育英会を通して行われている育英奨学事業のための「育英事業費」が1,300億円，「科学技術振興費」が1兆1,000億円余，国立学校分を除く公立文教施設整備費（公立義務教育諸学校の施設整備費や公立高等学校の危険建物改築費等）と公立文教施設の災害復旧費を中心とする「文教施設費」が1,700億円余，「国立学校特別会計繰入」の分が1兆6,000億円弱である。また，文部科学省の外局である文化庁が国民の芸術文化の振興や文化財の保護・活用のための行政・事業を進めているが，上記総額のうち900億円余は同庁所管の予算である。

(3) 国と地方を結ぶ財政構造

前項で，国の財政構造・規模について文教領域を中心に予算面からおおまかな説明を行ったが，一般に国の行財政の対象の多くは地方公共団体そのものであって，その一番大きなものは地方交付税交付金として国から自治体に交付されていく。それから，国の各省庁から各自治体へ種々の補助金が支出されており，更に国と自治体とが共同で実施すべき教育・福祉・建設事業等の経費の一部を法令等に基づき国が負担する国庫負担金や，国政選挙・国の調査・健康保険等の国家事業で国よりも自治体に事務を委託したほうが合理

的なものについての委託費等がある。

　なお一般論として，地方自治体では，国から半額補助や3分の1補助等を受けてある事業を実施した場合，自治体負担分の自主財源が不足すれば使途制約がない地方交付税交付金からそれを埋めることができ，また，自治体が公共事業を行う場合，その経費支出やその事業に伴う地方債の発行があればその分その自治体の財政力指数が下がって交付金は増え財源が増えるし，地方債の元利払いもその交付金で対応できる構造になっている。

　文教関係の事業は，国立大学や国立博物館・美術館等の場で展開されるものを除いて，各地方自治体の所管である公立文教施設とその職員・教員等によって展開されるか，私立学校その他の民間部門において実施されるものが教育事業であれ文化事業であれほとんどである。従って，それらの地方公的部門の文教活動・事業への国・文部科学省（及びその外局である文化庁）からの補助金や民間部門の活動・事業への補助金等は極めて多様である。

(4)　地方の文教財政の構造と規模

　都道府県・市町村の各地方自治体は，今述べたような仕組みを通じて国から地方交付税交付金や補助金等の支出を受け，これにいわゆる自主財源と呼ばれる地方税・地方譲与税，その他利益収入・手数料収入等を歳入原資として加えた歳入によって各会計年度の予算を組み，行財政を執行している。

　その規模を平成13年度の「地方財政計画」（国の当初予算に相当）について見ると，まず歳入面では，地方税35兆6,000億円，地方譲与税6,000億円，地方交付税・譲与税配付金・前年度繰越金を合算した地方交付税交付金20兆3,000億円，地方特例交付金9,000億円，国から地方自治体への補助金等の国庫支出金13兆1,000億円，地方債11兆9,000億円，その他6兆9,000億円で，歳入総額は89兆3,000億円である。

　次に，同年度の歳出額で見ると，給与関係経費が23兆7,000億円，一般行政経費20兆6,000億円（＝補助事業9兆3,000億円＋地方単独事業11兆3,000億円），投資的経費27兆2,000億円（＝補助事業9兆7,000億円＋地方単独事業17兆5,000億円），公債費12兆8,000億円，その他5兆円で，歳出総額は「地方財政計画」上，歳入総額と同額・均衡している。

以上は地方自治体の財政規模の総枠であるが、次に都道府県・市町村レベルの文教関係の財政支出の全国合計規模を、国の支出及び学校法人等の民間機関の支出との対比で示すと、手許の最新の数値（文部科学省調査）である平成11年度において、全国の自治体が学校教育費・社会教育費・教育行政費として支出した総額は16兆6,000億円余で、国の支出は7兆3,000億円、学校法人等の支出は6兆4,000億円余となっており、これらを合計した額30兆4,000億円に占めるそれぞれの割合は、地方自治体が54.7％、国が24.1％、学校法人等が21.2％で、この構成比はここ数年さほど変わらない。

第3節　教育条件の整備・充実と経済

1．教育施設の整備・充実

昨今の国家予算の政府原案の国会審議を見ていると、その中心的課題は、財政再建・金融再編・行政改革等と並んで、深刻な長期経済不況からの脱却、景気回復のための方策だが、その審議において最も多く取り上げられる課題の一つは公共事業の在り方である。

その審議における与野党のやり取りの骨子は、従来型の大規模開発事業、大手ゼネコン志向の公共投資、大規模プロジェクトの実施といった（自治体財政の圧迫にもつながっている）公共事業の在り方を見直し、もっと各地の実状や地域住民の希望に即した公共事業を重視すべきだというのが、政府を批判する野党側の主張であり、そこでしばしば引き合いに出されるのが、全国の公立学校の校舎・教室の老朽化や危険施設設備の問題である。

平成13年度現在、日本全国には、おおよそ2万4,000弱の小学校と1万1,000余の中学校、5,500弱の高等学校と670ほどの大学、560ほどの短期大学があり、その他、1万4,000余の幼稚園（この他に保育園）や62の高等専門学校、1,000弱の盲・聾・養護学校、3,500の専修学校、2,200ほどの各種学校が存在している。これらのうちのかなりの部分は私立学校なので、国や地方自治体が直接費用負担するわけではないが、国・公立学校の数だけでもたいへんな規模である。この色々な学校の校舎・教室・体育館や講堂、付帯設備や校庭・フェンス等について、それらのかなりの部分の危険・老朽

表 7.4　平成13年度学校建物面積　　　　　　　　　　（単位：千㎡）

学 校 種 別	国　立	公　立	私　立	合　計
幼　稚　園	46	3,611	8,644	12,301
小　学　校	448	102,512	785	103,745
中　学　校	449	60,520	2,226	63,195
高　等　学　校	150	46,512	17,888	64,551
盲聾養護学校	183	5,468	36	5,687
高等専門学校	1,595	136	54	1,785
短　期　大　学	127	570	5,020	5,716
大　　　学	19,330	3,903	31,147	54,380
専　修　学　校	15	839	8,350	9,204
各　種　学　校	1	60	3,068	3,129

（出典）文部省調査
（注）借用を含み，仮設校舎を除く。大学の「合計」には，放送大学学園分を加算。端数処理により合計が合わない場合がある。

化が進んでいるのに，多くの地方自治体では住民がさほど望んでもいない大規模公共事業による財政事情の悪化により，公立文教施設の改修・改築には手が回らないでいるではないか，というのが政府を批判する野党側の主張である（表7.4を参照）。

　これに対する政府側の答弁はおおむね，大規模プロジェクトの中には確かに今の時点で考え直す必要があるものもあり，その見直しは自治体も国と協力して行っているが，他方，有意義なプロジェクトで住民の多くもそれを評価しているケースもあるので，一律に無駄というわけではない。また，国・文部省では自治体と協力して公立文教施設の新改築・改修事業を計画的に進めているというようなものである。

　確かに，全国各地の色々な学校を実際に回ってみると，学校の建物はその地域の建築物の中でも立派な部類に属する場合が多くて，国や各地方自治体の行財政当局の積年の計画・努力の跡が窺えるのであるが，それと同時にまた，訪問した学校の外壁や屋内のそこかしこが随分いたんでいて早急に対策を講じたほうがよいと思われるケースに出くわすことも稀ではない。

　つまり，あの国会での問答は，どちらも本当のことを言い合っているのであって，一方が間違っているわけではないのである。しかし，それではこれ

からどうすべきなのかと言えば，文教施設の数量的規模をみれば，表7.4に示すように，学校数はもとよりその建物面積は極めて大規模なものであってこの分野の公共事業の充実・強化は中小の建設会社への経済効果も大きく，この事業の推進には地域住民のプラス評価もほぼ例外なく得られるのであるから，国も地方自治体も，公立文教施設・設備の充実・整備にもっと積極的に乗り出すべきで，このような場合にしばしば強力な障壁となる，同じ政府部内の予算査定省庁・部局もこの方向・方針にもっと積極的理解を示すべきなのである。

2．文教施設関連の公共事業策

　日本は 1990 年代初期以降，バブル経済崩壊による長期経済不況に呻吟(しんぎん)してきたが，この不況から脱するために，わが国民は民間と政府（国と地方）を通ずるリストラ・合理化や各種の規制緩和，あるいは金融システムの改善と健全化等を進めるとともに，大規模な公共投資の積み増しや，減税その他の財政政策を発動して，わが国の社会経済のファンダメンタルズ（基礎体力）である莫大な「累積国富」の活性化・有効活用に取り組みつつある。

　前項で述べたように，全国いたる所に存在する膨大な数の学校施設設備の多くは老朽化が進んでいたり旧式で遅れたものになっているので，これらを改築・補修・交換する事業は様々な公共事業の中でも特に投資的意義の高い「上質の公共事業」に属するという政策判断に対して異議を唱える人は少ないであろう。しかも，筆者がこれまでに述べてきた事は誰が考えてもすぐに頭に浮かぶ常識の部分に過ぎないのであって，この公共投資分野について，もっと真面目に考えてみれば，更に重要な意義をもつ様々な政策提言が続出してくる。その数例を挙げてみよう。

　まず例えば，空気中の二酸化炭素排出量の削減に関するわが国の国際的公約が実現できないのではないかという目の前の国家的レベルでの懸念への対応策，そしてまた，いわゆる化石燃料の資源枯渇問題・環境破壊問題への対応策として，近年，クリーン・エネルギーの開発・実用化のための取り組みが急がれているが，全国の膨大な学校施設の改修築に当たって，可能なケースに該当する場合にはすべて太陽熱発電施設を併置することとすれば，その

分の二酸化炭素排出量が削減でき，化石燃料資源の枯渇速度の抑制と環境破壊の軽減に役立つだけでなく，その学校施設のエネルギー自給量を超えた分について電力売却益を生み出すことも不可能ではない。

更に，大規模な地震災害の発生時にも，該当地域のエネルギー供給体制にこのような多数の自立的エネルギー拠点が当該地域周知の形でビルトインされていることが極めて有効であることは論をまたない。その上，全国の学校施設がこのように教育機能を超えた種々の社会的意義をもつ機能を備えていることは，それらの施設で地球環境や社会環境のことを学び資源問題や社会の様々な仕組み等について学ぶ子供たちに対する「生きた教材効果」を各学校自体が持つという意味でも非常に有意義である。

次にまた例えば，全国の学校施設の改修築に当たっては，アジア大陸東端の大陸棚斜面にすがり付いて一時期，海面に顔を出している日本列島が大陸系プレートと大洋系プレートの境界線上にあって，これらの複合的要因から「全国すべて地震の巣」であるという科学的事実・立地上の宿命を重視し，静岡県の一部地域や首都圏の一部地域といった局地的視点をもっと拡大して財源計画上の制約から着手優先順位は付けるにしても，学校施設を地域社会の地震避難・緊急対応センターとしてより明確に位置づけ，耐震構造の強化と種々の災害時対応機能の強化を今後の公共事業メニューに積極的にセットすべきである。

更に例えば，わが国の国・公立の小・中・高等学校や大学等のたたずまいを実際に見てまわってみると（これは実は，たいていの私立学校の場合でも同じことなのだが），地域社会からそこだけが隔離された閉鎖空間ないし閉鎖世界であるような「閉ざされた施設」としての印象を人々に与える事例が非常に多い。この印象は，日本において教育の世界，特に学校教育の世界は一種孤立した閉鎖空間・閉鎖領域であるという世間的常識を実際の形の上でも表現しているという意味では誠に適切だと言えるが，今後の日本の姿かたち，地域社会の姿かたちを今の殺風景で無趣味・安上がりだけのものから，もっと文化の香り高い，美しく魅力的なものに変えていきたい，そしてそのような方向を目指すことが長期的見地からは結局，国と各地の文化性を高め，従って当然，国民・地域住民の心を現状よりももっと豊かなものにし，子供

たちの心や家庭の人々の心をもっと豊かなものにしていく上でもプラスになる，という認識をもって，例えば地域の小学校一つでも中学校一つでも，その建物・キャンパスの前を通りかかった人々が思わずそこに立ち止まって，その建物の美しさに見とれ，キャンパスの魅力的な構図に安らぎを覚え，遠い昔の自分のその頃を回想するような，そのような学校建築を実現できるレベルの公共投資（教育投資にして文化投資）を国も地方自治体も目指すべきである。

もちろん，従来の日本の都市景観・村落景観にはそれなりの美しさ・魅力を備えたものもあるし，全国的に見れば様々な都市計画・地域整備計画等が進められているが，我々が欧米の各地・各都市でいつも出合うような，来訪者たちの目を引きつけ心を魅了する程の（将来的）文化性を実現できそうな美しい計画・構想にお目にかかることは，残念ながらほとんどない。

地域のこの学校は一流大学への進学率が高いので当地域社会の「誇り」であるというようなことではなく，この地域のどの学校をとって見ても，それぞれに美しく魅力的で，地域・都市の景観を支え，人々の心・生活の文化性――心の豊かさと融合している，そのような学校施設・キャンパスを，日本国中にどんどん増やしていくつもりで公共事業を進めるべきである。

また，これは景気回復策としての公共投資という観点からすれば土木建築費等がたいしてかからないため直接的な経済効果は小さいけれども，後述するように，別の観点に立てば極めて大きな経済効果をもっている施策・公共事業として，「学童保育施設」の整備・充実の問題がある。

全国学童保育連絡協議会が発表した学童保育施設の調査結果によれば，平成12年5月現在，全国の学童保育施設数は1万231施設で，過去5年間では約2,100施設ほど増えてきているが，この施設を域内に一つも設けていない市区町村が51.5％（市の6％，町の57.5％，村の86％）にのぼっている。また，これらの施設で保育を受けている児童数は約33万人で過去5年間で1.5倍に増加し，保育対象学年を通常の1～3年生に限定せず6年生までの全学年の児童を受け入れている施設も5年間に17％から24.5％に増えているが，これら施設の児童1人当たり面積は2.8㎡から2.5㎡に減少し，室内環境も改善されていない。

学童保育に当たる指導員数は1施設当たり2.1人，指導員1人当たりの児童数は13.2人と変わらないが，同協議会によれば，学童保育施設は小学校総数の約4割しか設けられておらず，最終的には4万ヵ所が必要で，担当職員たちの待遇改善も必要であるとして，厚生・文部・労働・自治省に対し要望書を提出した。

　少子化によって生じた，小学校の空き教室を利用するケースが17％から22％に増えているとのことだが，全国の学校施設はまさにこのような社会的需要に応え得るものであり，女性の社会参加，共働き世帯の増加，子供の健全育成，要員雇用拡大等の見地から，国と地方自治体はもっと積極的に対応すべきである。

　この問題等も含めて，前述したような諸課題については，国も地方自治体も既に公共事業として部分的に取り組んできてはいるのだが，問題は，その事業規模の小ささ，景気対策・社会文化対策としての効果の低さであって，つまりは，国と地方の「財政当局」を中心とする関係行政部局の，政策評価・優先順位付けの在り方，ひいては国と地方の政治家達の発想・判断の仕方の問題である。

　なお，改めて付言するまでもないが，学校施設がこのように多様な社会的機能を併せ持っていることが，子供たちの公共教育の上でも極めて有意義であるということも，社会全体がもっと認識すべきである。

　今後のわが国に期待される「上質の公共事業」の例を，学校施設について述べたが，これらの構想は別に（大学その他の高等教育機関等を含む）学校施設に限定されるものではなく，国や地方自治体の政策的要請が直接的に受容されやすい国公立の公共施設であれば，博物館であれ文化会館であれ劇場であれ一定規模以上の空間・施設をもつものにすべて適用できる事柄であり，もしもこれと同様の動きが民間企業等の間にも出てくるのであれば，それはそれで社会公共の見地から非常に有意義なことである。

3．情報化時代への教育の対応

　アメリカのクリントン大統領（当時）は1997年の一般教書演説で，2000年までにアメリカのすべての学校の教室と図書館をインターネットで結び，

誰でも 12 歳でインターネットを使用できるようにすると述べたが，わが国でも，近い将来，全国の学校をインターネットで結び，そのような教育環境のもとで，高度情報通信社会で活躍し得る若い人材・国民の育成を図ることが，今日の学校教育の重要な課題の一つに位置づけられている。

　平成 11 年 3 月に文部省から告示された新しい高等学校学習指導要領でも新たな教科として「情報」という普通教育用の教科が新設され，同時に，職業高校でのいわゆる専門教科としても，従来からの農業・工業・商業・水産・看護・家庭等の専門教科に加えて，新たに「情報」と「福祉」の 2 教科が新設された。平成 15 年度から高等学校で「情報」は必修となる。こうした動きは，21 世紀を迎える日本の学校教育の在り方についての文教政策の一つの大きな方向を象徴するものであると言うことができる。

　なお，このような学校教育における情報教育の充実・整備に関して，極めて重要な基礎条件は，情報教育担当教員の育成・充実である。この点については，現状はかなり大きな問題に直面しており，この分野の教員の能力及び人員の整備・拡充が緊急の課題となっている。

　この情報教育関係分野一つを取り上げてみても，全国的規模でのこの分野の物的・人的ニーズは非常に膨大で，そこに生じる各種の経済的効果は当然極めて大きなものになる。しかも，このコンピュータ関連の動きは絶えず現状の改革・改変を求める動きを伴うものであって，現在我々がこれらの関連業界から提供されているハードウェア及びソフトウェアに対して，我々国民や教育関係者たちが質的満足を抱いているのではない，という事実にも併せて注目しておく必要がある。

　つまり，昨今，パソコン等は種々の性能が急速に進歩し，それらの機能の取捨選択と各種部品の分担・外注化によって（多機能・高性能のものは依然として高額だが）初歩的機能・性能のものでは購入価格が大幅に下げられ，世界的規模でますます普及しつつあるが，利用者の製品評価は一般的な使い勝手，操作性の点で極めて低い。

　特に，今後のわが国においてますます大口の購入層になっていくことが確実な高齢者層がこれらのハード・ソフト製品に対して感じている「使いやすさ」の評価は極めて低い。中壮年層の人々でさえ，これらの製品・装置の使

表 7.5 公立学校のコンピュータ保有状況

(上段：平成9年3月末　下段：同12年3月末現在)

学校種別	学校総数	電算保有校	保有校割合	保有電算数	保有校平均
小　学　校	23,932 23,607校	21,701 23,344校	90.7 98.9%	18.5 36.7万台	1校 8.5 15.7台
中　学　校	10,485 10,418校	10,465 10,418校	99.8 100.0%	26.5 38.3万台	1校25.3 36.8台
高 等 学 校	4,164 4,146校	4,163 4,146校	100.0 100.0%	27.7 34.0万台	1校66.6 81.9台
盲聾養学校	909 925校	897 921校	98.7 99.6%	0.9 1.4万台	1校10.0 28.4台

(出典) 文部省調査

表 7.6 高等学校の情報系学科・生徒数の推移

	平成4年度	平成6年度	平成8年度	平成13年度
情報系学科数	522学科	615学科	665学科	663学科
同　　生徒数	90,800人	105,404人	111,468人	108,070人

(出典) 文部省調査

い勝手の悪さや解説マニュアルの複雑な出来の悪さ，メニュー用語の不適切さ等に大いに悩まされ，「パソコン開発技術者の頭の悪さは相当なものだ」という印象を強く持っている次第である[4]。

しかし，このような使い勝手の悪さは追々改善されていくだろうし，家庭生活や学校生活等を通じて子供たちは今後ますます早くからパソコンその他のマルチメディアになじんでいくだろうから，日本の社会全体の方向としてコンピュータ及びそのネットワークシステムは教育・学術研究・文化・スポーツ等の分野でもっと広範に利用され，経済効果の面からも大きな比重を占めていくことは確実である。他面，実物体験の場も重要度を増す。

わが国では平成6年度以降，全国の公立学校のコンピュータ教室の整備目標を，小学校は1校22台（児童2人に1台），中学校及び高等学校につき1校42台（生徒1人に1台）等の水準に設定して，これに必要な各地方自治体の財源として地方交付税交付金を措置してきたが，それによる整備の経過

を示すと表7.5に掲げる通りで，平成12年3月末現在，自校に教育用コンピュータを保有している公立学校は，小学校2万4,000校中99％，中学校1万400校，高等学校4,100校のすべてとなっている。なお，参考に付した表7.6の「情報系学科」とは，普通科とは別建ての工業系・商業系等の学科である。

このように，ハードウェアを中心に見た整備計画はほぼ順調に進められつつあると言えるが，これらの動きの背景には，前述した通り種々の課題が山積しているわけであり，設備・装置と人的資源の整備・更新，ソフトウェアと教育用各種コンテンツの開発・充実等を，これもまた，景気浮揚のための国家的に賢い方策の一つとして，更に積極的に進めることが望まれる。

4．少子化時代の学校環境

現在の日本の基礎教育分野において昨今よく耳にする教育的目標として，「30人学級の実現」がある。現実の姿としては，いわゆる山間僻地・離島の学校ばかりでなく大都市の中心市街地の学校でも定住人口の減少に伴い，その地域の学校に通学する児童・生徒数が減少して「30人学級」（1クラス当たりの児童・生徒数が30人ないしそれ以下である少人数学級）になってしまっている地域が少なくないが，国が全国一律の標準として法律で定めている公立小・中・高等学校のクラス・サイズは1学級40人である[5]。

この学級規模を平成9年5月現在の全国平均値でみると，小学校が約28人，中学校が約33人ということで（文部省調査），全国平均で見ても現実は既に30人学級前後になっているが，これを同じ時点の実際の学級数で見ると，小学校では，1学級当たり児童数が31人から35人規模の学級数が全学級数の約31％，36人以上の規模の学級数が全学級数の約20％強，41人以上の学級数が0.1％となっており，中学校では，生徒数31人から35人規模の学級数が全学級数の約31％，36人から40人規模の学級数が約52％，41人以上の学級数が0.2％となっている。

この法律が制定された昭和33（1958）年ころまでの1学級当たりの児童・生徒数は平均60人くらいだったので，その後，わが国の学級規模は現在進行中の「第六次教職員定数改善計画」に至るまで，ずいぶん改善されてき

ことになるが，それでも欧米の先進諸国の水準と比較すればなお不十分であることは否めない。

　筆者も外国出張の折りに欧米諸国の色々な学校を訪問しているが，やはり1クラスの児童・生徒数が20人前後の教室に入って，授業やクラス会等の様子を観察していると，この位の人数だと先生も子供たちもコミュニケーションが楽だし緊密で，お互いにやりやすいだろうなと思わざるを得ない。

　わが国の文教当局や審議会では，1学級の児童・生徒数が例えば40人の場合と30人の場合とで種々の教育効果，教育の成果がどの程度違うかと言えば，必ずしも前者が後者に劣るとは言い切れないという立場をとっているが，これは全行財政分野の中での一文教分野としての政府財政バランスに絡んだ控え目な自己抑制の見解であって，世間一般の常識からすれば説得力ゼロの発言である。

　昨今の児童・生徒数の漸減によって全国的に空き教室が増えており，文部省の調査によれば平成8年5月現在，公立小・中学校全体で普通教室の約1割，5万6,000教室が「余裕教室」になっているので，これらのうちの約8割が学校の多目的スペースやコンピュータ教室等に利用されたり，放課後の子供たちの諸活動のための場や地域の災害備蓄倉庫，成人教育のための場所等として利用する計画が進められたりしているが，それはそれで結構なこととして，今後は前述のようなわが国の学校教育の質の向上，教育立国の見地から，1学級当たりの児童・生徒数の基準の改善と，これに連動する教室数・設備等の基準の改善を行い，これに応じた財政支出・教育投資を進めるべきである。

　また，小学校や中学校を訪ねてみると，たいていの教室で，どんどん伸びる盛りの身体を小さな机と椅子の間に押し込んで窮屈そうに勉強している子供たちが大勢いる状態にお目にかかる。おまけに，そんな程度の机だから，机の面も当然せまくて，ちょっと大き目の教科書・地図等とノートと筆箱を並べればもう一杯で，その他の資料・参考書となると空いた左手に持つかパソコンの二重画面・三重画面みたいに物の上に物を置かないと収拾がつかない。

　筆者が訪ねたたくさんの学校で全部この調子なのだから，恐らくこれは全

国共通の，日本で最も標準的な現場の姿であるに違いない。今，教室・校舎等の学校施設を少子時代の今こそ拡充・整備すべきだと述べたばかりだが，実はそれだけでは到底不十分なのであって，学校の机や椅子，教材・教育機器等の設備面でも，日本の学校教育の現状は余り褒められる水準にはない。

　アメリカのみならず日本より経済力の低いヨーロッパの国々から日本の学校を訪問しに来る教育関係の人々は，訪問国・訪問先への儀礼からニコニコしていてほとんど「失礼」なことは言わないが，それを見てこちらが満足しているとしたら，それはいささか勘違いである。わが国の学校教育のレベルは，教育内容面でも色々な問題点を抱えているが，物的な面でもその質・量にわたって，今述べたような種々の課題を抱えているのであり，政府財政部門・民間経済部門を通じて，経済的にも大きな波及効果が見込め，しかも21世紀の日本の成長・発展にも大きく役立つこれらの分野への財政支出・教育投資をもっと大規模・積極的に進めるべきである。

第4節　高等教育と経済

1．経済財としての大学

　わが国の高等教育を構成している制度的機関は大学（大学院を含む）と短期大学，高等専門学校及び専門学校であるが，実質的な教育レベルからすれば他にも文部省以外の省庁所管の航空大学校とか防衛大学校・防衛医科大学校等，種々の高等教育レベルの教育訓練機関が存在している。

　この点を更に拡大すれば，種々の高度な能力をもつ人材を擁する企業が内部的に整備している，いわゆる企業内訓練研修施設でも，ある意味で大学レベルないしそれ以上の高等教育を行っている所が幾らでもあるし，各種の研究機関等でも同様の機能を果たしている所が幾らでもある。

　ここでは，思考経路をあまり複雑にするのを避けるために，そのような全体構造はよく承知の上で，あえて「大学」を中心にした形で話を進めることとする。「大学」は，学校教育法の規定によれば「学術の中心として，広く知識を授けるとともに，深く専門の学芸を教授研究し，知的，道徳的及び応用的能力を展開させることを目的とする」教育（研究）機関である（第52

条)。ちなみに「短期大学」は「第52条に掲げる目的に代えて，深く専門の学芸を教授研究し，職業又は実際生活に必要な能力を育成することをおもな目的とすることができる」という種類の「大学」であり（第69条の2），「高等専門学校」は「深く専門の学芸を教授し，職業に必要な能力を育成することを目的とする」教育機関であり（第70条の2），「専門学校」は「職業若しくは実際生活に必要な能力を育成し，又は教養の向上を図ることを目的として……組織的な教育を行う」教育機関である（第82条の2）。

　このように，「大学」はその在学者（プラス外来の学習者としての市民・職業人等）に対する高等教育教授機関であり，かつ多機能の研究機関なので，国家社会の経済発展の重要な要素の一つが人材養成と知識・科学の開発であるという見地からすれば，「大学」はそのいずれの意味においても，極めて大切な国家資源，複合的で貴重な経済財である。

　ところで，乗用車であれパソコンであれ，あるいは「企業」・「銀行」でさえいずれも経済財には違いないので，どんどん市場価格で売買されているが，大学等の高等教育機関には学校法人（専門学校の設置者はそれに準ずる準学校法人又は学校法人）としての公益性・公共性に基づく税制上の優遇措置等が講じられているし，私立大学以下の私立学校（これらの設置者が学校法人・準学校法人である）に対しては，法律に基づき設置されている日本私立学校振興・共済事業団という特殊法人を通じて国からの補助金が交付され融資等もなされており，私立学校振興助成法に基づき国や地方公共団体から補助金の交付や融資がいずれも我々の税金を転化する形でなされている。

　また，国立大学や公立大学は，もちろん我々国民・住民の税金を使って全国に設置されているわけであり，これら多数の大きな大学の巨額な人件費や管理運営費，教育研究費・国際協力経費等もすべて我々個人や民間諸部門からの税金が国費・公費に転化して支出されているわけである。もちろんそれが悪いと言いたいのではない。

　我々国民が様々な形で付加価値を付けて生み出した利益を国民・住民がてんでんバラバラに下らない私事に空費するよりは（いや，それはそれで極めて結構な面もあるが），国や自治体に納める形で我々自身や子供や子孫の幸福（や世界・地球）のために有益な使われ方をするのはたいへん結構なこと

である。

　問題はそういうことではなく，今後の世界と日本の変化，経済・産業・社会の変化や科学技術の進展への対応や，国民・住民に対する国富の適正配分・配置の課題等の面で，経済財の中でも準公共財である「大学」がどのように適切に活かされ，どのように発展していくのが有意義で効果的かということを，我々が賢明に考察・洞察することである。大学をはじめ各種の高等教育機関は皆，国公立であると私立であるとを問わず，我々国民・住民（すべての学校の教職員・役員もむろんこの一員である）が稼ぎ出した富を税金等の形で投入され，優遇税制で支援された公的な教育研究システム，現代の国家社会に不可欠の準公共財として，広く文化的価値・経済的価値の拡大再生産を期待されている存在，従って各学校自体，そのような社会的・国家的期待に応えるべく，時代・環境の変化に即して常に的確な自己改革・改良を果たさねばならない存在であることに思い至る。

2．高等教育の生産性
(1) 大学教育における学問性と実利性

　わが国は今，長期経済不況の中にあって，国も民間も総力を挙げて成長路線に向かうための努力・工夫を重ねつつある。民間部門のリストラ策や組織再編・合併吸収等の動きは生産調整の面もあるが基本的には生産性向上への努力として総括されるし，政府部門の大規模な財政出動や，税制改正・規制緩和・産業力向上支援等の法的措置あるいは金融関係の信用回復・再建措置等は，わが国経済の病状を好転させるための複合的対応である。

　この緊迫した経済情勢の下で，大学等の新規卒業者の就職戦線は極めて厳しい。もちろんこのような世相でも，一部のいわゆる一流大学の場合はそれほど深刻ではないにしても，大方の大学等では大きな問題で，増えつつある女子学生の就職支援にも様々な知恵を絞らねばならない。

　大学教育の目的は前項で紹介した通り「広く知識を授けるとともに知的，道徳的及び応用能力を展開させること」であるが，学生たちを選抜・採用する企業・官公庁等の側では，職業・職種により選抜基準は様々で，大学サイドとしてはそれら多様な選抜基準を念頭に置きつつ教育を展開しなければな

らない。この教育的配慮は口にするのは簡単だが，実際に効果的に行うとなると極めて困難な事柄である。

即ち，初等中等教育段階では，日本の場合，学習指導要領と教員免許制度があり，更には教科書検定制度まであるので，どこの高校でも小中学校でも例えは不適切かも知れないが，相撲の土俵やテニスのコートのように，場の規格とルールがきちんと定められており，宗教系の私立高校であろうが非宗教系の公立高校であろうが，それぞれの学校の校風・教育方針等は別として主要な科目の教育内容・範囲にはほとんど違いがない。違いがあるのはそれぞれの土俵・コートでプレーする生徒たちの個性や能力のバラエティくらいのものである。ところが，大学教育となると状況は異なる。

大学は，なるほど高等教育機関ではあるが同時に学問研究機関でもあるので，「学問の自由は，これを保障」されている（憲法第23条）。従って，この学問の自由の保障の受益者・対象である大学教員たちの精神構造は学部学生に対する教育作用のレベルでも「教授内容・範囲とその水準」について自由裁量を志向するタイプのものになっている場合が極めて多い。

大学教育のレベルにおいて国が学習指導要領のごときものを定めず，検定教科書のごときものの導入を考えないことは大方の人から見て妥当な姿勢・判断であって，大学教員たちは各自の見識・判断に即して自由に，学生たちへの授業内容・範囲とその程度・レベルを自律しながら授業に臨んでいる。

この状態を個々の教員の行動とは別の，ある大学全体とまではいかなくても学部全体ないし学科全体としての教育への取り組み方として組織的に考えた場合，学部ないし学科として，学生たちの厳しい就職状況に教育組織としてどう対応するのが適切かという点をめぐって，教員達の判断は分かれる。

この場合に見られる対立意見の両極は「各教員の見識に即して各専門的学問の基礎を教え思考能力，考える姿勢を育てればよい」というものと，「種々の職業分野での就職に役立つ，学部・学科なりの実利的な教育メニュー・授業体制の工夫・実施も併せ必要である」というものである。

大学受験者の母数になる子供たちの絶対数の漸減(ぜんげん)が多くの大学等で先行きの経営問題として懸念され自校の魅力作り，セールスポイント作りが真面目に議論され始めた現在，この問題に，経済不況下における大学としての学生

の就職支援の問題が密接に絡んで，大学院段階はさておき学部段階における教育の「学問性」と「実利性」の在り方が真剣に自問自答されつつある。

同じ大学でも，工学系・医歯薬系の大学等，専門系の大学では相対的にこのような悩みは少ない。これらの専門大学ではそこでの教育内容・範囲や教育水準・レベル自体が各専門分野ごとにかなり共通的なものが多く，教授内容と社会の側からの期待の内容とにギャップが少なく，その分，大学側としてもミスマッチの恐れなく学問性と実利性とが調和した教育を展開することが容易である。

この，複合大学（中でも特に文科系の複合大学）の多くが直面しつつある学部教育における学問性と実利性の問題について，大学行政当局がとる態度は恐らく，例えばホテル学科の設置とか貿易・証券コースの開設，福祉・介護・健康系の資格取得向けコース等，各大学・学部等の工夫・検討により学問性と実利性とのバランスをとっていくことを期待する，というようなものであろう。

そして実は，この大学教育における学問性と実利性の調和ないし比重選択の問題は，次に述べる通り，今後の高等教育の全体構造のデザイン，つまりはわが国の高等教育の合理性・生産性の向上の仕方に関係していく。

(2) これからの高等教育

わが国の家庭，そして親子が，いわゆる「人的資本仮説」と「スクリーニング仮説」の下で，いかに多額の教育費と長い歳月と労苦とをかけて，大学・大学院卒業までの教育期間を過ごしているかを，我々国民はお互いに痛いほど熟知しているが，そもそも青少年という貴重な人的資源を（彼らの心身の発育，特に精神的発達に配慮しつつ）経済合理的にいかに活躍させるかということは，今後，少子化傾向が衰えないわが国にとって，非常に重要な課題である。

戦後，経済の成長に伴い，国民の高等教育志望率・高等教育進学率は表7.7に示すように（表には出ていない多少の上下動はあるが）長期的トレンドとしては一貫して上昇傾向を辿ってきた。この表で特に目をひくのは，「大学進学率」（大学・短期大学進学率）の高さと並んで，「高等進学率」（変

表 7.7 わが国の，高等教育進学率などの推移

年　度	高卒者数	大学志願率	大学進学率	高等進学率
昭和40	116万人	33%	17%	—
50	133万人	47%	38%	38%
60	137万人	45%	38%	52%
平成 5	176万人	52%	41%	60%
9	150万人	55%	47%	67%

(出典) 文部省調査
(注1) 大学志願率＝当年度高卒者に占める大学・短大願書提出者数
(注2) 大学進学率＝3年前の中卒者数に対する当年度大学・短大進学者数の割合
(注3) 高等進学率＝「大学・短大＋高専・専門学校」進学率

表 7.8 高等教育諸機関の種別在学者数と種別構成比
(平成9年5月現在)

高等教育機関	在学者総数	種別の割合
大　　　　学	263万4,000人	70.1%
短 期 大 学	44万7,000人	11.9%
高 等 専 門 学 校	2万1,000人	0.6%
専 門 学 校	65万2,000人	17.4%
合　　　　計	375万5,000人	100.0%

(出典) 文部省学校基本調査
(注1) 高等専門学校の在学者総数＝第1〜3学年は高等学校相当の後期中等教育段階に当たるので本表では除外し，第4・5学年及び専攻科在学者数を計上
(注2) 専門学校の在学者総数＝高校卒業程度以上の学力を入学要件とする専修学校「専門課程」の在学者総数

な表現だがこれは文部省の表現ではなく，筆者が表の作成にあたって造った略称で，もっと正確に言えば，「当該各年度の3年前の中学校卒業者数に対する，当該年度の大学その他の高等教育諸機関への入学者総数（ただし高等専門学校にあっては，その第4学年への進級者数）の割合」）の方も極めて高いという点である。この点を具体的に見るため，平成9年度の実際の数字を並べてみたものが表7.8である。この表によれば，大学在学者263万4,000人に次いで在学者が多いのは専門学校で65万2,000人。以下，短期大学が44万7,000人，高等専門学校が2万1,000人となっている。

ここで，一般にはあまりなじみがない専門学校（専修学校の専門課程）の教育レベルを昭和51年の文部省令「専修学校設置基準」（平成6年一部改正）により紹介しておくと，おおよそ次のようなものである。

① 授業時数は学科ごとに，1年間にわたり800時間以上とし，夜間学科等では年間450時間を下限として修業年限に応じて減じることができる。

② 1授業科目で同時に授業を行う生徒数は40人以下とするが，特別の理由があり教育に支障がない場合はこれ以上でもよい。

③ 専門課程では，高校教育の基礎の上に，深く専門的な教育を施すにふさわしい授業科目を開設するとともに，それらの開設に当たっては豊かな人間性を涵養するように配慮しなければならない。

④ 学科の種類ごとに，生徒の定員規模に応じて，この省令の別表で定める数の教員を置き，その半数以上は専任教員でなければならず，専任教員数は3人以上とする。また，専門課程の教員は担当科目の専門的知識・技術・技能等をもち，修士の学位を有する者その他同等以上の能力をもつ者でなければならない。

⑤ 校地・校舎・教室・教員室・事務室・実習場・運動場その他につき，この省令で定める各基準を満たしていなければならない。

　専門学校とは，概略このようなレベルの高等教育機関であるが，その中でも一定の水準以上の専門課程は文部大臣が認定して官報に告示し，そこを修了した者は「専門士」と称することができる。

　この専門学校の多くは様々な専門的領域にわたって国民の能力向上・生涯学習のニーズに応えており，また，平成4年度からは大学等の設置基準（いずれも文部省令）の改正によって専門学校での学習成果を大学等の単位として認定できることになったため，これを利用する大学等が出てきつつある。

　専門学校卒業者に対する企業での人事や各種の国家資格試験等での処遇は一般に短期大学卒業相当とされているが，実はこの専門学校が果たしつつある高等教育機能の中で，筆者が最も注目しているのは先に述べた「大学教育における学問性と実利性」に深く関わる「各種資格試験の受験準備教育」に見られる，通常の大学学部教育をしのぐ強力な機能である。

　実際，そこでの強い教育効果を期待して，多くの大学生たちがいわば二重

に授業料を払いながら，司法試験・公認会計士試験・税理士試験とか国家公務員・地方公務員の各種試験その他の国家試験や，広く実社会で通用する種々の公的資格を得るための試験に合格し得る専門的学力を身につけるために，文字通り「実利性」に徹した「高等教育」を受けている。

　このように尖鋭(せんえい)に突き出た「実利性」は，大学人たちの分裂しがちな意見・思考の外にあって，一種の「高等教育制度・システムの改革」の可能性を我々に示唆(しさ)している。ある意味では通常の大学での学問性・実利性ともに不十分な自由裁量的教育よりも学生たちの役に立つ実利性豊かな高等教育を提供できる学校群が大学の外に多数かつ多様に存在している現状と，大学における「学問性」と「実利性」の調整ないし比重選択問題の状況，更には，経済好況・不況の波動，学生層に対する社会・企業側の期待，また，今後における学生やその家庭の考え方の変化等を考え合わせると，わが国の高等教育制度・システムの一部は今後特にこの部分から変化していくだろうし，そうなっていくべきであると思われる。

　小学生たちが学校に通うかたわら塾に通っているように，現在，そうするだけの金銭的余裕がある大学生たちの一部は大学での教育には「適当に付き合いながら」，各種の資格取得の準備に役立つ実利性豊かな専門学校の方で「真剣な受験勉強に取り組んで」いる。前述のように，大学と言っても一般の諸学部複合の大学がある一方で専門大学があり，文科系と理科系の大学・学部といった違いがあるので，それらをひっくるめて論じるわけにはいかないが，大学生が外部の別の高等教育機関に二重在籍してようやく彼らの所期の目的を達成できるという現在の図式は，極めて印象的というか象徴的である。

　世上ややもすれば，教育的な事柄において，経済合理性を考慮することと子供たちの心身の健やかな発達を重視することとは両立し難いように考えがちだが，それは必ずしも当たっていない。まず，「学校」は重苦しくてキライだけど「学習塾」は意外と明るくてスキという子供たちの声をどう考えるか。そして，大学の中途半端な教育の部分を実利的で充実した外部の集中的講座等で単位置換することをどう考えるか。人間の教育において教育上の意義は経済効率に優先するが，そのことを前提にしたとしても，家庭が自由に

購入する家庭教師サービス等の様々な「私教育」と，公的サポートによる「公教育」とを通じて，再考を迫ってくる命題である。

また，このような視点から考えると，学生たちのこの二重在籍状態は，費用の二重負担であり，「時はカネなり」の貴重な「時間」（費消年月）の面でも二重負担であり，このような状態はなるべく早く制度的に，経済合理性と教育合理性の見地からきちんと対応する方が，学生と家庭，また，社会・経済のためにプラスである。

3．医学部（歯学部）問題

多少，題材が異質ではあるが，高等教育と経済・社会との関係上，かなり重要な事柄として，医学部・歯学部の問題がある。つまり，医師あるいは歯科医師を目指す若者・成人の立場に立った場合，入学機会が地域的に極めてアンバランスになってしまっているという問題である。

私立大学の医学部入学時に，色々な名目で親なり本人が支払わねばならない巨額の入学一時金とそれに続くこれも極めて高額の授業料その他を支払っていくことができるのは，現在の日本でもごく限られた高額所得階層だけで，一般の所得水準にある家庭の子供が，医師・歯科医師になりたいと望んでも，私立大学の医学部・歯学部を受験することはできない。

国の厚生労働省や文部科学省等が日本医師会等と協議して，これからの日本の人口動態やその地域的分布や年齢階層別の医療受給見通し等から見て，このままでは医師界の既得権益が圧迫される方向に向かうので大学医学部の入学定員をもっと減らそうとか，ここの所は安心だからこの程度の入学定員を維持しよう等と決めるのは医師養成サイドの勝手な話なので，国立大学医学部だろうが公立だろうが私立だろうが，設置者の違いは小事に属しようが，国民の側からすればそれこそが大問題なのである。医師になるのに必要な資質・能力を十分に備えていても，前述のような事情から一般庶民の家庭・子供がその道を目指すとなると私立大学医学部（歯学部）は当初から目標にできないのだから，国・公立大学医学部（歯学部）の入学定員の適切な地域配分の視点がないままに進められた全国的な医学部配置はこの際まったく用をなさない（受験機会の地域的公平の視点ではなく，各地の医療体制整備の観

点からは，中核医療施設である大学病院の配置には別の評価が成り立つ)。

　首都圏には，私立の医(歯)学部，医(歯)科大学は確かに一杯あるが，国立大学医学部の入学総定員は，実質的な受験該当年齢人口比で全国最低の状態にある。ここで「実質的な」と言った意味は，東京大学医学部(かの有名な「東大理Ⅲ」はこれの前期教養課程)や東京医科歯科大学等は首都圏を超えた「受験者全国区」学部なので，首都圏の若者たちには何の優先権もなく日本全国から東京に押し寄せてくる受験秀才たちの「闘技場」であって，首都圏域住民とその子弟のほとんどは小さくなっている。

　そこで，この圏域の高額所得階層ではない家庭とその子弟にとって残された私立大学医学部回避の道は何かと言えば，「地方国立大学医学部の受験」しかない。これは，一種の漫画である。気の毒というか，コッケイでさえある。ひょっとすると，これは国が企画した間接的な「首都機能移転・分散」推進のための高等作戦の一部で，首都圏住民の数が少しでも減ればそれだけ首都圏集中の状態が変わり，地方分散がミクロにでも進むという計算を立てているのかも知れない。いずれにせよ，首都圏の一般庶民とその子弟たちには非常に気の毒な，「高等教育政策」が淡々として継続されていく。

　なお，県立医科大学というような公立医科大学の場合，そこにはその地域住民の税金が注入されているので，公教育の公共性の建前からすべての域外受験者を排除するわけにはいかないが，入学定員枠の一部を地域の住民の子弟に有利に割り当てる事には筋が通っている。しかし，そうであっても東京都の場合，超巨大な都庁舎は新宿にそびえ立っているが，都立医科大学・都立歯科大学はどこにもない。

第5節　学術・研究開発と経済

1．学術・研究開発への期待

　一国の文教活動領域と経済活動領域との相互関係ないし相乗作用を考察するに当たっては，前節までに述べてきた学校教育とその周辺を取り上げるだけではまだ不十分で，芸術文化の諸領域や健康・スポーツ等の領域，様々な国際交流領域等についての考察・分析が必要であり，更には本節において簡

単に触れる学術・研究開発領域と経済活動・経済発展との関係についても考察する必要がある。

　平成8年度に文部省が民間調査機関に委託して実施した「学術研究と大学に関する調査」（回答者は，無作為抽出による大学人以外の有識者500人）によれば，「人間と社会にとっての学術研究の重要性」について「非常に重要である」と考えている者が73％，「ある程度重要」と考えている者が26％となっており，「学術研究に期待するもの」では（各人複数回答式で）「技術革新」が54％，「真理の探求」が39％，「地球規模の問題解決」が37％，「知識の創造」が24％，「経済社会問題の解決」が18％，更に「夢・ロマンの提供」が12％といった回答状況であった。

　また，大学と大学以外の企業・研究機関等との学術研究上の関係については，「大学の研究をもっと振興し，学術研究の進展に貢献すべきである」とする者が88％，「大学は企業等の研究に対し，共同研究等でもっと積極的に支援すべきである」とする者が79％，「大学は基礎的研究だけでなく，応用的研究にも努力すべきである」とする者が69％で，「大学は，収益につながりにくくリスクが大きいため企業等が行わない研究を中心に行うべきである」とする者が46％という回答結果であった。この最後の回答の裏には，「企業等の研究機関であっても，利益追求オンリー，リスク回避オンリーであってよいとは思わない」という判断が付着しているものと推測されるが，いずれにせよ，これらの一般有識者たちの回答からは，学術研究という人間の知的な営みに対する非常に強い大きな期待が鮮やかに感得される。営々とかつ多彩に展開・蓄積・更新され続ける学術研究は，経済社会の発展の原動力であり，その政策的支援の一層の充実が期待される。

2．学術・研究開発の現状

　わが国の学術研究の振興政策は，平成7年に制定された科学技術基本法に基づく「科学技術基本計画」（平成8年閣議決定）によって進められつつあるが，この計画は今後10年程度を見通して平成8年度から12年度までの5年間の科学技術政策の基本を定めたものであり，わが国政府の研究開発投資の水準を，21世紀初頭には対GDP比で主要欧米諸国並みに引き上げるべく，

その規模を計画期間中に倍増させることを目標として，平成8年度から12年度までの科学技術関係経費の総額を約17兆円とする必要があるとしている。

わが国の科学技術関係の平成9年度予算額は約3兆円強で，その省庁別の内訳は文部省所管分1兆3,000億円（43％），科学技術庁所管分が7,000億円（25％），通商産業省所管分が5,000億円（16％）等となっているが，この文部省所管分の内訳を更に示せば科学研究費1,100億円，国立大学関係費9,600億円，私立大学関係費1,600億円，日本学術振興会補助・出資金400億円等となっている。

このような方向・枠組みの下に，わが国の学術研究は，科学研究費補助金の大幅な拡充や研究環境の高度化，重点的研究の支援強化，若手研究者の育成・支援体制の整備，大学と産業界等との研究協力の促進，私立大学の研究体制・研究環境の充実，学術情報流通基盤の整備，日本学術振興会の機能の拡充等，所要の各種施策を通じて進められつつある。

一方，こうした状況の中で，現在かなり大きな問題となっているのは各種研究施設の老朽化及び研究スペースの狭隘化である。文部省が平成8年度に行った「研究環境調査」によれば，研究施設に関する当面の大きな課題として，自然科学系の研究者の約3割が「施設の老朽化」を訴えており（人文・社会科学系＝約1割），また，自然科学系研究者の約7割強，人文・社会科学系研究者の約6割弱が「研究室等の狭隘化」に悩んでいる。また，研究施設の機能面では人文・社会科学系研究者の約5割，自然科学系でも約3割が「情報化への対応」の充実を希望している。

更に，研究設備の面でも，近年の学術研究の高度化・精密化に適切に即応する必要から，各種設備の陳腐化・老朽化あるいは不足を訴える者が多く，自然科学系研究者の約7割強，人文・社会科学系研究者の約5割弱が「必要不可欠な設備で不足しているものがある」と回答している。

また，本節の冒頭において，大学外の有識者500人の判断として約8割の者が「大学はもっと積極的に企業等との共同研究等，対外協力に取り組むべきである」旨の回答を寄せていることを紹介したが，大学と民間企業等との共同研究の実績を見ると，昭和60年度に約200件だったものが平成7年度

には約1,700件と8倍近く増えているにせよ，両者の膨大な母数・規模からすればこれはいかにも低調な数値である。大学が地域の民間企業等からの協力要請に応じるための学内組織として設置しつつある「共同研究センター」にしても，これがスタートした昭和62年度に3施設であったものが，平成7年度にようやく49施設になったに過ぎず，民間企業等から大学への受入れ研究員の数も，昭和60年度に約250人だったものが平成7年度には約1,800人になった程度である。これは一つには，大学側の研究内容や研究方向と相手企業等の研究課題や研究内容とがうまく結び付かないといった事情がしばしばあるからとも思われるが，この点をも含めて研究領域における産学共同の促進及びそのための環境・条件の整備・改善は，今後のわが国における学術研究分野の重要課題の一つである。

以上述べてきた諸点はいずれも今後のわが国の経済活動・経済発展にとって，質的にも金額・投資規模面でも極めて大きな影響力をもつ要素であり，文教活動領域と経済活動領域との相互関係ないし相乗効果を論じる上で見落としてはならないものである。

次にわが国の学術研究の国際的水準を示す一つの指標を紹介する。平成8年度に全国の大学共同利用機関である学術情報センターが公表した「学術論文数の国際比較調査」は，欧米で編集されている国際的に評価の高い論文抄録データベースによって，理学・工学・医学分野の採録論文を分析したものであるが，これによれば，前記の主要データベースに収録された論文数は，1978年の理工学分野では1位がアメリカで28件，2位はソ連・イギリス・日本で各7件，化学分野では1位がアメリカで24件，2位がソ連で20件，3位が日本で10件，工学分野では1位がアメリカ36件，2位がイギリスで7件，3位が日本・ドイツ・ソ連で各6件，医学分野では1位がアメリカで34件，2位がドイツで9件，3位がイギリスで8件，4位がフランス・日本で各6件となっており，これから1年後の1993年には，理工学分野では1位がアメリカで30件，2位が日本で10件，化学分野では1位がアメリカで27件，2位が日本で13件，工学分野では1位がアメリカで32件，2位が日本で9件，医学分野では1位がアメリカ34件，2位がイギリス・日本で各9件となっている。

また，アメリカの論文引用索引データベースを基に文部省が作成した学術研究論文の引用回数の各国比較（各調査年次とも各学問分野における過去5年間の全論文数にしめる，国別の合計引用論文数の割合比較）を見ると，理学・工学・医学その他の自然科学系分野の合計値として，わが国の研究者の論文が引用された頻度の順位は，1981年からの5年間分では世界4位で，以後，1990年からの5年間分のデータに至るまでわが国はすべて4位で推移している。

3．大学・産業・政府の関係

大学と企業・研究機関等がそれぞれ独立に，あるいは共同で推進する学術・研究開発の成果は，種々の魅力的な新製品を生み，技術革新をもたらし，生産性を高める等の作用を通じて，国全体の経済活動を支え発展させる原動力である。

アメリカのハイテク企業群の多くは大学の頭脳・知識との密接な連携の中から生まれたし，わが国でも東北大学の未来科学技術共同研究センターや東京大学の先端科学技術インキュベーション・センター，国際・産学共同研究センター等をはじめとして，国内外の企業・研究機関との共同研究，地域社会での産学協同を進める動きが広がりつつある。しかし，アメリカでも，特許の民間移転を促すバイ・ドール法が1980年に制定されてから産学連携が軌道に乗るまでに10年かかっており，日本でこれが本格化するのにもそれなりの時間がかかると思われる。

文部省によれば，1999年8月に政府が導入した，大学の特許・新技術を企業に販売してその売り上げを大学・研究者に還元し研究開発費等に充てるというフローの橋渡しに当たる技術移転機関（TLO）制度により，前記の両大学や早大・日大その他の大学のTLOが既に承認を受けており，今後は年々，日本全国の理科系大学数の間にその動きが広まっていくと思われる。

わが国の研究者の4割は大学に属しており，そこでの基本的な学問研究は必要不可欠だが，現状はなお産業志向の傾向が乏しく，このような傾向をもう少し変えるためには大学人の意識自体の変更と並んで，上記のような新しい制度的な動きを更に促進・支援するとともに，研究開発のための政府支出

が最終的にはより多く「実利性」のある分野に流れていくような仕組みを強化する必要がある。

　本項の終わりに，学術・科学技術の経済的価値・効果と経済政策との関係について触れておく。新たな技術革新の出現はそれまでの生産性の水準を大きく引き上げ，あるいは消費者の停滞していた需要を大規模に動かし，供給サイドの体質・体力を大幅に強化するとともに需要サイドを動員して経済活動全体を拡大させてくれるという意味において確かに経済成長の原動力であるが，その出現は決してコンスタントではないし，その効果が十分に長く持続するわけでもない。

　この経験的事実と現代経済学に裏付けられた政府のマクロ経済政策の信頼度・的確性とを考え合わせると，つまるところ我々が採るべき最も賢明な道は，政府が民間の自律的活力に期待しつつそれとの連携・協力を図る形で技術革新を生み出すための政策的努力を常に持続するとともに，技術革新の力・効果が及ばない時期と次元の経済情勢に対して的確なマクロ経済政策を発動すること，である。

　なお，通常，学術という用語は学問の全領域を中心としながら，いわゆる科学技術までを包括する範囲で用いられるが（例：「日本学術会議」），ここでは更に広く芸術・文芸・工芸等も含めて考えた場合，現代社会における学術と経済との関係上，極めて大きな課題となっているものに知的所有権の問題がある。

　これについては本書でも既に触れたところであるが，知的所有権（無体財産権）と言えば著作権・著作隣接権や工業所有権（特許権・実用新案権・意匠権・商標権等）の総称であって，学術上の創造的活動の促進，創造者への報酬・利益保障，更には，その創造物の価値を経済的利潤に結びつける企業や関係者の経済的利益の保護といった一連の経済関係が，国内・海外を通じて現代社会の中で大きな財産となりつつある。さまざまなビジネス・モデルの考案・実用，あるいは，さまざまな新商品・新技術・新システムの考案・実用が成功すれば，それによって周辺の多数の人々，企業等が多大の利益を得ることとなるため，彼らの立場からすれば，それらの知的所有権の保護期間は長いほど良く，その保護内容は手厚いほど良い。

その反面，ほとんどの知的な（のみならず感性的なものでさえ）創造物は厳密に言えば僅かな「個人の独創性」と大部分の「既存文化遺産・文化的蓄積の恩恵」との結合の産物でさえあると言えるところから，そのような性質の権利の保護期間・保護内容の在り方につき，行き過ぎを批判する人々も多く，その中にはしばしば，創造者側に属する学者や専門家，芸術家や企業人たちさえ含まれている。20世紀末，フィンランドの青年リーナス・トーバルズは，みずから開発したコンピュータOSの全コードを世界に公開して人々の手に委ねた。そのLinuxはオープンソースの特性も与（あずか）って，既に世界のサーバー・マシンのOSの4分の1を占めるに至っているが，彼が選んだ道はマイクロソフトの大富豪ビル・ゲイツのそれとは明らかに異なる。大勢の社員を抱えるビル・ゲイツの評価を下げる気はないが，この問題は，すべての現代人に対して価値判断の選択を迫るものの一つである。

第6節　近未来の文教産業像

1．近未来の日本像

　近未来の日本について，最も確かな予測は，現在進行中のわが国社会の急速な「高齢化」の更なる進行と「少子社会」の継続である。図形的に考えると，従来の日本の人口の年齢構成は上がとがった三角形だったのが，太平洋戦争後の日本の高度成長を担った人々の高齢化に加えて，いわゆる「第一次ベビーブーム」・「第一次団塊の世代」の大量の壮年層の加齢が進み，静かな水面を一つの大波が動いていくように，三角形の下から上へ大群をなして登っていくものだから，三角形の上部がこれからますますふくらんで，それを下から倒れないように支える世代が大変だ，ということである。

　そして，この大波から，年数でいうとちょうど現代人の一世代分，25年ほど遅れて，「第二次ベビーブーム」の世代の人々（今の25歳から30歳くらいの人々）が次の大波になって登りつつある。人口構成図のこのような動きに加えて，もう一つの重要な動きが「少子社会」の定着である。若い夫婦がなかなか子供を産もうとしない。産むにしても，3人・4人とは産んではくれない。おまけにそもそも「結婚願望」がかなり薄れている。以前の日本

は人口の年齢構成において足腰がしっかりした姿だったが，これからは胸から頭が25年間隔くらいでふくれていく足腰が細いキャシャな姿になっていく。これが最も確実な日本の近未来ないし未来である。従って，今後，中長期的には，老人医療費を議論するより「元気な老人作り」とか「老人の参画・活動」とか，「元気な若い外国人」らの移民・流入を考えろというような意見も出てくるわけである。このような日本の近未来において，教育（文教）の分野では，経済との関係を含めどのような変化・進展が見られるのだろうか。

2．教育・学習システムの柔軟化

ここ10年以上，「学歴社会の終焉」とか「資格社会・実力社会の到来」といった言葉がしきりと聞かれ，すぐさまハイとはいかないまでも，世の中全般にそのような傾向が進みつつある。財務省とか日銀等でも，東大法学部卒ではない若者を昔よりは広めに採用する傾向にある。これも世の中全体の大きな風潮の中で現れた一つのシグナルであって，学校教育の世界でも，学校不適応児の問題，いじめ・登校拒否・校内暴力，高校中退者増・偏差値教育の問題等々，色々な教育問題への対応や経験を通じて，昔よりは「石にかじりついても学校」とか「嵐が来ても登校」，「何が何でも大学までは」というような気持ちが国民の間で薄れつつある。

現在でも，まず義務教育の段階から「就学猶予・免除」の制度があるし，高校段階では高校教育を経ない人々でもかなり簡単に合格できる程度の「大学入学資格検定」制度があるが，今後は今述べたような大きな社会的風潮の中で，学校在籍・卒業を必須の採用条件として求めない社会システムが徐々に広まっていくだろう。実力社会・能力社会の発達である。

ただし，多くの職業分野ではこのシステムが通用しようが，高度の専門的能力を備えた指導者の下で必要な年数，緻密な直接指導を受け高度の実験・実習を経なければ一応の能力を獲得することができないような一部の知的領域では，これにふさわしい教員を抱えた学校に在籍し卒業する，あるいは同格の研究機関で適切な訓練を受けるといったシステムが用意されている必要があるだろう。

それにしても，大人社会での硬軟さまざま，難易さまざまな職業において求められている基礎能力を獲得するのに「学校」に行くことが不可欠であるような職業は実に少ない。医師であれば，商売の看板が精神科や内科であっても，緊急のことがあれば他の症状・事故に対しても臨時・適切な処置を施すべきことが社会的には求められるので，人体全般に関するかなり高度の学習と実習・体験を経ていることが基礎資格として求められざるを得ないだろうし，巨大な装置や複雑な装置を用いた実験・実習と高度・緻密な直接指導がなければ，相当優秀な若者でさえ一応の基礎能力を獲得し切れないような自然科学分野があるであろうが，このような分野はかなり限られている。

　以上のような全体的構図の下で，近未来の教育システムはかなり「学校」の要素が薄れた柔軟なものに変化していくことだろう。その際，特に大きな役割を果たすのが，従来の場所と時間の障壁を克服するコンピュータ・ネットワークシステムの発達・普及である。

　紙数の都合でこれ以上は細かな記述ができないが，今後の社会の風潮が教育システムの柔軟化にまず道を開き，コンピュータが優れた情報，優れたコミュニケーション，優れた精密擬似体験・ケーススタディ等を至るところの学習希望者の部屋に運び，これらのシステムに必要な人・モノ・カネ・智恵を高度に活発に抜け目なく揃え，青少年から高齢者までのさまざまな人々から喜ばれつつ大きな稼ぎをあげるのは「近未来の教育・文化（文教）産業」の従事者たちだろう。そうした未来のためのインフラストラクチャーの整備も，制度的な規制緩和を含めて，今よりずっと進むに違いない。

　とは言え，このような柔軟・効果的な教育システムでもそれがオールマイティ（全能）であるわけではない。例えば，異年齢間・同年齢間の直接的な種々の人間関係，実験・実習，集団生活・チームプレー等の体験は（実は，この種の教育・訓練でさえ，学校職員たちの方が，民間営利企業の担当社員・専門職や学校外の各種クラブ・団体・NPO等よりも成果を挙げ得る，という保証は別にない），子犬が本能的に子犬同士で遊ぶのが大好きであるという自然の仕組みの健やかな延長線上のシステムとして，通常の子供は子供同士で，通常の若者は若者同士で集うことに喜びをもち，互いに成長するのだから，ある部分が今後も「学校」的な同年齢集団の教育機関に期待され続

ける可能性があり，実践的な社会性・しつけの場も重視されていくだろう。

3．起業家精神への期待

　教育・文化は人間の成長・発達と幸福・充実のために必要なものであって，カネ儲けのための道具ではない。しかし，この文教の本義を立てつつ，日本の経済の維持・活発化にも役立つのであれば，これほどめでたいことはない。

　例えば，時折り同じ趣旨の意見を見かけるが，我々国民は一般に，一部の特別に熱心な人々を除いては，自分や家族の健康・体力の維持・増進にさほど神経を使っていないが，その一方で自分や家族の医療費や病災保険・老人医療保険等の現状や将来予測等には神経質である。しかし，人間にとって最も好ましい状態とは，自分も家族もたまに季節の風邪を引いたりスリ傷をこしらえたりする他はいつも元気で，医者泣かせ・病院泣かせで暮らすことではないだろうか。国民の一人ひとりが病気がちであるよりはいつも元気で，従って家族の一人でも多くが健康，元気である方が，国家社会全体として見た場合もより健康的で活力があり，国の医療費・保険料支払いも軽減される。

　病気・ケガ・病院という不景気な方向ばかりに気を取られないで，個人・家族の健康・体力の維持・増進とか，栄養・衛生面への配慮や日常のぞましい生活習慣の形成・実行等，もっと積極的方向を持つ意識や行為の重要性に着目すると，文部科学省がずっと以前から地方自治体その他と協力しながら学校教育・社会教育・生涯学習の場を通じて進めてきた「健康教育」への取り組み・努力の大切さに気づかされる。

　病院に日参している薬漬けの人々や病院や自宅で寝たきり介護を受けている人々の精神生活よりも，元気にとび回っている人々の精神生活のほうが常に「より高級」である等という愚論を述べるつもりはないが，やはり一般的には病気で苦しんでいるよりも，とにかく元気に暮らしているほうが，本人も家族も「より幸福」で，国家・地域社会の活力面でも財政・経済構造の面でも「より幸福」な状態にあるとは言えるであろう。このように一見あまり関係がなさそうな国民医療費・医療財政の状態が，国民全体の幼児期からの地道な健康教育の積み重ねと，非常に深い関係をもっているのである。

　これまで取り上げてきたことは，文教と経済とのこのような有益な連結に

関する，ごく一部の例に過ぎない。一応のレベルに達した先進諸国が入っていくこれからの時代・社会は「知価社会」であり，「脱工業社会」であり，「ソフト社会」である。

　今，長期にわたる不況から脱するための重要な課題の一つとして「ベンチャービジネス」の開拓・起業がもとめられているが，これは別に目先の不況脱却のためだけに必要なのではなく，今後の時代・社会の発展段階そのものの中で，重要な各人の姿勢であり，生き方の指針である。我々一人ひとりがいわば起業家的精神を持って各自の課題に挑戦し工夫・努力することが，各人の喜びや楽しみ，他者・社会への貢献，友達の輪，地域社会・国家社会の活力，経済・景気の活性化等に結び付いていくのではないだろうか。

[注]

1) 教育・学習の水準を論じる場合，事の本質・重要性からすれば，教育・学習の内容，質こそが，個人にとっても人間同士にとっても地域・国家社会・国際関係にとっても，断然，最重要の主題であり，高級ホテルのような学校・教室で愚劣な教育を受け愚劣な学習を強いられるより，時を遡って，貧弱な松下村塾で心を研磨する教育を受け，心を研磨する学習に取り組む方が，比較を絶して貴重である。しかし，本書で教育・学習等を取り上げる目的はそのような視点からではなく，（広義の）文化と経済の相互作用の態様を考察することにあるので，本書において，その最重要の論題に近づく機会はさほどない。
2) 平成8年度に全日制公立高校の生徒1人につき保護者が支出した年間教育費は平均約52万円，私立高校では約97万円。また，平成7年度に国と地方自治体及び私学（学校法人）等が支出した学校教育費・社会教育費の総額は年間約30兆円であるが，その後の物価指数の横ばい傾向や生徒数の減少傾向からみて，現在もさほど変動していないものと推測される（文部省調査）。
3) さまざまな学習活動の場としては，一般の社会人を対象とする大学公開講座や，地域社会への夜間・休日等の小・中・高等学校等の校庭・教室提供等といった，学校関連のものの他に，公立の文化センター・博物館・美術館・公民館・図書館・体育館・競技場・各種地域センターや，民間のカルチャーセンター・各種教育事業，デパートや企業・新聞社等の教育・文化事業等がある。
4) コンピュータの新体系を構築する世界的な組込みOS，TRONプロジェクトの指導者として著名な東京大学の坂村健教授は，近著『21世紀日本の情報戦略』（岩波書店，2002年）の中で，パソコンのハードウェアやソフトウェアの今後の動向等について次のように述べておられる。

　　　パソコンの成長はもう終わった。PCの次が何になるかはまだはっきりしない

第 7 章 文教・学術の文化経済論

が，……携帯電話の発達したものが候補のひとつである。……モバイル機器のほうにどんどん移るだろうとかさまざまな予測が出されている。……AV 装置が直接インターネットにつながる……電子レンジが直接インターネットにつながっていて……パソコンを使うのではなく世の中にある家電を使うのである。……さらにこの考え方を進めて，ユビキタス・コンピュータ（遍在式コンピュータ：引用者注）というコンセプトがある。これは生活空間のあらゆるものの中にコンピュータを組み入れて，直接モノ同士が情報の交換をやり合うという考え方だ（同書，57～58 頁）。

　これから先，四半世紀を展望してみると……コンピュータは，低価格化，超小型化，低消費電力化し，身の回りのあらゆるモノの中に入り込み，ネットワークで結ばれるようになる。バッジ，服のボタン，靴の中，眼鏡，時計など装飾品の中にも入り込むだろう。家の床から壁まで，また家電製品はもちろん，家庭用品から衣類，食品のパックに至るまでコンピュータが入るだろう。すべてのモノがインテリジェント・オブジェクト化しネットワークでつながれることにより，人々を取り巻く環境全体が高度の分散情報処理能力を持つようになる。「どこにでも，なんにでもコンピュータがある」時代＝ユビキタス・コンピューティングである（同書，190～191 頁）。

　ソフトウェアの層の薄さ……使いやすいオーサリング・ソフト（制作・著作ソフト：引用者注），そのための豊富なデータウェア，教育用ネットワーク，標準（標準規格：同）といったものがないのが問題である……テンプレートのようなものがあって，それを少し手直しして……最適のものを作る。さらに……図版や音やアニメーションの豊富なデータウェアが使える。そして，いいものができれば，それがまたデータウェアとして教育用ネットワークを通して多くの教師に利用され，改良されていく，というイメージである（同書，199 頁）。

　なお，本書を読めば明らかだが，筆者（森）の教育・学習 IT 化構想は，在来の学校教育制度と対等以上にも肩を並べる，産・学・官公連携型の柔軟な「生涯学習社会」システムの一部であり，その課題意識は「用具」志向ではなく「制度・システム」志向である。そこに構想する制度・システムは無論 IT 一辺倒のものではない。

5）公立小・中・高等学校の1学級当たり法定標準児童・生徒数：
① 「公立義務教育諸学校の学級編制及び教職員定数の標準に関する法律」
　　第 3 条　各都道府県ごとの，公立の小学校又は中学校（中等教育学校の前期課程を含む）の1学級の児童又は生徒の数の基準は，次の表の上欄に掲げる学校の種類及び同表の中欄に掲げる学級編制の区分に応じ，同表の下欄に掲げる数を標準として，都道府県の教育委員会が定める。

（上　　欄）小学校 （ 〃 ）中学校	（中　　欄）同学年の児童で編制する学級 （ 〃 ）同学年の生徒で編制する学級	（下　　欄）40 人 （ 〃 ）40 人

　　第 4 条　公立の義務教育諸学校の学級編制は，前条……の規定により都道府県教育委員会が定めた基準に従い，当該学校を設置する地方公共団体の教育委員会が行う。

第5条　市（特別区）町村の教育委員会は，毎学年，当該市町村の設置する義務教育諸学校に係る前条の学級編制について，あらかじめ，都道府県の教育委員会に協議し，その同意を得なければならない。同意を得た学級編制の変更についても，また同様とする。

② 「公立高等学校の設置，適正配置及び教職員定数の標準等に関する法律」

第6条　公立の高等学校（中等教育学校の後期課程を含む）の全日制の課程又は定時制の課程における1学級の生徒の数は，やむを得ない事情がある場合を除き40人を標準とする。

第 8 章

施策・活動の評価

第 1 節　施策・事業課題と評価原理

　文化経済学の諸領域の中で，民間部門で言えば種々の事業活動主体が展開する種々の事業活動の全プロセスについて，また，政府部門で言えば種々の政策主体が展開する種々の行政施策の全プロセスについて，本来，最も重視されるべき「評価」という作用（現実には，制度化されたレベルの評価もあれば，おおざっぱな点検程度の評価もある）が従来，必ずしも注目されていないように思える。このため，以下において国民・住民から徴する税収等の有効活用に責任を負うべき政府部門に焦点を絞り，「評価」の問題について考察・検討を加える。

1．政府の政策と民間の事業計画

　「政策」とは，国や地方自治体の行政府（＋しばしば立法府）ないしこれら複数の連合体が，国レベルや国際的レベル，あるいは広狭多様な地方レベルの，現下の社会的，経済的諸「課題」を解決するため，あるいは，現状をもっと改善・改革するために，①基本的・基幹的な事項，ないし国の法律・条約や，地方自治体の条例等に関わる事項であれば，それぞれの立法府（議会）の意志決定・議決・立法（法令の制定・改廃）に基づき，また，②行政府（政府）の専管事項であれば，その判断・決定により，計画・事業化ないし行政行為化しようとする，多様かつ体系的な公的事業・行為群及びその個別事業・行為を意味している[1]。

したがって，「政策」とはあくまで国，関係国，地方自治体，関係地方自治体の行政府ないしその連携体が，その権原に基づき決定・実施する体系的な行政作用であり，これらが主格を持たない「政策」は存在しない。

では，近年ますます重要視されつつある全国各地の，あるいは国内外のNPO（nonprofit organization／法人を含む民間非営利団体），NGO（non-governmental organization／非政府組織，殊に非営利国際民間組織）が政府部門と連携して進めている事業活動は何なのか。それは，単独ないし連合行政組織からすればまさに，官民共同・公民共同の意図を持った「政策」であり，同時にまた，NPO・NGOの側からすれば，課題・目的を同じくする政府部門と連携しての共同事業活動である。

なお，現在すっかり常識化している第三セクター（third sector, joint public-private sector／官民・公民共同出資事業体）やPFI（private finance initiative／民間資材活用方式＝公共的事業活動の企画・形成・実施にあたって効率的・合理的・創造的・柔軟かつ経験豊富な民間の人的能力・物的能力を意図的に活用する方式）による事業活動も，上述の「国や地方自治体，関係地方自治体の行政府ないしその連合体が，その権原に基づき決定・実施する体系的内容の行政作用」という本質を備えており，これらも無論，「単独ないし連合行政組織からすればまさに，官民共同・公民共同の意図を持った「政策」」である。

ところで，膨大な規模，複雑な構造で成り立つ現代の国と地方の社会・経済を動かしているものは，個人・家庭・家計や企業・諸団体を含む民間部門と上述の政府部門，更にはこれらの連携部門であり，しかも現実の動きは国内外の社会・経済・政治にまたがる相互関係とも深く関連している。つまり，本章の冒頭でまず取り上げてその概念を明確にした「政策」は，現代の国や地方の社会・経済の消長に対して大きな方向付け・影響力を発揮する重要な要素ではあるが，現代の国と地方の社会・経済を動かしているもう一つの大きな力は民間部門の「事業計画」である（もちろん個人や家計の影響力も極めて大きい）。

ここで，共に機能的組織体である政府部門の政策と民間部門（企業・団体等）の事業計画とを比較すると，前者（政府部門の政策）は基本的には単一

表8.1 平成12年度国内総生産（名目）の費目別内訳

区　　　　分	実　績　額	構　成　比
国　内　総　生　産	513.0兆円	100.0%
民　間　最　終　消　費　支　出	286.9	民間部門 76.3
民　　間　　住　　宅	20.2	
民　間　企　業　設　備	80.0	
民　間　在　庫　品　増　加	−1.8	
財　貨・サ　ー　ビ　ス　の　輸　出	55.6	
（控除）財貨・サービスの輸入	49.4	
政　　府　　支　　出	121.5	政府部門 23.7

（出典）内閣府経済社会総合研究所「国民経済計算年報」

の事業主体（当該政府，あるいは当該政府・与党等）が全体を管理・統括して形成・実施する公共事業活動（公共事業計画）であるのに対して，後者（民間部門の事業計画）は，個々の企業・団体や連結事業体等が多様な経済・社会領域において，原則として自由・独自に展開する多彩な民間の事業活動計画である。どちらの組織も同じように，政府部門は政府部門の，民間部門は民間部門の組織目的の実現を目指して，必要な活動戦略・活動戦術を構築・遂行(すいこう)しているが，わが国におけるこれら両部門のおおまかな比重を（少ない指標で正確に表現し得るわけでは無論ないが），便宜，経済的指標で示すならば，表8.1に見るように，民間部門の事業計画セクターと政府部門の政策セクターの比率をおおよそ３：１と想定しても，さほど不都合はないであろう。

2．政策課題・政策とその改良メカニズム

さて前記のように，①政府がその組織目的・任務を達成するために計画・事業化ないし行政行為化しようとする多様かつ体系的な公的事業・行政行為群及びその個別事業・行為が「政策」であり，②民間企業・団体等がその組織目的を達成するため必要・最適な事業活動を検討・構想し，体系的に設定したものが「事業計画」である，というように公・民両部門の全体をカバーする形を採ったにしても，民主主義を基盤とする資本主義国家では，②の民間部門に属する大小無数の「事業計画」を統合的に把握・操作することは

正確には到底不可能なことで，この自由市場メカニズムの場と比べて遙かに整合的，意図的な①の政府部門に属する「政策」群を，統合的に把握し分析・評価し，その結果を「政策」群の改良・進歩につなげていくことは，②の非整合的，カオス的な民間部門の「事業計画」群を追究するより遙かに容易で，しかも得られる効果・効用も大きい。このため，本章ではこのコスト・パフォーマンスの見地から，ひとまず民間部門の「事業計画」論から離れて，もっぱら政府部門の「政策」論，「政策評価」論を取り上げるものである。

　国や自治体の政府がその組織目的・任務を達成するために計画・事業化ないし行政行為化しようとする多様かつ体系的な公的事業・行政行為群及びその個別事業・行為が「政策」であるとする前述の概念規定はそれでよいのだが，これは一面，政府・行政府側に立った規定の仕方であって，主権在民の国是(こくぜ)に立ち戻り，国や地方の立法府・行政府・司法府の公務員らの究極の主人である我々国民・住民の立場を原点として「政策」の本質・概念を考えると，当然の論理として，①まず，国民・住民の生存・活動と彼らの権利・義務があり，②彼らの生存・活動，権利・義務に関し，国のレベルや地域社会のレベルで，上記の諸公務員らが適切に機能を発揮し，「政策」として対処・解決して欲しい様々な「課題」即ち「政策課題」がある。③ただし，国や地方の政府（・立法府）も，必ずしも常に国民・住民が抱える「政策課題」の提起を受けて「政策」を立てるばかりではなく，自らの職権・職責あるいは見識・主義・党是(とうぜ)・専門性等に基づく「政策課題」の提起と「政策」の策定・実施を進める場合も多い，ということは周知の事実である。

　つまり，我々国民・住民も，国や自治体の政府も，「政策課題」の設定やそれへの取り組みに共に深く関わる当事者である。しかし，このことに関連して，国民・住民の側からも政府・立法府の側からもとかく忘れられている事柄として，「政策課題」から「政策」に連なる一連の機能・行為の究極の主権者は国民・住民であって，国や自治体の行政府・立法府ではないという自明の原理が存在することを，お互いに銘記しているべきである。

　この基本原理に即して言えば，我々国民・住民にとって国や地方公共団体の存在が意義を持つのは，従ってまた，我々国民・住民にとって国や地方公

共団体の議員や行財政担当職員らの存在が意義を持つのは，これらの政府・立法府が作り実施する種々の政策や法令が，より多数の国民・住民の福祉・安寧・文化的生活の維持・増進・深化に役立ってくれる場合であり，それが望めないならば，国民・住民は有効な対抗手段を工夫し整え，行政府の首長以下の権力者や部下の職員らを交代させ，あるいは，立法府の与党を敗退させ，あるいはこの両方を実現しようと努力する。これが，現代の民主主義社会に共通の「政策改良システム」の基本的なメカニズムである。

3．政策評価の原理
(1) 政策評価の意義

「政策評価」という言葉・概念そのものの説明はいまさら不要でも，「政策評価の意義」については，改めてきちんと触れておく必要がある。

というのは，近年，わが国の国でも地方自治体でも「政策評価」は毎年，至るところでたくさん実施されており，そこではたくさんの評価指標が考案され，たくさんの評価計測値が算定され，それらに基づく政策群の細かな比較・評定が為されているので，「政策評価」に関する技術上・技法上の知見はかなり広く普及しつつあるように思えるが，国民・住民や国・地方自治体にとって最も重要な意味を持つ「政策評価の意義」については，さほど適切に認識されているとは思えないからである。薬剤を所持していても使わなければ薬効は現れず，答申を得ていても棚上げしてしまっては改善は為されない。熱心に企画され，実施され，計測・分析・比較・報告される「政策評価」とその後の棚晒し。つまり，イベントとしての「政策評価」はそれなりに認知されているが，「政策評価」の本質的価値とその価値の活かし方，即ち「政策評価の意義」は人々が漠然と思っている程には世間的にも，行政府・立法府関係者の間でもきちんと認識されてはいない。

この最重要な「政策評価の意義」を考える基礎作業として，まず「政策評価の目的」について考える必要がある。その理由は，あまねく我々人間の行為の「意義」（プラス価値）は，その行為の「目的」のプラス価値・方向性によって与えられるからである。

例えば，核兵器の「廃絶の意義」は，人類・生命・地球の共存共栄という

「廃絶の目的」が持つ大義（プラス価値・方向性）によって支えられているし，核兵器の「保有の意義」は，地球に衝突する巨大天体の遠隔破壊という「保有の目的」が持つ大義（プラス価値・方向性）によって支えられている。ただし，巨大天体の衝突回避策は他にもあるのだろう。

そこで，まず「政策評価」の主な目的について考える（枝葉に属する派生的な目的類については，関係書籍等により各自考究されたい）。この点についての筆者の基本的認識に対して，いささか違う角度からの認識もあるので，それは別に目新しい認識ではないが，九州大学の山田治徳氏の見解をまず引用する[2]。

> 政策評価には大きく分けて2つの目的がある……まず最初の目的は，被説明変数（引用者注：その政策が設定した目標値である「政策目標値」に対し，その政策の途中段階で実現した中間的数値のように，「その数値（変数）の実現が，政策効果や他の原因から説明されるべき変数」のこと）の変化は，本当に変化といえるものであるかということです。……政策評価の1つの目的は，このような差や値の検証を客観的な科学的な手法に基づいて行うことです（傍点：引用者）。
>
> ……被説明変数の値の変化が意味のあるものであると明らかになった場合でも……この変化が本当に説明変数（引用者注：上記の「被説明変数」（中間実現値〜最終実現値）の変化・実現の理由を説明すると思われる変数（ここでは「政策」）のこと）の変化によるものであるのか……つまり説明変数と被説明変数の間に因果関係の存在を検証することがつぎの目的となります（傍点：引用者）。

なるほど確かに，「政策」の有効性の「評価」は，①そこに出現した変化が「変化」といえる程の意味を持つものか否かを判別できなければ，その先へ進めないし，②この判別ができたとしても，説明変数（ここでは政策）と被説明変数（ここでは出現した変化）との間の因果関係が解明・証明されなければ，成り立たない。つまり，この二つの判別作業は政策評価に必須の要素であり，この2点を明らかにすることが「政策評価の目的」だというのはその通りである。しかし，これらは政策評価の主要目的のうち，まさにそ

の書名（『政策評価の技法』）にある通り「技法（テクニカル）」的要素を取り上げたものであり，筆者が特に重視する「本質（サブスタンシャル）」的要素を取り上げたものではない。

では，「政策評価の目的」の「本質（サブスタンシャル）」的要素とは何か。

それは，①国や地方自治体の政策（群）の，国民・住民等にとっての価値を，事前・中間・事後段階において考察・分析・比較すること，及び，②これら政策（群）の質的ないし量的面での効果と効率性を，事前・中間・事後段階において考察・分析・比較すること，そして更に，③①や②の判断と関連させつつ，これら政策（群）の継続・改廃と別案（より効果的・効率的な別の政策案）の可能性及びその内容を比較・検討することである。「政策評価」の「本質的な目的」がこれらの諸点にあって初めて，「政策（群）」を受容しその利益・害悪を受け取る国民・住民等も，「政策（群）」を策定・執行・改廃する国や自治体の政府あるいはその連合体等も，現在の彼らの「政策（群）」の，①「価値」と，②それらの「効果・効率性」と，③今後の「政策的展望」とを，相対化して認識させ判断させてくれるレベルの「政策評価」に恵まれることができる。

そして，このレベルの「政策評価の本質的目的及び技法的目的」の実現を「大義」（プラス価値・方向性）として，そこから政策評価の意義が生まれる。即ち，「政策評価の意義」とは，上記の「現在の政策（群）の「価値」と「効果・効率性」と今後の「政策的展望」とを相対化して認識させ判断させてくれるレベルの政策評価」がほぼ目的通りに実現したことを前提として，①このような水準・内容の政策評価が持つ社会的，経済的，ないし政治的な価値と，②このような水準・内容の政策評価の結果・成果とを，その後の政策の場に活かしていくことに在る，と言える。

(2) 政策の分析原理

ここまで，国・地方自治体の公的部門と国民・住民・企業・諸団体等の民間部門の立場の違いと相互の関係を意識しつつ，政策課題と政策，民間の事業計画，政策評価，政策改良メカニズム等の概念・内容について述べてきたが，これらの諸概念は現実の広汎・多岐な行財政政策の価値と効果・効率性，政策改良（改廃・入れ替え）を論じる際の基本的な枠組みであり，これらの

枠組みの中でこそ，現実の政策及び政策を巡る諸現象を論理的に，つまり因果関係を明らかにしつつ分析し生産的な考察を行うことが可能になる。

　そこで，この項に用いた「政策の分析原理」という見出しには二つの意味を込めている。

　その一つは，今述べた「現実の政策及び政策を巡る諸現象」は，国や個別自治体ごとの行財政各領域にわたって，様々な経緯・事情・時期・環境条件の違いや国民・地域住民の諸属性の違いもあり，これらの要素の組み合わせの多さからいわば無数の様相を呈するが，これら現実の諸現象のカオス的状態にもかかわらず，「分析原理」として上記の基本的枠組みを的確に活かすならば，これら現実のカオス的状態を論理的に整理し因果関係を解明し，その結果を今後の現実の政策の分析・検討・策定・実施に生産的に役立てることが可能になる，という意味である。言おうとしている所は，本書を通読していただければ，もっとよく理解していただけるに違いない。

　もう一つの意味はもっと直接的なもので，現実の無数の現象のカオス的状態に光を当て，状況とそのメカニズムと因果関係を分析・解明し，今後の対応を考える際に活用できる基本的な道具・知見としての「分析原理」について論じる，という意味である。

　ここでは次項において，上記の後者の意味での「分析原理」として特に重要なものにつき，政策評価に即した用語としては「基準」という形で説明を行うこととするが，それらは，①「調和を可能にする良識」基準，②「政府外諸機能の活用」基準，③「政策目的に対する効果」基準，④「行政改革＋α」基準である。

(3)　政策評価の基本的諸基準

〈「調和を可能にする良識」基準〉

　我々ふつうの人間はたいてい，醜悪さの塊（かたまり）でもなければ聡明さの塊でもない，それらの要素を一人の内部に同時に宿しているのが人間であって，醜悪さに対して醜悪さで戦い，聡明さに心を開いて，聡明さを差し出す……こんな相関関係，動（ダイナミック）的な人間的・社会的関係の中で，我々は日々を送っているのではないだろうか。

その証拠として，各地のダム建設計画の紛争や廃棄物処理施設計画の紛争，中高層ビル建設計画の紛争や都市再開発計画の紛争等，種々の紛争の経緯を見ても，ふつうの常識に照らして「聡明さ」を感じさせる人々が増えていく事例ではその計画の中止・変更・貫徹（この最後の事例は少ない）のいずれの場合でも，やがては周囲の合意が成立して事態が先へ進んでいく。一方，「醜悪さ」が衝突し続けるばかりの事例では当然，計画の中止・変更・貫徹（この最後の事例が少なくない）のいずれの場合でも，関係者の間に敵意・しこりを拡げる形で，事態が先へ進んでいく。国や各地の地域社会で政策課題を共にする国民・住民や政策責任者である政府（＋しばしば立法府）にとって，この前者のケースは最も望ましい姿であり，後者のケースは逆に最も愚劣な姿である。

　このような多くの実例を見る時，各国・各地方自治体の政策（群）が国民・住民の福祉・安寧・文化的価値の享受の保障・改善を目指すものである以上，政策評価の基本的な基準として「調和を可能にする良識」を重視することは最もたいせつなことである。

　自民党・鈴木宗男代議士と外務官僚との癒着疑惑問題についての外務省報告に「社会的通念に照らしてあってはならない異例の状態」という文言があり流行語並みに受けているが，複雑・大規模な現代社会にあってもそれが主権在民の民主主義国家・社会である限り，最高裁レベルの判決の論拠ですらまさにこの「社会的通念」に他ならない。平素，国や各地の政治家や役人，学識経験者らの多くが内心軽視し鈍感に素通りしている，この国民・住民の「社会的通念」こそ今述べてきた「調和を可能にする良識」であり，国や自治体の政策評価の基本的基準の「基本」に据えるべきメートル原器である。

　この基本的基準を実際に政策評価の尺度として組み込む場合は，政府部内におけるこの「基本」的基準の実現度・尊重度を明示しなければ無意味であり，そのためには，重要な各政策についてはすべて（抽象的にではなく）具体的にこの基準による測定値を出し，それらを（以下の各基準の場合も当然同じだが）国民・住民に対して情報公開しなければならない。

　なお，この数行前に，複雑・大規模な現代社会にあってもそれが主権在民の民主主義国家・社会である限り，最高裁レベルの判決の論拠ですらまさに

この「社会的通念」に他ならない。この国民・住民の「社会的通念」こそ「調和を可能にする良識」であり，国や自治体の政策評価の基本的基準の「基本」に据えるべきメートル原器であると述べたが，このように民主主義国家・社会の構成員にとって最重要・必須の資質であるからこそ，どこの国でもこの「良識」を深める力，心に宿し生かす力を幼年期から青年期に至る若い魂（たましい）に伝えることを，教育の中心に据えているのである。そして，現実の教育において，この悲願がさほど成就していない理由は，公私の教育・学習システムと教育・学習方法とに基本的不備があるからであり，揺り籠（ゆりかご）から墓場の手前までその不備の結果が悪循環し続けているからである。民主主義国家・社会また世界にとって最重要なこの問題については，章を改め，後出の教育関係章で取り上げる。

〈「政府外諸機能の活用」基準〉

米・欧経済の小康回復が希望の灯で，長期不況の底入れも定かでない平成14年初頭の国政レベルでは，政治家との互恵癒着構造で生きてきた外務官僚のお粗末な政策運営や，農水省の杜撰な食肉行政の実態等が連日マスコミをにぎわし，地方レベルでも，公共工事・警察職務等を巡る首長・幹部他の汚職体質や，行政側と住民側との政策遂行を巡る紛争等が絶えず報道されている。

今の日本は長引く不況で人心も世相もひとしお陰鬱な状態にあるので，国や各地の政治・行政を巡るこのような醜態も一段と目立って受け止められるが，思い出してみれば国や地方の政治・行政を巡るこの種の醜聞（しゅうぶん）は古来無休で，カラスが鳴かない日はあっても，政治家・役人が良からぬことをしない日はない，とさえ言える歳月を我々は重ねてきた。

これ程に，国や自治体の政策策定・実施・評価における「政府（＋立法府）側の仕組みや人心」には安心が寄せられず，強い潔癖さ，実績を伴う故ある誇り，高い見識・専門性等を彼らの当然の資質として目にすることも困難である。人のことはけなすよりもほめるほうが賢い処世術だろうが，公共の社会・経済・政治の事となると，不真面目ばかりではいないほうがよい。だから，この小見出しに掲げた「政府外諸機能の活用」基準が，現実の政策評価

では必須の基本的基準として組み込まれる必要があるのである。

　政府（＋しばしば立法府）の政策（制度・立法を含む）に対する評価の基本的基準にこの「政府外諸機能の活用」基準が必要不可欠である理由をもっときちんと整理すると，

① 　政府側には，みずからの政策に対する客観的なバランスのとれた自己評価を行う能力・機能・動機についての保証が乏しい。

② 　一般論としても，自作物を自評する際に偏（かたよ）りを克服することは至難である。

③ 　自作物への理解・共感が最も深い作者の自評の意義を認めて，自己評価基準を組み込む場合でも，上記２項目への対応策としてと共に，政府側では思い付けない角度からの評価や，政府側の知見を超えた多様な幅広い評価を行える可能性が極めて高い政府外諸団体・民間人等の「政府外諸機能の活用」基準を設ける利点は明らかである一方，これをしりぞけることによる利点は極めて僅かである。

④ 　国と自治体を通じて，単なる景気対策にとどまらない文化・文明レベルの政策課題として，電子政府化（それどころか電子「議会」化や電子「学校」化さえ視野に入りつつある）への取り組みが徐々に進みつつあるが，このような動きも含めて，広く先進諸国で重要課題になりつつあるIT革命，情報ネットワーク社会の進行は，政策を巡る領域での諸成果や効率等に対する基本的評価基準としての「政府外諸機能の活用」基準の合理性をますます強めていくものである。

　ここで特に，第４項目が意味している事柄について，もう少し触れておきたい。

　わが国においても情報ネットワーク・システムが年々普及し，学校教育でも家庭教育でも子供たちはますます情報処理のハードウェア，ソフトウェアに慣れ親しみ，それらの性能や使いやすさ自体も年々進歩しつつあるが，一言で言えば「IT革命の進行」という社会現象は単に景気回復のためのトリガー産業（先導産業）の面からたいせつなのではなく，むしろそれ以上に，人々と人々，個人と集団，内部と外部，国と国等の無数の社会的存在を，ほとんど瞬時に，きめ細かくて柔軟な情報ネット・情報内容で結ぶことができ

る革命的時代の接近を人々に実感させつつあるという意味でこそ重要である。

今の我々の社会生活・文化生活は，我々の側の意識やシステムの遅れと，ITの側の未発達の状況によりその諸機能の享受・活用からまだ隔たった距離にあるが，わが国を先進諸国の一員と自負するのであれば，今述べたような時代の進運の中で国や各自治体の政策評価に当たっては，「政府外諸機能の活用」基準の具体的設定において今後はぜひ「情報ネットワークの活用」基準という副基準をも採用すべきである。

〈「政策目的に対する効果」基準〉

政策はすべて，それぞれの目的を掲げて策定・実施される。その目的には「主たる目的」があると同時にしばしば「派生的な目的」もある。例えば，ある市町村がそこの公立中学校の標準的な1学級当たり生徒数を現在の30人から20人に減らす政策を決めた場合，この教育政策の「主目的」は恐らく「1授業時の生徒数を減らすことにより，教員と生徒との接触をもっと密にし，教育・学習の効果を高め，教員の教育事務・付帯事務の軽減と教育・指導への集中度を高める」というようなものだろう。しかしこの政策の場合，派生的効果もあり，遡っての「派生的目的」（の一例）として，「生徒数の減少に伴う空き教室数の増加を活用して，教室を中心とする学校教育・生涯学習施設設備の再整備・活用事業を，当市債の発行等により全市的に5年計画で推進する」というような構想も掲げられるだろう。

政策評価の基本的基準としての「政策目的に対する効果」基準では，このように主たる目的についての効果（実績）と派生的な目的についての効果（実績）とを評価対象として押さえなければ，適切な評価が為されたとは言えないことになる。また，以上は，もっぱら「プラス効果」について述べてきたが，実際の政策では結果的に「マイナス効果」が発生する場合が少なくないので，この点に対する評価上の措置も忘れてはならない。

更に，この「政策目的に対する効果」基準の構成要素には，広い意味での「費用対効果」いわゆるコストパフォーマンスの視点も不可欠である。ここで「広い意味での」と述べたのは，ふつう「費用」とか「コスト」といえば金額ないし金額換算を想定するが，社会・人間におけるコストは金銭ないし

金銭換算尺度では表示できない疲労・失望・倦怠とか，感動・感謝・喜びとか，明らかに正ないし負の収支勘定がある。そして，これらの評価結果の客観的な表示は決して難しくない。その一番簡単で印象的な処理手法は昔から我々が用いてきた二重丸とか三角印とか×印であり，それが数値処理の上で不都合ならば，適切なレートで点数化して増減すればよい。

ちなみに，筆者（森）は多年，国の文化・教育行政等の企画・実務領域で働いてきたが，その間にしばしば感じていた政策分野での問題点は「構想・計画の整合美と，具体的施策の実績・功績との乖離」だった。例えば，ある政策課題について，これに対する審議会の答申は一応は辻つまが合っているし，その答申を受けた全体構想・全体計画も整合的美観には十分配慮し，それに基づく具体的政策（群）も（実にしばしば，既存の関連政策（群）の寄せ集め的リフォーム類だが）玉石混淆ながらかなりの整合的美観を備えて公表される。

だが，計画期間を経て，それらの具体的施策の実績・功績を省みる段になってみると，ある場合には特にほめられる程の成果はなく，ある場合には幸いなことに世間もマスコミもその政策課題に対する興味・関心を失っており，当局側でさえ同じ心境にある。後者の場合は，当初の政策課題がそもそもその程度のはやり病だったと思えば，演技者も観衆も忘れっぱなしでおしまいということで，それなりの「課題解決」と言えるが，前者の場合は「計画目標までは到達できなかったが，ここまで改善できたのだから成功だった」というような評価をして，計画を終えたり次期計画につないだりする。確かに，改善は改善なのだから，手を打たないよりは打った方が良かった，ということは言える。その場合の問題はコストパフォーマンスの状態で，この種のケースではこれが政策評価の要点となる。

〈「行政改革＋α」基準〉

政策評価の基本的基準の一つとして見出しに掲げた「行政改革＋α」基準は，国や自治体の行政府にとどまらず，「＋α」つまり国や自治体の立法府（議会）も含めて政策担当の全公務員は，主権在民の憲法原理の下，国民・住民の「調和を可能にする良識」，つまり社会的通念による健康診断・経営

診断を受診する必要が絶対にある，という極めて当たり前のことを指摘したものである。この基本的評価基準の意義をもう少し説明しよう。石原行革担当相が苦労している特殊法人等改革には，①社会学的ないし政治学的な意味と，②経済学的な意味とがある（ここでは，「意味」と言っているのであって，「意義」ではない）。

　つまり，①前者について言えば，特殊法人等は行政各府が分掌する行財政作用・行為のある性質・規模の部分を「行財政各領域における効果・効率性の向上」という合理性追求の見地から取り出し，逐次，設立・改廃してきたもので，現時点において改めてこの「行財政各領域における効果・効率性の向上」という合理性追求の見地から点検した時，この規範に耐えない法人があるならば，問題箇所を修理・削除するか法人を廃止すればよいだけのことだが，現実問題としてそれが容易でないのは，修理・存続の場合はその修理の程度・内容等についての判断が分かれるし，廃止の場合は官公営から民営化することが「より」妥当なのか，「より」妥当であるとしても，確かに「より」賢明なのか，また，可能であり現実に成り立ち得ることなのか，廃止後の転換ではなく廃絶が良いのではないか，等について厳しく判断が分かれるからである。しかも現実にはこうした筋論とは異質のもっと人間的な利害対立・既得権紛争等が更に絡んでくる。これらが，社会学的ないし政治学的な意味での，特殊法人等改革を巡る状況の骨子である。②次に後者，経済学的な意味を挙げれば，まず，特殊法人等の公益法人はそれら自体が当然，大きな雇用の場である。そこで働く（天下り高級官僚たちとは何の関係もない）職員たちはむろん日本の勤労者であり家計を支え，日本経済を支えている。この厳しい長期不況のさ中，竹中経財担当相らは業界代謝・企業代謝を主張し，別の人々はワークシェアリング（勤労機会の分かち合い）を主張しているが，公益法人の職員たちの労働生産性が（それと交代するであろう未出の公益的）民間企業の従業員たちの労働生産性より低いとしても，これ故に不況期の日本の雇用水準の維持に貢献しており，新規学卒者たちの雇用の受け皿として貢献しているという解釈を否定することはできない。雑な見通しの民営化論に従って不況期の雇用環境を逆に悪化させてしまうような愚策を採ることは許されない，という慎重論も軽視しない方がよい。他方，特殊

法人等の民営化策の経済学的真価は，この大きな規制緩和で，新規のサービス内容・サービス業態の出現をも伴うであろう民間の新ビジネス群には，新たな消費者（ユーザー）需要の喚起とそれらに伴う雇用機会の拡大，ビジネス関連諸投資の発生等，種々の景気浮揚効果が期待できる，ということである。

特殊法人等改革には，あらましこのような社会学的ないし政治学的な意味と経済学的な意味があるが，これらの認識を前提にしつつ本項のテーマである（自治体の）政策・政策評価にとって重要な基本的評価基準としてこの「行政改革＋α」基準の意義を考えると，国と各自治体とを通じて，①行政府内部・立法府内部における継続的・計画的な構造改革の実施状況・実現度のみならず，②主要な個別・具体的な政策（群）における構造改革の視点の有無とその質・量をも評価対象とする，政府部内での政策評価と外部諸機能による政策評価がなければ，行政府・立法府の組織・機能の改善・進歩は望めず，このことのために，基本的評価基準として「行政改革＋α」基準を組み込む必要がある，ということである。

第2節　政策の本義と特質

1．政策の本義と制約

国民・住民が抱える政策課題や，国・地方自治体の行政府・立法府が認識する政策課題の中から逐次，種々の政策が形成されていくが（図8.1），それぞれの政策には当然，それぞれの経緯があり，極めてスムーズに実現するものもあれば，幾度もの挫折や曲折・廃案の過程を経てようやく実現するものもある。また，事前の予測・シミュレーションに近い形で進む政策もあれば，予期しなかった要素が加わり失敗に終わる政策や逆に予測を超える成果を挙げていく政策もあり，短命に終わる政策もあれば，永く引き継がれていく政策もある。

このように，一言で政策といってもそれらの消長，功罪，成否は様々だが，大半の政策に共通する「政策というものの特質」があることに我々は気づいている。それは，この図を眺めていればおのずと思い当たる通り，大半の政

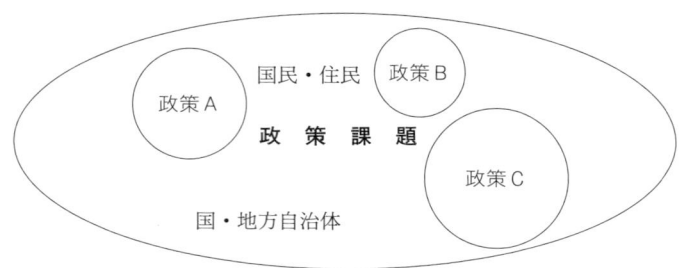

図 8.1　政策課題から形成されていく政策群

```
          国民・住民
    ┌─────────────────┐
   (  政策A    政策B    )
   (      政 策 課 題     )
   (            政策C     )
    └─────────────────┘
          国・地方自治体
```

策は国民や住民、国や自治体が心にかけている大小様々な政策課題を受けて作り出されるものなので、できる限り課題の解決に役立つものを作ろうとする目的達成意志が政策の誕生を支えている、という共通点である。大半の政策に共通して込められたこの「目的達成意志」が、いわば「政策」というものの大きな特質であり、「政策の本義」といって差し支えないものであろう。

ここまで、大半の政策と言い、すべての政策とは言わなかったがそのわけは、数ある政策の中には、当事者たちの意志にそぐわない不本意な政策も時には在るからである。別に珍しいことではない。例えば、ある時期のある政権がある行財政領域につきある政策方針を立て、各地方自治体に対して、その方針に沿う自治体政策を策定・実施することを強要した場合、自治体によっては、また、住民によってはその自治体政策に「目的達成意志」など込めようとしないことが大いにあり得るし、事実、大いにあった。また例えば、国民なり住民の判断や、国・自治体内部の判断が割れ、辛うじて過半数をもってある政策を決定・実施しようとする場合、多数派は余計に熱心になることもあろうが、別の配慮から抑制してかかることも稀ではない。要するに、このような事情がある場合を除けば、大半の政策はその共通の特質として強い「目的達成意志」を備えており、それは「政策の本義」とも言えるものである。

ところで、なぜここで、政策の特質としての「目的達成意志」とか「政策の本義」というようなことを述べたかというと、この語句というか概念が、政策（群）とその予算制約・財源制約との関係という、かなり重要な問題の考察に深く関わってくるからである。

実際に，ある政策課題に取り組み，国や自治体の政府部内で内外の関連政策や関連事例・情報等を十分に研究・検討して適切と思える構想・計画・施策の素案を作って，審議会を立ち上げたり外部の人々や関連団体等と検討・協議するなどして，政策を練り上げていく過程では，もちろんその政策の実施に要する諸経費の予測・積算を絶えず重ねていて，国や当該自治体の財政状況・財政余力との兼ね合いが大きな制約条件になる場合が多い。

しかしながら，関係者らがその政策の目的・意義に共鳴している場合に，この予算制約がどのようにこの政策の本義を圧迫できるかというと，単純な経済理論で片がつくようなものではなく，むしろ政治学・行政学分野の力学で折衝は推移するか，経済計算が通じるとしてもせいぜい複雑系経済学でいう限定合理性・経路依存性に属するファジーな経済行動として予算折衝が為され決着する[3]。政策当局と財政当局との，この辺の折衝の構図は恐らく国でもどこの自治体でもさほど違いはないであろう。つまり，①政策がスタートする当初の予算制約は，よほど財政が逼迫している場合は別として，政策目的の段階的実現を大きく阻害するようなものにはなるべくしない（政策の本義への配慮）。ただし，その政策に対してかなりの疑義がある場合は別である。②複数年度にわたる継続的政策の場合，計画的予算措置を立てるが，その実行は当該政策の実績の推移により修正される。

2．政策の特質――出自パターンとダイナミクス――

国・地方自治体を通じて，政策の内容はほぼ行政府の各担当組織に対応する形で分類できる。これは，各政策の策定・実施担当組織がその政策の主管組織になるのが最も合理的（効果的かつ効率的）だからで当然の帰結であるが，もちろん複数部局が一つの複合的内容の政策に関わることも多く，その場合はそれらの複数部局がその政策を共管して，その中から主務組織を決める場合もある。

これらの政策を，その内容ではなく，その着想の違いから分類すると，①何らかの意味で既に他で行われている政策を追随ないし模倣・修正して作った政策や，原型なり標準型が既に他にある政策と，②まったく（あるいはほとんど）新しく独自の発想・判断により創り出した政策とがある。そして，

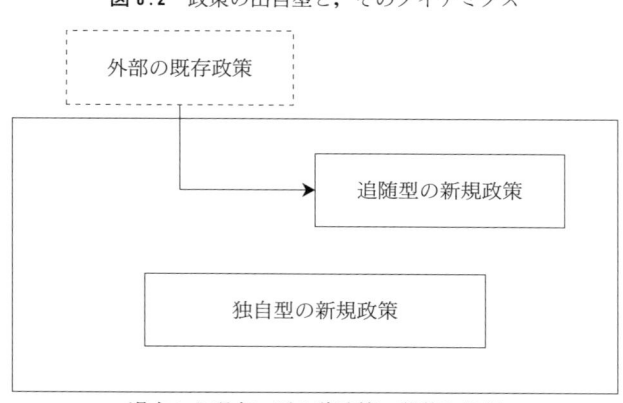

図 8.2 政策の出自型と，そのダイナミクス

```
┌─ ─ ─ ─ ─ ─ ─ ─ ┐
   外部の既存政策
└─ ─ ─ ─ ─ ┬ ─ ─ ┘
┌──────────┼──────────────────────┐
│          ↓                      │
│   ┌────────────────┐            │
│   │  追随型の新規政策 │            │
│   └────────────────┘            │
│                                 │
│   ┌────────────────┐            │
│   │  独自型の新規政策 │            │
│   └────────────────┘            │
│                                 │
└─────────────────────────────────┘
```

過去から現在に至る諸政策の蓄積と代謝

　これらの政策群は，図 8.2 に簡略に示すような形で，その国，その自治体の政策群を構成するとともに，役目を終えた政策は廃止され，新たな政策が作られ，途中段階の政策は継続されるといった形で代謝を重ねていく。これが政策群のダイナミクスである。
　ここで，上に述べた追随型の政策と，独自型の政策についてコメントを加える。

〈追随型の政策〉
　政策の形成・判断・決定において見られる類型の違いが，政策の優劣を決める要因になる必然性は全くないが，現実に我々，国民・住民の前に提供されてくる国や自治体の政策を見ると，上に述べた通り，①他の国，他の自治体において既に先行例があり，それなりの実績を挙げている政策の追随型であるか，②自国，自分たちの自治体において独自に政策課題に取り組み，独自の政策を打ち出す，いわば独自型であるかのどちらかに分類できる。まず，「追随型の政策」では，その長所として次の諸点を挙げることができる。
①　個人の疾病における諸症状に対して治療実績がかなり明らかになっている治療法と同様，既に先行した諸例の実績等に照らして見通しが立てやすく，それなりの成功も見込みやすいので，政策を形成・実施する政

府側もそれを受容する国民・住民側もそれなりに安心して経過を見，結果を予測することができる。
② その国，その自治体の症状・課題に独自の要素が存在する以上は（追随型とはいえ）相応の独自の工夫・変更を加える必要があるが，その場合でも，治療法・対応策の基本形はほぼ与えられているので，工夫・改変の労力は少なくてすむし，また，政府側にとっても国民・住民側にとっても，大枠についての不透明感・不安はかなり小さくてすむ。
③ 国民・住民に対して常に，より優れた政策・行財政サービスを提供する任務を負う政府側として，独自・独創的な，優れた対策を生み出すことは（彼らのスタッフの能力的制約と利用可能手段の制約からして）必ずしも容易でなく，他国・他自治体の優れた先行事例に学ぶことは，それなりの安定した成功見通しが見込めると同時に，自国・自分の自治体の能力的制約の問題を回避する上で極めて合理的な行動であり，その上，自分たちが「独自・独創的であること」にはさほどの意義も利益もない。

これらの合理的な諸長所から，現実の国・自治体の政策判断・政策決定の大半が，この「追随型の政策」群に属するものにおのずとなるのだが，この「追随型の政策」にはまた，「長所」という属性とは異なる，次のような，明らかに共通の特徴が見られる。
① 多くの追随型の政策が示す比較的高い成功率・安定度により，それらは国の政府による各自治体への推奨銘柄扱いの政策メニューを構成し，かつ，国から自治体群に向けた「共通的な法制化・制度化・補助金交付等の支援」を伴う場合が多く，この支援構造により，これらの追随型の政策が多くの自治体から選択される傾向がいっそう強まる。
② 上述の通り，追随型の政策の多くはそれ自体，おおむね高い合理性・成功率・安定度を備えているので，①に述べた，国からの政策支援措置がない場合でさえ（国際関係における国政レベルでも状況はしばしば同じだが），多くの自治体が追随型の政策を定番化・恒常化する傾向が強い。

1970年代後半のアメリカに発して，その後，諸外国でも日本でも国や自治体政府における望ましい行財政手法としてもてはやされた「サンセット方

式」(sunset legislation／所定の期間が経過したら，期間を延長すべき適正な理由がない限りその政策・事業・法令等を廃止する方式)が国や自治体の現実の行財政において，当初期待された程には評価・多用されないで現在に至っているのは，一つには，わが国では国と地方公共団体を通じて，「政策評価」という最も重要な政府内在機能が相変わらず未発達だからという事情もあるが，それとともに，以上述べてきた「追随型の政策」群の長所及びこれらに共通する傾向が，これら政策群の安定的継続(批判的に見れば，政策選択における下方硬直性)を支え続けているからである。

〈独自型の政策〉

追随型の政策群と比較した場合，先例があまりない「独自型の政策」群には発想・着想の良さや未知のものが呼び起こす魅力・期待感が伴う反面，ヘタをすれば只の早とちり・思いつきに終わる危うさ，先行データの欠如・不足からくる予測・シミュレーションの失敗や内容設計・手順等のミス，費用対効果の見積り違い，他との連携・情報交換の困難さ，周囲の様子見ムードと支援のなさ等，いわゆる不安材料が少なくない。

このため，独自型の政策を打ち出す主体は，①個性的でトップダウン型の首長，②同様の傾向を持つ政策集団(ブレーン・スタッフ)，③その政策課題分野に詳しく，独自の信念を持つアイデアマン等か，これらの人々が加わった組織・グループである場合が多い。ただしもちろん，④ごく普通の組織・集団・グループが独自型の政策を打ち出すことも決して稀ではない。そして，この型の政策が成功を収めると，多数の追随型政策が一挙に動き出すというのもよく見かける光景である。ハイリスク・ハイリターン型ともいえるこの独自型政策が当たれば，内に向かっても外に向かっても大きな効果と刺激を与える起爆剤になり，更に効果を波及させていくだろう。

東京の大手都銀に対して時限立法により外形標準課税を行う構想を立てて国や自治体を驚かせた石原慎太郎東京都知事は，「独自型の政策」への傾斜が強い首長の一人である。その行動の一例を挙げれば，同氏は，知事就任直後の平成11年8月に，「ディーゼル車NO作戦」を打ち出し，ディーゼル規制に乗り出す。「都民がばたばた倒れている」と，ディーゼル車が排出す

る「すす」をペットボトルに入れて持ち歩き，「1日にこれが都内で12万本発生している」と行く先々で真っ黒なペットボトルを振りかざし，世論喚起に努める。

そして，都は平成12年12月の都議会に公害防止条例の改正案を提出し，全会一致で可決。30年ぶりの全面改正で，名称も「都民の健康と安全を確保する環境に関する条例」と改めた。この改正で，都は独自の排ガス排出基準を設け，基準を超えるディーゼル車は排ガス浄化装置（DPF）を付けない限り都内を走れない。実施は，猶予期間を置き平成15年10月，規制の対象はトラックとバス。

環境庁は全面賛成だったが，運輸省は一地域だけの規制は好ましくなく，条例での規制が法的に可能か疑問を表明。石原氏は，国と争って裁判に負けようと，都民や国民の健康を守れればいいという姿勢。都議会は運送業者らの主張を勘案し，事業者への助成策を都に要請する付帯決議を付ける[4]。

これは石原東京都知事の場合だが，もっと広く一般論として，表8.2に示すように国や自治体の現状に対する国民・住民側の批判的意識の強さを考え

表8.2 国・自治体行財政の改革に対する当事者間の意識・認識の違い

国・自治体政府側の意識・認識	国民・住民側の意識・認識
1）廃止・縮小・改革が困難あるいは不要な政策・制度が少なくない。	1）行財政機構内部の事情やしがらみより行財政目的・効果の重要度比較を優先させて，政策・制度の改廃・見直しをもっと進めるべきである。
2）行政組織・要員の合理化・削減をこれ以上に進めることは困難である。	2）行政の対象分野やその特性にもよるが，もっと合理化・見直しを進めるべき組織・人員がたくさんある。
3）国民・住民のニーズに即した政策の改廃・入れ替え等（リストラ，サンセット方式等）も既に相当進めている。	3）行政の対象分野や自治体間の取り組みの程度の違いはあるが，国民・住民のニーズに即した政策の改廃・入れ替え等はまだあまり進んでいない。
4）国から地方自治体への税源の移譲や，地方分権法上の法定外目的税の制定等，財源不足状態を改善したい。	4）行財政の財源の拡充を考える以前に，政策・制度の現状評価と改廃や，行政改革等の実行が先。財源拡充問題等はその後の事柄である。

ると，このような状況を打開する上で，「独自型政策」とそれを生み出せる人材の存在は極めて重要であると言えるのではなかろうか。

なお，この表8.2の整理区分を，実際の個々の国・自治体の行財政政策・活動について適用すれば，「一つの事項」を，この表の複数欄にまたがって当てはめることになる場合が当然少なくない。アイデアマンの石原都知事が，地方自主財源強化・観光資源創出策に関する「持論」を実現するための一過程として，豪華な都庁舎の45階の展望室で，「カジノ」体験行事を開催し，関係法改正に関わる立場の国会議員や直接の関係者となる自治体幹部等を招いて，主婦連等の顰蹙（ひんしゅく）を買っていた。都知事のこの「カジノ」税収・観光構想に同調する方向の知事はごく少数派で，多くは成行きを眺めていた。筆者は「聖人君子」から最も遠いダメ人間であることを自認しているが多数の知人・友人らと付き合ってきて，賭け事で得をした（帳尻を合わせられた）「幸運児」をあまり知らない。東京（・自治体）カジノに出入りする人種を「収入見合いで楽しむ」自制心と心のゆとりを持つ人々にきちんと限定できるような制度設計・法令設計ができるのであれば，このアイデアも一概に「悪」とは言えまいが，人間の健全発達，平穏な生活の阻害を現在以上に深めるような「国・自治体の犯罪」を制度化する悪事なら避けた方が良い。結局，このアイデアは国の現行法制の下で都知事みずから一応は断念したが，それは現行法制批判つきの撤退であった。

第3節　政策評価システムの中核

1．文化価値観と経済価値観

一人ひとりの人間の生涯の営みをかえりみると，それは広い意味での「文化」と「経済」とで編み上げられてきた，1本の長い帯であると理解される。

我々がまだ幼くて自分の家庭の貧富等に気づかされることがなかった頃から，子供心にも切実に家族の貧富のことで悩み今後の進学・進路を考えたりするようになる前くらいまでは，人間はいわば「文化の時代」に生きているが，やがてそれに続いて，多かれ少なかれ誰もが，正・負いずれかの形，あるいはもっと漠然とした形で，各自の経済状態・経済的環境の問題を意識す

る時期に入る。これが一人ひとりの人間にとっての「経済と文化の時代」の幕開けである。ここから先の人間は，各人の境遇や都合，性格や才能，判断・決断等の違いにより，経済まみれの生涯を過ごしたり，文化三昧(ざんまい)の境地に入ったり，両方のエリアを往復し続けたりしながら，生き，死んでいく。

　しかし，人間が物的資材・環境に支えられて人間の本性である精神生活を維持できるものである以上，人間の福祉・安寧・文化的生活を保障・充実させることを目的とする政策において，必ず中心に据えられる価値は文化的価値か経済的価値，あるいはその両方である。従って，政策を評価するためのシステムにおいても，そのシステムを常に適正な方向へ導きその機能を適正に発揮させるためには，システムの設計・管理・運営者たちが，常にこの二つの価値観を「政策評価システムの中枢」つまりは「たましい」と認識してシステム設計・管理・運営に当たるのでなければ，所詮はハードウェアに過ぎない政策評価システムは誤作動を起こし，的はずれの評価を行い，その結果は，政府（・立法府）と国民・住民に誤った情報をもたらし，その先の大小の判断を誤らせることになる。システム化が進みシステム信仰が人々の心を深く支配しつつある現代社会ではなおさら，システムの誤作動は見逃されやすく，それによるミスリードも気付かれにくい。この問題は通常，行財政の世界ではほとんど気にされることのない事柄だが，それは決して良いことではない。

2．価値観の衰弱——都市政策下のグレシャム現象——

　前項において，「政策評価システムの中枢としての文化価値観と経済価値観」について一般論を述べたが，ここでは，行財政関係者の間で意識されやすい経済価値観の領域よりも意識されることが稀(まれ)な文化価値観の領域について，価値観が病んだ場合の政策・政策評価の病状を取り上げて説明を加えたい。

　この問題の最も見えやすい事例は，主に大都市を抱える地方自治体の都市政策下で進みつつある「グレシャム現象」とでもいうべき波及性の強い，極めて深刻な文化破壊病である。国や，大都市を抱える自治体の首長（知事以下，市長・区長たち）が積極的に進めつつある「都市機能の整備・強化，都

市の再生」政策・制度の具体化の現れとして，現代日本の都市（特に大都市）で拡がりつつある高層ビル建築を見ていると，新たな意味合いを伴って，あの「グレシャムの法則」（Gresham's law）が心に浮かぶ。

「グレシャムの法則」とは，低品質の鋳貨（悪貨）が貨幣の流通過程に投入されるにつれて，高品質の鋳貨（良貨）が流通過程から引き揚げられ姿を消していくという至極当たり前の経済現象で，実質１ｇの純金（悪貨）で買えるようになった商品を買うのに，実質２ｇもの純金（良貨）を提供し続ける大人物は少ない（売り手は価格を２倍にする）という理屈から生まれる「経済法則」というか経済心理学的現象である。

これと同じ経済心理学現象が，というよりも，この都市高層化政策の場合は経済病理学現象が，日本の都市（特に一部の大都市）において，政・官・業が結託した権力によって，そこに暮らす多数の都市住民の生活つまりは文化環境を蹂躙・破壊していく形で展開されつつある。

この現行の「都市機能の整備・強化，都市の再生」政策・制度において，これらの政策・制度に対して関係首長以下の結託権力者らが評価基準として基本的に重視しているのは「文化価値」基準ではなく，「経済価値」基準である。都知事であれ都心部の区長であれ，都市計画についての彼らの文化・経済論とは，次のような程度のものである。

① 都心部の土地はできる限り経済的効果を生み出すべきで，政策・制度もそれを促すように設計・実現すべきである。

② 従って，都心部の建築物は中高層ないし高層・超高層ビル・マンション等を増やしていく方向を支援する一方，これまで都心部の地域社会の住環境・文化環境を形造ってきた低層〜中層建築物群の街並みの「虫食い現象」とそれに続く，従来の落ち着いた街並みの消滅に対しては「政策・制度的な配慮を演技する」が，実は配慮しない。

③ つまり，「都市機能の整備・強化，都市の再生」政策・制度についての諸首長・業者らの評価基準の正体はほとんど「経済価値」基準のみであって，彼らが効用を口にする「文化価値」基準とは，彼らの都市政策により繁殖する「巨石文明」の巨大な黒い影が，都心部の先住民たちの，良き眺望は奪われてもせめて空を眺め，日照を保てる程度の生活・文化

第8章　施策・活動の評価　　　　　　　　　　205

を守ってきた低・中層建築の街並みを覆い，高層物による「虫食い」状態を拡げ，ついには先住民の生活・文化を放逐（ほうちく）して「マンハッタン化」してしまう悲惨な都心の「グレシャム現象」を支える，文化価値「抹殺基準」である[5]。

　現在の日本の経済不況や財源不足に悩む民間建設業界や国・自治体政府にしてみれば，小泉政権や石原都政，都心区政の行為・言動に見られるように，「都市機能の整備・強化，都市の再生」政策・制度を，上記のごとき経済・文化論で組み立て推進することは非常にもうかる事業選択である。

　しかし，文明大国アメリカの巨大都市ニューヨークに君臨するエンパイアステートビルや例の世界貿易センタービル，あるいは，東京の新宿や臨海部に林立する超高層ビル群，中・高層マンション群。これらはすべて，「20世紀に世界各地で実践された都市計画の失敗」の記念碑。都心の自然美を圧殺して未来の高層スラムを拡張し続けた大都市の無残な荒廃の序曲である。特に，現代日本の多くのリーダーは自国文化・地域文化に鈍感な輩（やから）である。

　つまり，20世紀の先進諸国で最も幅を利かせ続けてきた価値判断基準の中核は「経済性」，「経済合理性」だった。「経済性」の本質は，世にも分かりやすい「金銭欲，物欲」であり，これがもう一つの世にも単細胞の「外面性」の典型「コケ脅し」，「見てくれ」，「周囲を犠牲にする自己満足」趣味と手を結んで，「高層，中高層，超高層の「現代建築」は愚かな買い手が喜び，施工主が喜び，商品価値が高い絶好の売れ筋」という，「20世紀の巨石文明」（筆者は敢えて「文明」と言う。つまり，この巨石群を歓迎する性格・傾向の人々は「文化価値」基準から最も遠く，高度の便益・利便性を持つ知の技術体系としての「文明」に最もふさわしい「経済価値」基準の中で生きている人々だからである。だが実はそもそも，中高層・超高層ビルが低中層都市住民から奪う眺望価値・天空価値・日照価値，代わりに与える威圧感・異物感・醜悪感等は本来，まともな「経済価値」には算入すべき，重大な逸失利益・機会費用なのである）を築き，軽薄な利己主義者たちが，後悔前のバカな宴（うたげ）を繰り広げている。世界には愚かな高層巨石文明の歴史的過誤を予見し，適度の「自然と人間との共生」，「経済的機能と文化的価値との調和」を基本理念とする都市計画を立て実行している国際的規模の大都市群を誇る

表8.3 東京都における都市計画の決定権者　　　（「区」＝地方自治法上の23特別区）

区分	区・市町村が決定 知事の同意	区部のみ都決定	都が決定 大臣の同意	大臣同意不要
地域地区				
高層住宅誘導地区			○	
高度地区・高度利用地区	○			
特定街区	○	1 ha超		
美観地区	○			
風致地区			○	
歴史的風土特別保存地区			○	
緑地保全地区	右記以外		10ha以上	
伝統的建造物群保存地区	○			
促進区域等				
市街地再開発促進区域	○			
住宅街区整備促進区域	○			
都市施設				
公園・緑地・広場	右記以外		10ha以上	
その他の公共空間・運動場	○			
学校	右記以外			大学・高専
図書館・研究施設	○			
1団地の住宅施設	2,000戸未満		2,000戸以上	
1団地の官公庁施設			○	
流通業務団地			○	
電気通信事業用施設	○			
地区計画等				
地区計画	○			
住宅地高度利用地区計画	○	3 ha超		
再開発地区計画	○	3 ha超		
沿道・集落地区計画	○			

（出典）東京都千代田区都市整備部都市計画課「千代田区都市計画概要」132頁。
　　　上表は原表の一部を加工したもの。

国家が多数あるのに，以上述べた大都市廃滅への行進が，一部の日本人を含む「愚かな人々」の現在の姿である。

　表8.3以下三つの表・図は東京都・区・市町村における都市計画策定の流れの概略を参考までに示したものだが，実はこれらの行政的システム，仕組

第8章　施策・活動の評価　　　207

図8.3　都道府県策定の都市計画の決定手続き

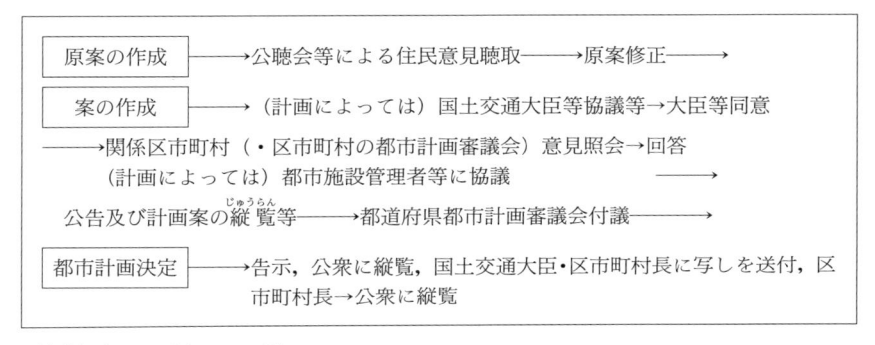

```
原案の作成 ──→公聴会等による住民意見聴取────→原案修正────→
案の作成　 ──→（計画によっては）国土交通大臣等協議等→大臣等同意
────→関係区市町村（・区市町村の都市計画審議会）意見照会→回答
　　　（計画によっては）都市施設管理者等に協議
　　　公告及び計画案の縦覧等────→都道府県都市計画審議会付議────→
都市計画決定──→告示，公衆に縦覧，国土交通大臣・区市町村長に写しを送付，区
　　　　　　　市町村長→公衆に縦覧
```

（出典）表8.3に同じ，133頁。

図8.4　区・市町村策定の都市計画の決定手続き

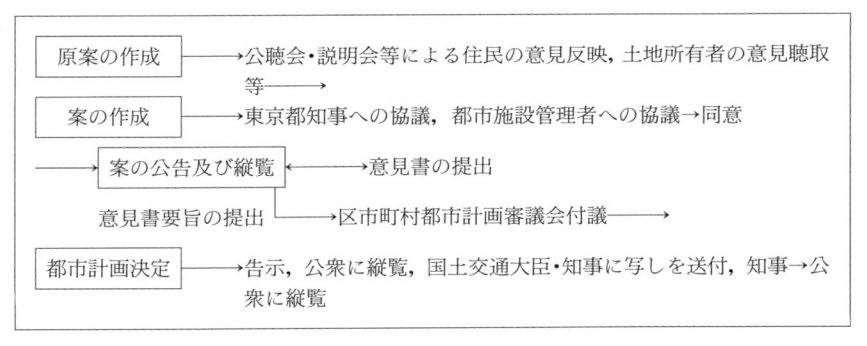

```
原案の作成 ──→公聴会・説明会等による住民の意見反映，土地所有者の意見聴取
　　　　　　等──→
案の作成　 ──→東京都知事への協議，都市施設管理者への協議→同意
──→案の公告及び縦覧 ←────意見書の提出
　　　意見書要旨の提出　　──→区市町村都市計画審議会付議────→
都市計画決定──→告示，公衆に縦覧，国土交通大臣・知事に写しを送付，知事→公
　　　　　　　衆に縦覧
```

（出典）表8.3に同じ，134頁。

みを幾ら細かく詮索したところで，それだけでは，「本質的な問題」と「その解決策」はどちらも見えてこない。即ち，ここまでの記述で言えば，上に述べたような「本質的な問題」は，これらの表・図に示された行政的システム，仕組みから読み取ることは全くできない。まして「その問題の解決策」が読みとれるわけがない。なぜかと言えば，これらの行政的システム・手続きは整えられた容器・入れ物であって，中身・コンテンツ即ち「価値」そのものの表現物ではないので，その姿だけからではシステム上，仕組み上の問題しか読み取ることができないからである。

第4節　フィードバックとシステム中枢

1．政策評価フィードバック・システム

　国・地方自治体の政府の任務は，国民・住民の錯綜する利害を最大限調整しつつ，国民・住民の公共的ニーズ（政策課題）の実体・内容とその規模，その切実さの度合いと予算的制約・（人的，物的な）資源的制約及び時間的制約との相互関係の中で，国民・住民の政策課題に政策をもって対処し，彼らの福祉・安寧・文化的充足を維持・改良・増進させていくことである。この組織目的の実現を目指して，国や自治体の公務員は職務を果たしつつあるが，行財政政策という社会的・経済的ないし政治的行為には，自然科学的行為とは異質の複雑さがあり，「政策」の検討・構想・策定・実施の全過程を通じて過誤・脱漏に出合うことが少なくない。

　これらの過誤・脱漏を，できれば事前あるいは途中で回避し，少なくとも将来的になくすためには，政策形成・実施の過程に政策評価とその諸結果のフィードバック機構を組み入れていることが極めて重要である。

　国や地方自治体の行財政は，それらの各領域別行財政の総体であり，行財政全体の成果・実績は当然，行財政各部の成果・実績の総合だが，国・自治体の規模が大きく複雑になればなるほど，各部の政策及びそれらの実施結果の妥当性・有効性は見えにくくなるし，各部の政策間の成果比較・重要度比較・優先度比較やそれらに基づく政策群の改廃・予算配分も困難さを増していく。

　この「政策評価の適切性・妥当性の確保と，適切・妥当な政策評価に基づく適切・妥当なフィードバックの確保」を困難にしていく行政府（＋しばしば立法府）の現実の病状を分析的に示す。

　①各専管・専門部局への結果的な委託，②状況変化による摩擦・問題生起の回避を含む既得権保護，③一部の専管・専門領域に対する固定的な偏重傾向の持続＝「予算制約」対「政策重要度比較」の視点の阻却，④「全人」的な知性・人格としての国民・住民の感覚と異なる「悪しき技術的官僚」の視野狭窄への「組織的」無自覚，⑤担当領域の権益の維持・拡大を誇る体質

等のすべて或いは幾つかの要素の複合的病理である。行財政機構そのものには，これらの病状の自律機構がほとんどビルトインされていないので，これらの病状を軽快させ，ないし回避し適正・有効な財政作用を実現・維持するには，意図的に政策評価とその諸結果のフィードバック機構を装備すべきである。

2．政策改良システムの中枢
(1) 文化価値観の重要性

本節の始めの箇所でも述べた通り，我々国民・住民にとって国や地方公共団体の存在が意義を持つのは，従ってまた，我々国民・住民にとって国や地方公共団体の議員や行財政担当職員らの存在が意義を持つのは，これらの政府・立法府が作り実施する種々の政策や法令が，より多数の国民・住民の福祉・安寧・文化的生活の維持・増進・深化に役立ってくれる場合であり，それが望めなければ，国民・住民は，有効な対抗手段を工夫し整え，行政府の首長以下の権力者や部下の悪しき属官どもを交代させ，あるいは立法府の与党を敗退させ，あるいはこの両方を実現しようと工夫・努力する。これが，民主主義社会に共通の「政策改良システム」の基本的メカニズムである。

ところで，この民主主義国家・社会の充実・進歩のために不可欠な「政策改良システム」は，それ自体はいわば「器（うつわ）」，たましいが宿っていない仏像，弾き手が触れていないピアノであり，そのシステムを使う人々の人格・能力・目的等の違いによって優れた政策も生み出されるし，無駄な政策も生み出される。そのシステム自体が粗雑に設計され作られたものであるより巧みに設計され作られたものである方が望ましいのは当たり前だが，何にも増してたいせつなのは，そのシステムを使って政策課題に取り組み政策を生み出し更なる改良を加えていく人々の人格・能力・資質である。

この点につき，社会生活・個人生活，経済現象・政治現象等において日々それらの当事者の一員として権利・義務・責任を宿命的に共有している我々，国民・住民の一人ひとりにとって非常に幸いなことは，現代国家・社会の構成者の多くが，自分たちの国家・社会の基本理念として民主主義を支持し，豊かな価値判断力を持つ多様な人々による多数決原理を自分たちの国家・社

会の意志決定の基本原理として支持している現状の下で，実は我々人間・国民・住民の在り方・生き方，そして国家・社会の在り方・進むべき方向について判断・選択をなすべき時に，最重要な拠り所とする「価値判断の基準」とは，決して難解・複雑なものではないという，周知の事実である。もっと説明しよう。

世に重要な政策は無数に近く在るので，若干の例を挙げるにとどめるが，例えば本章で取り上げた「都市政策」における，経済的効果の重視と文化的効果の重視との比較・調整という政策形成上の問題に直面した時，抽象的な議論を進めるならばそれは非常に難解・複雑な組み合わせ問題，ゲーム問題へ迷い込んでしまうが，具体的な一つの国・県，区・市町村，地域社会での具体的な利害対立，価値観の対立という条件下での，具体的な政策問題としてこれに向き合えば，そこでの議論は別に難解・複雑ではなく，当事者たちの多少の勉強と協調があれば「修正多数決原理」（多数意見を中核とし少数意見にできるだけ配慮した形の多数決原理）で対処できる。これに対し，世の中でしばしば政策形成を巡って争いが続くのは，ほとんどの場合，この修正多数決原理が軽んじられ，単純多数決原理のゴリ押しがまかり通っているからである。

そして，上記の「都市政策」における，経済的効果の重視と文化的効果の重視との比較・調整という政策論議の例で言えば，この問題を判断する上でその県，その市，その町の住民たちが基本的な拠り所とすべき「価値判断の基準」とは，「この具体的サイズ，具体的沿革，具体的条件・環境の具体的地域社会において，当地の住民たちがどのような都市像をどのような都市像よりも望ましいと考えるか」という物差しであり，その物差しの目盛りとは「自分たちのこの具体的な都市についての，最も望ましい都市像」そのものである。

しかも，この「具体的な望ましい都市像」とは決して学者・識者にしか分からないような難解・複雑なものではなく，ごく常識的な一般市民が，具体的な現実の都市計画として，「経済的効果と文化的効果との適度な調和・均衡をもたらす都市像」だと納得する都市像，例えば，流行の都市高層化路線を批判して「自然と市民との調和」を主張する黒川紀章氏の都市文化論[6]の

ように，誰でもすぐに納得する，素朴な文化価値観に過ぎない。それは，人間にとって最も基本的な価値であるだけに，普通の人々がすぐに理解するような文化価値観であって，特殊・複雑な価値観ではないのである。そして，究極において，このごく平凡な文化価値観こそが，一見いかにも複雑そうな「政策改良システム」を正常に立ち上げ正常に機能させる真の「中枢」なのである。「中枢」が正常であればシステムは本質において正常に機能し，「中枢」が異常ならばシステムも本質において異常に機能する，こよなく平明な論理である。政治・行政のリーダーとして，経験豊かなベテランである石原都知事は駆け引きに長じた理想家肌の首長に思える。地方自治・地方自立を実現していく手法として「国を無視して策を進め，その信は住民・国民に問えばよい」と述べ，例えば「国立公園」も国の所管ではなく関係自治体の所管とすべきで，国は支援に回るのが当然の筋だというような卓見を述べる同知事が，今後，例えば「大都市再生型規制特区」の如き大型プロジェクトの構想・計画に当たって，黒川氏のような高次の文化的識見を視野に入れつつ，ビジネス首都の一種の象徴である「超高層建築」街区と，本来の住民たちの住文化の伝統と，都市緑地等とのゆとりある配置，住み分けを当然のこととして重視する立場から，民間の営利追求集団をリードしていくことが強く期待される[7]。

(2) 国民・住民とのパートナーシップ

我々人間・国民・住民の在り方・生き方，そして国家・社会の在り方・進むべき方向について判断・選択をなすべき時に，最重要な拠り所とする「価値判断の基準」とは，決して難解・複雑なものではない。即ち，この究極的判断基準の実体は，いわゆる社会的通念である。

むろんこの「社会的通念」という言葉自体，非常に包括的な「上位概念」なので，具体的な政策課題への対処や訴訟等での対応の際には，個別・具体的な事案に即して「社会的通念」の内容を特定しなければならない。例えば「人命を奪ってはならない」という価値判断は異論のない社会的通念の一種だが，「死刑は廃止すべきである」という価値判断には異論が多く，わが国では社会的通念に達していない。また，湾内の干拓事業計画や河川・河口ダ

ムの建設計画の可否・変更等を巡って絶えず起きている紛争でも，一方の立場に立てば利益や正義であることが反対側の立場からは不利益や不正義になる。このような場合に調停者としては，相譲らない争点は避けてまず微少な「社会的通念」（あるいはそれに準ずる判断）を拠点に調停を進め，ある段階から先は，①より拡大した「社会的通念」を提起するか，②当事者たちにその後の処理をすべて委ねるか，③該当する制度の公権解釈に即して処理を進める方針を採ることになる。

　しかし，政策を巡る現実の世界では，このような限界状況ばかりが展開されているわけではなく，むしろ多くの政策は，その母胎である政策課題の段階から，検討・企画・計画・実施・評価・フィードバックの各過程を通じて，それぞれの政策課題・政策に関わる具体的な「社会的通念」と対応しているのが普通である。それだけに，これらの各過程を通じてできる限り国民・住民に状況・判断を開示し，実質を伴うパートナーシップの形成・活用に努めるべきである。船頭が多いと舟が山に登ることもあるが，そのような事態の原因の多くはマネージメントの巧拙に在り，そうでなければ課題そのものが難しい論点を抱えているからである。体質的・制度的にすぐに独善・自己陶酔・視野狭窄・権力志向におちいりやすい政府・立法府の公務員たちは，自分たちのこの病理的特性をもっと自戒し，国民・住民の多彩・活発な発想力・構想力・協調性と実行力をもっと素直に評価し，もっと心を開いて，自在なネットワーク，パートナーシップを構築すべきである。残念ながら，わが国，わが町の実情を見ると，このたいせつな場面での政府等の側の意識・姿勢は，当節はやりのスタイルを装い，外面的な形式を整え，大過なく主権在民の原則に付き合おうというようなレベルにある場合が多い。

　せっかく，様々な発展のチャンス，様々な価値ある挑戦のチャンスが，高度情報社会，文化性志向社会への流れの中で，お互いの目の前に存在するのに，意識・認識の遅れからそれらの多くを放置しているのは，実にもったいない話である。

第 8 章　施策・活動の評価　　　　　　　　　213

[注]

1）文中「国際的レベル」という語句があるのは，国・地方自治体を問わず，これらの「政策」には，現在，ますます国際協調・国際交流といった国境を越えた政府間の連携・協調の動きが広まりつつあることを意識する必要があるからである。
2）山田治徳『政策評価の技法』日本評論社，2000 年，32～33 頁。
3）「複雑系経済学でいう限定合理性・経路依存性」につき，久留米大学 大矢野栄次教授の次のような説明がある。

　　新古典派経済学においては，それぞれの経済主体は，「完全情報」のもとで，「完全合理的」な経済行為（活動）を実行し，その経済的成果を実現することが可能であることが想定されている。しかし，複雑系経済学の限定合理性の世界においては，経済主体の主体的均衡の説明は異なることになる。……限られた情報と情報獲得能力・予算制約（資源制約）のもとでの行動を，複雑系経済学では「限定合理性」という。「限定合理性」……のもとで選択可能な X の定義域が点Aの近傍であるならば，この経済主体は点Aの経済成果の獲得を目指して経済行為（活動）を行うことになる。完全情報のもとで実現できると仮定される最大値である点Bあるいは次善の点Cを選択することは不可能であるためである。……経済主体は……付け加えて歴史的条件……を考慮したもとでの意志決定によって（引用者補注：その枠内で）合理的に行動する……。これは……特定の経済行為（活動）を選択し実行することから発生する機会費用についても考慮されなければならない……。「経路依存性」とは複雑系経済学の用語法で……現在の市場や制度，あるいは，それぞれの経済主体は，「歴史的な経路」によって規定されているという考え方である。それは，過去の積み重ねの上に起こる「学習」によって経済のダイナミックスが生じるという考え方でもある。……すなわち「過去にたどった経路に現在が依存し，未来の経路もそれに依存するという現象」として説明される（久留米大学『産業経済研究』第 42 巻第 2 号「ケインズ経済学と主体的均衡―完全合理性と限定合理性について―」5～8 頁）。

4）石原慎太郎企画・監修『東京都主税局の戦い』㈱財界研究所，2002 年，9～18 頁。
5）市中高層マンションの売出し宣伝例：地上 19 階・144 戸「市ヶ谷の丘に，心にやさしい眺望がありました。」→どんな構造の「心のやさしさ」なのだろうか。地上 32 階・356 戸「その大きな空がいい。都心を望む私の美意識は平凡なんて着こなせない。」→ここにある「美意識」と，次の注に出てくる黒川紀章氏の都市の思想の「やさしさ，美意識」には，たいへん大きな落差がある。
6）黒川紀章氏の文化価値観＝平成 14 年 2 月 27 日付け日本経済新聞朝刊に「黒川紀章が中国河南省で都市計画」という見出しで，次のような記事が出ていた。

　　建築家の黒川紀章が中国河南省の省都・鄭州市の新都市計画に取り組むことになった。……更地に 150 万の人口規模を想定した都市を造る。……鄭州市は，中国文明の起こった黄河中流域の平原地帯・中原の主要都市の一つで，現在の人口は 200 万人。ここに東京・山手線の内側の約 1.5 倍にあたる 1 万 5,000 ヘクタールの新都心を建設する。「自然との共生」を打ち出す黒川案は 800 ヘクタール

（東京ディズニーランドの10倍弱）という巨大な人工湖を造成して中央に据え，既存の34の河川を巡らせた緑と水の環状都市。高層ビルは2棟にとどめ，主に4階建ての低層ビルで住宅や商業施設を構成し，中国古来の中庭や路地（フートン）を復活させる。……2015年の完成を予定している。黒川は，この構想を「先に走った国からの忠言」と言う。自動車への依存から簡易型モノレールと徒歩へ，超高層から低層へ，ガラスとコンクリートから自然回帰へといった考え方は，20世紀に世界各地で実践された都市計画の失敗を踏まえている。

　これが黒川氏の，都市文化観である。文明諸国の大都市がみなニューヨークや東京のような高層巨石文明を支持しているわけではないし，現に今，世界貿易センタービルの崩落した超高層ビルと，その道連れになった周辺ビルの廃墟跡（あと）の復興計画につき，マンハッタン地区の「市民グループ」が構想を巡って行動を起こしつつある。

　なお，筆者は，大都市において高層〜超高層ビルの林立街区を一律に否定すべきだと主張するものではない。卑近な例で言えば，東京駅一帯の再開発の一環として先頃，新しい「丸ビル」（地上37階建て，高さ180m）が完成・オープンして，4,000人が働く大規模オフィスビルの機能とともに，その高層・低層フロアは約140店舗が入居する大型レジャー・買い物スポットとしての機能を発揮し始めたが，開業1ヵ月の集人・集客・売り上げ状況は三菱地所が立てていた目標値をいずれも2倍以上うわ回る盛況だった。つまり，普通の人々の中のかなり多数は，このような大都市の盛況志向・都市感覚志向を象徴する大規模建築物を愛好する傾向を強く持っているので，そのような性向を抑制・否定するのは，それ自体，不自然であり間違っている。大都市ないし人口集積圏域における，このような高層・超高層ビル林立街区や大規模リゾート・娯楽街区等が，その地域の基礎的な景観，以前からの伝統的なたたずまいを「虫食い」状態に破壊することを厳に避ける形で計画・建設されるのであれば，そのような現代都市の趨勢・意志を否定するいわれはない。

7）大都市機能の一種の象徴・必要物と目されている高層建築物の街区が，その都市本来の先住市民の伝統的な生活文化・居住環境や，そのような大都市なればこそ特に重視すべき豊かな緑地空間を損傷することなく，ゆとりある住み分けを守っていくためには，その大都市に関わる自治体政府（及び国の政府・立法府）や都市開発業者・利害関係者らの過半数の知性・感性に，上述した「ごく平凡な，正常な文化価値観」が宿っていなければならないが，それは必ずしも絵空事（えそらごと）ではなく，わが国でも現実の動きとして現れつつある。その一例を，これも平成15年7月18日付けの日本経済新聞夕刊の調査報道記事から紹介させていただく。その主たる見出しは「「高層建築お断り」相次ぐ　自治体（が），マンションなど高さ規制　景観や（住）環境保護」というもので，カッコ内の語句は引用者が見出しの意図を受けて補ったものである。

　　　東京都内の自治体が相次いで，建物の高さ規制に乗り出す。「絶対高さ制限」と呼ぶ新手法で江戸川区は高さ16m，墨田区では22mに制限する地域を設ける。低層住宅地の周辺に高層マンションが増えており，周辺住民から住環境保護を訴える声が強まっていた。京都でも高さ制限の建築協定を地権者と結び，古い街並みを守る動きが出ており，今後，他の自治体でも高さ制限の導入が広まりそうだ。
　　　現在，建築基準法などに基づく用途地域指定で，低層住宅街にする地域（第一

種，第二種低層住居専用地域）にだけは建物の高さに10 mもしくは12 mの上限があり容積率の規制も受ける。「絶対高さ制限」は低層住宅地以外の住宅地や商業地などに設け，容積率（引用者注：当該建物の容積による上限規制）より「高さ」を優先して建物の規模を規制する。

　都内では世田谷，文京，目黒，葛飾，墨田，江戸川，練馬の7区と三鷹，町田，青梅，清瀬の4市の11区市が来年夏にも導入する。（中略）最も厳しい三鷹市は低層住宅街と合わせて市の99％以上を対象とし，規制が緩い場合でも35 m (11-12階程度（引用者注：実階数換算値））を上限とする。

　規制の主な目的は高層マンションの建設抑制。低層住宅街のすぐ隣に高層マンションが建つことで起こる景観（・日照権・眺望権等：引用者補注）を巡るトラブルの防止を狙う。（中略）京都市では中京区の姉小路通周辺13町の住民が2002年，地元の地権者と建築協定を結んだ。協定では建築物は5階，18 m以下などと定めた。（中略）同市では2001年にも中京区百足屋町で同様の建築協定が結ばれている。

第9章

風土・環境と文化経済

第1節　風　　土——文化経済の基盤——

1．環境・風土・景観

　人がそこに住む土地（山河・海浜・湖沼・林野・農耕牧地・市街地等と，その総体）・地形・地質・気候・景観や，住民の気質・風習・伝統・歴史・文化遺産・歳時記・産業・消費性向等を包括する複合的な地域性。広狭多様な自然と人為が織りなす，これらの総合的・複合的な圏域を我々は「風土」と考えている[1]。

　その一方，「環境」という概念があるが，本来この概念の内容はたいへん広い。そもそもの語義からすれば「環境」とは人間であれ他の動物であれ家族・集団・企業・地方公共団体・国家であれ，アジア・アフリカ・ヨーロッパ・太平洋・ヒマラヤ山脈・地球であれ，これらの諸主体がその中に在ってそれから種々の影響を受け，或いはそれへも影響を与える「場」であって，有形の場合もあれば無形の場合もある非常に広大・多層の概念である。従って，本節でまず取り上げる「風土」という概念も，本来は「環境」の下位概念として位置づけるのが適切である。

　しかし現代社会において「環境」が問題意識をもって取り上げられる時，それはほぼ，これから取り上げる「風土」というそれ自体，独自の文化的・経済的意味を持つ概念との上位・下位関係に縛られた概念としてではなくいわば「広義の環境」に対する「狭義の環境」，ないし，観点・認識目的を異にする概念として用いられる場合が多いので，このような意味からも，本章は

まず「風土」の考察から入ることとする。

ついでに、「景観」という概念についても触れておこう。詳しくは後述するが、この「景観」という言葉はしばしば「見るに値する景色・風景」というような意味でも使われるが、その使用例を見ていると必ずしも「見るに値する」という条件が必要条件というわけではなく、もっと広やかな意味合いでの景色・風景という言葉の語感と重なり合っている。つまり、「景観」という概念は、今では一般に「それぞれの地域において自然や人工的な加工施設設備等が全体として織りなす、都市や郊外・自然界等の景色・風景」というような内容のものであると理解される。

以上述べてきた風土・景観そして二様の意味での環境という概念を、一つのかなり広い地域・地方を模した精密な作りの「パノラマ模型」に仕立ててみると、そのパノラマ模型全体は、初めに述べた上位概念としての「環境」の一部を視覚化したものであり、かつそこに在るであろう「風土」の見て取れる限りでの要素・構造を示している。そしてその模型のそこかしこに、目には見えない小人たちがいる。彼らはその精密にできた郊外の丘の上にも、精密にできた街の大通りにもいて、お互いの目に映る遠景や近景を眺めている。その彼らが目にしている遠景・近景がみな、都市郊外の景観であり、都市の景観である。そして、これらの風土・景観は、小人たちの目に見える形や見えない形で狭義の「環境」——様々な良い環境や悪い環境——をみずから提供し、或いは、そこに仕込まれたものとして提供している。上述の諸概念の間にはおおよそ、このような相互関係が成り立っている。

2．文化経済の下部構造としての風土

文化と言い、経済と言っても、それらが成り立つ場は風土においてである。もちろん、それらのすべてがそうだというわけではない。風土の範囲・規模を広く大きく考えるか狭く小さく考えるかによって、それに対応する文化・経済の枠組み・内容も自ずと違ってくる。しかしそのような関係の中で、風土はそこに文化・経済を成り立たせている。唯物史観のひそみにならえば、基本的な構造として、風土は下部構造であり、文化・経済はいわば、その下部構造から種々の規制・影響を受けつつ成立している上部構造であると言う

ことができる。

　このことは，実際に在る国々，各地方・各県，各市・各町村の文化・経済の有り様を見れば明らかである。もちろん，常に必ずそこの風土とそこの文化・経済が対応関係にあるわけではないが，ごく初歩的な例で言えば，寒冷地方で温帯性・亜熱帯性の品種生産は人為的操作なしでは採算が合わないし，温暖地方と寒冷地方の各季節の祭礼行事を比較すると前者では着衣の薄い形態の行事が，後者では着衣の厚い形態の行事が当然のことながら明らかに多い。「当然のこと」なら意味がない，のではなく，「当然のこと」と言えるところにこそまさにこの，下部・上部構造の仕組みを当てはめることの意味があるのである。上に「常に必ずそこの風土とそこの文化・経済が対応関係にあるわけではない」と述べたのは，例えば，教育・学習活動とか情報通信産業等とか（単なる一例）は沖縄県でも青森県でも同様に展開・立地でき，地域による内容の違いは風土差（も多少は在ることもあろうが）によるのではなく，教育・学習や当該事業に関する学校・教育委員会や各企業の判断・選択の差による場合が多い，というような事例を想定したもので，厳密に言えば，この種の事例でも実は細部において上述の下部（風土）・上部（文化・経済）構造の仕組みが働いている場合が少なくないのではなかろうか。

　さて，自分のことは自分が一番よく知っているというのは一面その通りだが，反面，しばしばそれは一種の錯覚であり，少なくとも「限定的な」自己理解である場合が多い。そして，このことは，人間と，人間がそこに住む土地（山河・海浜・湖沼・林野・農耕牧地・市街地等と，その総体）・地形・地質・気候・景観や，住民の気質・風習・伝統・歴史・文化遺産・歳時記・産業・消費性向等を包括する複合的な地域性をその内容とする，広狭多様な圏域としての「風土」との関係においても同じことが言える。つまり，各人が（むろん他の地域との多くの共通点も持ちながら）彼らの土地，彼らの「風土」のことを一番よく知っている（筈である）という意識は，一面その通りで正しいのだが，反面，それらの意識はしばしば上述したような，一種の錯覚を伴っていて，「限定的な」地域理解になってしまっている場合が少なくない。

こうした我々人間の意識・認識の限界に留意する時，そのような意識・認識をできるだけ錯覚のもたらす弊害の損失から救う意味で「外部からの，複数の視線」というものを利用する姿勢というか知恵が必要になる筈である。本書の主題である「文化と経済の相互作用」を個別・具体的な諸地域社会においていっそう効果あらしめるためには，望むらくはこのようなわが国土，わが地域の「風土」に対する国民・住民の「自己理解」の限界性への警戒意識と補完システム導入の知恵が求められるのに，我々の周囲にあまた見られる現実の動きはさっぱりそのような態を成していない。そのことを端的に実感したければ，国土レベルの審議会とか都道府県・市町村等の地域計画関連諸会合の委員の構成・顔ぶれをチェックしてみるだけで十分である。関係分野の一応の学者・専門家，一応の経済界・文化領域・行政分野・地域関係諸団体・マスコミ等の代表者を並べてはいるが，もっと遠い，あるいはもっと異なる角度・問題意識から，審議・合議に大切な波紋を起こしてくれる異郷の実践家・活動家・研究者とか，外国からのその種の人々を加えるような事例は極めて稀である。

　地域社会の再生・振興とか，地域経済の振興・充実，地域観光資源の整備・拡充，街づくり等が全国各地で課題とされ取り沙汰されて久しいが，これらの動きの内実はいささか金太郎飴のように類型的で，独りよがりでないよそ者の目には「ああ，またここもか」というような事例に事欠かない。「風土」とは見方によっては文化的財にして経済財である。地域の人々がいわば共有しているこの財物には，ある部分において文化的価値があり経済的価値がある。すべての部分がそうであることは稀である。そして，この文化的価値・経済的価値のある部分についての目利きが地域の人々によって最善のレベルで為されるという保証は別にない。それらの価値をうまく引き出し，成功に結びつける方法・手順についても同じである。本書の他の箇所でも強調したところだが，自分たちが確信を持つだけに止まらずできるだけ広く（できれば国内外を通じて）遠近・多彩な成功事例・失敗事例を調べ，違うタイプの経験者等から直接それらの生の成り行きを学ぶ，という手法が，極めて重要である。

3．人間（文化経済主体）にとっての風土

　筆者も国内外を問わずかなり多くの国や土地を見て回った方だが，今にして面白く思うのは，ずっと永くその国やその土地に住んだ人々がその国・その土地について深く鮮明な知識や印象を持っていて，そこに永く住んだわけではなく滞在した程度の人々がそこについて浅い漠とした知識や印象を持っているに止まるのかと言えば，どうも必ずしもそうではないらしい。ちょうど，東京に生まれて東京で育ち東京で働き暮らした筆者が，東京について確たる定見がなく，あそこの街並みは落ち着いているとか，あの市街地開発はひどすぎるとか，あそこの界隈ならあの店のあれが美味だとかいった程度の希薄でバラバラな知識・印象しか持ち合わせておらず，他県から再訪した知人の方が東京について余程傾聴に値する知識・印象を伝えてくれる。そして，そのような自分が札幌や天神，奈良や京都，御殿場や富士山，リューベックやパリ，ヨーロッパアルプス，シドニーやニューヨーク等については非常に鮮明な記憶・印象をずっと持ち続けているのである。つまり，自分にとって最も取り留めのない土地は自分が最も永く一体化して暮らした東京という都市なのである。これは恐らく東京という都市が世界最大の広がりと人口規模を持つ雑然とした場所だからという理由によるものではなく，自分にとっての空気と同様，それを印象深く客体化して見，比較考察の対象とするような心理的動機や知的・感性的な欲動が永い年月ずっと働かないままにきたからだろう。

　翻って，薄倖の詩人の一人に数えられている石川啄木などは，ご存じの通り「石をもて逐わるるごとく」去った故郷のことを「故郷の山に向かひていふこと無し」「空に吸われし十五のこころ」等々，寄せる想いを繰り返し歌っている。啄木の例を引いたのは，この際まずかったかも知れないが，本来，これがわが土地，わが風土というものの原形なのだろう。

　国の山河。国の四季。国のたたずまいもまた，その国の文化を湛えた風土であろう。第二次世界大戦で日本が破れた当時，中国各地で日本軍の鉄道技師や建築技師，航空機操縦士・整備士，従軍医師や看護婦等として働いていた様々な技術・能力を持つ日本人が，帰国できぬままに，中国政府の命令で，後発社会主義国家・中国の国土建設・社会建設のため大小プロジェクトの中

核的指導者として広大な各地に派遣されていき，これらの日本人とその家族は託された任務と生活態度を通じて，現地の人々から強い信頼と高い評価を得ていった。そして，これらの人々の一部が数年後に，日本の舞鶴港にようやく帰還した時，彼らは皆，故郷の山河の優しさ，懐かしいたたずまいに深く感動して泣いたという。つまり，その時，やっと帰国を果たし長い緊張から解放されたこの人々こそ，我々一般の日本人が生涯を通じてついに一度も実感しないであろう「わが国，わが祖国」という深い感情を体験するという，希有(けう)の機会に出合ったのである。これが，「風土」の本質なのだろう。

　かくも深い奥行きを持つ風土を，筆者に類する人々は空気さながらに無視して過ごす。だが，実は，そのような筆者に対してさえ，風土は，多くの国民・住民，文化経済に深い関わりを持つ人々に対してと同様，その意識・性格・思考等へ影響を及ぼし，そのような影響の集合・相互反応の力を通じて，風土は，文化・経済のシステム・性向・内容に影響を与える，最も基盤的な要素となっているのだと思われる。

第2節　景観と文化経済

1．「景観」の意義

　前節で「風土」の概念について，「土地（山河・海浜・湖沼・林野・農耕牧地・市街地等と，その総体）・地形・地質・気候・景観や住民の気質・風習・伝統・歴史・文化遺産・歳時記・産業・消費性向等を包括する複合的な地域性。広狭多様な自然と人為が織りなす，これらの総合的・複合的な圏域を我々は「風土」と考えている」というように述べたが，これらの文言の中から，本項では特に「景観」という要素を取り上げる。そのわけは，人間の様々な日々の営みに注目する時，その営みはすべて，広狭様々な自然や広狭様々な人工の施設設備を舞台として展開されており，これらの舞台がそこで生きている人々の目には，ちょうど舞台とその背景のように映じ，その様々な映像が実に多様な形・程度の外来刺激として，人々の意識・判断・行動に深浅様々な影響を与え続けているので，「風土」という複雑・総合的な地域文化の体系の中でも特に，この「景観」と「文化経済」との関わりの意味ない

し意義を考察しないわけにはいかないからである。

さて,「景観」という言葉は,前に述べたように,一般に「それぞれの地域において自然や人工的な加工施設設備が作り出す,都市や郊外・自然界等の景色・風景」というような意味で使われることが多い。そして,本章で「景観」を,この後者の意味で取り上げる場合,この現象と「文化経済」との極めて重要な相互作用を考察する視点として,①自然の景観と文化経済,②自然と人工物が織りなす景観と文化経済,③人工物に焦点を当てた場合の景観と文化経済,という三様の視点が在り,これらの視点は都市計画や田園計画,観光資源整備・開発というような意図の下に景観と文化経済の相互作用・効用・機能を論じる場合,基礎的な整理・分類の仕方として有意義である。しかし,本章では,「景観」と「文化経済」との関わり方をもっと端的に本質的な次元で追求したいので,このような形での3分類による記述方法は採らないこととする。つまり,ここでは以下,「景観の形成」,「耐久文化経済財の視点」の二つの論点を設け,文化・経済相互作用の有り様について基礎的考察を加えたい。

2. 景観の形成

自然景観について述べるべき事柄がないわけでは無論ないが,文化経済学の視点からは,それ以上に興味深い現代的な事象として,「文化」と「経済」との相互作用の申し子とも言うべき,「都市景観の形成」というテーマを取り上げ,思うところを述べておきたい。

この,非常に興味深い現代的テーマに関しては,これまた汗牛充棟(かんぎゅうじゅうとう)と言うべき多数の書籍・文献が在るが,筆者が通覧した限りにおいて,テーマの本質に端的に迫る上で最も印象が深かったのは,山之内克子(よしこ)著『ウィーン―ブルジョアの時代から世紀末へ―』という書物だった[2]。そこで以下,文化・経済相互作用の観点から,特に有意義であると思える箇所を同書の記述からお借りしながら,順次,留意すべきであると思われる点に適宜触れていくこととする。なお,本項で必要な箇所を引用させて頂く同書それ自体は,書名からも分かる通り,主として19世紀後半の一時代を取り上げたものだが,それにもかかわらず筆者が同書を「現代的テーマ」に関して用いる理由

は，そこに述べられている事柄の本質が，時間を超えて，現代に深くつながっていると考えられるからである。

さて，ここで取り上げるオーストリアの首都ウィーンについて都市そのものを紹介する必要はないであろう。たくさんの日本人が毎年そこを訪れ，また多くの日本人が今そこで暮らし，働いている。そこで，ただちに歴史を遡り，19世紀初頭の旧態のウィーンの景観から始める。なお，引用文中のカッコ内の語句は，引用者による補注である。

　　(1809年) 5月10日，郊外の集落を押さえてウィーンを包囲したナポレオン軍が目にしたものは，……中世の城塞さながらの旧式な防御施設によって，名ばかりに武装した都市の姿であった。最新鋭の武器を備えたナポレオン軍による激しい砲撃を受けて，都市ウィーンはわずか一夜にして脆くも陥落した。……この時代遅れの防御施設は，18世紀から19世紀にかけて，近代都市として発展しようとしていたウィーンにとって，しだいに大きな障害となりつつあった。15世紀末には約2万から3万人を数えたウィーンの人口が1800年にはすでに25万人に達していたのにたいし，市城の面積は，13世紀以来，少しも変化していなかった。石造りの強固な防壁が，都市が周辺部へと自然に拡大していくことを妨げていたからである。

　　……19世紀には，市壁内の全土地面積の建蔽率（けんぺいりつ）はほぼ90％に達していた。……流入する人口を収容するために，増築工事が建物の上層を積み重ねる形で進められたが，それでも住宅難は解消できなかった。また，建造物が過密になればなるほど，市内の住環境は悪化した。風通しと陽あたりが極端に悪い狭い住居での生活が，住民の間に肺疾患を蔓延させた。肺結核は一種の風土病とみなされ，「ウィーン病」と名づけられたほどであった。……(1857年)「ウィーン新聞」の12月25日朝刊が，内務大臣バッハにたいして都市計画の導入を命じた皇帝（フランツ・ヨーゼフ一世）の親書を，全文にわたって掲載した。「余は，ウィーンの都心部を，その周辺部と効果的に連結するような形で拡大し……都心部を囲む塁壁ならびに要塞，およびその周辺の壕（ほり）を撤去することを許可する

……」この親書によって開始された都市拡張計画は，ウィーンにとって，1237年のレオポルト大公による都市計画以来，約6百年ぶりの本格的な拡大，改造計画であった。その後，半世紀をかけて実現されたこの計画事業を通じてウィーンは……近代的大都市へと鮮やかに変貌を遂げることになったのである[3]。

　家屋・人口が密集する市壁内の環境に苦しんでいたウィーンの市民は，一面，市壁の外に広がる斜堤の牧歌的な草地が失われることを惜しむ気持はあったにせよこの計画を歓迎した。そしていよいよこの，屋上に屋をかさねた超過密・不衛生な城塞都市とそれを取り巻く広い環状の斜堤を改造する一大工事が動き出すが，この揺らぎつつある絶対王制下の大規模事業を現代人の目にも際立ったものとして見せる特色は，現在のわが国でもようやく近年，政府の主導による公共事業・公共投資の劣等性，硬直性への批判・反省から新たな方策として採用されだした社会資本形成の手法であるPFI（private finance initiative）の形式が，むしろより強く民間活力をフルに生かす形で押し進められたことであった。

　　3月革命後の諸改革によって，市民の行動を制約していた古い制度が取り除かれたとき，これまで着実に蓄積されていた市民社会の活力が，一挙に解き放たれた。資本家や企業家として急成長を遂げた経済ブルジョアジーだけではなかった。内政改革，教育改革に伴って，専門職を中心に官僚のポストが増やされ，また，貴族階級による高位官職独占の制度が是正された結果，さらに多くの教養ブルジョアジーが公的機関のなかでその地位を確実なものにしていった。……この都市計画は，すでにフランツ・ヨーゼフの親書の段階から，「防御施設の跡地に得られる建設用地の大部分を民間に払い下げ，この収益で設立される基金によって，公共建造物の建設やリングシュトラーセ（環状道路）の敷設工事のためのコストを賄う」という……非常に近代的で明快な財源構想をもっていたのである。……リングシュトラーセ沿いの土地のうち70％の売却が決定されていた。さらに，計画を円滑に実行に移すために，政府は土地払い下げ開始とともに，これらの建設用地にたいして特別な免税措置を

適用したり，また，建築条令を緩和したりして，購買を促進しようとした。かくして，有利な条件で大量に放出された建設用地は……経済ブルジョアジーにとって，恰好の投機の対象となった。かれらは先を争って土地を購入し，ここに投資目的の高級アパートメント・ハウス，いわゆる「貸し宮殿」（「うさぎ小屋」ではない）を建設した。……投資家たちの多くは，自分のアパートメント・ハウスの2階を天井の高い豪華な内装で仕上げて，家族とともにそこに住みついた。ほかの部分は貸しに出されたが，借り手として名乗り出たのもまた市民階級であった。……こうして，リングシュトラーセは，「市民たちの居住区」という新たな意味が生まれた。……リングシュトラーセの建設活動に投資することは……国家事業に財政的に貢献するという意味で，功績とみなされたのである。……（煉瓦製造業者，ハインリヒ・）ドラッシェは……敗戦や政権交代のあおりを受けて，都市拡張計画が順調なスタートを切れなくなるのではないかと憂慮していた。……かれは，自ら建設業者としてこの都市計画に参画することを決意した。……建設用地をただちにまとめ買いし，アパートメント・ハウスを遅滞なく完成させることによって，かれは，この都市計画の初期の段階に，幸先のよい活気を呼び起こすことに成功したのであった。……それまで徐々に開始されつつあった民間建設活動は，とくに芸術的なポリシーもなく，経済的な収益だけを念頭に進められていた。これにたいしてドラッシェは，のちに国会議事堂などリングシュトラーセの多くの公共建造物を手がけることになる建築家，テオフィール・ハンセンと協力して……共通の芸術様式を持つ統一的な総体として構築することを計画したのである。1863年に完成したとき……豊かに飾られたこ（れら）の建物の威容は，禁欲的な新古典様式を見慣れたウィーンの人々の目を奪った。その芸術性が絶賛されるなかで，ドラッシェは，このアパートメント・ハウスに自分の名を与えて，ハインリヒ・ホーフと名づけたのである。……ハインリヒ・ホーフ以降，リングシュトラーセの建築は，資本家たちにとって，もはや単なる経済的関心事ではなくなった。……（企業家として成功していた父祖の地位を継いだニコラウス・）ドゥンバは，確かな鑑識眼と洗練されたセンスをもっ

第9章　風土・環境と文化経済　　　　　　　　　227

た，数少ない本当の意味での芸術保護者(メセナ)のひとりであった。……若くしてすでに，ウィーンの経済界で高い地位を獲得していた。さらに，70年代以降は，州議会議員，下院議員，のちには上院議員として，積極的な政治活動をも展開した。しかし……生活の中心は，あくまで芸術にあった。……楽友協会であろうと，美術工芸博物館であろうと，自ら事務所に足を踏み入れ，スタッフとともに働こうとする……19世紀ウィーンの造形芸術家の中には，ドゥンバによって発掘され，日の目を見たものも少なくない。……国会議事堂の実現過程で，予算不足のために，計画案にたいして芸術的効果を無視した変更が加えられようとしたとき，かれは……この建物をひとつの芸術作品として完成させることの重大さを議場で力説した。……かれが，生涯を通じて叙勲をいっさい拒絶し，爵位を受けようとしなかったこと……1890年にウィーン市名誉市民の称号を受けながら，貴族や騎士に結びつく肩書きを頑(かたく)なに拒絶してきたニコラウスの態度のなかには，とりわけ，旧支配階級との同化をよしとしない，近代市民の真骨頂をみることができる……。1864年，ドゥンバは，市立公園近くのパルク・リングに用地を購入し，私邸を建設した。……パルク・リングを散策する人々は，夕闇が迫る頃……2階にあった主(あるじ)の書斎に灯が点り，マカルトの手になる天井画が灯火に照らされて浮かび上がると，その幻想的な美しさに，誰もが息をのんだという[4]。

　文言をかなり選びながらもやや長い引用になってしまうが，大規模な都市改造を受けるウィーンにとって，また，その旧都市の市民たちにとって，後世の我々から見て恵まれていたと思えるのは，この長期にわたったPFI型の都市開発，都市景観の形成作業の当初から，美事な都市景観の実現を目指すことを重視するタイプの有力者たちが幾人もいて，彼らの実践行動の成果が次々と，ともすれば単純に経済的利潤を追求しがちな多くの経済人たちに強いインパクトを与え，「経済的思考・行動の文化化」といえる方向性を広くもたらしたことだった，といえよう。「リングシュトラーセの建設活動に投資することは国家事業に財政的に貢献するという意味で，功績とみなされ

た」という，ほぼ月並みな経済的段階にあって，しかし，「その芸術性が絶賛されるなか，ドラッシェのアパートメント・ハウス「ハインリヒ・ホーフ」以降，リングシュトラーセの建築は資本家たちにとってもはや単なる経済的関心事ではなくなった」という（個々の人物の思惑にはいかがわしい要素が種々あったとしても）都市の景観形成の大きな流れとしては「合成の成功」への方向を辿ることができた。

　日本の各地で為され，あるいは為されつつある大小様々な都市景観の形成が，それらの結果において，ほとんど見るべきところがないという文化的悲哀の感情を，我々の多くに抱かせることの基本的原因は，上に引いたような公共的事業の初期段階以降の随所で働くべき文化的感覚・志向が，当方にあってはかなり希薄なままに，文化化を大きく欠いた経済的思考・行動として事業が進められていく，という辺りに在るのではないだろうか。

　ところで，都市としてのウィーンは，まだ他にも問題を抱えていた。そこまで触れておかないと，この都市の像を不備な形で提示することになってしまう。それ故，この都市が当時抱えていた問題と，その問題の解決のための動き・結果，そしてその後の推移について，再び同書の記述を，飛び飛びに紹介させていただくが，それらについて特にコメントを加える必要はないと思われる。

　　ウィーンでは……郊外の居住区の北側で大きく湾曲しながらいくつかに分岐した不規則な流れ……春先，ドナウの水面を覆っていた氷が割れて氷塊となり，これが雪解け水で増水した河を塞いで起こる大洪水は，流域地区で毎年のように家屋や橋を破壊し，赤痢などの疫病を蔓延させた。……浄水フィルターの老化が進んだとき，事態はますます深刻なものとなった。……毎夏のように，都市住民の間にコレラを流行させたのである。……約百キロメートルにわたって，清らかなアルプスの湧き水を首都へと運ぶ，高山泉上水道施設のプランがもち上がった。……この地方に所領をもっていた皇帝フランツ・ヨーゼフとホヨス伯爵がそれぞれ領地内の良質の湧泉をウィーン市に無償譲渡したことにも助けられて，この理想の上水道施設は1873年ついに完成をみた。……今日のドナウ

の流路を確定することになった大規模な治水工事は，計画から約十年を経て完成したが，これは付近の住民を度重なる洪水の恐怖から解放し……新たに260ヘクタールの土地が建設用地として利用可能になり，また，広い河幅と安定的な河床が確保されたことで，水上交通とくに大型船舶の航行事情を大幅に改善した。……ガスや電気による街灯は，暗く危険だった都市の夜を，美しく幻想的なものに変えた。……19世紀後半，ウィーンは，中世都市・バロック都市を完全に脱して……あらゆる面で近代的なメトロポリスへと生まれ変わろうとしていた……しかし……近代化，メトロポリスへの変遷の過程で，都市の本質そのものが少しずつ変化していた……工業化とともに，大量のプロレタリアートが流入して……都市の社会構造は，しだいに不安定さを増していった。……資本運用の一環としてリングシュトラーセに高級アパートメント・ハウスを林立させた建築主たちは，工場労働者のための廉価な小規模住宅の必要性など，まったく眼中になかった。……同じ時代に，都市の片隅では，床にチョークで境界線を引いた狭い一部屋に数世帯の貧しい家族が詰め込まれて，惨めな暮らしを強いられていた。……多くの社会問題が放置され……19世紀都市のこの二面性は，まさに当時，都市の経済的，政治的主導者として活躍した近代市民階層がもっていた，可能性と限界そのものを反映していた……[5]。

K. マルクスやその友F. エンゲルスでなくとも，これでは真面目な人間であればみな社会の改革・革命を考える。その上，諸民族のるつぼである欧州のあの一帯の歴史は複雑である。後の事だが，第二次世界大戦前後の実績の上にティトーが指導して実現した連邦共和国ユーゴスラヴィアも，結局のところまた民族ごとにバラバラになってしまった。これと同様のことがもっと以前に，20世紀初頭のハプスブルク帝国に起こり，オーストリアはやがてドイツ第三帝国に呑み込まれていく。

　　1890年代には，（ハプスブルク）帝国内の状況はすでに一時を糊塗する政策では対処しきれない段階に達していた。参政権を求めてデモ行進をくり広げた社会民主主義労働運動ばかりではない。都市の中流階層を

結束させていたキリスト教社会党，……ドイツ人やスラブ諸民族の急進的ナショナリズムなど，帝国政治の矛盾が生み出した新しい勢力が，多民族国家としての帝国の存在……ハプスブルク家の統治そのものを覆(くつがえ)すような方向で作用し始めていたのである。……民族問題のもつれは，1914年，帝国を世界大戦へと駆りたてた。……1918年，敗戦を機に政権を手にした大衆運動の指導者たちは，ハプスブルク家を支配者の座から追放してついに帝国の息の根を止めた。……人心を巧みに捉えて1938年，一発の銃声を発することもなく……ウィーン入りしたアドルフ・ヒトラーこそ，「市民の時代」の最後の名残(なごり)までも根こそぎ一掃することになった張本人であった[6]。

　こうして1945年，ヒトラーとその第三帝国は滅び，都市もまた大戦末期の文化破壊の惨禍を経て，現代都市ウィーンとして装いも新たにまた蘇(よみがえ)る。以上が，オーストリアの首都ウィーンのここ1世紀余の歴史だが，筆者がこの都市の歩みを取り上げた理由は，そこに見られた都市改造計画とその後の顛末(てんまつ)が全般的に優れていたからというわけではない。それをいうならば，ウィーンのこの計画は主として貴族階級と新興の市民階級にだけ照明が当てられた不十分な見通しのものであった。そのような事ではなく，都市改造計画という形で取り組まれた「景観の形成」が，定型的な計画策定と，通り一遍の官民協同の動きだけでは，ここに示したような実力ある参画者達の生き生きとした情熱と同じ方向を目指す意志・構想に太刀打ちできる筈がない。都市の歴史の一齣だったとはいえ，文化性・芸術性と実利性・実用性の双方を強く志向する人々が当時のウィーンの景観形成に大きな実際的役割を果たしたことの社会的・文化経済的な意義を後世の我々がよく承知しているべきであり，それがここにこの実例を持ち出してきた理由である。

　大きな計画の策定とその実施作業となると，我々はとかく技術的・学問的・行財政的な精密さや形式的な整合性に目を奪われるが，本当に重要な成功のカギは実はこのような人的資質，人的構成の優劣に在るのだということを見逃してはならないと考える。

3．耐久文化経済財の視点

　前項で取り上げた「都市景観の形成」過程に見られる景観の主役たちとは結局，ウィーンを象徴する目抜き通りのリングシュトラーセ（環状通り）でありブルク劇場（旧宮廷劇場）であって，それらはいわば「観光資源」（観光スポット）のような目立つ公共施設・民間施設の一群だった。この種の状況は今でも，どこでもほぼ同じである。

　しかし，どの時代のどの都市であれ表面的な「景観」だけでは都市の生活はすぐに荒廃・退廃してしまう。そこでの市民の活動・生活を支え，都市の機能をよく発揮させ得る水準と規模の「環境」（infrastructure／社会機能維持基盤）が伴わなければ，その都市はやがて行き詰まり衰退する。

　つまり，公園・緑地を維持・保全できる基盤的機能，清潔な都市環境を保つ清掃・浄化・廃棄物処理・リサイクル等の機能，上下水道インフラや道路・鉄道等の交通・運輸インフラの確保・改善機能，防災・緊急・復旧機能，外部諸地域や海外との人的・物的及び情報交流の環境整備に資する機能，都市自体の情報発信・受信とその活用に資する機能，乳幼児・子供から高齢者に至る諸ライフステージの市民の快適性・文化的充足を維持・改善し得るソフトウェア機能，更には都市の環境・景観の全般的チェックや計画的対処策を不断に行うことができる機能等が充実すればするほど，その都市の質は向上する。これらについては次節においてもっと詳しく取り上げるが，その共通の特性として挙げられることは，これらがすべて有形ないし無形の財物としての耐久文化経済財であるという点である。都市景観の主役たちもむろん有形ないし無形の財物としての耐久文化経済財だが，主役は人々の意識にいつも在るが，目立たずに重要な役割を果たす前者を絶えず意識しそれらの充実・改善を重視する視点を，市民たちは常に大切にすべきであり，そのことが地域の文化経済的価値を高めることに繋がっているということをよく理解しているべきである。

第3節　環境と文化経済

1．環境は文化・経済の関数
(1)　負の環境――文化と経済の対立――

本項でまず取り上げる「環境」とは，家庭環境とか学習環境，人間関係といった各人のいわば私的な状況に関わる種類のものではなく，地域住民ないし一般国民を取り巻く社会公共のものとしての「環境」である。

「環境」という時，それは常に「正」と「負」という二様のベクトルを持ち，それらの間に種々の「環境」がいわば連続スペクトルのような形で存在している。つまり，文化・経済主体としての我々人間にとって，周囲の種々の「環境」が我々に対して有益であればそれは「正」の環境であり，有害であれば「負」の環境である。そして，一概に正とも負とも評価しがたい種類の環境もたくさんある。

このような社会公共の「環境」の中で，わが国の場合（多くの他国でも同様ではあるが），我々がどうしてもまず思い浮かべてしまうのは，高度経済成長期に社会問題化した一連の「負の環境」のほうである。即ち，二酸化炭素や窒素酸化物・酸性雨等に代表される大気汚染とか，口にする物の安全性，環境ホルモン（内分泌攪乱化学物質），オゾンホール，地球温暖化，あるいは廃棄物処理，リサイクル問題，上下水道，都市の生活環境，林野・生物の生態系・衰退種の保護，貴重な各種遺産・財物の保護等々。これらに共通する問題項は「公害」である。

この種類の正・負の環境について公刊された書籍や論文・調査報告・提言・答申類等は恐らく無数にあるので，ここでは，環境について最も本質的な事柄を摘記したい。

本書は「文化」と「経済」の相互作用の諸相について種々述べてきたが，それらと同一の文脈において，環境とは，人間・社会の文化と経済という変数によって動く関数の一種である。つまり，我々の文化というか我々が内包している文化の構成体は，決して不変の要素ばかりではなく変動する要素もたくさん含んでいる。また，我々が作り出し，我々が従属してもいる経済も，

それこそ変動する要素のかたまりである。そして，これらの二つの変数が関数関係を持って，その時代，その時期，その国，その地域の様々な「環境」を決定づけている。

　例えば，（有名な明治時代後半の田中正造代議士による公害弾劾運動はさておき）上に触れたわが国の高度経済成長期に当たる1950年代後半から60年代にかけて，日本の各地で社会問題化した公害問題とは，生産規模の拡大や生産効率の向上という利益最優先（経済最優先）の企業の姿勢（企業文化）が，熊本県での水俣病や三重県での四日市喘息，富山県でのイタイイタイ病等に代表される各地の公害病の原因を大量に生み出し，このような負の経済活動を主たる原因とする産業公害・都市公害の問題に対する市民・国民の抗議運動（健康・最低限度の快適性という文化価値の擁護）が，度重なる原告側の全面勝訴，水質保全法・工業排水規制法・大気汚染防止法・騒音規制法・国連の人間環境宣言・環境基本法等の制定・採択につながり，企業の外部不経済行為（経済）に対するその内部化の原則（文化）が常識化していく。つまり，ここで言う「正・負の環境」を，その時代その時期その国その地域に見られる姿で在らしめている基礎的変数は文化と経済である，と述べたことは，こうした現実の歴史の歩みを眺めた結果の所見である。

　「経済」活動とは，その本質において，供給（生産・販売）サイドにあっては，与件の範囲内で利潤の最大化を目指す活動（戦術的な安売り行為もこの構造の枠内に在る）であり，需要（購入・消費）サイドにあっては，与件の範囲内で効用の最大化を目指す活動である。だから，企業人・商売人（経済）は古来，とかく利潤を優先し，摘発されなければ違法行為・脱法行為を色々工夫し実践するし，消費者の評判が落ちない範囲でなら新鮮な物より古い物を，目利きが出来ない消費者の取りやすい場所に平気で並べる。それも，一部の従業員がそうする以上に，企業ぐるみ・店舗ぐるみで目立たぬようにやる。こういう，宿命的な構造なので，「経済」活動・取引きについては様々な規制・監督法規が作られる。文化経済学ということで，文化と経済の明るい相互関係を考察する分野だと思われるかも知れないが，事実は違って，「文化」と「経済」のある領域では，その本性から，当然とも言うべき両者の対立・矛盾関係があるのである。

(2) 正 の 環 境 ――経済の進化・文化化――

　前項では，基本的構造において経済と文化が対立・矛盾する形で展開されていく「負の環境」についてまず述べたが，次に，文化の作用に発する経済の自律的進化の表象としての「正の環境」の形成について述べる。

　ISO (International Organization for Standardization／国際標準化機構) が策定した工業分野の各種国際規格は法的拘束力を持たないが，事実上の国際規格として広く加盟各国で採用されており，それらの中の環境管理・環境監査等に関する規格を採用している企業が日本においても増えてきている。これは，ある意味では，本書の前半部で触れた企業のメセナ活動等の社会貢献活動と同様，それらの社会的寄与活動を行うことで消費者・社会における企業イメージを高めて顧客を増やし，間接的に利潤の増大を図ろうとする一種の企業戦略として理解できるが，このような戦略を採用する企業は，採用しない企業よりも環境保護や社会福祉・文化振興等の社会的諸課題に前向きな関心・理解を有し，公共志向度が高いと思われるので，このような傾向はいわば「経済」主体の「文化」化，つまり，当初は種々の文化サイドからの作用・圧力・働きかけがあったにもせよ，ある段階からは企業サイドの自律的な文化性志向の動きに進化したものと解釈・分類してもよいと思われる。ところで，ここで取り上げている「環境」に類するものとして，近年，コンクリート都市・冷房都市・高層ビル街の増加に伴い，都市部の気温が異常に上昇するヒートアイランド現象が問題になっているが，このことについても政府部門による政策的誘導（屋上緑化，吸水性路面化，廃熱抑制，緑地拡張等）ともども企業サイドの自律的な対応の動きが拡がりつつある。こうした企業・行政側の快適性（文化性）重視の傾向は全体として各地の環境水準を徐々に高める方向にあると言えよう。

2．環境整備事業と前後アセスメント ―― 文化と経済の均衡 ――

　それぞれの地域で，社会公共のものとしての環境を整備しようとする時，整備事業の任に当たる行政は当然，以上に述べた意味での文化性と経済性を共に念頭に置いて（住民や企業・NPO等とも連携したりしながら）整備計画を立て予測評価を経て事業を実施する筈である。

前にも述べたが，表面的な「景観」だけでは都市の生活はすぐに荒廃・退廃してしまう。市民の活動・生活を支え，都市機能をよく発揮させ得るレベルの「環境」（社会機能維持基盤）が伴わなければ，その都市は行き詰まってしまう。

具体的にいえば，公園・緑地の維持・保全機能，清潔な都市環境を保つ清掃・浄化・廃棄物処理・リサイクル等の機能，上下水道インフラや道路・鉄道等の交通・運輸インフラの確保・改善機能，防災・緊急・復旧機能，外部諸地域や海外との人的・物的及び情報交流の環境整備に資する機能，都市自体の情報発信・受信とその活用に資する機能，乳幼児・子供から高齢者に至る諸ライフステージの市民の快適性・文化的充足を維持・改善し得るソフトウェア機能，更には都市の環境・景観の全般的チェックや計画的対処策を不断に行うことができる機能等の環境維持・改善機能の整備・拡充が各地域の重要課題であって，これらが環境整備事業の主な柱である。

これに関してわが国で極めてしばしば問題になるのが，当該事業の事前・事後（更には途中段階）における，正負の効果やコスト・パフォーマンス等についてのアセスメント（予測評価）のまずさである。そして，この指摘される「まずさ」の最大の原因は，事業計画者・実施者側の気配り・目配りの狭さ・浅さにある。具体的事例でよく問題になるのが，①地域のユーザーである筈の市民・住民のニーズ・要求をよく把握せず，その結果として適切な計画・実施が見込みがたい。②行政側の思い込み，政治・業界等への配慮といった不適切な要素が計画・実施を歪めている。③事業の効果，コスト・パフォーマンスの見地から，もっと適切な改良策・別案等があり得るのに，それらに対する前向きな姿勢が乏しい。④そもそも手直し程度以上の対応をする体質がみられない。⑤極めてしばしば，住民参加という原則が，行政側による形式的スローガン（免罪符）になってしまっている。ざっとこのような批判であるが，このような精神的・組織的・行政的構造のもとでは本当に適切なアセスメントが為される筈がない。

この種の問題と対応策等については，抽象的・理念的に批判を繰り返すだけでは無意味であり，文化・経済の均衡を基本的な判断基準として行政監察システムと，その監察結果を実際に効果あらしめるフィードバック・システ

ムをその地域社会の中に確立させることが結局のところ一番の早道である。その詳細は本書第10章において述べる通りである。

3．大切な，もう一つの環境論

今，世間で広く行われている「環境論」は前項で取り上げた通り，一言で言えば「外回りの状況」についての環境論である。つまり，大気の状態とか，口にする物の安全性とか，環境ホルモン（内分泌攪乱化学物質），オゾンホール，地球温暖化の問題，あるいは廃棄物処理，リサイクル，上下水道，都市の生活環境，林野・生物の生態系，衰退種の保護，貴重遺産・財物の保護等々，我々人間の文化・経済環境において負の影響を与える危険性を軽減・除去しようとする，それら自体とても大切な課題意識であり取り組みである。

しかし，もう一つ，我々人間にとってこれらの「外回りの状況」としての環境論と並んで非常に大切なことは「内面的な状況」についての環境論である。どういうことかと言えば，人間にとって一番大切なものである筈の，我々老若男女すべての「心の環境」論がほとんどと言って過言でない程に不問に付されている，ということである。この問題に本格的に取り組むとなれば，それこそ大きな「叢書」が出版されることになってしまうが，非常に本質的な事柄として，この「心の環境論」はそれこそ文化経済学における文化及び経済の有り様・方向・意義・効果にとって基本的な影響をもたらすものであり，もちろん文化経済学の領域を遙かに越えて，我々人間存在のすべての領分に同様の影響を及ぼすものだということを，お互いにもっと強く意識しているべきである。

一例を挙げよう。日本特有の現象とは言えないのかも知れないが，凶悪な犯罪や様々な利己的・反社会的行為が年々増えつつある。自由主義，個人主義，文化価値の多様性というような物の考え方を盾にとって，「人は人，自分は自分。何をしようが，カラスの勝手」という理屈が通用しやすいのが今の世の中，大きな風潮である。一説には，人間形成にとって重要な基本的社会システムである学校・公教育の内容・方向を定める「教育基本法」自体にそもそも問題があるとか，もっと遡って「日本国憲法」がよくないといった

指摘も聞かれるが，それらは所詮「形式論」であり，それを言うならば「教育は，人格の完成をめざし，平和な国家及び社会の形成者として，真理と正義を愛し……心身ともに健康な国民の育成を期して行われなければならない」（教育基本法第1条），「この憲法が国民に保障する自由及び権利は……国民は，これを濫用してはならないのであって，常に公共の福祉のためにこれを利用する責任を負ふ」（日本国憲法第12条），「……生命，自由及び幸福追求に対する国民の権利については，公共の福祉に反しない限り，立法その他の国政の上で，最大の尊重を必要とする」（同法第13条）等の諸規定に，いかなる過不足があるのかを問いたい。

　筆者は別段，熱心な憲法・教基法擁護派ではなく，もしもこれらに国家・社会・人間の健全な営み・成長の上から確かに欠陥があるのであれば，それはもっと適切なものに改める方が良い。しかし，今取り上げている「心の環境」の問題について，両法の規定にそのような欠陥があるとは思えない。なるほどすべてが「抽象的」ではある。だが，それはこの両法が共にそれぞれの役割において最高法規なので，論文や判決文を書くようなわけにはいかない。それが良くない，という論法もあろうが，基本法規はこれで十分なのだ。後は，ゲーテ『ファウスト』末部の科白(せりふ)の通り，我々国民・市民一人ひとりが心と目をよく見開いて，日々，その内実を守り豊かにしていく努力を重ねるべきものである。「人格の完成，平和な国家・社会の形成者，真理と正義を愛し，心身ともに健康な国民」……これ以上に踏み込む先を誤れば，悪しき意味での全体主義・愛国主義に連行される。「自由及び権利を国民は濫用してはならない，公共の福祉のためにこれを利用する責任を負ふ」……これ以上に踏み込む先を誤れば，前記と同じ暗黒界に連れ込まれる。

　つまり，ここでの問題に関して，教育基本法が不出来，憲法が不出来というのはきちんとした知恵を持たない人間が，字面(じづら)をいじればそれで世直しが半ばうまくいったように自己満足して気持ちの浄化を終え，後の「本当の苦労」は現場・他人に任せて，自分は同じ苦労の場にはおらず，忘れてしまうといった類の話である。

　問題解決の鍵はそんなところにはない。子供たちの人間形成の問題とは，ニワトリと卵の話を断ち切るならば，大人たち各自の人間形成の問題，大人

たち各自の生活の仕方・姿に発する問題であり，そこから子供たちに常に働きかけていく意図的ないし自然な「しつけ」という大切な行為についての問題も出てくる。学校の教師たちに問題がないとは言わない。それも家庭もマスコミも政治家も社長も役人も含めて，今の日本の大人たちの問題である。この「心の環境」の問題について，もっと真剣に具体的に取り組むこと，それが文化経済学はおろか日本の大人たちすべての，最も重要な社会的課題の一つである筈である。それは，安易な「法律改正ごっこ」のような戯技ではない。

第4節　景観・環境を巡る諸課題

　風土・景観及び二様の環境の概念については，本章の冒頭部で一通り全般的な説明を加えたが，風土・景観・（二様の）環境の間にはお互いに極めて密接な関係，場合によってはほとんど分かち難い融合関係がある。そこで本節では，文化・経済の相互作用という見地から，特に地域社会で問題となることが多い景観・環境を巡る諸課題のうちの幾つかを具体的な形で取り上げ，必要と思われる考察を加えることとしたい。その際，各地の様々な課題をここでの検討事例とする手法が勿論あるが，ここではこの種の課題についてかなり要領よくまとめている国土交通省監修『国土の未来像』をベースとして作業を進めることとする[7]。

1．環境としての交通網

① 　都市部の交通渋滞の緩和・解消には幹線道路の整備が必要だが，東京都の場合，その整備はあまり進んでいない。なお，首都高速の中央環状線が開通すれば，副都心の池袋から東京湾岸の東京ディズニーランドまで，現在，都心環状線経由70分かかるところを，30分で行くことができる（土地収容・道路予算の問題がある）。

注：21世紀初頭中の国の達成目標＝首都高速の平日昼間の走行速度で，時速38km（1997年）をほぼ60kmに。全国の渋滞箇所で3,200ヵ所（1997年）をおおむね解消。都市部の鉄道踏切で，約1,000ヵ所（2000年）を約500ヵ所に。

表9.1　都市環状道路網の整備状況　　（単位：km，％）

区　　分	東　京	パ　リ	ロンドン
供用済み延長	105	236	278
計画上の延長	518	320	282
整　備　率	20	74	99

② 鉄道混雑率を見ると，ニューヨーク・ロンドン・パリの場合，約100〜110％であるのに対して，東京圏のそれは180％である（1998年度）。→この状態を長期的には150％まで改善する予定。

注：鉄道混雑度の目安は，200％で雑誌を辛うじて立ち読みできる。180％で辛うじて新聞を立ち読みできる。150％で新聞を楽に立ち読みできる。100％で立っている人がいるが車内は空いている。

③ 国際交流・物流の拠点としての空港の機能拡充も重要な課題である。引用書にその種の記述はないが，ここでは具体的事例として九州地方に絞ってみる。佐賀空港その他の九州地方の空港の場合，九州全体が中国・韓国・台湾その他，アジア諸国と極めて近い位置に在ることから，国際交流という文化的視点からのみならず，地域経済振興という経済的視点からも（韓国東岸部との交流には海上航路も有効であるとして），国際空路の活用をぜひ可能にすべきである。

〈参考１〉　アジア諸国への外国人旅行者数（1999年）
　　中　国　　2,700万人（世界　5位）　　香　港　　1,100万人（同　17位）
　　タ　イ　　　 800万人（同　20位）　　マレーシア　700万人（同　21位）
　　シンガポール 600万人（同　26位）　　マカオ　　　500万人（同　30位）
　　インドネシア 500万人（同　31位）　　韓　国　　　500万人（同　32位）
　　日　本　　　450万人（同　36位）

〈参考２〉　祝日法の改正により３連休（ハッピーマンデー）が増えたことに伴う国内旅行者の増加状況をみると，平成11年1月8〜10日が6万3,000人，翌年1月8〜10日が9万7,000人に増えている。

　国内観光旅行の宿泊日数について，1998年時点で，その希望日数と実際の宿泊日数をみると，希望日数は，1泊40％，2泊45％，3泊10％，4泊以上

5％だったが，実際の宿泊日数は，1泊65％，2泊25％，3泊5％，4泊以上5％であった。

〈参考3〉　年次有給休暇日数――消化日数実績――
　　　　　日　　本（1998年）　　9.1日
　　　　　アメリカ（1997年）　　13.1日
　　　　　イギリス（1996年）　　24.3日
　　　　　フランス（1992年）　　25.0日
　　　　　ド イ ツ（1996年）　　31.2日

2．環境としての公園・緑地

東京の過密・人口集中が宜しくないと言ってしまえばそれまでだが，欧米諸国の首都圏を回っていると，公園・緑地の配置状態において，東京圏に限らず日本の状態が欧米のそれと比較してかなり見劣りがするという実感が否めない。国土交通省監修の例の冊子を見ても，各国比較が次のような数字で示されている。

　　　　　　　1人当たりの公園面積
　　　日本（全国平均，2000年）　　　7.9 m^2
　　　東京都区部　　（2000年）　　　3.0
　　　ロンドン　　　（1997年）　　　26.9
　　　ベルリン　　　（1995年）　　　27.4
　　　パ　リ　　　　（1994年）　　　11.8
　　　ニューヨーク　（1997年）　　　29.3

現行の全国総合開発計画（第五次）では，この現状を改善して「歩いて行ける」身近な距離に公園を配置することを目途として，1人当たり20 m^2の公園面積の確保を目指すとしているが，問題はこういう人頭面積もさることながら，日本の公園・緑地の魅力の乏しさにある。通りかかって，そこのベンチに座ったり樹の下を巡ってみようかと思うような気持ちを人に与えるようなセンス，たたずまいの公園・緑地が日本にはさほどない。そうする位ならもう少し先まで行って，喫茶店に入った方がよほどつろげるような，殺

風景なものがやたらと目につく。どこがどう違うのか，人によって感想・意見は異なろうが，少なくともこれと同じような印象を持つ人々が随分多い筈である。一言で言えば，公園・緑地の企画・設計者や担当行政職員等の文化的感覚における優劣が，こういう違いで表されるのではないだろうか。心して頂きたいことの一つである。

なお，この冊子には「電線類地下化率の国際比較」のデータも示されている。それによれば，欧米の主要都市と比較して，日本の側の数値は話にならないほど低い。地震災害や台風災害，大規模火災等を想定する時，これらも大きな問題点であり，電線に小鳥が並んでとまっている様子がいかにも日本的で風情がある，等とばかりも言っていられまい。

おまけにこの数値は日本については最近の1998年，外国都市については1977年のものである。

日本（人口10万人以上の都市市街地）	1.1％
東京都区部	3.1％
同　千代田区	34.8％
ニューヨーク	72.1％
ミュンヘン	88.3％
ベルリン	99.2％
パリ・ロンドン・ボン	100.0％

3．環境としての資源・エネルギー

近年，日本の大都市圏ではいわゆる「ヒートアイランド現象」が問題になっており，夏季におけるビル冷房の抑制や大規模・超高層ビルの配置の検討，路面舗装素材の見直しや屋上緑化，そしてむろん公園・緑地の拡充等の必要性がこの面からも指摘されている。

これらはいずれも，都市で使われる色々な資源やエネルギーと都市環境との関係に目を向けさせるものであるが，それだけではなく，京都議定書で世界共通の課題となった二酸化炭素・有害窒素酸化物等による大気汚染・地球環境破壊への対応という面からいわゆるクリーンエネルギー導入のための技術開発の促進や政治的取り組みの推進等が重視されつつある。

表9.2　クリーンエネルギーの導入量　　（1999年度末，設備容量　単位：万kw）

区　分	日　本	アメリカ	ド イ ツ	イタリア	オランダ	イギリス
太陽光発電	21	12	7	2	1	—
風 力 発 電	—	250	440	20	40	35

（注1）発電コストは，太陽光で火力の10倍，風力で火力の1.5倍。
（注2）住宅用太陽光発電コスト＝1993年度末と比べて1999年度末は5分の1。

　先ごろの報道によれば，例えば従来，大型風力発電装置の開発・販売に力を注いできた富士重工業が，もっと様々な状況に対応し得て応用範囲が広い中・小型の風力発電装置の販売・普及に乗り出した。言われてみれば，確かに，大規模な局面ばかりを考えるのではなく，このように小規模な場面も視野に入れた取り組みを進めることが，地域社会のきめ細かな課題対応等を考える上でも，むしろ大きな集積的効果を収めることに繋がる可能性が高いとも言えると思われる。

4．文化・経済の圏域力

　表9.3は，各都道府県のいわば文化経済の基礎的圏域力を一覧するための比較表である。
　このような一覧表を示した理由は，都道府県単位やもう少し広域の文化圏域・経済圏域等を一応の基礎的単位として種々の文化的・経済的な構想・計画を検討する際，ここに示した地域別の人口・世帯数・高齢化率・所得状況等を個別に及び計画圏域全体にわたってよく勘案しなければ，それが見込み違いや基礎構想段階での判断ミス等を招く事例が稀ではないので，個別・具体的な問題についてではなく一般的な留意事項として，本項の最後に，このような形で一例を示したものである。

5．自然環境の文化・経済論

　我々すべての生物の生存可能性は圧倒的・宿命的にこの地球と近在の月や太陽等の安定的状態に依存している。現代物理学等が示すところによれば，これらの諸生存基盤の各個体及び全体的システムはまだ当分の間，安定的状態を持続するのだから，このレベルのマクロ的意味においては現在の我々が

表 9.3　都道府県別人口・世帯数・高齢化率等　　　　　（単位：千人，千世帯，％，千円）

都道府県	人口	世帯数	高齢化率	1人当たり所得	都道府県	人口	世帯数	高齢化率	1人当たり所得
全　国	125,570	44,108	14.5	3,190	三　重	1,841	597	16.1	2,944
北海道	5,692	2,187	14.8	2,809	滋　賀	1,287	395	14.1	3,429
青　森	1,482	483	16.0	2,498	京　都	2,630	967	14.7	3,109
岩　手	1,420	454	18.0	2,642	大　阪	8,797	3,300	11.9	3,400
宮　城	2,329	777	14.5	2,861	兵　庫	5,402	1,872	14.1	3,148
秋　田	1,214	375	19.6	2,617	奈　良	1,431	457	13.9	2,728
山　形	1,257	360	19.8	2,708	和歌山	1,080	366	18.1	2,621
福　島	2,134	654	17.4	2,875	鳥　取	615	189	19.3	2,645
茨　城	2,956	923	14.2	3,139	島　根	771	246	21.7	2,581
栃　木	1,984	625	14.8	3,250	岡　山	1,951	659	17.4	2,895
群　馬	2,004	651	15.6	3,139	広　島	2,882	1,050	15.8	3,096
埼　玉	6,759	2,289	10.1	3,424	山　口	1,556	564	19.0	2,956
千　葉	5,798	2,015	11.2	3,369	徳　島	832	275	18.9	2,793
東　京	11,774	4,998	13.0	4,339	香　川	1,027	346	18.2	2,939
神奈川	8,246	3,094	11.0	3,446	愛　媛	1,507	542	18.5	2,552
新　潟	2,488	757	18.3	3,003	高　知	817	304	20.6	2,376
富　山	1,123	337	17.9	3,119	福　岡	4,933	1,783	14.8	2,876
石　川	1,180	390	16.2	3,029	佐　賀	884	268	17.8	2,605
福　井	827	247	17.7	3,021	長　崎	1,545	530	17.7	2,474
山　梨	882	292	17.1	2,988	熊　本	1,860	618	18.3	2,634
長　野	2,194	713	19.0	3,067	大　分	1,231	435	18.6	2,708
岐　阜	2,100	645	15.3	3,004	宮　崎	1,176	421	17.4	2,386
静　岡	3,738	1,204	14.8	3,125	鹿児島	1,794	689	19.7	2,339
愛　知	6,868	2,359	11.9	3,671	沖　縄	1,273	404	11.7	2,158

（出典）国土交通省監修『国土の未来像』（平成13年刊行）
　（注）　1人当たり年間所得は1997年度。その他は1995年。

思い悩むべき問題はないと言えよう。問題は，もっとミクロ的なわが地球における地学的システム，生態系等の毀損・修復・保護の問題である。

　この問題についてはある角度からは既に一応は触れたし，日常，様々なメディアや実体験等を通じてお互いにかなりの知識や問題意識，各自の意見・主張を持っているのだが，本章の最後にやはり文化・経済論の視点からその原理の骨子と思えるところを述べておきたい。

　①　大気システム・大気組成といい，植生・生態系といい，土壌・地勢と

いい，すべての自然環境の毀損・破壊の下手人は我々人間であり，それ以外ではなかった。つまり，我々人間だけが（それも特にいわゆる「文明諸国」の人間たちが主犯となって）母なる地球を科学文明と経済合理性の名の下に毀損・破壊し続けてきたのである。そして，さすがにそのような我々自身の目にも様々な自然破壊の行き着く先に共倒れの未来図が見えてきた時，初めて環境修復・環境保護の重要性と緊急性に気づかされ，今ようやく国際的規模で反省と贖罪(しょくざい)の動きが出てきたのである。この状況を文化・経済論の視点から見れば，ここまでの我々文明諸国民の科学文明といい，経済合理性とは，今にして思うに文化の水準として低く，経済の水準として合理的とは言えないレベルのものであった。

② これらの諸領域での愚行を自覚した我々は，今ようやく取り組み始めた贖罪の動きを今後途絶えさせることはないであろう。地球とそこに生きる生き物たちは，我々人間から引き続き，さんざんに利用され続けさんざんに痛めつけられ続けはするが，それはこれまでほどに苛烈な程度にではないであろう。我々人間は「知恵」と称して，理屈と膏薬とは都合のよい所に簡単に貼り付ける本性を持っているので，地球とその生き物たちにとって至福の日々は人類滅亡の時にようやく訪れるのであろうが，それでも我々人間の文化・経済は今後多少なりとも従来よりはレベルアップし洗練されたものになっていくに違いない。そして，その過程においては必ずや，一頃はやった Small is beautiful という言葉（書名）が示すような優れた価値観に立った文化・経済論が蘇(よみがえ)ってくるに違いない。

③ 地球システム・自然環境の毀損・修復・保護が国際的ないし国内において問題となる時，具体的案件としてはほとんどの場合，問題状況の打開策と既得権の保護・制限・剝奪との間の調整が最大の紛争点となる。またしばしば対立者の間の文化の違い，価値観の違いも紛争点となる。例えば，魚類の乱獲・資源枯渇とか大気汚染・水質汚染等を巡る問題は前者の紛争例であり，捕鯨禁止とか森林保護等を巡る問題はしばしば後者の紛争例としての要素が強い。そして，前者の場合は基本的には客観的・科学的な資料に基づき調整が為されて条約・協定等が締結・実施さ

④　地球システム・自然環境の毀損・修復・保護について問題意識・課題意識を明晰に持つのは恐らくボラやアザラシ以上に人間であろうが，この問題は根底において，我々人類が抱えている「人口問題」に深く結び付いている。恐らく，現代の多くの先進諸国では人口問題は人口減少問題の色彩を帯びていくであろうが，かなりの発展途上国では人口過剰問題の深刻化の形をとり続けるであろうと思われる。そうであれば，増減相殺(そうさい)されるかに見えるが，周知の通り増加規模・増加率のほうが遙かに大きいので，地球的規模では人口過剰問題のほうがより深刻で，この大きな人口圧力が自然環境問題に様々な影響をもたらすことになるであろう。現在は，相対的に低次の科学文明・経済合理性がもたらす負の影響が問題視されているが，やがて現れてくるものはこの「人口問題」であると思われる。

[注]

1）このような「風土」概念に対して，例えば「古都における歴史的風土の保存に関する特別措置法」（昭和41年法律第1号）は，その第2条第2項において「この法律において「歴史的風土」とは，わが国の歴史上意義を有する建造物，遺跡等が周囲の自然的環境と一体をなして古都における伝統と文化を具現し，及び形成している土地の状態をいう」と規定している。

　「建造物等が周囲の自然的環境と一体をなして，ある種の姿・形を具現・形成している土地の状態」を（歴史的）「風土」と規定するのは，本来たいへん広くて奥深い「風土」概念にそぐわないように思えるかも知れない。しかし，もう少し考えてみれば，広くて奥深い概念が，その大領域の一部の属性に狭めた形で用いられるのは別に珍しいことではない。例えば「文化」概念が含む一部の属性が取り出され「芸術，流儀，伝統」といった狭い意味合いで「文化」と表現されたり，「環境」概念が含む一部の属性が取り出され「各人を取り巻く状況，周辺の状態」といった狭い意味合いで「環境」と表現されたりするわけで，これらの用法を誤りとするのは行き過ぎであろう。

2）山之内克子(よしこ)『ウィーン―ブルジョアの時代から世紀末へ―』講談社，1995年。
3）同書，28～40頁。
4）同書，44～63頁。
5）同書，116～150頁。

6) 同書, 207～210 頁。
7) 国土交通省監修『国土の未来像―生活者の視点からみた 21 世紀の国土―』大成出版社, 2001 年。

第 10 章

所得・税等と文化経済

第 1 節　所得分配と文化

1．君子国・日本のミクロ・マクロ問題

　苛政は虎よりも猛し。マクロに見れば，日本の政治・経済の現状からはこの言葉は死語に属していると考えられよう。北朝鮮の厳しい自然と，行き詰まった制度・経済とに追いつめられて豆満江（トゥマン江，涙の河）を密かに渡り中国側に脱走する人々が年間 1,000 人前後というが，そこでは為政者の独断的な思い込み，価値判断・状況判断の誤りが虎よりも恐ろしい庶民いじめの国政を生み出しているのであろう。また，悲劇発生の原因と経緯は様々であれ，アフリカ・アジアには飢餓線上にある人々や難民たちがおおぜいいる。これらの人々が置かれている状況に比べれば，不振を極める経済大国とはいえ日本に暮らす我々の状態はよほど恵まれていると言えるだろう。

　しかし，それは日本の現状をマクロに見た時の話であって，ミクロに見れば日本の人々のうち相当数は悲惨な状態にある。下表は，そのような状態に関する経済指標としてすぐに出されてくるものの一つだが，1985 年のプラ

表 10.1　企業倒産の動向（負債総額＝1 千万円以上）

区　　分	1985 年度	1990 年度	1995 年度	2000 年度
倒 産 件 数	18,319 件	7,157 件	15,006 件	18,926 件
負 債 総 額	43,405 億円	35,000 億円	84,170 億円	259,812 億円

（出典）帝国データバンク調べ。

ザ合意（ドル高是正）の時期からバブル経済期に向かって倒産件数がかなり漸減し，バブル崩壊後はそれが反転して年々，倒産企業が増えつつある状況が見てとれる（1995年1月には阪神淡路大震災が起きている）。

　つまり，バブル崩壊後の自国の経済政策の不手際，不良債権処理とその新規派生，財政赤字，更には低コスト・低価格の外圧，アメリカ・EU経済の不振等による複合的なデフレ不況が続く中にあって，日本の特に小企業・零細企業の多くの経営者・従業員，また，零細な個人事業者たちは，経営不振や倒産の危機に苦しんでいるのである。小泉政権はこの時期にあって，多少の需要拡大策や増税セットの小規模減税，財政規律護持という国債抑制・公共投資削減等と併せて，銀行の不良債権処理と企業のリストラ・再生を促しつつ，増え続ける失業者たちへの安全網・再雇用策等を進める，と称しているが，この政権を特徴づけている需要拡大策軽視，不況期にぶつけての世直し策重視，急速な不良債権処理重視の政策路線に直面して，それらのしわ寄せを受けた経済的弱者たちの苦難が続いている。

　さて，現在の日本の経済情勢はこのようなもので，かなりの数の勤労者・失業者とその家族達が現下の不況を呪っていようが，もっとマクロの一般論として，表10.2のような国際比較の数値を見ていると，経済先進の欧米諸国と比較してもわが国の一種の特徴が見えてくる。この表は，1999暦年（アメリカは98暦年）における諸国の国民可処分所得の構成比（同表の最初の段の各数値）の一部抜粋と，同所得の処分内訳（2〜4段目の各数値）を一括したものである。

　他の先進諸国と比較して，日本では雇用者報酬の構成比が高く，また，よく言われているように貯蓄性向も明らかに高い。一方，可処分所得の最終消費支出において，民間支出と政府支出の各構成比ではいずれもほぼ平均近くに位置している。つまり，マクロにみると日本では雇用者に対する可処分所得の分配が相対的ながら手厚くなっており，それが直ちに影響するわけではないがやはり貯蓄構成比も高くなっていると見ることができる。なお，日本人一般の高い貯蓄性向については，文化的な角度から，日本にとどまらず勤倹貯蓄を美徳とする儒教文化圏としての価値観の共有を大きな理由として挙げる向きもある。ただ，それをいうならば，プロテスタンティズムの文化圏

第10章 所得・税等と文化経済

表10.2 国民可処分所得の構成比（1999暦年　抜粋）

区　分	日　本	アメリカ	イギリス	フランス	ドイツ	イタリア
雇用者報酬	66.3%	65.2%	62.0%	59.9%	63.4%	48.0%
民間最終消費支出	69.0%	75.9%	74.1%	62.9%	69.4%	69.9%
政府最終消費支出	19.8%	16.4%	20.6%	27.2%	27.2%	21.3%
貯　　蓄	11.2%	7.7%	5.3%	9.9%	7.8%	8.9%

（出典）内閣府経済社会総合研究所推計値「国民経済計算年報」，諸外国分はOECD「National Accounts」（アメリカ＝1998暦年）

表10.3 事業所規模別　製造業常用労働者　現金給与月額

区　分	500人以上	100〜499人	30〜99人	5〜29人
1990暦年	444.1千円	342.1千円	268.0千円	245.1千円
2000暦年	521.8	397.0	309.7	275.8

（出典）厚生労働省「毎月勤労統計調査年（月）報」

表10.4 企業規模別　部長級（大学卒業者）所定内給与月額（2000年6月現在）

区　分	100〜499人	500〜999人	1,000人以上	100人以上全体
25〜29歳	466.2千円	—	545.1千円	507.2千円
30〜34	757.6	392.8千円	574.6	673.5
35〜39	593.6	763.4	674.3	637.8
40〜44	557.0	638.0	684.0	617.6
45〜49	587.2	620.8	717.2	653.2
50〜54	614.0	662.3	741.7	694.3
55〜59	631.1	677.2	721.9	683.3
60〜64	555.1	635.0	685.1	604.2
65歳以上	563.0	545.7	682.0	575.5

（出典）厚生労働省「賃金構造基本統計調査」

域にも同様の価値観は在るのだから，そのような背景が在るにせよ，更に個別の経済的・社会的・制度的背景も挙げられるべきだろう。

ともあれ，各国の状態をマクロに比べた時，全体的にいって日本はほぼ，「君子」国と言えるような経済倫理レベルに位置していると言えそうである。ただし，話がまた上下に揺れるが，表10.3 あるいは表10.4 のようなデータを見ると，見方によっては単純に君子国等と言ってもいられない，結構格差があり問題があるとする立場に傾く人も多いのかも知れない。

2．所得と税
(1) 個人所得とそれへの税

現代の日本人はどこから所得を得ているのか。そこから話を始めるがそれを分かりやすく把握するには，とりあえず所得税の税目を眺めるのが手っ取り早い。また，個人所得の源泉としてはこの他にも，財産の相続・生前受贈等が挙げられる。そして，これら諸所得や資産に対して，国税である所得税や相続税・贈与税，地方税である住民税（都道府県民税・市町村民税）・利子割・自動車税・不動産取得税・固定資産税・都市計画税等がせっせと課されてくる（道府県税である個人事業税の課税対象は，町工場や旅館・飲食店，開業医や薬局・按摩・美容室等の事業主）。

なお，周知の通り，国内外を通じて現代の法制度では法的人格を持つ（従って，法的に権利・義務能力を持つ）ものとして「個人」の他に「法人」を定めており，この法人の所得については次項で述べることとする。

(2) 法人所得とそれへの税

個人が所得を得て，それに対して公権力（国・地方政府）が公共サービスの提供・維持・充実を理由に所得税を課するのと同様，法人が得る所得に対しても，公権力は公共サービスの提供・維持・充実と法人による公共サービスの受益とを理由に法人税を課している。

その際，法人税法では，課税対象法人を，内国法人（国内に本店等の主たる事業所がある法人）と外国法人（国内に源泉所得がある，内国法人以外の法人）に分け，更に内国法人を，①公共法人（地方公共団体・特殊法人・

表 10.5　個人所得に対する税制

区　分	内　　容	補　　足
給与所得	俸給・給料・賃金・歳費・賞与や同性質の所得	給与所得金額＝収入額－給与所得控除額か，特定支出経費額の大きい方の金額 特定支出：会社が負担しない範囲の通勤費・転居費・帰宅旅費等
事業所得	行っている一定の事業から生じる所得（山林所得・譲渡所得該当分を除く）	事業所得金額＝収入額－必要経費
利子所得	預貯金・社債の利子，合同運用信託・公社債投資信託の収益分配	
配当所得	会社等法人の利益の配当，剰余金分配，基金利息の分配，（公社債投資信託以外の）証券投資信託の収益分配	配当所得金額＝収入額－その収入の元本取得に要した負債の利子
不動産所得	不動産，不動産による権利，船舶・航空機貸付けによる所得（事業所得・譲渡所得該当分を除く）	不動産所得金額＝収入額－必要経費
退職所得	退職手当，一時恩給，これに類する給与関係所得（退職に基づく社会保険・適格退職年金契約等による一時金を含む）	退職所得金額＝(収入額－退職所得控除額)×1/2
山林所得	山林の伐採・譲渡による所得（山林取得後5年以内の伐採・譲渡による所得を除く）	山林所得金額＝(収入額－必要経費)－特別控除額 特別控除額＝50万円。ただし「収入額－必要経費」残額が50万円未満の時はその残額
譲渡所得	資産の譲渡による所得（棚卸資産等の，営利目的の継続的譲渡，山林の伐採・譲渡による所得を除く）	一般の資産に関わる譲渡所得＝他の所得と合算しての総合課税 土地・建物等，及び，株式等に関わる譲渡所得＝他の所得とは分離課税
一時所得	上記以外の一時所得（営利目的の継続的行為による所得，労役・資産譲渡の対価を除く）	一時所得の課税所得額＝{(収入額－それを得るのに支出した額)－特別控除額}×1/2 特別控除額＝50万円。ただし「収入額－それを得るのに支出した額」残額が50万円未満の時はその残額
雑所得	上記以外の所得（公的年金等の収入その他）	雑所得金額＝(公的年金等収入額－それらの控除額)＋(他の雑所得－必要経費)

NHK等），②公益法人等（宗教法人・学校法人・社会福祉法人・社団法人・財団法人等），③協同組合等（農協・漁協・消費生活協同組合・森林組合・信用金庫等），④普通法人（株式会社等の会社・企業組合・医療法人等），⑤人格のない社団等（PTA・同窓会・サークル等，法人ではない社団・財団で，代表者等の定めがあり国内収益事業を営むもの）に区分している。このうち，①はその公共性から法人税の課税対象とならず，②・⑤はその収益事業が法人税の課税対象になる。

内国法人は原則として，中間申告書の提出を経て，各事業年度の終了日翌日から2ヵ月以内に，確定決算の基づく課税標準・法人税額等を記載した申告書に，貸借対照表・損益計算書・利益処分計算書等を添えて，納税地の税務署に提出しなければならない。

法人税の課税標準は，各事業年度の所得金額・退職年金等積立金額・清算所得金額だが，ここで所得金額とは益金と損金との差額で，それらの内訳で示せば，所得金額＝（収益＋益金算入額－益金不算入額）－（費用，損失＋損金算入額－損金不算入額）である。

なお，個人の場合と同様，法人についても国税である法人税の他に，地方税として道府県民税・市町村民税・利子割・（法人収益事業の対する）事業税・不動産取得税・自動車税・事業所税・都市計画税等があれこれと課されてくる。

3．所得分配と文化

個人も法人も所得がなければ財産を食い潰して，それもなくなれば覚悟するしかない。しかし法人，ここでは簡単に以下，会社というが会社というのは個人ではないので，ダメな会社はいずれ倒産して，そこの従業員たち（個人）は失業したり別の会社に雇われたり，自分たちで事業を始めたりするので，それはもちろん大変なことだが大変といってもトコトン大変ではない。

それに対して個人の方は，頼りにしてくる妻子や老父母らを抱えていたりすれば，それこそ本当に大変である。失業手当が切れるまでに，必死に打開策を考えねば，あとがない。だから所得分配という時に，とにかく個人の所得状態こそが重要なのである。前掲の表10.3に見る通り，確かに大きな会

社では町の零細な会社よりも 2 倍近くの月給を払えるので，零細な会社には何とか色々工夫して活路を開いて収益を上げ月給も上げてもらいたいが，それはそれとして問題は個人の方である。

　国税庁の民間給与実態統計調査によれば，会社の規模は置くとして，わが国の 2000 年現在における給与所得者の年間所得の分布概況は，200 万円以下が 18％，200〜400 万円が 32％，400〜600 万円が 26％，600〜800 万円が 12％，800〜1,000 万円が 6％，1,000〜2,000 万円が 5％，2,000 万円以上が 1％となっている。

　先ほどの表 10.3 の数字と並べて見ると，そこはかとなく情景が目に浮かぶ。年配者だから高所得だとは言えないし，若いから低所得だとも言い切れない。恐らくそんな穏便な状況ではなく，表 10.3 の傾向がだいたいの基盤になっているのだろう。

　表 10.4 の企業規模別部長級給与月額の状況では，中小企業での 30 歳台前半者のそれと，中企業での 30 歳台後半者のそれが際立って高給になっているが，これは，この規模の企業におけるベンチャービジネス・特殊性志向の企業の存在と，そこでの若手人材の役割の大きさを反映したものと理解できる。

　それにしても，日本は個人所得の上下格差が極めて小さい国だとよく言われる。それでも，我々日本人の多くはなお「ああ，こんなに低所得じゃ，家計も苦しいだろうなあ」とか「歳を取ってもこんなに高給取って，ちっとは世の中の事も考えろ」とか思うのだから，アメリカの大企業トップの連中や同国の貧乏人たちが聞いたらしばらく絶句するのではなかろうか。

　これは，まさに「文化」のちがいである。経済的・経済学的講釈ではこなせない，明白な文化の差としか言いようがない。だから，以前出版された日本経済新聞社編の『税をただす』（同社刊，2002 年）等を通読していても，所得税の累進税制見直しの部分（課税率の累進性の低減）の理屈については，どうひっくり返して読んでも説得力を感じないし，テレビ・新聞の座談会や社説等を見ても真面目に考えて物を言っているのかと首をかしげてしまうのである。筆者自身のこうした個人所得における平等志向の傾向，能力的格差調整への傾向をみても，まことに，「文化」が年月をかけて人間の心に浸み

表10.6 国税収入の税目別構成比（高比率順　上位5税目のみ）　　　　（単位：％）

日　本		アメリカ		イギリス		ド　イ　ツ		フランス	
所得税	31.9	個人所得税	72.7	所得税	33.8	所得税	35.1	所得税	18.5
法人税	21.2	法人所得税	18.0	法人税	13.4	法人税	4.8	法人税	12.2
相続税	4.0	遺産・贈与税	2.0	非住居資産	7.0	負担調整税	3.8	相続・贈与税	2.4
消費税	21.1	関税	1.8	付加価値税	22.3	付加価値税	32.1	油品消費税	9.0
酒税	4.0	高速道財源	2.4	有機油税	8.5	鉱油税	9.6	付加価値税	44.9
国税合計	100.0	国税合計	100.0	国税合計	100.0	国税合計	100.0	国税合計	100.0

（出典）林健久他編『日本財政要覧』（第5版）（東京大学出版会，2001年）掲載表から作成。

入る力は非常に深く，大きいものだと思う[1]。

　表10.6は，国税だけの表なので半分は役に立たないとも言えるが，半分くらいは役に立つとも言える。本章のこの先において，税制つまりは国・自治体の財政制度の，最も本質的な核心について，かねて感じているところを述べるが，その折りにもこの表が多少は役に立つかも知れない。

　なお，表中に「非住居資産」（イギリス）・「有機油税」（同）・「油品消費税」（フランス）とあるのは，元表ではそれぞれ「非住居用資産レイト」・「炭化水素油税」・「石油産品内国消費税」と表記されている（『日本財政要覧』（第5版）146～147頁）。

第2節　財政制度の基本問題

1．税収と公債発行

　言うまでもなく「税収」は，国・地方政府が毎年度の行財政を執行する上で必要な財源に当てる中核的な定常収入であり，「公債発行」は，税収で賄い切れない場合に対して国・地方政府が一定の法的条件・制約の下で臨時に外部民間（中央銀行を含む）から借り入れる借金である。

　同じ財源でも前者は定常的な収入であり，後者は不定常の借金なので，どこの国でも地方自治体でも，税収を国・地方収入の柱に据えて安定的な見通しの下に政治・経済を進める形を採っているわけである。その上，公債の発行つまり政府の借金となると，対外的に聞こえも悪い。先ごろ，アメリカの

格付け会社 MIS が日本の円建て国内債券の格付けを Aa 2 から Aa 3 に格下げして，日本の財務省が抗議・反論を行うという騒ぎがあったが，こういうことがあると実際に国際金融・国際経済の上で，ということは引いては国内経済の上でも実害を受けることに繋がりかねない。だから，たかが一民間格付け会社の行動に過ぎない，と涼しい顔をしているわけにもいかない面がある。

　つまり，人間たるもの借金をするよりは借金をしないで済ます方が立派で信頼できるという意識が，個人同士の間でも各国や自治体同士の間でも常識として定着しているわけである。このように定着してしまっている常識を覆^{くつがえ}すことはなかなか容易なことではないが，それでも，このおおぜいの人々の「常識」は実は根本的な所で狂っているのである。

　どういうことか。基礎的な理屈が分かっている人々に対しては何の説明も要らないことだが，世界の国々には色々あって，国民資産が日本のように極めて大きく安定している国もあれば，どこかの国々のように国民資産そのものまで底を突きそうな所もある。と同時に，日本の国・公債の場合のように，その「究極の引き受け手」が圧倒的に自国の国民・住民に他ならない（仲介役の金融機関も自前の資金を持っておりそれを使いもするが，そもそもその金融機関自体からして「日本の」会社である）所もあれば，自分の国の国民・住民にはそんな余裕がなく，外国の手を借りなければ公債消化もママならない所もある。それにこのような国民経済の状態下にある政府が発行する公債など，度胸がなければ恐くて買えない。このように，わが国の政府・地方政府の場合，借金に対する究極の貸し手が圧倒的に自分の国の国民・民間部門なので，対外勘定上の借金とは関係がない。

　この状態を分かりやすく言えば，自分の左側のポケットのカネが少ないので，右側のポケットにたくさん詰まっているカネの一部を取り出して左側のポケットに移すということである。この行動を取る自分は自分のことを一番「信用」しているので，どちらのポケットも不安を感じない。左右のポケットのカネはすべて合わせて自分のカネなので，トータルの所持金額は増えてもいないし，減ってもいない。

　この比喩を元に戻して，日本の国・地方の政府（「左前」のポケット）の

借金を国民・住民（右のポケット）に返済する仕組みまで考えると，政府はもちろん利子を付けて返す。その利子の源泉は（借換え公債は途中状態であって）究極的には国・地方の政府も関与して実現する「景気回復」に伴う税収の増大分の一部である（この税収の増大は一義的には税の増収分だが，二義的に景気回復の流れに添った「増税」分が加わっていることもあるだろう。その辺りは，どうでもよい枝葉の事柄である）。

　日本の状況に即して，その大規模な国内勘定で言えば，このように，消化された状態の公債は国・地方政府が抱える債務だが，この負債が発生したと同時に，自国の国民・住民はそれとほぼ同額の債権を得るので，勘定全体としての増減はほとんどない。では，この現象においていったい何が「核心」なのかと言えば，それは国と地方の政府に対する国民・住民の「信頼感」の強弱，信用の大小である。地方債の大半を占める縁故債（非公募債）でいえば当該各地方公共団体の能力・将来性に対する各指定金融機関等の「信頼感」の強弱，信用の大小である。政府に対する国民・住民の信頼感が強ければ，使えるカネはたくさん持っているのだから，発行された公債はどんどん引き受けられるが，不出来な放蕩息子のように信頼感がなければ，カネが幾らあってもそんな政府の公債を引き受けてくれる国民・住民はいない。

2．財政制度の構造改革

　さて，以上の事柄を前置きとして，そろそろ本題に入りたい。その本題とは，現代の諸国における財政制度は正しいものか否か，という基本的な命題である。結論を先に言えば，それは否である。

　周知の通り，各国の財政制度は日本も含めて皆，税制をその基盤に据えた形で組み立てられている。これはどういう判断に基づいているのか。各国における税制の歴史的検証は他の多くの既存書籍等にまかせるとして，ここで必要な限りでの歴史的沿革を述べれば，物納であれ貨幣納であれ諸税は，各国を通じて古くから，民衆やその集団・組織等に対する権力（政府）側からの命令（時として双方の協議の結果であった場合でも，その多くは命令に付随しての条件闘争の類である）の蓄積・変更の道を辿ってきた。これが税制の歴史である。

このように各国の税制は，途中に（日本の第二次世界大戦敗戦のようなケースも含めて）革命的事件があった場合はその時点から起算して，歴史の枠組みを負いつつ現在の構造を持つに至っているものである。それだけに，この制度の安定性は非常に高い。今触れたような歴史的事件でもない限りは，国家・地域社会を挙げて利害関係が竹の根のように交錯している税制を抜本改革することはできない。一般に，税制改革なるものが税制の手直し程度で終わる所以である。

　この動かしがたい現実を承知の上であえて言えば，現代諸国家の税制，つまりはそれを基礎に据えた財政制度は間違っているのである。ここで「間違っている」というのは，歴史に挑戦しているのではなく，「当為」（いわゆるSollen。かく在るべし）という純粋な理屈として「間違っている」ということである。残念ながら歴史を簡単に変えることは夢の中でしかできない。

　何が間違っているのかといえば，それは，我々の先人たちが「税制」という絵に描いたような歴史の申し子に服従したままに財政制度の背骨である「税制」を主座にたてまつってきた結果，修正自由主義が主流となった現代の資本市場にあってさえ，公権力による公共の福祉の維持・整備のための主財源を，当然のこととして税収に求め続けていることである。

　①公務員の人件費，国防・警察・国有施設設備その他の国有財産の維持・管理・運営費等の経常経費（ランニング・コスト）を主権者たる国民の合意に基づく税制・税収によって賄うことには理屈があり，国・地方政府におけるこのような経常的経費に対する安定的財源を従来通りに税収に求めることは良いのである。②問題なのはその先であって，その他の，国家・社会の安定的存立のために必要な（広義の）公共事業のための主財源についてまで，「安定的財源」の選択において，税制つまり税収に片寄ることを「健全」と考えている各国の財政制度に大きな時代錯誤があるのである。ここで，金融政策という手法が浮かぶが，これはその性質上，間接的な道具である。つまり，金融政策はカネ（信用）の流量を操作し，あるいは金利（信用率）を操作することによって，景気変動をある程度まで操作できるが，国家・地方公共団体の財政制度の側からみれば，そのような経済諸活動に関する諸操作はすべて途中経過であって，政府収入という最終目的物の途中栽培手法の一つ

に過ぎない。

　収入を構成する最終的な要素は、所得収入と借入れ収入しかない。各国の財政制度はこのうちの前者の収入を憂いのない安定的収入として中心に据えており、この制度はまた太古からの歴史的系譜を持つ、由緒正しいものである。ところが、これが問題なのである。歴史に引きずられている立場に立った認識からすれば、時の公権力は、かつて民衆を支配し、他方、民衆の福祉について時代とともに配慮の域を拡大してきた。現在は政治家も官僚も形式的には「公僕」と称して、その公権力をある程度まで制限されつつ民衆の福祉への配慮をもってその生業としている。こういう理屈の構造から、（広義の）公共事業の確保には大義名分があり、従って、その財源を確保するための税制・財政制度にも大義名分が伴っている。だが、この（広義の）公共事業の計画・執行とこれを支える行財政システム及びその人材の状況を巡って、合理性・効率性・経済性等の観点から種々の批判が在るではないか。この多種多様な批判に耐え得るシステムとして財政制度を取り上げる時、各国が採用していない残る選択肢は、①公債発行・消化システムと、②せいぜい官民協同の第三セクター方式とかPFIシステムしかない。

　ところが、この第三セクター・PFIシステムは、官民それぞれに種々の比率（0：100でも比率は比率である）で財源が存在していることを前提に置いての公共事業計画・執行手法としてのシステムであって、一義的な政府収入確保システムではない。従って結局、公債発行・消化システムしか（税制と並ぶレベルのシステムとして）財源確保の選択肢は残らない。しかもこのシステムには、現代の修正自由・資本主義市場の本質と非常によくマッチした優れた長所が、このシステムの本質に由来する一定の制約条件の下に、備わっているのである。そこでまずその制約条件に触れた上で、その長所について述べることとする。

　まず、このシステムの本質に由来する制約条件とは既に述べたことでもあるが、①その国において相当量の公債発行があってもそれを十分に消化できるだけの国民資産が存在すること。②政府の総合的な正当性・合理性・為政者能力に対して、多くの国民の間に基本的な意味での信頼感があること。③その国の経済的実力・体力（いわゆるファンダメンタルズ）に対して、国

民の間に基本的な意味での相互信頼感があること。④政府が行おうとする（広義の）公共事業の計画・執行に関して，国民に開かれた合意形成システムがあり，これの健全な稼働による行財政監視・行財政修正が有効に働く見込みについて，多くの国民が肯定的評価を持っていること，等がそれである。そこで，これらの制約条件をクリアできる国家がそれほどザラに在るとは思えないが，日本は大体においてそのような国の一つである。

そこで，この制約条件を前提として，（税制と並ぶ）政府の主財源確保システムとしての公債発行・消化システムの長所を述べよう。①政府の歳出行為について，税収主体の場合よりも厳しく市場・国民のチェック・監視・評価を受けるので，このこと自体が結果的に財政規律の厳守とか行財政改革・合理化等の面でも，伝統的な税制よりも遙かに効果的であること（「税制」とは一面，「どんぶり勘定」と同義である）。②政府側にとって，税収システムと公債システムとを共に通常システムとして併用することは，政府・政治と市場・国民との間の緊張関係が遙かに高まるので，（広義の）公共事業の計画・執行に当たって国民の多数の利益に合致する判断・行動を採る場合が増えざるを得ないこと。③国民・市場と政府の間でこのような関係・状況が進むことにより，政府はもっと信頼し得る政府になろうとせざるを得ず，従って，国民・市場は政府に対する信頼感をもっと強める傾向が自動的に助長されること。面倒なのでこの辺で止めにするが，要するに，古来の歴史・沿革に縛られて，自由な発想を持てずに来た政治家や官僚・学者たちの立場・事情には同情するが，彼らの多くが古来の税制を大樹として，その下で眠りをむさぼってきたのもまた，否定できない事実である。このように古来の税制と新しい恒常的な公債システムとを定常的財政制度としてお互いに評価・公認して，この定常的制度の効用と理念を世界に向かって堂々と発信することこそ，一部の恵まれた先進国家にとってのみ可能な特権，先導的なステータスシンボルであり，抜本的意味での行財政制度の改革・改善になる，ということである。

「市場の失敗」というボーンヘッドの可能性が言われる。しかし，そのような事態への対応は，この公債発行システムでも予防的・事後的に十分に可能だし，公債システム一本では行かずに，トップレベルの恵まれた国にとっ

表 10.7 租税制度と公債（国債・地方債）制度の補完関係

比較項目	租 税 制 度	公 債 制 度
制度の長所と短所	● 強制力により政府収入が安定的。→政策安定。（長所） ● 政策税制が容易かつ有効。（長所） ● 政府行財政力への民間信任が弱い小規模自治体に公債発行力はなく税制（・補助金等）が財源。（長所） ● 憲法由来の納税義務に安住した（国・地方）政府や一部議員による，悪税・増税が容易ないし可能。（短所） ● 選挙以外に武器がない民間（国民・住民・企業等）の対政府・政策評価が機能不全。→民間は悪税拒否が困難。（短所） ● 不況期には税収減。（短所）	● 対政府の評価次第で民間は自由に公債購入を取捨。（長所） ● 不況期でも対政府信任があれば政府収入を補完。（長所） ● 公債発行が無用の好況期は資産運用が他の高金利金融商品に向かうが，公債期待が増す不況期は低金利（金融緩和）政策下で公債発行・消化容易。（長所） ● 民間の内外資産選択判断が左右する公債消化状況が，政府収入を左右。（短所） ● 小規模自治体では政府行財政力への民間信用が小さく公債発行・消化不可能。（短所）→ただし，縁故債（非公募債）方式等での対応工夫は可能。
制度発動の大義名分	● 国民の福祉，社会経済の安定・発展。 ● 国富の維持・増強。 ● 国民の福祉・利益を増大させる「良税」のみが，政府の徴税権力を正当化。	● （現行制度では）政府収入不足の補完→国民の福祉，社会経済の安定・発展。 ● 国富の維持・増強。 ● 国民の福祉・利益を増大させる賢い政策への貢献のみが，政府の公債発行を正当化。
好況期（完全雇用期），不況期（失業期）との関係	● 好況期＝税収増による財政再建，民間好況見合いで政府支出の抑制等を志向（好況期は高効率の民間部門により国富を拡大）。 ● 不況期＝税収減を公債補完。政府サービス拡充により景気回復に寄与（衰弱した民間部門を政府部門が補い国富維持・拡大に努力）。	● 好況期＝（現行制度では）税収増加により，公債削減を志向（好況期は高効率の民間部門により国富を拡大）。 ● 不況期＝公債発行→公共事業等による雇用創出等に寄与→景気回復に寄与（衰弱した民間部門を政府部門が補い，国富の維持・拡大に努力）。
国民資産の増減との関係（国富の増減）	● 徴税分だけ国民の資産減少，政府は増収（減税分だけ国民の資産増大，政府は減収）。→国富増減なし。	● 公債購入国民の資産が現金から公債にシフトし政府増収（購入しなければ政府無収入）。→国富増減なし。

比 較 項 目	租 税 制 度	公 債 制 度
	● 徴税分見合いの政府支出で国民へのサービス増大（減税分見合いの国民資産で民間生産・消費拡大）。→国富増大。 ＊これらの構図から「悪税」と「良税」の識別が非常に重大な国民的課題であることが明瞭。	● 公債償還時，国民の資産が公債から現金に。国富増減なし。 ● 公債見合いの政府支出で国民へのサービス増大（公債不購入分見合いの国民資産で民間生産・消費拡大）。→国富増大。
世代間の負担・損益（不公平性の議論）	● 個人所得税の税率・税率区分の変更等が世代間所得状況と連動する問題はあるが，公債制度に比すべき世代間問題なし。	● 公債発行時＝公債見合いの財政支出→支出見合いの資産増加→増加資産を次世代が継承＋公債償還見合いの税収増（・増税）。世代間の不公平なし。
運用上の留意点	● 不況期の緊縮財政＝不況を加速させ，国富収縮。	● 同左。 ● 金融機関の信用創造収縮等に及ぶ公債の過剰発行は抑制必要。
備　　　　考	● 社会経済の状況に応じた，政策的増減税・規制緩和・金融政策等の総合が必要。	● 公債購入者（償還時に元利金を取得）の損得額＝公債不購入者（公債以外で資産運用）の損得額

ては旧式な古来の税制も，火縄銃ながらここ暫くは（世の経済人間たちがもっと進化して，立派な文化経済人間たちが多数派になる時代が来るまでは）止むを得ないので併用しましょう，ということである。

　なお，筆者は本項において経常的経費に充てる安定的な税収と，公務員サイドが絶えず非常な緊張感をもって臨まねばならない点にこそ大きな意味がある公共サービスにかかる（制約条件付き）公債発行システムとの併用が，経済強国では持続可能であり，むしろ在るべき国家・地方財政制度の姿であると述べたが，これは，すぐ上で触れたPFI方式や第三セクター方式・官民協同出資会社方式等の一連の省公費型・目的合理型の財政制度を否定・排除するものではないことを，念のため付言しておく。また，本節のここまでの記述に関連して表10.7を付しておくので，適宜ご参照願いたい。

3．財政制度に関する注釈

このように，日本は，自国の恵まれた国富，独自の文化経済的能力・体力，国民・政府関係を持つ経済大国群の一つとして，①経常的経費に充てる安定的な税収＋②政府サイドが国民・住民に対して絶えず非常な緊張感をもって臨むことになる公債発行システムとの併用＋③PFI方式・第三セクター方式・官民協同出資会社方式等を，もっと積極的に活用する省公費型・目的合理型の新財政制度を積極的に採用して，同時に，この方針を支える「文化・経済哲学」を，むしろ堂々と誇りをもって世界に発信すべきである。

しかし，ここでは更に，一部の恵まれた文化経済国家だけが採用し得るこの財政制度，「別格の在るべき財政制度」について，なお若干の基礎的・基本的レベルの注釈を加えておく方がよいと思う。それは，以下のような点である。

(1) 現行憲法と財政制度改革

財政制度について現行憲法は次のように規定している。まずは，「課税される側」の国民・住民・法人の財産権についての規定から入るのが筋だろう。

> 第29条　財産権は，これを侵してはならない。財産権の内容は，公共の福祉に適合するやうに，法律でこれを定める。私有財産は，正当な補償の下に，これを公共のために用ひることができる。

わが国の財政制度も当然，この規定を基礎として組み立てられている。その組み立ての第一規定がこの第29条に続けて置かれた条文である。

> 第30条　国民は，法律の定めるところにより，納税の義務を負ふ。

この規定に基づいて，国税通則法以下の諸国税・地方税法や財政諸法が定められているわけであるが，ここでは更に続けて，憲法に定める関連規定を見ていこう。

> 第41条　国会は，国権の最高機関であって，国の唯一の立法機関である。

つまり，新しい行財政理念に立つ税制の調整，新しい公債発行システム等

の構築といった基礎的・基幹的作業はここ国会において為される。

> 第65条　行政権は，内閣に属する。
> 第83条　国の財政を処理する権原は，国会の議決に基づいて，これを行使しなければならない。
> 第84条　あらたに租税を課し，又は現行の租税を変更するには，法律又は法律の定める条件によることを必要とする。
> 第85条　国費を支出し，又は国が債務を負担するには，国会の議決に基づくことを必要とする。
> 第86条　内閣は，毎会計年度の予算を作成し，国会に提出して，その審議を受け議決を経なければならない。
> 第93条　地方公共団体には，法律の定めるところにより，その議事機関として議会を設置する。
> 第94条　地方公共団体は，その財産を管理し，事務を処理し，及び行政を執行する権能を有し，法律の範囲内で条例を制定することができる。

　このように，「財政」という機能は，国会及び地方議会の審議・議決を経れば，その先は国家・地方公共団体の「行政機能の一部を為すもの」として管理・執行されるので，財政制度の構築及び毎年度の財政の計画・執行は，挙げて国会・地方議会と国及び地方公共団体の行政組織（政府）とに委ねられているわけである。以上が，現行憲法の定める国家財政と地方財政の制度・管理・執行に関する基本的法規であり，この他の諸規定は付随的なものなので省略する。

　さて，このような現行制度の仕組みを見渡せば，今後の日本の財政制度をかなり大幅に模様替えしても，憲法改正に及ぶような事柄はなく，並の法令改正レベルの作業によって上に述べたような革新的・合理的・効率的な新システムの実現は可能だということが分かる。従って要は，国民・住民その他の民間部門と議会・行政機関が何についてどこまで，本気で改革しようとするのか，その賢明な判断・決断にすべてがかかっているわけである。

(2) 財政制度改革と文化経済観

　国民・住民その他の民間部門と議会・行政機関が，何について，どこまで，

本気で改革しようとするのか，という事柄こそ最も重要なことである。さあ行こうと言っても，どこへ何をしに行くのかが分かっていなければ，交通手段がありカネがあっても，動き出せない。

もちろん現実には，そのような「コンテンツ」の大半はこれまでに山積している行財政のコンテンツの継続なのだから自ずと分かっているし，むしろ我々は「財政の下方硬直」問題に年々，悩まされて来ているのだから，それらを景気状態との兼ね合いで見直していく必要があることもよく分かっている。だから，量的な財政規模の内訳でいうならば「何を，どこまで」やるのかという際の不透明な領域・規模はさほど大きくならないだろう。しかし，だからといって従来の惰性・慣性で進むべきではない。

例えば，本書のここまでの各章において，筆者は，様々な行財政分野で積み残されていたり気づかれずにいる国家的・地方的な課題をたくさん挙げてきたが，あれらのすべてを取り上げることはできないまでも，その幾つかについて本格的に行財政の新しい力を振り向けることはできる筈である。ここではそれらを重ねて持ち出すことはしないが，関心がある向きはぜひ，前出各章を改めてチェックし直してみて頂きたい。

4．現行制度批判の総括 —— 経済・文化の視点から ——

ところで，一律に「公債」といっても，国債と地方債とでは内包している問題・課題に種々の違いがある。筆者としては，本節の記述において主に国債を重視し，自国・日本の国民，民間諸力，そして歴代の政府・為政者達が営々として築き蓄積してきたわが国力・経済力というファンダメンタルズ，また，その高度かつ多彩な人的資質・諸能力に対する絶対的とも言える大きな信頼感・自負に基づき，「この程度の水準にある国家・国民」にして初めて，世界に向かって堂々と「公債」フル活用国家を宣言できるし，またそうすべきなのだと主張しているが，地方債となると事情は異なる。

表10.7にも摘記しておいたが，日本全国の地方自治体の多くは，縁故債方式等があるといっても，そこでの地方債を起債・消化できる程の対政府信用力を周囲の住民・金融機関その他から得られていないので，乏しい自主財源と国や上位自治体からの交付金・補助金等に依存する他に政府収入維持の

道がない。現に議論が重ねられつつある地方分権の促進，地方財源拡充の方策でも，無いものねだりの空論は通用しない。それよりも定番の，税制における国と自治体との配分の見直しとか補助金・負担金の見直し，地方行財政・議会システム自体の見直し・合理化その他，実現可能な姿・形を求めるしかない。ここでの筆者の議論は，このような制約条件の下での，国家システム論が主題であることをご理解願いたい。

　ここまでの比較・考察を総合すれば，要点は以下のようになる。筆者のこの現行財政制度批判は，一見もっぱら経済合理性の視点から主張されているように見えるが，少し考えれば誰にでも分かるように，「こんな強権的性格の税制に，自由民主主義社会経済の財政システムの首座を独占させ続けている我々の人間観・市民社会観は，歴史的沿革という惰性の頸木のもとで，大切な文化性をみずから失いつつある」という文化論の視点からの批判なのである。

　我々は，「租税制度」に何でもかでも詰め込む悪癖を反省し，この制度の権力的・強権的な特性を活かし，国・地方政府の行政サービスにおける経常経費（例：公務員給与費，施設設備備品等関係諸費，定常的事業運営諸費，公債償還費等と，相当数の地方自治体の行財政費）の財源をまかなうものとし，「公債制度」は，その市場競争性・目的合理性を活かし，国・有力自治体政府の行政サービスにおける政策的経費（例：文教・文化・科学技術「拡充」政策費，「景気対応型」公共事業政策費，治安・国防・大規模防災「強化」政策費，住宅・都市・道路・空港・港湾等「拡充」政策費，国際経済協力・援助政策費等）の財源をまかなうものとして，広く国民・民間各界各層のその時代，その世相での判断・協力の大小・強弱に向けて政府の威信・政策担当能力を問うべきである。わが国の国民・住民は「指導者層」の多くが密かに錯覚しているであろう程には，愚かでもなく鈍感でもない。このように政策責任者層自らが自己の政策判断・能力を白日の下に曝すシステムがこわいのならば，もっぱら経常的行財政サービスの運営・合理化に励んでいればよい。

　なお，一国の経済の好況期と不況期とでは，租税に対して以上に，国債に対する国民・民間の反応は弾力的であり，好況期には当然，民間経済活動に

おける資金需要の増大から，国債よりも高金利の金融商品が種々出回り，国債発行はしづらくなるし，不況期にはちょうど逆のメカニズムで，国債発行・消化が容易である。国や有力自治体の政府はすなおにこのメカニズムに乗ればよいので，民間景気が沸いているからと一緒にのぼせるのではなく，税収増分なり増税分で財政再建，必須政策を進めればよいし，経済不況で民間の資金需要が収縮していればその時期にこそ増税等の愚策ではなく，賢い国債活用・工夫に励めばよいのである。国際的な視点からいつも騒がれる，対外面での当方政府信用・海外格付け不安については，千年一日の「租税性善・公債性悪説」に皆でまどわされ続けているからそうなるだけの話で，全世界に先駆けて現代における最高度の自由民主的資本主義国家として「政策公債活用有資格国家・政府」宣言を高く掲げれば，何の問題もない。いずれ世界の強力な国々の中から日本を見習うものが徐々に出て来るだけの事である（税制・公債制度の話題としてこれまた定番の，世代間負担不公平論については，表10.7を参照されたい）。

　また，政策公債の活用・工夫により生み出され，ないし充実・強化された政府事業・第三セクター事業・PFI事業等のその後については，その時期の景気動向をよく勘案しながら，当該各事業の性格・実績・結果等に応じて，①完全に，ないし段階的に民間諸力に委ねる（民営化），②政府系の継続必要事業として経常的事業に組み込む（スクラップ＆ビルド），③必要度が低下するものは，その程度に応じて縮小・廃止する（サンセット方式），④当面，必要な改善を加えつつ，現状を維持・継続する，等の対応がなされることになろう。

　それから，これは蛇足に類する事柄ではあるが念のため，この政策公債活用という景気対策的効用をも帯びた新財政制度の採用と現行の日本国憲法の規定との関係，つまり憲法改正の問題に言及しておこう。憲法改正の必要は全くない。並の法律いじりで事はすべて足りてしまう。第30条に例の「国民の納税義務」規定があるが，政策公債を購入するかどうかは，民間資産の所有者が当該政策公債の目的・思想を評価・支持しかつ当該政府の判断・力量・人格・文化性に信を置いているか否かに懸かっているので，買うも買わぬもカラスの勝手である。現行憲法をいじる必要がない（政策公債とはこう

いうものなので，現在の小・中・高等学校の先生がたが生徒たちに「納税義務を受け我々が必死になって収めた（取られた）税金が，どれくらい立派に，またどれくらいいい加減に使われているかを十分チェックする必要がある」等と解説する税金教育よりも，自主と信頼とを基盤とする政策公債教育の方が遙かに話す方も聞く方も元気が出る）。また，第85条に「国費を支出し，又は国が債務を負担するには，国会の議決に基くことを必要とする。」という規定があるがこれは読んで字の如しで，ハアなるほどねというだけの話。以上が，蛇足のすべてである。

　もう一点。政策公債の積極活用体制という緊張関係にもっと常在する方が，「どんぶり勘定の悪税」の下でぶつくさ不平を言っているよりも，政治家であれ公務員であれ，学者・評論家であれ国民・地域住民であれ，もっと視野の広い文化的人間に育つし，最優秀国家群に現に列している我が国の人材層は今まで以上に厚みを増し，人材が更に日本の各方面にわたって力強く集(つど)うことになる。ここまでの記述のうち，景気変動に対応する政府部門の税制・公債制度の連携関係を民間部門の状況とも連動させた形で素描すると，おおよそ図10.1のようになるであろう。

　最後に，我々はとかく，経済活動の膨張・収縮とか景気の起伏に対して強い影響を及ぼし得るものは金銭であり需給対策であると考えがちだが，そんなことはない。「制度の経済学」というような思考グループが在るが，確かに「財・物」ではない「人間の有効な思考」（これには，その国その地域の文化に根ざした思考もあれば，そうではない型の思考もある）そのものが，経済活動の膨張・収縮とか景気の起伏といった即物的現象に対して強い影響を及ぼすことも大いにあるのである。バブル経済への過熱を予見した効果的規制，デフレ不況への沈降を予見した効果的規制緩和，等々。現行の物量型の行財政制度に対する基本的な批判・反省は大切だが，それに劣らず，細かくて微力に見えて実は非常に大きな社会・経済的効果を生み出す個別・繊細な思考そのものを政策として活用・併用することも非常に重要だということを，特に書き添えておきたい。

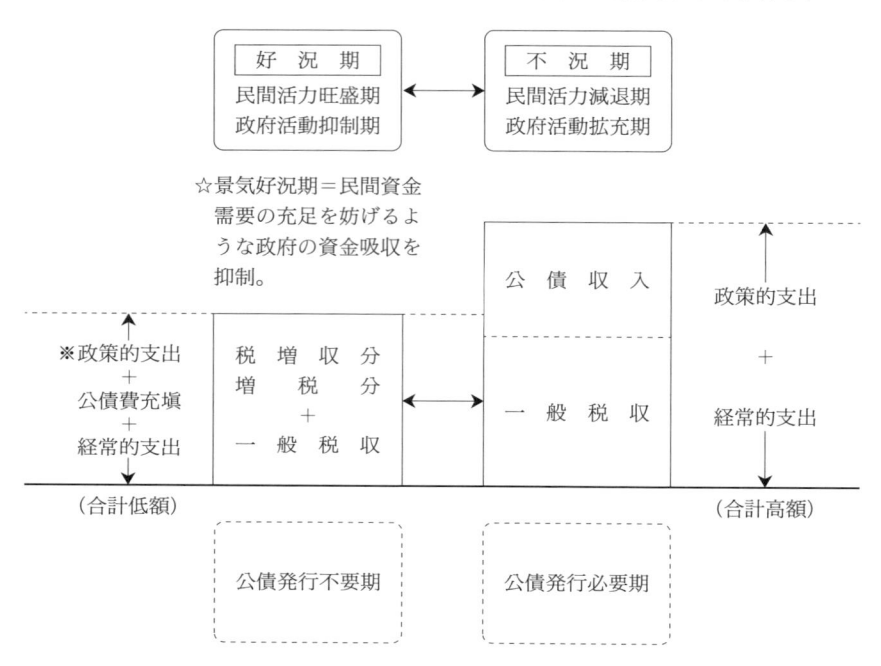

図10.1 景気変動に対応する政府部門の税制・公債制度の連携関係（＋民間状況）

```
        ┌─────────┐        ┌─────────┐
        │  好 況 期 │        │  不 況 期 │
        │ 民間活力旺盛期│◄──►│ 民間活力減退期│
        │ 政府活動抑制期│    │ 政府活動拡充期│
        └─────────┘        └─────────┘

☆景気好況期＝民間資金
  需要の充足を妨げるよ
  うな政府の資金吸収を                      ┌─────────┐                ▲
  抑制。                                    │ 公 債 収 入 │              │ 政策的支出
                                            │          │                │
              ┌─────────┐                  ├─────────┤                ＋
※政策的支出    │ 税 増 収 分 │                  │          │                │
   ＋          │ 増 税 分   │◄──►             │ 一 般 税 収 │              │ 経常的支出
公債費充塡     │    ＋     │                  │          │                ▼
   ＋          │ 一 般 税 収 │                  │          │
経常的支出    └─────────┘                  └─────────┘

     (合計低額)                                              (合計高額)

              ┌ ─ ─ ─ ─ ┐      ┌ ─ ─ ─ ─ ┐
              │公債発行不要期│      │公債発行必要期│
              └ ─ ─ ─ ─ ┘      └ ─ ─ ─ ─ ┘
```

（注）図中，※印の「好況期の政策的支出」＝これには，不況期に起こした諸政策のうち，その政策の性格・成果等からして民営化が不適当，かつ景気変動にかかわらず継続すべきものを含む。換言すれば，この種の継続事業の一部はスクラップ＆ビルドやサンセット方式等を伴うにせよ，政策的支出というよりは経常的支出の区分に含める方が適当だろう。

第3節　制度を規定する文化経済

1．主権と公権力

　我々は現在，21世紀の民主主義社会の中で暮らしている。だから，まるで空気を呼吸するかのように当然のこととして，「国民主権」の自由主義を「公共の福祉」という国民共有の規制の枠内で生涯を通じて享受していく。

　その際，現実の国家・社会において，「文化」が在り機能し，「経済」が在り機能している状況を成り立たせている基礎的構造は広い意味での国家・社

会制度であり，この制度の中でも，法的には「公序良俗」という根拠が与えられているだけの種々の習慣・不文律・暗黙の了解としての制度はそれの権原を地域の住民や集団・組織の成員等の合意に持ち，法的制度にあってはその権原を究極的には主権者（現行憲法に則して言えば国民，地方自治体の住民），仲介において公権力（現行憲法に則して言えば立法府，次いでそれに連なる行政府・司法府）が決定した意志に持っている。

　ここで，この主権者が身を置いている社会，場というものについて，やや詳しく考えてみたい。人類出現以前の進化の過程において，既におびただしい種類の生物が女王中心の機械的（先天的）社会組織を持ち，あるいは，権力獲得者の下での原人間的（先天的かつ後天的）社会組織を持っていたのだから，我々「人類」が，その先史時代から有史時代，現代へと無数の形の「社会」を地域・圏域ごとに継承・改良・革新してきた全事例において，（我々が母胎内で僅か10ヵ月の間に，原細胞から人類誕生に至る悠遠の進化の軌跡を歴程するのと同様），上述の先祖伝来の種的・族的社会因子を基盤としてそれぞれの社会を継承・改良・革新してきたのは明らかである。

　ここで筆者が，人類の無数の形の社会というとき，それは，大は儒教文化圏・イスラム文化圏といった複数の国家を包括する広域の社会から，小は地方自治法上の地方公共団体である町村の内部に散在する集落，あるいは大小無数の民間企業や諸行政組織，村役場といった，相対的に小さな社会までをすべて包含している。マフィアや，ヤクザ一家の如き組織をここでの「社会」から閉め出すいわれは別にないし，家族・親戚一同といった集団をそこから閉め出すべきいわれも更にない。内部に深刻な事情がある時，大政党の幹部や大企業の名社長，有能な高級官僚，一流の学者や芸術家等が，家族関係や親族関係から，自殺したり殺害されたりする実例を我々は多々知っているが，この場合の彼らにとっては，大政党・大企業・大官庁・一流の学会・大学・芸術界等のような大きな「社会」よりも，一家族・親族一同のような一見小さな「社会」の方が，とてつもなく大きく，逃れがたい大社会だったのである。つまり，我々の「社会」の大小などは，諸社会を分類・比較する者の思索の意図，思索の方向によって座標軸の設計そのものが動くのである。

　この大小・多彩な人間社会のすべてに共通してそれぞれに「必ず存在して

いる」普遍的な構成要素はもちろん，その社会への所属者と，所属者相互の関係，及びその社会をその上に存在せしめている場である。そして，この「場」とは，必ずしも常に具体的な住所を持った場所とか特定の施設・設備を備えた場所であるという性質のものばかりではなく，例えば種々の精神的な広域連携団体とか国際テロ組織（国際的ないし国家的・民族的な抑圧・政治的不条理の破壊を目指す武力暗殺組織）等のように，物理的な「場」とともに精神的な「連携網」を「場」として認識するのがふさわしい場合も少なくない。

　初めの主題に戻って「主権者」とは，今ここに述べた「その社会への所属者」であり，彼らが主権を得たのは，わが国のケースで言えば，第二次世界大戦に敗れて天皇制形式の大日本帝国憲法が拒否され現行憲法が定められたことによるものであって，同様に，どこか他国の現在の主権者はまた別の歴史的経緯，例えば，革命ないし反革命，あるいは法定手続きに基づく異質の政治思想による政権交代によるものである。いずれにせよ，主権・公権力というものはこのように，安定期には強固だが，価値観が相争う時期にはもろいものであり，そうであれば，それらの所産である所得制度・税制等もまた国民一般が広く思い込んでいるような金科玉条の定制ではない。早い話が，最も確かな年中行事として，税制に関与する連中が税制を都合次第でいかようにでも改変し続けているではないか。

2．文化経済の視点

　主権者である我々国民が最初から物事を放棄していては，いかなる改善・変革も不可能である。我々が平素から極めて諦めがいいのは，決して物わかりがいいからではなく不満・批判を持ちながら「変えることは無理だ」という呪縛された心理に定着してしまっているからに過ぎない。これでは，実質において主権者の不在であり，公権力がお代官として権勢を振るうのを助けるだけのことである。とは言え，日本の各地では今，幾つもの住民勝訴があり，行政監察が実を結び，NPOやNGOが着実に成果を収め，新しいタイプの自治体首長が新しい政治を進めている。このような時代の流れに沿って，基本的な国家制度としての「財政制度の構造改革」（前掲）を進めることも

決して不可能なことではない。

　ただし，この問題は前に述べたように種々の利害関係が錯綜し財政当局・族議員等が目の色を変える種類のものであるとともに，重い歴史の呪縛を受けている難題なので，一朝一夕(せき)に片づく事柄ではない。

　この場合，最も大切なことは，これに取り組む人々が文化経済の視点を強く持つことである。この視点を持たなければ，制度の技術的専門家集団やそれを取り巻く利害関係者たちの固い偏見，狭く浅い思考を打破することはできない。古来，根深く大きな課題は，確かな深い理念とそれに支えられた強い意志によって克服されてきた。この「財政制度の構造改革」という具体的な難題にあっても，改革の基本理念として，実際的な経済活動に十分配慮した文化・文明論が必要である。それは端的に言えば，「制度・政府は国民・住民のためにあり，公共サービスの内容・システムも国民・住民のためにある」，「所得分配の在り方や，公共サービスの在り方つまりは税制の在り方を基本的に規制するものは，我々国民・住民の文化・文明観である」という骨格から成る理念である。

　ここにいう文化・文明観の，社会人・経済人への作用力には非常に根深いものがある。例えば，アメリカの大企業エンロン，ワールドコム，GE等の前CEOや幹部といった，実質的な権力者たちの「我々の能力・判断が多数社員の幸福と雇用，国家・社会の繁栄に大きく貢献したのだから，ケタ外れの報酬・処遇は当たり前」という心情には，自己の能力への自負と，この理屈に対する本気の納得がある。

　ひるがえって，日本の多くの経営トップは，能力への自負はあってもそこまでの理屈を立てようとはしない。その最大の理由は，彼らが生まれ育ってきた家庭・学校・社会・国家そして彼らがそこに属してきた会社等で彼らが接してきた人々の「文化」が，アメリカのトップたちの接し吸収してきた文化と異質だったからである。一言で言えば，ここでの文化とは，アメリカにあっては個性・自立・自己主張への傾斜の強い文化であり，日本にあっては謙譲・互助・調和への傾斜が強い文化である。典型的な経済人それもトップの人々でさえ実はこのように，自分たちが永く生きてきた文化の空気から深い影響を受けているのである。これは一つの例に過ぎないが，一見まったく

の経済問題であると思える事柄が，ケースにもよるが，じつは根底において文化観・文明観の問題であるというケースが極めて多い。

ここで取り上げた所得制度・財政制度・税制の問題も，小手先の「手直し」で十分と思うのであればそれはまさに単なる経済・経済学の問題に過ぎない。だが，深く納得のいくレベルの改革を目指すならば，ことは，疑いもなくその本質において文化観・文明観の問題である。ちなみに，ここでしきりと文明観という言葉を併用している理由は，文明国家における諸制度は深くそこの文化観に根ざしているとともに，制度そのものがそこの文明・文明観を構成しているので，当然のことに，文明としての側面を備えているからである。

第4節　原点回帰と原基準

1．原点への回帰

複雑にもつれてしまった難問を解決するための手順には，一般に次のような階層構造が見られる。①問題の原因を究明し，それらを解決するために必要かつ十分な対策を検討・策定してこれを実施する（原点回帰）。②そのような①の対策の実施が困難な場合は，問題の軽減，ないし①の対策の実施につながる，実現可能な副次的対策を見いだし，それを実施する。③そのような②の対策の実施さえ困難な場合は，時の推移による状況の変化をみながら，対策の検討・実施のタイミングをまつ。

つまり，我々が置かれている現実の世界は，しばしば実に複雑な原因がもつれ合った場なので，我々はしばしば①の手順で済ませることができず，②の手順から着手し，あるいは③の手順から入らざるを得ないことが少なくない。しかし，そのような実状の複雑さを十分に承知した上でなお，我々にとって最も大切な姿勢は，①の「原点回帰」の重要性を常に忘れないことである。そうでなければ，難問の抜本的解決は常に先送りされ続けることになってしまうからである。

ところが，これまた非常にしばしば我々はこの最も大切な姿勢をいつしか放棄し，せいぜい②の段階にとどまり，それをもってよしとする風化の状態に陥りがちである。本章で取り上げた国民の所得や税，その他の公的諸

制度の適切な在り方の究明においても現に我々の多くはこの風化の次元に定住しつつその状況に気づくことすらない。つまり，我々の多くが共有している文化経済の至極単純な基準・尺度に照らして，我々が現に与えられている所得や税，その他の公的諸制度を，前記①のレベルで見直そうとする行為を，何と我々（の多数）自身が「空理空論」として一笑に付してしまう姿勢をもって良識ある判断だと思いこむという文化経済の気圏に，我々はずっと定住し続けているのである。

　しかし筆者は，我々が定住するこのような風化した文化経済の状況，「大人たちの気圏」をさほど評価していない。共産主義や無政府共産主義が人間というものの根源的資質の限界に照らして結局，維持不可能な思想にとどまること，民主主義や修正自由主義・修正資本主義，あるいは共和制や象徴的王制・天皇制等が人間というものの根源的資質の限界に照らして維持可能な思想であることを，筆者もよく承知する者の一人だが，だからと言って，所得や税，その他の公的諸制度の在り方について，我々が定住するこのような風化した文化経済の状況，「大人たちの気圏」の現状を鵜呑みにするわけにはいかない。先を急ぐことは難しいにしても，このような現状に対して，我々はもっと「原点回帰」の意義を絶えず意識し，その姿勢を持続し判断・行動することの大切さを自覚しているべきだと考える。

2．原基準としての文化経済観

　道路関係4公団民営化の議論は小泉首相の私的諮問機関である委員会での曲折した経緯を経て，ともあれボールが政府側・政治の側に返された形になった。返された側では政府側つまり国土交通省は組織上，総理大臣・国土交通大臣の命を受けて動く立場なので派手な動きはできないが，政治側つまり自民党道路族を中心とする国会議員たちは思いのままに動けるので，さっそく，委員会が今井敬委員長辞任の状態でまとめた報告を批判し，あれは単なる参考意見に過ぎず，我々は計画目標にそって予定の道路建設を実行していくと主張している。

　現代の社会にはこのように判断・利害が衝突して折り合わない問題がゴロゴロしている。民営化促進委員会の多数派と自民党道路族とはあのように対

立したが，いったいあの問題についての正解はどこに在るのか。その点について考えられる構図は，本質において次のようなものであろう。

仮に，三つの国がこの種の道路建設問題に直面している。①一つの国では，幹線道路や高速道路は極めて公共性が高く，それだけにまた，広く国民・住民に対してそれらが安定的かつ安全に提供されねばならない，と判断する。そこで，この国では，これらの財物をいわゆる公共財（public goods／国や地方公共団体が形成・提供する財であって，その利用・費消について一定の合理的制約条件を設けて一定の個人や団体の利用・費消を排除し，あるいは競合せしめることがないわけではないが，しばしば，そのような排除・競合関係を設けない財。例えば自衛隊・警察・消防等）として位置づけ，政府直轄で事業を進める。②次の国ではそれと異なる判断を下す。なるほど幹線道路や高速道路は極めて公共性が高く，それだけに広く国民・住民に対して，それらが安定的かつ安全に提供されねばならない。しかし，そのような体制・サービスは国・地方自治体にしかできないわけではなく，例の道路公団のような公共的法人や政府系の第三セクターによって実現・継続・発展させることが可能であり，所要の体制・公共サービスを何もかも国・地方自治体が直轄する必要はない。むしろ平時の政府はなるべく小さい方がよい。かかる判断から，それらの道路をいわゆる準公共財（quasi-public goods）に位置づけ，その方針の下に問題を処理していく。③三つめの国では，また別の判断を下す。それは，この国の民間企業群の優れた企業統治力と企業倫理，卓越した企画・構想力と技術開発力・ネットワークをもってすれば完全な自由競争の下でこそこれらの道路事業を最も高いレベルで遂行(すいこう)できるので，政府は採算が取れにくい部分のみを受け持つ，というものである。

さて，正解はどれなのだろうか。残念ながら，ここに示された筋書きだけの情報では，正解を見つけるのは不可能である。ただ，言えることは，各国それぞれの官・民の状況・力量・資金力等は異なるので，一国での正解が他国でも正解になるという保証はないであろう，ということである。

現実の世界とはすべてこのようなものである。ワンパターンで押し通すと間違える場合がある。だからこそ，いかなる場合であれ，その国のその歴史その事情その状況の本質，問題の核心をしっかりと把握し対応策をまとめる

ために必須の原基準として，深い文化経済観とでもいうべき理念を持つことが求められるのである。

　それは，例えば狭い一つの学問を身に付けた学者・研究者等には概して期待しがたい。相当に広い学識と文化・文明観，社会・経済観を備えた知性であると同時に感性としての人格とでもいうのであろうか。このような原基準を持った集団は幸せであり，これに更に，優れた知性ないし感性の多彩な人材が揃うならばその集団はますます幸せである。

3．狂った原基準の例

　前項の末尾に，「問題の核心をしっかりと把握し対応策をまとめるために必須の原基準として，深い文化経済観とでもいうべき理念を持つことが求められるのである。それは，例えば狭い一つの学問を身に付けた学者・研究者等には概して期待しがたい。相当に広い学識と文化・文明観，社会・経済観を備えた知性であると同時に感性としての人格とでもいうのであろうか。このような原基準を持った集団は幸せであり，これに更に，優れた知性ないし感性の多彩な人材が揃うならばその集団はますます幸せである」と述べた。

　この短い指摘だけで「原基準」についての記述を終わらせてもよいのだが，この事柄の意味は非常に重要なので，一つの反面教師の好例，「狂った原基準の典型例」を紹介することにより，「原基準」というものの重要さに対する印象づけと，「原基準」とみなしさえすれば何でもその資格を得るに至るというような，とんだ誤解を排除することの一助としたい。

　その，狂った原基準の姿を示す好例とは国土交通省のお墨付きで広く流布されている「マンション管理規約」のモデル文書（という程度のシロモノなので法令に準ずる拘束力は無論ない）に見られる，粗雑な「文化経済観」である。以下に，まずこの問題の論点を明記した上で，順を追って「文化経済観」の視点から，批判を加えていく。

〈論点：上記モデル「管理規約」の「第4節　総会」中〉
　　第44条（議決権）　各組合員（引用者注：当該共同住宅の各区分所有者等）
　　　の議決権の割合は，別表第5に掲げるとおり（引用者注：各区分所有者の

専有面積によって割合を算定。→後出の「建物の区分所有等に関する法律」第14条を参照）とする。（第2項以下，省略）

及び

第45条（総会の会議及び議事）　総会の会議は，前条第1項に定める議決権総数の半数以上を有する組合員が出席しなければならない。
　2　総会の議事は，出席組合員の議決権の過半数で決し，可否同数の場合には，議長の決するところによる。
　3　次の各号に掲げる事項に関する総会の議事は，前項にかかわらず，組合員総数の4分の3以上及び議決権総数の4分の3以上で決する（以下，省略）。
　4　区分所有法第62条第1項の建替え決議は，第2項にかかわらず，組合員総数の5分の4以上及び議決権総数の5分の4以上で行う。

　これらの本則部分に添えて，「別表第3」として各住戸別の敷地・附属施設・共用部分の持ち分割合の一覧表，「別表第5」として各住戸別の議決権割合の一覧表の書式が示されている（なお，ここに取り上げた「モデル規約」は単棟型のものである）。

　さてそこで，以下この粗雑な「文化経済観」の典型と言える「モデル規約」の基礎理念に対し，簡単に批判を加える。
　第一に，文化論として，共同住宅とはいかなる性格のものか。それは，誰が考えても明らかに，「個別・独立の各家庭の集合体・コミュニティ」である。近年，「企業文化」というようなことが言われるが，企業とはその本質・組織目的において経済的利潤追求体であって，「個別・独立の各家庭」が共生し「多様な文化価値」をそれぞれに追求している場としての共同住宅（コミュニティ）とは，全く異質の存在である。しかるに，この粗雑な「モデル規約」を（恐らくはその公表前に，国土交通省の担当者も目を通しているのであろうが）公表した側は，この二様の組織体の本質的な違いを理解できずにいる。
　だからこそ，「経済」的共同組織たる企業における株主の株式持ち分と議

決権との機械的比例計算の方式を,「文化」的共同組織たる共同住宅（コミュニティ）の議決権差別に持ち込んで,涼しい顔をしているのである。審議会か外郭団体だかが犯したこのような行為を看過したとすれば,所轄官庁たる国土交通省の大臣以下の責任もまた重大である。単純な経済財としての側面よりも高度の文化的生活共同体（コミュニティ）としての側面の方が圧倒的に重要な意味を持つこの共同住宅において,そこでの種々の協議・判断・決断に当たって,各区分所有者の独立・貴重な知性・感性の価値の重さの算定に,単純な経済主体に過ぎない企業の株主議決権算定方式という経済現象向けの方式（各区分所有者の専有面積に比例する議決権の割り当て）を持ち込む感覚には問題があると言わざるを得ない。

　先ごろ,東京都国立市の高層マンションの上階部分の撤去を命じた東京地裁の判決が出たが,あれは同市住民達の建物高度制限20 m以下とかの文化的協約の価値を重んじた司法精神の表れであり,老獪な判事が増える上級審では覆 (くつがえ) される可能性の方が高いかも知れない。しかし,我々人間がみな持っているべき文化的感覚・文化的良識とは,例えばあの地裁判事のそれに劣らぬ程度のものであるべきではないのか。

　もっとも,国土交通省本体（及び立法機関たる国会）の方は,さすがにそれ程の無神経さではない。即ち,この粗末なモデル規約の基に在る法律「建物の区分所有等に関する法律」そのものを読むと,モデル規約ほど不出来な内容にはなっていない。要点に絞って,紹介しておく。

　同法の

> 第38条（議決権）　各区分所有者の議決権は,規約（引用者注：共同住宅の管理規約。以下,同じ）に別段の定めがない限り,（同法）第14条に定める割合による。

そして,同法の

> 第14条（共有部分の持分の割合）　各共有者の持ち分は,その有する専有部分の床面積の割合による。（以下,第2・3項は省略）
> 　4　前3項の規定は,規約で別段の定めをすることを妨げない。

まことに，ソツのない周到さである。だから，誰かが例のモデル規約の問題を取り上げて役所や国会議員に迫ったとしても，彼らは「それはモデル規約がおかしいので，法律はそんな野蛮な理念で作ってはいません。それに，あのモデル規約には何の拘束性もないのですから」と言って取り合わないだろう。これが，一種の秀才型の智恵というものである（なお，ある共同住宅の管理規約に「議決権平等」の規定がない場合，上記の法第38条の規定が働き「議決権差別」の状態が成立するように思う向きもあろうが，それは違う。つまり，その共同住宅で従来，当然のこととして「議決権平等」の不文律が永く守られてきたのであれば，その不文律こそが明白に，形式的な「規約上の規定の不備」に優越する。国土交通省の有権的解釈でも必ずそうなる。更に言えば，そのような形式的不備を気に病む組合員が多ければ，サッサとその不文律を規定化すればよい，只それだけのことである）。

　第二に，モデル規約は精神分裂に陥っている。つまり，「総会」について，あのように非礼極まりない「株主議決権」算出方式（没文化・唯経済主義）を抜け抜けと出しておきながら，共同住宅の平素の管理・運営上，重要な意志決定をしている「理事会」という重大な場での議決権では「単純多数決」という議決権平等原理（文化主義）に乗り換えている。理事会には「総会屋」が居まいから「理事」を人間（文化）扱いするとでも言う気か。ならば「組合員」たちは人間（文化）ではなく「総会屋」（経済）扱いである。ともあれ，その奇妙なモデルの実物を示そう。モデル規約の「第5節　理事会」中

　　第49条（理事会）　理事会は，理事をもって構成する。
　　　2　理事会の議長は，理事長が務める。
　　第51条（理事会の会議及び議事）　理事会の会議は，理事の半数以上が出席しなければ開くことができず，その議事は出席理事の過半数で決する（可否同数時の規定がないということは，その種の議案は小さなものでも議長決定とせずすべて総会議案にしろというのであろうか。それとも，これはネットサービス時の入力ミスなのか）。

　第三に，これまた大切な「文化経済観」上の知性・感性のレベルが問われ

るところだが，区分所有者共有のものである管理規約の「別表」に，各区分所有者の専有面積に基礎を置く「共用部分等の戸別持分割合」とか「議決権の戸別割合」を，しつこくぶら下げておきたがる知性・感性の「悪趣味」には心底(しんそこ)驚かされる。もし，どうしてもそのような表を掲げておきたいのならば，「別表」に「各住戸別の，単位面積当たり住居購入価格表」（単位面積当たりでなく，直接の購入総額でも可）を置き，議決権割り当て計算の補正係数とせよ。そうすれば，①「経済」主義の算式を「経済」主義で補正できる[2)]。②バブル経済期に苦労して住居を高値で購入した人々の「実績」と，不動産価格の下落後に安値で住居を購入した人々の「実績」とを如実(にょじつ)に比較できるので，「別表第3」や「別表第5」だけを付けるよりは，多少は「悪趣味の程度」が減るだろう。

　第四に，まともな「文化経済観」に立つ時，このように不出来な代物を，たとえどうでもよい「モデル規約」に過ぎないにしても，天下の国土交通省のお墨付きで広く流布させることは非常に重大な問題である。『平成13年度国土交通白書』によれば，平成12暦年末現在，わが国のマンション・ストック総数は約386万戸，約1,000万人以上の人々がマンション形態の共同体生活を営んでいるという（同書，168頁）。

　この多数の人々の中の多数の順良な人々が，この権威なき，粗雑な「議決権不平等」規約にミスリードされて，不快な暮らしをしていると思うと，主犯が仮に一外郭団体か一審議会辺りだったにせよ，所轄官庁も極めて監督不行届で，義憤を覚える。仮にもしマンション建替えのような難しい問題が在る場合なら，それなりの特別の規定を皆で早めに協議して，それを早めに規定しておけばよいのである。

[注]

1）筆者らの，このような「文化性」由来の人格構造の基盤性に関連して，吉川元忠氏（神奈川大学教授）とR.A.ヴェルナー氏（上智大学講師）の共著『なぜ日本経済は殺されたか』（2003年，講談社刊行）の中に，適切な内容の指摘があるので，前後の文脈が分かるよう，少し広めに紹介させていただく（同書47〜52頁）。

　　ヴェルナー　アジアや日本は大企業と官僚・政府とのつながり，おカネの流れが

クローニイズム（縁故主義）だと批判されたのですけど，実はアメリカもそういうことが大々的になされていたことが分かった。特にブッシュ政権の場合には明らかです。エンロンとは資金でのつながりもありました。

吉川　LTCM（引用者注：アメリカの倒産した巨大ヘッジファンド Longterm Capital Management）の救済は全くのダブルスタンダードで，（中略）放っておくと世界恐慌になるから，これは全然別の原理で救済しなければいけない，と主張されましたね。（中略）日本の銀行は（一部の金持ち階層と組んで儲ける：引用者補注）LTCM よりずっとまともなことをやってきています。たとえばみずほフィナンシャルグループは，日本の上場企業の7割ぐらいと取引があると言われています。そこに何かあったら，日本の企業社会が粉々になる。（中略）

ヴェルナー　ただ興味深いことに，LTCM の救済ではアメリカは賢い方法を採った。すかさず中央銀行を入れたのです。すると問題はすぐ解決できた。中央銀行による救済は，納税者のおカネが使われていないというのが重要なポイントです。中央銀行はゼロ・コストでこういう問題を解決できる。アメリカはこれですぐ危機を解決した。それなのに日銀はどうですか，何もしないで。（中略）

吉川　（中略）銀行の（あの日本経済の資産バブル狂騒期の火に油をかけた：引用者補注）そうした強引な貸し出し競争の背景には，確かに日銀による指導があったのかもしれませんが，銀行だってそれに悪乗りしたという側面はあるわけです。（中略）

ヴェルナー　「円の支配者」の中で私は，銀行が日銀の命令で不動産や建設，それにノンバンク金融機関向けの貸し出しを大幅に増やさざるを得なかったことを，照明しています。命令に従わない銀行は，厳しい罰則を受けたのです。静岡銀行のような例外は，何百行とある銀行の中で他にほとんど見当たりません。ですから，やはりバブルの責任は日銀にあると私は思います。（中略）日本型経済構造は銀行中心のシステムで，銀行の役割が重要です。どのセクター，どの企業におカネを配分するかを決め，高度成長を支えてきた。公的な役割があるのです。（中略）日本型システムはもはや駄目だとみんなが思っていますが，実はアメリカ型システムに変えようとすると，もっとひどい状況が待っているのです。アメリカやイギリスでは GDP に占める金融セクターのシェアがもっと大きい。無駄な証券の売買取引が多いし，第一，彼らは何も生産しないでしょう？　それなのに給料が高いから，経済活動の所得が彼らのもとに吸い上げられてしまう。アメリカのウォール街やイギリスのシティのインベストメント・バンクに勤める銀行マンの報酬は，日本の銀行員に比べて桁違いに高額です。彼らの給料はミリオンダラー（1億円以上）です。（中略）しかもそういうインベストメント・バンクは，国民のために働くわけではない。中小企業の役にも全く立たない。（中略）

吉川　（中略）日本人というのは「乏しきを憂えず，等しからざるを憂う」という傾向が強いのです。（中略）

ヴェルナー　だからこそ日本人は，アメリカ型システムに反対するべきなのです。

アメリカ型システムではどんどん平等性が損なわれ，一部のお金持ちのエリート層と大勢の貧乏な人との格差がどんどん大きくなっていくのですから。（中略）日本型システムだから，平等でみんながどんどん生活水準が上がってきたのだから，それは壊してはいけないと思うのです。（後略）

　因みに，筆者は，本書の主たる目的に照らして触れるのをほとんど避けたが，この種の各個人における所得格差の国による違いと，その格差の存在を支えている人間観・社会観，つまりは「文化」の違いを重視するならば，優に1冊の分厚い書物を著すことになる。

2）当該法律ではその方式を何ら本則としていないが，モデル規約（単棟型）が提示している各組合員の「議決権」の軽重の算出方式（各区分所有者の専有面積により比例配分）は，高度の文化共同体である共同住宅（コミュニティ）に対し，単純な経済共同体である企業の株式持ち分準拠方式（経済主義）を持ち込むものであり，これに対して筆者が「経済主義を経済主義で補正する」単位面積当たり住居購入価格一覧を別表に加えよ，としたことにつき予測される異論は，「購入価格は変動するので積算基礎として不適格」というものであろう。だがそれは違う。即ち，住居購入価格は受け払い時点において確定し定数となる。また，物価指数，より望ましくはマンション取り引き価格指数で上記の購入価格を平準化することも容易である。追って，市民各自の住宅売買は回転率が通常極めて低いので，安定的な基礎因数として適格である。

第 11 章

文化・経済論の別視点
—— 文化・経済均衡原理 ——

　ここまで，文化と経済との相互作用の諸態様やそれらの意味・意義・機能等について，文化経済学における原理的視点からなるべく幅広く論じてきたが，本書の最終章となる本章では，その第一節において，文化と経済，特に前者を中心に，これまでとは別の視点から包括的に論じ，続けて，残る重要かつ基本的な事項について述べることとする。

　なお，本書全体を通じて，筆者は「文化・経済の相互作用」の諸相について述べつつ，現代社会で大きな意義を持つ（それだけにまた，そこから種々の問題・課題も出てきている）「国際関係・国際交流」の視点から踏み込んで述べることをさほどしていない。

　その理由は本書の基本的な目的が「文化経済学の原理」の考察に在り，この立場からすれば，「国際関係・国際交流」の視点は，同心円（個人・集団や社会・国家や民族・人類の間の相互関係）における内円（個人とか各日本人等）を照射するものというよりは，やはりもう一つ外の円（対外的な相互関係）を照射するものであり，本書が軸足を置く「原理」からすれば内円そのものの考察の方がやはりもう一段本質的な問題・課題であると考えているからである。従って引き続く順序として，その視点から種々のテーマ（例えば，文化・経済を巡って現に展開されつつある国連を中心とする諸活動，地球規模の環境・文化や諸地域の環境・文化の維持・保全に関する NGO 活動や，2 国間・多国間の諸活動その他）を取り上げることの意義を軽視する気持ちは更にないし，もちろん失念しているわけでもなく，本章第 3 節の第 3 項「日本と世界を結ぶ視点」ではこの分野について基本的考察を加えたつもりであ

る。

第1節　文化の多様性と経済

1．知的文化と感性的文化

　我々人類が古くからその欲動に従って紡ぎ続けてきた「文化」は，その全貌を歴史的に総覧・検討すれば，これを大きく「知的文化」と「感性的文化」，更にそうする方がよいというのであれば，これらに「知情一体的文化」を加えて3分類することができる。なお，以下の論述において筆者は，様々な文化領域の本質的特性を明瞭にするため，後者の3分類を採ることを避け，前者の2分類の形式を採ることとする。因みに，わが国には，最高水準の「文化」的功績を挙げた一握りの人々に対して天皇が「文化勲章」を授与する制度があるが，あの勲章を受けた歴代の人々の専門領域をみると「文化」というのだから当たり前だが，上に述べた「知的文化」領域の人々と「感性的文化」領域の人々である。ついでに，（「数学」分野の「フィールズ賞」や，世上よく「ノーベル経済学賞」として誤称されノーベル賞と同じ時期に発表される「経済学スウェーデン銀行賞」等と並んで）世界最高の文化領域の栄誉制度とされる「ノーベル賞」についてみると，こちらは文化勲章と違って授与対象とする文化領域が制度上きちんと決められており，「平和」賞や「物理学」賞その他，「知的文化」領域がほとんどだが，「文学」賞は上記の2分類からは「感性的文化」領域に属するもので，「平和」賞も受賞者の功績内容によっては「感性的文化」領域に属する例がある。なお，本節において筆者が採用しない3分類によれば，この「平和」賞の受賞者の多くや「文学」賞の受賞者たちは「知情一体的文化」領域に属することになるであろう。

　さて，我々人類が定義する限りにおいて，「生命体」とは，それが障碍を負わず異常な状態にない場合，自己の自律系の機構を自律・維持・変化させることができ，内生・外来の刺激に反応し，自己維持機構を持ち，自己の種をその種の機構により生殖できる，天来・所与の有機化学体である。従って，将来，我々人類の科学が人類を超える肉体・知能・自律機構・反応系・自己維持機構・生殖機構を備えた有機化学体を開発できたとしても，その出自が

天来・所与のものでなければ，それは「生命体」の定義には合致しない。思うに，この，「出自が天来・所与のもの」であることという条件こそ，「宗教・神」との結節点であろうが，いずれかの将来において，人類が上記の定義中，「天来・所与のもの」という条件を除く，すべての条件を満たす人工物を開発した場合，それが1条件に欠ける点を除いて「生命体」そのものであるという事実から，必ずや「これも完全な生命体である」という基本的・倫理的主張が出てくるに違いない。具体的に例を挙げれば，1条件を除く他の「生命体」条件をすべて満たした「人造マウス」や「人造人間」の誕生である。なお，例の「クローン羊」や「クローン人間」等は，その「根幹」自体が「天来・所与のもの」なのだから，当然のことに「生命体」である。

　このような「生命体」の進化の頂点に（我々人類がこれまでに確認し得ている限りでは），人間が位置している。この人間という生命体が備えている特性は，その突出した知性と，独自の感性である。もちろん「知性」といい「感性」といっても，そのルーツは，人間の源流としての哺乳類の知覚・感覚に在るが，その進化が人間のレベルに至ると我々の語彙の中から「知性」・「感性」という言葉を当てるのが最も適切と思える状態に到達する。以上述べてきたところが，本節冒頭で「文化」の一つの分類法として「知的文化」と「感性的文化」（更に加えるならば，「分類の意義」が曖昧になってしまうが「知情一体的文化」）という区分を提起したことの，論理的な背景である。

2．知情一体的文化 ── 愛情や友情など ──

　自分自身を含めて，多くの人々（すべてとは言わない）が「生きる支え」・「人生の張り合い」として，普段は空気のように気づかずに摂取し，供給もしている「知情一体的文化」として「愛情」や「友情」というものに触れないわけにいかない。

　愛情の一種に「恋愛感情」や「性欲」という，古来，文学いやもっと広く様々な芸術の素材となり，その創造の鍵ともなった感情・欲動も含まれようが，これらの激しい感情・欲動は我々の祖先に当たる動物たちに広く認められるもので，長い人生の間に，支え合って苦境を乗り切り家族を守り相手と

の死別でその大きな意味にやっと気づくといった極めて人間的な現象としての愛情（「的」とした理由は，その愛情が，固定の番(つが)いを守るとされる種類の動物にも既にその萌芽が本能の一つの仕組みとして認められるにせよ，人間段階に至ればそれがもっと情的・知的に複雑に発達したものになっていると思われるのでその点を重視したからである）一般よりもそのルーツは深く，異性生殖型の生物，正電荷・負電荷の物理現象に繋がっているように思われる。

そこで，このような人間的な意味での愛情や友情（ここでも別に「人間的」な意味での恋愛感情や性欲を排除してはいない）という我々の多くにとって極めて重要な感情に思い及ぶと，これらの「人間的」な感性的・知的現象が実は極めて「文化」現象としての側面を備えていることに気がつく。

私自身の初恋や別れ，気の合う仲間との友情，恋愛や，父母の私たちへの感情や結婚や子供の誕生や夫婦・親子の葛藤(かっとう)や持続する友情，親から子への愛情・感情や子から親へのそれ，家族の発病，状況の変化に伴う感情の亀裂，和解や訣別，妻・夫・親・子供との死別等々。ここの「私」は筆者でもあり，他の人々でもあり，こうした生涯にわたる様々な感情の起伏の実際の姿について考えてみると，それらは必ず個々の当事者において内面的な思考を伴い，判断を伴い，行動を伴う形で反応され対処されていくものであり，そもそもの初動時の感情の性質さえ含めて，これらの思考・判断・行動を通じて，各人の性格・個性プラス（彼らが意識的・無意識的に吸収・消化してきた）種々の「文化」が深く複合的作用をもたらしていることに気がつく。

だからどうだ，というわけではないが，そしてまた，ここに挙げた例が最適のものだという自信もないが，我々がいつもは気にも止めない愛情・友情等の「人間的」感情が，改めて考えてみれば，深いところで「知情一体的文化」の刻印を帯びていることに思い至る，ということである。

3．文化の動態論

ところで，ここから先へ引き続き論考を進める前に，人間の特性が作り出してきた文化というものを動態的な角度から包括的に眺めておくことも有益であろうと思われる。そこで，ここでは主として哲学者 竹内芳郎氏の著書

『文化の理論のために』[1]の中から文化の動態論として最も適切な記述であると思える部分を厳選しその要約を紹介しつつ、必要なコメントを加えることとする。

(1) **カオスとコスモスとの弁証法（第7章）**

　　文化は単に外なるカオスと闘いこれを破壊するだけではなく、また同時にカオスを必要とし、たえずこれをみずから創造しているのであって……それゆえ文化とカオス（非文化）との対立において、文化はこの対立の一方の（正の）項であるかにみえながら、ほんとうはこの対立の両項全体である……[2]。

また、

　　自然によって文化へと宿命づけられた人間にとって、「意味への渇(かわ)き」こそ……第一の欲求である以上、文化は、この渇きをいやすべく無秩序を秩序化し、カオスをコスモス化することをおのれの根元的な営為とせざるを得ないが、同時に、みずから設定したコスモスの秩序を枯渇化から救出するためには、また……カオスへと回帰し、この回帰を通じておのれのコスモスを賦活(ふかつ)させねばならない。この弁証法こそが、人間文化の根幹をなす運動法則なのだ[3]。

　まず、竹内氏はこの前段において、「文化」をカオスをも含むものとして考えているが、それは一面において妥当な認識といえよう。なぜならば、もしも文化というものがカオスの一部を囲い込んでいないならば、それは新たな領域へと展開・変化し得ない、事実に反するものになってしまうからである。つまり、このような自然と文化との弁証法の仕組みを観察すれば、どうしてもカオスの一部をコスモスへ摂取していく境界的領域の存在を認識せざるを得なくなる。

　また、その後段の記述は、人間を含めた自然をおおむね文化の故郷としてのカオス（混沌）として捉えて、文化（コスモス―秩序）の創出者として運命づけられた人間が、時の経過とともに枯渇化を免れない文化について、絶

えず自然への回帰を繰り返す歴史的事実を，自然と文化（人間）との弁証法として捉えた，いわば文化の動態の総論である。なお，筆者（森）がここで自然を「おおむね文化の故郷としてのカオス（混沌）」と表現した理由は，「自然」はカオスを含むと同時にコスモス（秩序）でもあるからである。つまり，秩序は，人間の文化の専有物ではない。

(2) 社会と想像力（第6章）

> 人間は完全に社会化されていてもなおかつ社会関係の総体の函数には還元できぬ固有性を個体として保有していることを黙殺する社会理論は，人間社会の理論としては根本的に失格だ……[4]。

前項の記述がカオスとコスモスとの弁証法という視点から人間とその文化を捉えたのに対して，ここでは，個体としての人間と総体としての社会との関係を注視している。このような視点から人間と文化の関係を考えてみると，人間は，独立の個体としての側面を持つと同時に，その生育・存在形態から自明のように，文化・歴史から孤立している存在でもない。このため，我々人間は，「個体」として固有性の自覚を持つものではあるが，同時にまた，文化の作用は個体の隅々にまでおし寄せ，個体はたえず文化の意味付与作用に自己を照らしてみることにより，自己のアイデンティティを保持しているということができる。

(3) 文化のパラダイム変換をめざして（第10章）

> イメイジこそが言語を支えるものだ……このことの認識は，言語をもって人間を他の動物と分かち，その言語固有の構造をもって人間文化一般を整序しようとしてきた世の文化論——それはレヴィ・ストロースのみならずK.バークのそれをも包括する——を無効にする[5]。

同氏は，文化を生み出す原動力としてイメージの力，その力を内蔵する人間の性能・機能を重視する。そしてそこから我々の文化のパラダイムの変換を目指す。それはよいのだが，現代の我々は今，どのような文化（また，いわゆる文明国家にあってはどのような文明）の中に置かれているのか，と言

第11章　文化・経済論の別視点

うより，我々自身がどのような文化・文明を作り出しているのか。このことについて氏は前記第6章の中で，

> わたしたちの「文明」社会のもっとも直接的に感じられる特徴は，一方での……物質的「豊かさ」の氾濫と，他方での，水・空気・日光・安息……など生物としての人間のもっとも基本的な諸要素の「窮乏」との……鮮烈なコントラストのようにおもわれ……ひとは誰でも，自分たちの文明はどこか根本的に狂っているのではないかとの疑惑に……とらえられずにはいないだろう[6]。

と述べている。

この現代文化・文明の状況については，夏目漱石がその講演「現代日本の開化」の中で今から約90年前の「現代」について次のように述べているが，例によって彼の論考の極めて多くは歳月によっても一向に風化しないので，21世紀に聞いたと考えて全く支障がない。

> 上代から今に至る長い時間に工夫し得た結果として，昔よりも生活が楽になっていなければならないはずであります。けれども実際はどうか？　生存競争から生ずる不安や努力に至っては決して昔より楽になっていない。否，昔よりかえって苦しくなっているかも知れない。……われわれは長い時日（じじつ）のうちに種々様々の工夫を凝（こ）らし智恵を絞って漸（ようや）く今日まで発展して来たようなものの，今も50年前もまたは百年前も，苦しさ加減の程度は別に変わりはないかも知れないと思うのです[7]。

ここが，我々日本人らの「現代」文化・文明の現状であり，出発点であると深く実感する者は，筆者（森）一人ではないであろう。

4．知的文化と経済

(1) 学問・科学と経済

先に，「文化勲章」や「ノーベル賞」等について触れたが，学問・科学は「知的文化」を代表する領域である。これについては既に本書の第1章においてやや詳しく述べたが，更に敷衍（ふえん）すれば，「学問」の構成分野である「美

学」や「文学」，「神秘学」等が特に取り上げるほどの価値があって面白い。つまり，これらはいずれも，芸術・秘蹟といった科学的操作になじみ難い，無理をすると，「ラッキョウの皮を剝いていってその中核に迫ってみたら，いつしか全部なくなっていた」というような趣きがある。感性的文化の典型である美術や小説，神秘や秘蹟といった人間の営為・所産は，いわば混沌たる迷いや苦悩の果てに確信を得て飛躍し成果を築くというような，最も科学的分析（ラッキョウの皮を正確に剝いていく行為）になじまない事象なので，それらのすべてを科学で完璧に処理しようとすれば，かなりの無理ないしウソがその処理に混入せざるを得なくなるのである。例えば，夏目漱石の小説や俳句を研究することで生計を立てている文学部の某教授が，ある文学論を発表して，それを漱石が出てきて読んで，「へえ。成る程ねえ，そういう誤解も在り得たのかあ。オレは全然気が付かなかったが，勉強したよ」と感心しながら，消えていく。「学問」とはこのように極めて度量が寛い知的文化だが，「科学」とは（人文科学であっても）ぎりぎり無理・ウソを回避しようとする「潔癖性の学問」という知的文化である。ついでに「技術」という概念について述べれば，文章を上手に作る「技術」とか，買い物で上手に値引きをさせる「技術」とかも立派に通用しているが，その辺りを辺境として，一般的には学問・科学その他の専門的な理論・原理に裏付けられた，知的・感性的な目的を実現する適切な技とそのソフトウェアである。

　なお，先ごろ島津製作所の田中耕一氏がノーベル化学賞を受賞した。彼は早く稼ぐ必要があったので，のんびりと大学院に行くこともなく就職して，多忙とその無欲さから博士号を取ろうともせず，仲間らと協力し合ってあの成果を挙げ，料簡が狭い日本人たちからではなく外国人たちから推薦されてノーベル賞を受賞したという。ところで，こんな話を出したのは世間話をしたかったからではない。この田中博士が会社その他で没頭してきた研究が「科学」としての「学問」である，ということを言いたかったからである。「学問」が，大学・大学院等の教師に専属するものだ等と偏頗なことを考えている教師が今の世の中にいるわけもなかろうが，念のために付言しておく次第である。

　そこで，これらの知的文化と経済。J. A. シュンペーターが経済の好況・不

況の景気循環現象の中でも特に重要な中期的ないし長期的波動の原動力として，大規模な産業活動・生産技術上の変革をもたらすことにより実体経済を格段に発展させる「技術革新」(innovation) の出現を強調したことは誰でも知っているが，早い話がこの技術革新をはじめ大小無数の技術改革・技術改良を産業界にもたらしつつあるものこそ，企業・大学・各種研究機関等で日々進められつつある学問・科学の研究成果である。ここから先のことは既に第9章において種々述べたので，ここでは触れずに先へ進むこととする。なお，当然のことながら，経済活動と学問・科学との相互作用を論ずる際，とかく自然科学分野のみが話題にされることが多いが，人文科学・社会科学やこれら諸科学の複合体が，サービス産業等にとどまらず幅広い産業分野において大小様々な経済的貢献を現に果たしつつあるという事実を忘れてはならない。

(2) **生涯学習と経済**

　昔，筆者が文部科学省（当時，文部省）で政策企画担当兼「中教審」担当の課長補佐だった時，全国総合開発計画の策定や同審議会の数次の答申作成等で多忙を極めたが，その中の一つがこの「生涯学習」のキャンペーンとその振興策についての答申作成だった。

　事の由来は国連・ユネスコ発の「教育の場，学習の機会は学校だけでなく，世間に色々ある。国家・社会はそういう場・機会をもっと有効に整備して，希望する人々の各生涯を通じての発展・成長を助けるべきだ」という勧告にあった。このキャンペーンは，当時の日本がガチガチの「企業・官公庁等の採用・昇進基準に発する学歴社会，有名大学志向，受験地獄，知育偏重，学校教育偏重主義」等のわなにはまり込んでいた時期（とは言え，あの頃から数十年を経た今の日本でも状況はあまり変わっていない……）だったので，極めて意義深いものだと我々，審議会一同も考え，それに一生懸命に取り組んだ。その折り筆者らは，このキャンペーンを表現していた言葉「生涯教育・学習社会」について異議を唱え，「これでは，自由な存在であるべき人間に対して，周囲からの押しつけ・強制の印象が強すぎる。生涯服役なんてまっぴらで，せめて「生涯学習」を主役にした方がまだしも各人の自由，自

主性の理念を表現できる余地がある」と述べ，その線で進めることになって，それがそのまま今に及んでいる。

　生涯学習という概念は本来このようなものなので，そこには学校教育も含まれるわけだが，実状を言えば，それは学校外に見られる老若男女の様々な学習・教育の場というのが通り相場になっており，例の「放送大学」や種々の専修学校・各種学校辺りが，学校教育との中間地帯に位置づけられている。カルチャーセンターやスポーツジム，各種教室や塾等がたくさん民営・公営されていて，いわゆる教育・学習産業は10兆円市場と言われている。

(3) 組織活動と経済

　ここで「組織」というのは，文化的ないし文化・経済的な目的を持って人々・市民・国民が設けた種々の団体・機関……例えば，企業，国や地方公共団体の行政組織，政府系諸機関，第三セクター，諸特殊法人・公益法人，業界諸団体，各種組合，更には市民有志グループ，NPO等を広く包括する。

　これらの様々な組織はそれぞれが固有の組織活動目的を持ち，そのあるものは文化的目的への志向が強く，あるものは経済的志向が強く，またあるものはもっと別の目的を志向しているが，ここで取り上げる以上は，それらに共通して文化的ないし文化・経済的目的をも志向している組織である。

　これらの組織が文化・経済に対して及ぼす影響・効果は，その組織の規模・作用能力の違いに応じて大小様々だが，近年これらの組織がもたらしつつある影響・効果として特に注目すべき点は以下のようなものである。①市民・地域住民を活動の核とする組織がその優れた現地性・課題意識性・合議性・柔軟性等を発揮し，大きな文化的ないし文化・経済的影響，効果を挙げつつある。②組織の種類による違いで捉えるべきことではないが，市民・国民の福祉の増進，国民・市民の基本的諸権利の保護・確保等に貢献する形で，企業倫理の退廃や，組織の利潤追求に伴う反社会的行為・計画等を摘発・阻止し，或いは内部告発に踏み切るといった形で，大きな文化的ないし文化・経済的影響，効果を上げつつある。③従来，わが国の文化・経済を担う組織は相互に連携・協力する傾向になかったが，近年，組織の種別や個別組織の壁を超えて，共通課題の解決に向けて，連携・協力する傾向を強めつつある。

5．感性的文化と経済
(1) 「場所」と「感性」

　まずは，人間がそこに存在しない「場所」を想像してみよう。その場所に存在するのは「自然」である。野には雑草が茂り，小川や河が流れ，雑木林に風が渡り，その向こうの山並みはそろそろ薄く雪化粧し始めている。小鳥があちらこちらで啼き，草原の池を覗くと小さな魚影がそこかしこ走っている。飛び交っているトンボもいれば，じっと葉に止まって休んでいるトンボもいる。ここに広がっているものは「場所」であり「自然」である。

　さて，それではこの「場所」にそろそろ「人間」を登場させよう。人々は，その場所に種を蒔き，水を引き，雑草を抜き，家畜を飼い，季節が巡り，収穫する。雪の季節には，春に備えて準備をしたり，都会へ出稼ぎに行く人々もいる。ここまでのところは，この人々におけるこの「場所」での暮らしの一面，つまり経済活動（生産・消費活動）を眺めただけである。

　そこまでの観察で終わるわけには，無論いかない。なぜなら，人間は皆，知性・感性を持ち，この人間特有の本能（天性）が求める刺激が満たされなければ，人間は幸福感・充足感を得られないからだ。「知性」に関する文化・経済現象については上に述べた。次は「感性」に関する文化・経済現象について述べる必要がある。

　この世の様々な「場所」で人々が生を営む時，人々は彼らの生計を立てながら，様々な知的・情的欲求を満たす思考・行為をも展開する。それを総括して我々は「文化」と呼ぶ。人間はどのような「場所」にいても，「経済」が不可欠であると同時に，「文化」を手にしなければ心が満たされない。それぞれの土地の祭礼や民謡や歳時記。それぞれの土地の習慣や伝承や宗教。「場所」に在って，人々は「経済」を営み，「知性・感性の文化」を営む。

(2) 感性的（・知的）文化の諸相

　ところで，このように人間固有の本性（天性）の発露である「文化」について論じる際に，ホイジンガ（Johan Huizinga）の著書『ホモ・ルーデンス』（遊ぶ人）を無視してかかるわけにはいかない。そこには，「遊び」という哺乳動物以来の本性（天性）を軸として，感性的（・知的）文化の諸相が，歴

史に根ざす形で広く示されているからである[8]。

　そこで以下，本書に特に関係が深い記述のみを厳選し，その要点のみを紹介する。

　　遊びは文化より古い。なぜなら，文化の概念は……人間の共同生活を前提としている。……動物は人間と全く同じように遊ぶ。遊びのあらゆる基本的性格はすでに動物の遊びの中に体現されている。……彼らは互いに儀式的な態度や身振りのようなことをして遊びに誘い合う。仲間の耳を本気で嚙むべからずという規則もちゃんと心得ている。……彼らはこれによって明らかに無上の喜び，あるいは感激を味わっている。ただ，こうしたじゃれ合う子犬の遊びは動物の遊びの最も素朴な形の一つにすぎない。さらに高度に発達した内容のものがある。観客を前にしての本当の勝負や，美しいショーなどがそれだ。……遊びの中には，生活維持への直接的な欲求（引用者注：経済等）を越え，しかも生の営みの中に一つの意味をつけ加える何ものかが，共に「遊んで」いる。……動物は遊ぶことができる。だから，彼らはすでにその点で単なる機械仕掛け以上のものである。我々は遊び，かつ，遊ぶことを知っている。だから，我々は単なる理性的存在（引用者注：筆者のいう知的存在）より以上のものである。なぜなら，遊びは非理性的（引用者注：筆者のいう感性的・情的）なものであるから。……遊びは，自由な行為だ。命令された遊びは，もはや遊びではありえない。……遊びが文化的機能となった時はじめて第二義的に，当為（引用者注：すべきこと）とか，任務とか，義務といった概念との結びつきに縛られるようになる。……遊びはそのまますぐに文化形式として定着する。一度遊びが行なわれると，それは精神的創造物として，あるいはそれより後の追憶の宝として生きのこり，絶えず繰り返される。……子供は，完全に真面目に……遊ぶ。しかし遊んでいても，それが遊びであることを知っている。スポーツマンは献身的な真面目さと無我夢中の闘志で遊ぶ。……俳優は彼の遊び（演技）に没頭する。……ヴァイオリニストは……日常的世界の外に出て，それを越える体験を味わいながら，それでも彼の行為は遊び（演技）であり続ける。

……プラトンは何の躊躇もなく，聖なる事物を遊びの範疇の下で理解している。……遊びという概念を精神の最高領域にこそふさわしいものとすることによって，遊びを高めている[9]。

　確かに，ホイジンガが指摘するように，「遊び」は少なくとも哺乳類（の特に子供たちの天性）に発し，その一方，「文化」は人類のものなのだから，前者こそが後者の母胎であるということになる。ここに紹介したホイジンガのこうした指摘（「第1章　文化現象としての遊びの性格と意味」）を読んでいると，21世紀の文明社会に生きる我々としてはひとしお，人間・人類とその社会・国家における「文化」の価値，それの他の諸価値への優越性を感じざるを得ないのではないか。もう少し引用を続けたい（「第3章　文化を創造する機能としての遊びと競い合い」）。

　　文化はその根元的段階においては遊びの性格をもち，遊びの形式と雰囲気の中で活動するのだ。……一般的には文化が進むにつれ，遊びの要素はしだいに背景に退いていく。遊び自体は，学問知識と詩文，法律および国家的生活形式の中に結晶化している。……遊びと最も密接に結びついているのが勝つという概念である。……そこに尊敬が得られ，名誉が与えられる。そしてこの名誉と尊敬は勝者の属する集団全体に直接の利益をもたらす。……それより以上のものが結びつけられる。……金品をともなうのだ。……徳，名誉，高貴，名声ははじめから競争，つまり遊びの領域内にあった。……闘技の聖なる性格は至るところに明らかだ。……ギリシャの伝承では競技を分けて国家，戦争，法に関する競技とか，あるいは力，知恵，富についての競技というように区別している。……裁判官の前で行なわれる訴訟がアゴーン（闘技）と呼ばれ……法的行為はかつてまさしく……アゴーンであった。ギリシャ人はなんでも争いの種になりうるものはすべて対抗試合の形に仕立てるのを常とした[10]。

　しかし，競技・闘技の勝敗・顕彰に関するルールがどのようなものであっても構わないということには恐らくならないであろう。その「ルール」の内容自体が，それをそのように定めた国家・社会・集団の知的・感性的レベル

を表現しているわけである。徒競走の速さや野球選手の打率・防御率等と違って，甲乙のつけがたい優れた美術作品・舞踊・社会的貢献等に対して，「1位，2位，3位」と順位づけしたり，「98.7」とか「97.5」とか評点を付して金・銀・銅賞を与えたり，勲一等から勲七，八等にまで区分した勲章をそれも更に各2種類ずつ，計十数段階にも差別を設けて「授与する」という，日本の大人たちみんながお互いに苦労し支え合ってきたこの共働社会において，そのようにバカげた顕彰システムを維持し続けてきた我々とは，一体どんな集団心理・社会力学によって衝き動かされている「知的・情的存在」なのだろうか。

　このわが国の，人間一生の体面を汚す無礼な「栄典」制度には，さすがの政府も気が付いたらしく，小泉内閣は平成15年5月，①栄典制度の簡素化，②人品差別的な勲章制度の改善，③叙勲対象の拡大，④官民叙勲の公平化等を目指す勲章授与基準を閣議決定した。ところが，もともと公権力を手にした連中というのは首相・閣僚であれ政府高官であれ多くの国会議員であれ，本心では自分の方が主権者国民一般よりも有為・有能だと思い込んでいるから，人様に勲章という愚劣な代物をくれてやるに当たって，平気で「小」綬章を授ける気でいる。人様に，つまらぬ贈り物をするにしても，そこには最低限度の作法がある。自分たちにはそんな卑小な物は無縁だからと，なぜそのように無神経に人々を卑しめる国家的制度を固持し続けるのか。歴代総理の中でも，今の小泉氏は最も多くの国民的支持を得て権力の座についた，いわば国民的宰相ではなかったか。中途半端な惜しい人物である。彼も一度はお読みであろう，かの大作『ファウスト』の中でゲーテは「雅の心を世に贈る，物を与うるにも雅てあれ」と歌っている。まったくその通りであり，今回のあの勲章制度の改善は事の本質において，知的・感性的文化性の欠如を世間に公表したお粗末な「悪政・愚策の標本」に過ぎない。

　思うに，このように没文化的な愚劣な顕彰システムであっても，それが単純な精神構造の人々に与える名誉欲・虚栄心・満足感（・屈辱感）・報復欲・付帯的実益その他，顕彰される側の欲望の充足と，顕彰する側（幼稚な権力側）の威信効果・公序表明効果や競争による進歩・振興効果，更には公的儀礼が持つ社会的装飾効果等の充足とが互いに結合して，このバカなシステム

を存続させているのである[11]。

　さて，ホイジンガの『ホモ・ルーデンス』は，この第3章を挟んで第2章から第11章まで言語・裁判・戦争・学問知識・詩・演劇・哲学・諸芸術・時代様式等を取り上げ順次考察を加えているが，ここではそれらの各章をすべて飛ばして，（ホイジンガ自身が属していた時代と，その前後の）「現代」文化に関する章から，最後の引用を示そう（「第12章　現代文化のもつ遊びの要素」）。

　　チェス（や囲碁・将棋：引用者補足）などのような偶然に……場を与えないもの……にもかかわらず，これらの遊びはそれ自体，完全に遊びの定義に規定されたとおりのものである。……18世紀まで，芸術は……明らかに従属的地位しかもっていなかった。芸術（への援助とその果実：引用者補足）は，特に選ばれた人の生活の高雅な飾りだった。……職人でしかなかった芸術家は人に仕えるものとしてのみ認められたにとどまった。一方，学問の研究は生活の苦労を知らない人々の特権だった。……19世紀末に至って芸術の人気は……教育を受けた大衆の中に初めて浸透した。芸術は公共の財産になり，芸術好みは上品な趣味となった。……芸術は直接に市場に出され，しかも技術的手段を動員することになる。……科学……絶え間ない体系的組織化への傾向は遊びに向かう傾向とほとんど分かちがたく結びついている。……科学における競争は芸術の場合より直接の経済的基盤によるところは少ないが……文化の論理的展開の面では本来はるかに多くの論争的性格をもって生まれついている（引用者注：ここから先，「幼稚型精神病」（puerilisme）以下の論述については，引用者（森）から見て原著者の幾つかの見解に異論があるので，省略する）。文化は何らかの自己抑制と克己（こっき）を前提とし，さらにその文化に特有の性向を絶対最高のものと思い込んだりしない能力をもち，しかも，自由意志で受け入れたある限界の中で閉ざされた自己を見つめる能力を前提としている。……真の遊びは……それ自身の中に目的をもっている。その精神と情緒（じょうちょ）はこころよい恍惚境のそれであり……遊びそのものは良くも悪くもないのだ。……一粒の同情の涙（道徳的意識：引用者補足）

が……高みへと我々の行動をもち上げていく[12]。

　以上，ホイジンガの「遊び」と「文化」についての思索の広野を走り抜けてきたが，これらのホイジンガの諸論考との関連で，H. ヘッセにも少し触れておきたい。ヘッセの数ある作品の中で，特にそれが傑作であるというわけではないが，『ガラス玉演戯』は彼が12年の歳月をかけて完成した，ホイジンガの「遊び・文化を価値とする生命体である人間」（ホモ・ルーデンス）という認識の系譜上に位置する，思索の世界である[13]。

　ホイジンガが『ホモ・ルーデンス』を人間の現実の精神史に依って生み出したのに対して，ヘッセは『ガラス玉演戯』をカスターリエンという仮想世界（選良たちの特殊・閉鎖的な土地）に展開させたので，その分，ヘッセの細い説教を聞く印象を持たされる。なお，この「ガラス玉演戯」という作業は，学問・芸術・教養等のいわば文化の粋を組み合わせる知的・感性的に高度の遊びで，凡人・俗人には無理かも知れない種類の演戯である。

　さて，この大作の中にヘッセが記した幾つかの文章や詩片に，「学問，芸術」といった知的・感性的文化の一種の本質と言えるものが，ホイジンガにおけるそれとは異なるトーンで表現されているので，それらを紹介した上で，話を先へ進めたい。

　　　……老人も少年も学生も……
　　　　現世の幻の泡の中から
　　　不思議な夢を作る。それ自体は無価値だが，
　　　　その中で，永遠の光がほほえみつつ，
　　　みずからを知り，ひとしお楽しげに燃え立つ[14]。

　　　……廃墟には　キヅタがはえ，
　　　　キヅタの中でミツバチがつぶやいている。
　　　　……………………………
　　　彼らはいなくなった。カスターリエンの
　　　　寺院も文庫も学校ももはや存在しない……

かつては多くのことを語った象形文字も，
　今はもう色とりどりのガラスのかけらに過ぎない。
それは音もなく，高齢の老人の手から
　ころがり落ちて，砂の中に消える……15)

　時々，クネヒト（引用者注：ヨーゼフ・クネヒト。作品の主人公。高い評価を得て晩年，ガラス玉演戯名人）は都合をつけて，老いた前名人のもとへ短い訪問をした。……病気ではなく，その死は，ほんとうは死滅ではなく，だんだん物質から離脱し，肉体的な物体と機能が消える一方，生命はいよいよ……まなざしと，くぼんでいく老人の顔の静かな輝きとの中に集中していくことであった。……前名人が肘かけ椅子に腰かけている小さい部屋に……入ると……目に見えぬ光の射す中にでもいるように……幸福な幾ときを過ごした。……ある日，クネヒトはこの人の死の知らせを受け取った。彼は急いで旅立ち，穏やかに永眠した人が床に横たわっているのを見いだした。小さい顔はやせ衰え，くぼんで……もはや読みとるよしもなかったが，微笑と完成された幸福とを語ってでもいるようだった16)。

　これらの引用にはいずれも，詩人ヘッセの特色が色濃く観照されるが，我々平凡な俗物でさえ，とうに死別した懐かしい父母・兄弟や，生別して久しい人々と語り合い笑いさざめく夢に巡り会うときがある。そんな至福の折りに夢から覚めて，過ぎ去って帰らぬ懐かしい日々と生きねばならない今，現在とのはざまでうなだれていると，やがて追憶の哀歓を抑えて「現実」への思考が我々を促し立ち上がらせ，再び生活へと向かわせる。「感性的文化」の本質とは，例えばこのように奥深い，数々の我々の存在の源泉から我々人間が汲み上げ形作っていく美や幸福である，と筆者には思える。

(3) 芸　　術

　「感性的（・知的）文化の諸相」について種々述べるとなると，そもそも「文化経済学」の発祥の地がここ，芸術文化の領域だったのだから，必要な記述は果てしなく広がっていくことになる。そうはいかないのでここでも，

取り上げる事項を狭めて例示のような形でまとめることとする。

　例えば造形芸術の中の絵画の領域。画家という芸術家はそれ自体，紛れもなく「文化と経済の相互作用」の手本のような存在である。画家本人がそのような取扱い方を怒ったとしても，それは仕方がない。彼が絶海の孤島にではなく，経済現象の影響が及ぶ人間界に身を置いている限り，うむを言わせずそういう成り行きにならざるを得ないのである。おまけに，画家本人だけで済む領域ではない。例えば，ほとんどの場合，彼は画商とも何らかの意味で関係を持つ。そして，画商の他にも美術館関係者とか，文化行政関係の役人とか色々な来客が次に控えている。これと同じような現象・構造が他の芸術，感性的（・知的）文化領域でも見られる。かくて，文化経済学の研究課題はほぼ無限である。基本的には芸術家は，社会がある程度の生活と活動環境とを供与すれば，後は情熱で自立するものである。

　さて，一口に画家といっても，ゴッホやモディリアニ，佐伯祐三たちのように，生前からその異端の天才をごく一部の人々から認められながら，絵が売れずに，貧窮のうちに世を去り死後にたいへんな高値で取引きされた不遇の画家もいれば，モネやピカソ，横山大観たちのように生前から広く高く評価されて絵が高値で売れ，経済的にも十分に恵まれていた大家たちもいる。見ていると，これらの画家たち（もっと一般化して言えばすべての芸術家たち）のタイプには，自分の生き甲斐・存在意義の原点としての彼の内面の「文化価値」をひたすら見つめて生き，「経済」的境遇などは必要悪に前後する俗事としてしか感受しなかった芸術家で，①経済的に不遇だった人，②経済的に不遇でもなかった人。それから，本質的に生来，自分や，自分が生活責任を取るべき身内等に対する「経済」的境遇の意味を理解し，自分に結び付く「文化価値」とともに「経済」的境遇の維持・改善にも努めていた芸術家で，③経済的に不遇だった人，④経済的に不遇でもなかった人。それから，自己の存在意義の原点だった「文化価値」の位置そのものがやがて変位し，いわば典型的に言えば「人が（大なり小なり）変わっていき」，悪く言えば世俗化，良く言えば成長してしまった芸術家ないし非純粋芸術家ないし前（元）芸術家で，⑤経済的に不遇だった人，⑥経済的に不遇でもなかった人……思い付くままにいい加減に並べてみて，おおよそこんな具合の

タイプが少なくとも在るし，実際の芸術家・前（元）芸術家たちの生き方を見ると，一人の人物がこれらのタイプの間を，その生涯の時期に応じて彷徨(ほうこう)していることも決して稀(まれ)ではない。

このように，一口に画家（芸術家）と言ってもそれ自体すこぶる多様な人々だが，それはそれとして一般的に，画家やその家族が生きていくためにはその作品が売れなければ困る。しかし，経済情勢が好況期にあってさえある程度の規模の人脈・販路を持っていなければ，（一部の売れっ子画家とか，遺産・財産で食べていける画家等は別として）生計を持続的に支えられるだけの売上げを維持することはまあ不可能である。まして，今の日本のようなデフレ不況の状態で，自分や家族の暮らしを立てようとすれば，色々な副業・アルバイトを見つけ，場合によっては家族も共働きしなければならないような経済的境遇の画家（芸術家）がザラだろう（もちろん，一部の売れっ子画家（芸術家）とか遺産・財産で食べていける画家（芸術家）等は別である）。

そこで画商（芸術仲介業）が登場する。それから美術館関係者が，それに関連行政分野の役人が，その後に出版関係者が，著作権処理組織の職員が……とにかく続々とやってくる。画商，というか，美術品取引き業者の世界だけでも実に興味深い研究対象である[17]。

絵画という美術領域と非常に関連が深い，しかも相互に異質な「写真」芸術について，簡単に触れておきたい。「写真」芸術という領域（と，この芸術を方向づけ内容形成する心理と技量）には，「記録」の側面と，記録にとどまらない「意図・認識」の側面とがある。ヴェトナムの荒廃した戦野(せんや)の片隅で，目を閉じ，乱れた髪に細い指を差して蹲(うずくま)る若いアメリカ兵士の孤影は，写真を次々と見飛ばして回る者の目（心）にはなるほど「記録」だが，その前にじっと立って見つめる者の目（心）には，その写真の「作者の意図・認識」がその記録（写真）と一体となって入射され，それと，その写真を「見る者の意図・認識」とが交響して様々な事柄・出来事・意味・思想・感情の世界を生み出すのである。だからこそ，「写真」撮影という行為（・心理）には，進んだ知の技法・技術の体系としての「文明」に納まり切れない「文化」の領域が在り得るのである。先ほどヘッセが歌っていたように，

我々人間は1個のビー玉，1本の野の草から我々の夢をつむぎ，自らの宇宙を創ることができる。

　この「写真」撮影という文化（・記録技術という「文明」）に関連して更に付言すれば，「写真とカラーフィルム」の技術が登場して人々に賛嘆の念を与えたとき，一部の人々は「これで人間は，絵画を超える正確・高速度の技術（文明）を獲得した」という早とちりの終末観を持ったに違いない。ところが，我々人間という高度の知性体・感性体にとって，「写真」撮影という「文化」と，「絵画」造形という「文化」とは，まったく異質の価値である。ピュリッツァー賞を受けた1枚の写真と，雪舟の水墨画の1枚，ゴッホの油絵の1枚との，人間にとっての価値を比較して，その優劣を論じようとするバカ者が滅多にいないという一事をもってしても，異質の価値というものの意味，文化の多様性ということの意味について，我々人間は天性の認識力，共通の直観力を遺伝されているということがよく理解される。

(4)「食」の文化

　次に，文化的経済財として，昔から洋の東西を問わず非常に大規模かつ多彩な市場を形成し続けてきた「食」の文化という，感性的文化について触れておきたい。

　「食」にかかわる人間の様々な心理・行為を指して「食文化」と呼ぶのはなぜだろうか。その理由は，魚がプランクトンを捕食し，草食動物が植物を摂取し，肉食動物が他種属の動物を捕食し，猿や犬・猫が動植物を雑食するのと同じレベルで，我々人間が自己の生命の維持のために植物を食べ動物を食べるというような，生きるために必須の「食」の心理・行為から離れて，我々の祖先である古代人が，居住する地域・時代の違いに応じて種々の食材を選び，組み合わせ，それらの調理方法や調味料，使う食器の種類・品質・形状や料理品の盛りつけ方，食べ方の順序・作法等を工夫し伝え，現代人もまた同様に地域・時代の違いに応じて，同様の工夫を重ね，他に伝達するという心理・行為の全体が，「基本的には感性的文化」（それに知的文化の要素も伴っているのは他の多くの「感性的文化」の場合と同様である）に位置づけられるのが最も適切である，と思われるからである。

この分野の職人たちの意識は様々で、徹底的な職人と自己規定している人もいれば、半ば芸術家という要素を備えていると考えている人もいる。周囲の人々の解釈も様々である。しかし、「食」の世界が広領域の文化であるということについて異論を唱える人は少ないだろう。テレビの適当な番組を探してチャンネルを回していると、各国の食生活とか食事文化、日本各地の郷土料理案内とか様々な楽しくおいしい調理指導等々、「食」に関する番組が目白押しでうんざりさせられる時がある程である。飼い犬や飼い猫たちは食事の時間が近くなると落ち着きを失って定位置の辺りでソワソワしたり、家人にまつわり付いたりする。これが日常生活の中で一番うれしい出来事なのだから、そんな振舞いをするのも当然である。そして、彼らと同属の人類も、空腹時なら尚のこと、食事・料理の事柄に身も心も奪われる。「食」の文化はこのように、生き物たちの基礎本能・基礎的欲望に根ざした上に、人類が更に様々な工夫・共感等の価値を付加し続けてきた実に広くて奥深い、人生に活気・満足等をもたらす偉大な文化の一つである。「食」市場や「食」情報の規模が大きくて多彩だということは、「食」文化の偉大さと多彩な魅力からして当然のことである。

6．身体・肉体の文化経済
(1) 健康・スポーツ・余暇活動等と経済

健康・スポーツ・レクリエーション・医療・美容等、我々の身体・肉体の機能・状態・外形等に関する事柄が、現代人の大きな関心事になっている。これらの事象は一面では文化事象とは別種の要素を持つとも言えるが、違う側面から見れば極めて明瞭に文化事象としての要素も備えている。

例えば、健康とは、定義の仕方が色々あろうが疾病を持たない状態と言える。精神的・心的な病からある種のタイプの人間を守る力、その病を克服する力の多くが文化価値観に依存している。また、様々なアマチュアスポーツやプロスポーツが多くの人々を惹きつける力も、目標に立ち向かう工夫・努力や達成に伴う満足感、勝敗に伴う感動や美事な演技・能力から受ける満足感・一体感・感動等、文化価値に位置づける方が他に位置づけるよりも恐らく自然だろう。彼（彼女）がそこに立っただけで、周囲の人々の気持ちも高

揚する……（スポーツに限ったことではないが）これが，スターのオーラである。或いは，自分の好きな物事に打ち込んでいる時，その人の心は前向きである。

　ここに列挙した一連の，多数の人々の関心事について多種多様なサービス産業・製造業等が成り立ち大きな市場を形成している。なお，プロスポーツには「toto」（スポーツ振興くじ）のように財源機能もあり得る。

　更に，これは実際にたいへん大きな国家経済規模の着眼と言えることだが，わが国が迎えつつある高齢化社会において，（既に本書の第9章でも触れたように）病み，老衰した高齢者たちを介護・治療する仕組みの整備とその維持・更新には莫大な費用と労力が必要であり，社会・経済の一大負担となりつつある。しかも極めて「皮肉」なことに，昔ならさほど費用も人手もかからずに死んでくれたであろう老衰者が今では「ただ木石のように生命を維持され」お迎えに来て欲しいと言いながら，バリケードを積み上げてお迎えを拒んでいる。長寿社会は立派だと言いつつ，高齢者医療・介護負担の増大に青くなっている。この重大な社会・経済問題に対する唯一とは言わないが非常に大きな対応策の一つは「寝込まない老人たち」をなるべく増やして，彼らがやってもよいと思う種々の社会貢献の機会を作り，彼らも立派に文化的あるいは経済的な付加価値の増大に役立つことができる社会・経済システムを本気で構築することである。

　「老人とは保護され介護されるべきカネ食い虫，ヒト食い虫，お邪魔虫」という従来の狭い先入観・偏見を捨て去り，もっと前向きの優れた発想を募り，このような健康的・予防的な文化経済の充実を進め，老人医療費の削減を実現する。日本各地に「元気な老人」たちで組織する「元老院」を群雄割拠させ，彼らに不活発な中年・若者たちの職場を支配させ，正義に暗い国会議員や県議会議員たちの背骨を叩き直させるような「高齢者の起用・活用」大型プロジェクトでも構想・実施すれば高齢化国家・日本の未来はたぶん半々くらいの確率で洋々たるものである。

　そして，上に述べた高齢化社会関連産業はもちろんのこと，揺りかごから老人ホームまで，あらゆるライフステージの国民・市民が自発的に取り組んでいる様々な健康・スポーツ・余暇活動等に関する産業分野には現に幾らで

も高い利潤を見込める商機が転がっている。それどころか，現状を見るとむしろ，企業サイド・政府サイドの意識・発想・工夫自体が現状に対して遅れているため，消費者（上記の国民・市民）の購買意欲を刺激する程の商品開発・システム開発を行えず，あたら商機を眠らせている始末である。

(2) 健康・スポーツ・余暇活動等の文化的意義

　この項で筆者が特に述べておきたいことは，誰にでもよく分かっているような，この種の活動が人々と社会・産業等にもたらす効用・意義の話ではない。

　わが国の学校現場では相変わらず「いじめ，非行，引きこもり，不登校」等が問題になっているが，こうした現象の主役になった少年たちが，無理に「学校」・「家族」・「友達」・「相談施設」といった閉鎖的世界の中だけで問題を解決しようとする「硬い構造」に組み込まれていては，思うように事態を打開できない場合が少なくないのである。

　こういう現象に対する予防的システム，子供の多様な個性を真に効果的に伸ばす柔軟な高性能の教育・学習システムが，硬い「甲殻類」のような「学校システム」と並んで充実・整備されるべきだという主張は，本書の第9章において既に述べたが，本項で言いたいのは予防的システムのみならず治療的システムとして，ここで取り上げている健康・スポーツ・余暇活動等に関する学校外の様々な教育・自己学習の場・機会が，こうした種々の問題に悩む少年たちに対して，非常に大きな立ち直りの諸体験をもたらしているという重要な事実である。

　それを希望する少年少女がいれば，基本的トレーニングを十分に積ませた上で，厳しい冬の登山に挑戦させる。好きな絵について，大きな油絵を完成させる。独特の発想のゲームソフトを実現させる。音楽CDを作り上げてしまう。その，最終的な目標を実現するには，挫折や気力，励ましや友情，家族愛や学校側の広やかな協力といった本人と色々な関係者たちとの人間ドラマの半年，1年が必要である。しかし，その努力と自然な相互理解の輪が交響し合って，一人の少年少女の生命力を強く高いものにしていく。それにそもそも，「学校」や集団から離れて，独りでボンヤリと夢を見つづける日々

の何処(どこ)がいったい悪いのか。学校を離れてのこのような取組みが常に成功するわけではないが，それでも必ず，大きな収穫を本人や周囲の人々にもたらしてくれる。それらの積み重ねがまた，我々の社会システムの進化，文化の深化にも繋がっていく。

　初めに紹介した国連・ユネスコ発の「教育の場，学習の機会は学校だけでなく，世間に色々ある。国家・社会はそういう場・機会をもっと有効に整備して，希望する人々の各生涯を通じての発展・成長を助けるべきだ」という「古い」キャンペーンは，筆者の解釈では，実はまだあまり実現されていない。我々は，今でもまだ依然として，既存の行き過ぎた規制や既得権者らの反対，それを助ける行政等の圧力に押されて，ほぼ数十年前と似た状態でたたずんでいる，と筆者には思える。

　また，先に「高齢者医療・介護費用」問題という経済・社会問題への対応策という側面から「寝込まない老人たち」を増やす仕組みの重要性を述べたが，この仕組みの意義は，経済的な側面にのみ在るのではない。「文化的な側面」でもこの仕組み，ないし発想には極めて大きな意義が在るのである。

7．射倖の文化経済

　若い読者にはなじみが薄い言葉かも知れないが，「射倖(しゃこう)」とは「当てる確率が低くても，あえてその低い確率に賭(か)けて，大きな利益を獲得しようとすること」で，種々の賭博，宝くじ，競馬・競輪・競艇(とばく)等はその好例だし，必ずしも適例とは言えないかも知れないが，学力の低い受験生が東大・理Ⅲ（医学部）や司法試験に挑戦したりする事例も，語義からすれば該当するのではなかろうか。

　さて，「射倖」の心理・行為の一面は，苦境に在る者の（やや大袈裟に言えば）起死回生の社会・経済的心理・行為だが，別の一面，それはしばしば前に引用したホイジンガの「遊び」の要素を十分に備えている。この種の行為が好きな人々は明けても暮れてもそのことについて真剣に研究したり考えたり，色々な思いつきを試したり，仲間と議論したりした上で，勝負に臨む。そして，その結果に一喜一憂する。いよいよカネが欠乏したり，当てる確率のあまりの低さに絶望したりすればそのことから手を引く人もいるが，簡単

にそうする人はむしろ少ない。このような「遊び」を文化の一つに数えることを拒否する考え方もあるだろうが，人間の文化とは，そんなに心の狭いものではないように思える。

8．飼育・共生の文化経済

人間がその感情の作用・欲求をもって人間以外の対象物と緊密な相互関係を持つ現象は，人間の「思考」が常に知的要素を多く含んでいる以上，知的文化現象としての要素を備えてもいるが，それでもなお本項で扱う「飼育・共生の文化」はその基本的特質においてより濃く「感性的文化」に本籍を持つ文化現象であると言わざるを得ない。

そして，この現象は，人間対生き物（及び，論述の速度を速める便宜上，本項に一括した「人間対物体（物体の価値）」）という特別の関係をその内容としているので，前述の「感性的文化」の項から切り離して，特に1項を立てたものである。

(1) 飼育・共生の対象物

少なからぬ人々ないし家族が，その文化価値本能（社会的に，及び，先天的に我々の内面に組み込まれた向文化性向）の赴くところ，知的ないし情緒的な欲求から，犬・猫その他の生き物を飼って愛情を交わしたり，草花・菜園に熱中したり，木石や骨董品に熱中して，それらが生き甲斐，満足して生きる上での心の支えの一つになっている。利にさとく，内心では何を思っているのか知れたものではない人間仲間を相手に心の絆を求めるよりも，純粋に反応し純粋に信頼してくる生き物や，物言わぬ置物に心を寄せる方が，ずっと安心で，心がなごむ（もっとも，実地の経験によれば，ある種の利己的な性格の猫は，自分の利益だけに反応して他の恩義等には一切無関心だから，猫を飼う際にはあらかじめよくその顔つきを鑑定する必要があると思う）。

これらの傾向は今や，人間同士がお互いに自由で，その分，孤独性を深めてもいる現代社会・高齢化社会にあって，極めて大きな社会的文化現象となっているが，ということはそれらの飼育物・共生物に関する諸産業が大き

な取引き市場を形成し得ているということでもある。人間について求められる衣食住・健康医療・理美容等のサービスがペット類についても求められ大いに繁盛している。このようなことは以前は特別のごく限られた現象だったが，今では都市部でも郊外でも共通に見られる，ごく見慣れた現象になっている。

　そして，この種の産業のみが有望であるにとどまらない。電子情報関係企業や玩具製造会社等が競って開発・販売する精巧な，疑似学習機能や動作・反応機能を内蔵する「人造ペット」類が，生き物のペット類とは違う魅力で，多くの消費者を生み出している。この種の人造ペット類の性能技術や素材技術が進めば，アイボとは比較にならない驚くべき人造ペットや介護ロボット，そしてもちろん「鉄腕アトム」に近いロボット，「未来のイヴ」を超える恋愛対象の男女ロボット等が次々と発売され，例えばややこしい人間の男女の結婚（従って離婚）が減って人間の繁殖は人工装置で行うのが常識になる等，明日の社会に，本質的ですらある種々のインパクトを与え，文化経済の在りようにも様々な利益や課題をもたらすだろう。極めて高い確率で今から予想される，これらの趨勢はまさに文化と経済の結合の典型的な例である。

(2) 野生の自由とペットの保障

　震えるように寒い冬の朝，風雨に傘を傾けて通りかかると，いつも見かける小さな犬小屋から例の大きな白い犬が筆者の顔を眺めている。この風向きだと，あの犬小屋へ風が直接吹き付けていよう。あの犬は大きいので鎖にいつも繋がれていて自由に居場所を変えるわけにいかない。短毛でも自前の毛皮に包まれているし，大きな入り口であるとは言えとにかく犬小屋があり，鍛えられれば人間の子供でも，親から虐待されて戸外のトリ小屋で裸で冬に耐えるというから，あの白犬を寒くて不自由で可哀そう等と感情移入するのは実はこちらの見当違いに過ぎないのかも知れない。しかし，ああして，飼い主が来るまでじっと拘留された状態で待っているペットの保障付き生活と，食・住を探しつつ（保健所の職員を警戒しながら），生死・運不運を成り行きに賭けて生きざるを得ない野良犬・野良猫の自由生活との優劣の比較をするのは結構むつかしい。そう言えば昔，雪原の片隅で，野良猫が3匹の生ま

れたての子猫を抱いて雪を被っているのを筆者の倅が見て気の毒に思い，下宿の屋根下にミカン箱を置き古毛布を添えてやったら，大家さんが来てケンカになった，と電話してきたなあ等と思いながら，犬小屋の前を通り過ぎる。

　個々の生き物や人間が辿る，様々な旅路。ともに科学が好きな少年だったのに，一方はノーベル賞や学会賞を受け，一方はリストラされて職探しと住宅ローン返済に苦しむ中高年。事業に行き詰まって自殺を選んだ父親と，世帯主の突然の死に見舞われて悲しむ母子たち。血統書付き，過保護気味のペットとして一生を終える犬・猫も運命ならば，雑種保証付き，野良犬・野良猫として自由と波乱の一生を終えるのもまた運命。皇室の長男・末娘に生まれるのも運命ならば，富豪・貧乏人の長男・末娘に生まれるのもまた運命。それと，パスカルの「定理」を想起すれば，廃王は惨めだが，廃屋は惨めではない（筆者補注：廃王も惨めとは限らない）。つまり，「自覚」の有無・強弱や「価値観」の違いが「惨めさや幸せ」「喜びや悲しみ」の主観的度合いを左右する。ある状況について観察者自身の判定を観察対象物に貼り付けると，それは当たっているかも知れないが，外れているかも知れない。筆者は決して社会改良策や福祉増進策等の批判者ではなく，むしろ人並み以上に熱心な同調者の一人だが，個々の生き物や人間たちが遭遇する先天的な運命や，生まれてから出合う様々な成り行きと各自のそれへの適応や反抗等を思う時，上述の生き物や人間の旅路についての「損得」論や「幸運・不運」論が，単純な議論で済むとは思えない。言えることは多分，惨めな想いの人がなるべく減るような優れた文化経済上の政策・制度をもっと考え皆でそれらを実現・改良していくことが，我々市民・国民にとって意義のある権利・義務の行使の一種であるに違いない，というようなことだろう。

(3) 動物を中傷する人々

　反省してみると，我々人類は（我々が確認し得ている限りにおいて）「万物の霊長」であると自負しているが，我々の心身の進化・変貌の永い時の流れの中で，我々は種々の機能的発達を遂げたその一方において，種々の機能の退化・衰弱にも見舞われている筈である。して見れば，犬・猫や猿等に対

して，我々の方が全面的な発達種である等と威張ってばかりもいられないだろう。ある面において，犬そして猫でさえ，打算を超えて人間同士以上に純粋に飼い主を慕ったり忠誠を尽くす。我々よりも知能が低い分，純粋な信頼関係を持つことができ，我々人間のほうが癒される度合いも大きい。竹内芳郎氏がこんな風に書いておられる。

> 人間はいままで，みずからの人間性のなかにある醜悪なもの，野蛮なもの，陋劣なものを，「動物的」とか「野獣的」とか「犬・畜生」とかと称して，あげて動物たちの性格のほうに押しやって考えてきたが，一体，これほど動物たちにたいして非礼な，思いあがった振舞いがあるだろうか。動物たちは……人間ほど醜悪でも野蛮でも陋劣でもありはしない。おそらく，あらゆる生物のうちで，人間こそがもっとも「非人間的」で「動物的」な生物なのだと自覚してかかった方が，よほど人間自身の自己省察に資することができるだろう[18]。

確かに一面，このようなことが言えるのだろう。「知恵の実を食べた」人類は，その欠陥だらけの知恵の作用で「純粋さ」から追放されてしまった。我々人間は，飢餓で死んでいく人々の彼方で，必要以上に多くの生き物たちを捕獲・養殖してその生命を食い，海の幸・山の幸を飽食し，卑小な文化にまで心を染めつつ暮らしているが，野の生き物，海や川の生き物たちは我々よりもずっと慎ましい形で弱者を襲い食べ子育てをしているのだろう。そういう構図を知りながら，我々は竹内氏が言われるように，このような姿の生き物たちを，そのような形で中傷している。なぜ我々人間は，もっと切実に「万物の霊長」たるにふさわしく在りたいと願わないのだろうか。

そしてなぜ，少なからぬ人々がこういう生き物たちにあまり興味を示さず，多くのマンション等で「ペット飼育禁止」の申し合わせ等を続けているのだろうか。もちろん喘息の人々や動物アレルギー症の人々には配慮が必要だし，騒音や汚物，危険性等への配慮は必要だが，そうした配慮がきちんと為されれば，自分の性に合った生き物たちは人間にとってほんとうに良き家族，良き友，彼らの短命の生涯を通じて我々の心の支えであり得るのに。

第2節　合成の誤謬と合成の成功

1．合成の誤謬

　世界有数の高性能を誇る日本の自動車産業は，他の産業諸分野におけると同様，コスト削減ないし国際低コスト競争勝ち残りを賭けて，続々とアジアの低賃金諸国へ生産・販売拠点を拡げ，一般車やアジア仕様の規格性能車を生産・販売して世界的に売り上げを伸ばしてきた。

　欧米経済の全般的な低迷・不透明感とアジア経済の不安定・不揃いな動向の中で，日本経済そのものが，①一頃「価格破壊」といういわば好意的表現で迎えられた，外圧も一因とする（いまや）デフレ圧力と認識される条件と，②この悪条件と結び付いた形で未だに処理し切れないバブル経済崩壊に由来する過剰な不良債務・不良債権の重圧がリストラ・将来不安の形で消費意欲・有効需要を萎縮させている条件の下で，苦戦を強いられている現在，厳しい国内競争・国際競争を勝ち抜くために日本の個別企業が低コストと有望市場を求めて続々と海外移転を進めたことは，個別・ミクロの企業行動として全く正当なものであった。このことは，社内や系列・取引関係において日本的腐れ縁・しがらみを持たない舶来のゴーン社長を迎えた日産の企業行動についても同じことが言える。

　そして今や，これらの個別企業群の個別合理的な大きな流れが，もともと無力でも無気力でもないアジア諸国がその低コスト構造を対日比較で相対的に維持しつつ，物的資本・人的資本の充実・強化を急速に進める状況に拍車をかけ，マクロ的に日本の産業の多くを占める小企業・零細企業群を受注難・経営難の地獄に追いやりつつある。これこそまさにミクロの合理的行為の集積がマクロの損害を招くという「合成の誤謬」の一典型である。

　現下の日本経済に顕在化しつつあるこの「国内産業空洞化」の問題について，その懸念を否定する人々は「日本の小企業・零細企業の多くは今でも，特定分野の技術力・技術開発能力の面で諸外国のそれを上回っているので，頑張れば勝ち残ることができる」，「それが不可能な企業は産業界全体の構造改革・再編の中で，行き方を変えるか退場すればよい」と考えている。

確かに，現代の日本は全体主義国家でもなければ，多数の国民・企業・政府部門が愛国心を共有することを国是とする国家でもないので，個別企業の合理的行動を制御してまで，劣勢の小企業・零細企業をマクロの見地から救済するという選択肢はないとも言える。しかし，そのような社会・国家体制の下にあっても，少なくともマクロの国民経済的状況の改善・問題解決の任に在る政府としては，①苦境に立つ企業群の自助努力・工夫を前提としつつも，生き残るために役立つ国内外の情報収集・提供や助言，行財政上の効果的支援・制度的支援等をもっと本格的に充実すべきだし，②ゴーン的ないし現在の大企業に顕著な単純極まる合理化路線とは異なる，国内の大小企業間における「合成の誤謬」緩和（回避とまでは言わない）路線への誘導策を検討する余地があり，これらの公的努力があった上での，③廃業・出直しであるべきである。事態は，日本の産業の将来に向けて極めて深刻であるにもかかわらず，政府の現状認識は極めて極楽トンボである。

2．合成の成功

ところで，個別の経済主体が個別合理的な行動を選んだ結果の集積が「合成の誤謬」のわなにはまるマクロの結果を招く場合がよくあるとして，物事は決してその悲劇で終わるとは限らない。つまり，「合成の誤謬」の道とは別に「合成の成功」の道もある，ということである。

最初に思い浮かぶ例として，かなり大きな話なので不適当かも知れないが，日本は後発の近代国家として明治時代以後その貧弱な国力をもって，一大植民地地帯アジアを舞台に欧米・北方の列強としのぎを削る自衛行動を重ねるうちに，数々の合理的行動も選択しながら「合成の誤謬」を重ねて，ついに無条件降伏の破局を迎えた。

言いたい点は，ここからである。ほとんどの人は恐らくこの国家破局を窮極の「合成の誤謬」の結末だと言うのだろう。なるほど確かにそれはそうだろう。しかし，筆者の解釈では，あれは大規模な「合成の誤謬」だったと同時に，大規模な「合成の成功」でもあったのである。どういうことか。「破滅」という名の「新生」である。

いったい歴代日本人の中で，誰が（あれ程に大規模な内外の犠牲者の上に

第11章　文化・経済論の別視点　　313

であれ），あれ程に大規模な国家の新生を実現したことがあったか。粛正病者スターリンとの日本分割統治を拒絶して理想家肌の自信家マッカーサーが日本の統一的支配者の座に就いたという偶然的必然も大きな因子ではあったが，そのことさえ含めてあの時期，日本は国破れて（合成の誤謬），山河に新生の状況（合成の成功）を得たのである。それから後の日本の，成功と誤謬の歴史は我々がお互いに共有してきた通りである。

　言いたいことは，経済現象であれ社会現象・歴史現象であれ，我々人間の軌跡には「合成の誤謬」という否定的概念が通用するのと同じ論理構造・因果関係で，「合成の成功」という肯定的概念もまたしばしば通用するのだということである。

　前項において，日本の国内産業の空洞化（とそれに伴う漸進的，大規模な雇用喪失）の可能性を取り上げ，それを「合成の誤謬」の一例とし，政府がこの問題に対して少なくとも打つべき政策が幾つもあることを述べたが，論者の立場・見解によっては「供給サイド」重視の発想から，このような温情的政策を，構造改革の阻害要素としてむしろ批判することも予想される。それはそれでよい。と言うのは，筆者がこの際，最も言いたいことはその点ではなく，「合成の成功」に関することだからである。

　自然の尺度からではなく，人為・文化・文明の尺度から，世界は年々，その距離を縮めている。各国の文化・経済も国内関係と国際関係を一括して考察しなければ見通しや構想を誤る，そのような状況が年々進んでいる。もちろん，場合に即して相対的に遠い変数を定数化し近い変数で関数処理する方がむしろ適切な見通し・構想を立てることができることは幾らでもあるが，そうはいかない場合も増えている。

　国内産業の空洞化。この問題を「合成の誤謬」という消極的角度からのみ見るのではなく，「合成の成功」という積極的角度から見ると，どういうことになるか。①日本の国内コストとアジア諸国でのコストとの比較や，国内の技術力・生産インフラとアジア諸国の向上著しい技術力・生産インフラとの比較，更には製品販売市場を巡る国際競争の視点，これらを総合・勘案しつつ日本の個別企業群が多くの生産・販売拠点をアジア諸国に展開し，必要な技術力・生産インフラの海外移転を進めたことは，ミクロ的には当然の

合理的行動であり，まさに歴史的必然の流れである。②このミクロ合理的行動の集積の結果を，日本経済全体としてマクロ的に「合成の誤謬」とみなすならば，前述のようなわが政府の認識不足・対応の遅れや，日本の個別企業群の国民経済意識の希薄さ等が問題となる，か問題となり得る。③しかし，この状況はそもそも「合成の成功」への一過程ではないのか。つまり，日本経済が直面しているこの状況は要するに単純な比較優位構造現象であって，国際関係，国際交流・物流・情報流通等の迅速化・便利化・大量化が著しい今日，厳しい追い上げにあっている日本の企業群としては，この波動に萎縮するのではなく，この波動を，自らの技術力・技術開発力の向上や特化，もっと踏み込んで言えば日本ないし各地域の文化力をも活用する方向での「高付加価値・特別価値」志向の積極的な開発路線を進むための良き刺激・契機・試練として受け止める姿勢をとるべきなのである。いささか軽口を叩くように聞こえるかも知れないが，従来，わが国の産業の輝かしい伝統とは，自分たちの能力とその基盤を成す文化力の可能性を信じて，高い目標・ノルマを不可能と諦めず，能力を結集・協力・工夫して，遂に「プロジェクトＸ」を完遂してきたという事実に在るのではなかったか。最新兵器・重装備の敵に，竹ヤリと大和魂で立ち向かうのでは勝ち味はないが，この度の試練はそれ程のものではない[19]。④なお，戦後日本では国策として（国際的には欧米諸国から種々顰蹙を買った手法だが），重点的・選択的なビジョンの下に強力な「産官連携」を推進して高度経済成長の骨格を築いてきたが，欧米経済へのキャッチアップを果たした時期以降，この形の政策が後退していわば総花的政策が定着した。しかし，戦後の世界経済において希有の構造のデフレ不況に陥っている現在（創造的・先端的産業分野への重点的配慮という近々の動きはそれでよいとして），日本経済の足腰を形成している小企業・零細企業群の自律革新を強力に支援する，文化力の認識までも視野に入れた「産官連携」の構想とその実現の動きが出てきて欲しいものである[20]。

第3節　文化・経済反応——異端が資する正統——

1．文化・経済反応

　日本に限らずどこの国でも，その漁村やその農村その街角やその市場で，朝市や昼市等が定期的に立ち，それらが評判を呼んでいつも大勢の人々が集まるようになると，それらの市はやがてその村その町その都会の「風物詩」として「文化」に登録されていく。

　各地に見られるこの種の現象の起源は，土地の産物を各自が細々と，ばらばらに売っていても，効果的規模の買い手を呼び集めることは不可能だし，買い物プラス楽しい行動というような効果も望めず，客寄せ情報・評判・PR効果の面からも期待できるところがないので，そんな零細な努力を個別にするよりは，お互いの力・得意を持ち寄って市場を立て，お得な買い物プラス来ただけでも楽しく面白いイベントを目指し，評判を広げPRにも力を入れれば，経済効果がずっと上がるだろうし，土地の魅力も増すだろう，というような関係者たちの決断・協力に在るのが普通だろう。つまり，この人々が当初，ばらばらに零細にやっていてもダメだ，もっと買い手を効果的に集めて儲けるには，ハデに楽しくする方がよいと合意した時，彼らの意識には，売り上げ増という経済的動機が強くあったのだが，そこにはもう一つ，人を集めての商売繁盛の同時効用として，にぎやかな場，魅力的な場所，そこの色々な特色や風土・環境といったものと解け合っていく文化的な価値を生み出しそれを皆で共有し，更には色々な副次的効果まで見つかればそれらも延ばしていこう，というような原構想もあったに違いない。

　文化と経済とは，実際に即して観察すればする程，極めて多くの場面で非常に相性の良い反応物質同士である。それらの相互作用を見ていると，それはもう「相互作用」というような異物同士の関係ではなく，「化学反応」と呼ぶ方がふさわしい「文化経済反応」が常に起きている。酸素と水素の化学反応で水が生まれるが，水はその全体として酸素とも水素とも全く異質のものである。文化と経済の反応においても，その生成物の中には無理に文化と経済という要素に分解すると意味が著しくなくなってしまう場合が少なくな

いように思える。

2．異端こそが正統を形成

　色即是空。全宇宙における一切の現象，むろん人間を含めた一切の存在は「無」と未知・窮極の素粒子との往還・輪廻の過程において，それら素粒子の結合体である我々が知覚する一時的表象なので，この実相を表現するならば「色即是空」というのが最も適切である。その上，虚弱な我々の精神は，「色即是空」全体の無限の容器・意志として「神」を予感し「宗教」を感得し，更にこの「宗教」には，疑神論も無神論も盛り込まれている。昔読んで，今はその書名さえ記憶していない自然科学の概説書に「一切の存在も時も，神のまどろみの中の一場の夢なのかも知れない」という意味の記述があり，そこだけを妙に今も覚えている。

　とは言え，我々凡夫一同はやはり日々，それぞれの「文化価値」を実存の支柱として，「経済」に助けられ或いは「経済」に追い回されながらボケ切るまで，意識的生存を続けていく。つくづく，「経済」は人間究極の価値である「文化」を支える基盤であり，「文化」は「経済」を発展せしめ，その意義を高める人間究極の価値である，と実感する。

　前節の注19・20で引用させて頂いたL. ガースナー米国IBM会長は「私の履歴書」最終回で，「引退後のプラン」として幾つかの事を述べた後，

> 引退後はもう少し釣りを楽しむ時間をとりたい（引用者：楽しまれる魚類の方はちっとも楽しくないのだから，どうせ楽しむなら，彼やその釣り仲間たちがこれまでに釣った無数の魚類の菩提をねんごろに弔う行事を楽しむ方がもっと「文化的」だろうと思うのだが，各人の「文化価値」は多彩・自在なのだから，こういう内政干渉は非常な失礼に当たるのかも知れない）。家族とのんびり旅行もしたい。ある大学で半年間，考古学や中国史を勉強したいので受け入れてほしいと相談もしている。私の人生で最も大切なもの——それはまず第一に家族であり，次に教会，その次が仕事だ。……私が好きなのは「アイデア」であり，「個性を出す」という言葉だ。自分の考えで主体的に，情熱を持って積極的に取り組む人を尊敬してい

る。

とも述べておられる。

　これ自体は極めて短い文章だが、「文化経済学」の考察対象としては、ここから膨大な論点・内容をおびただしく導き出さざるを得ない、非常に含蓄のある文章である。例えば、この文章は、人生の円熟期に入ってなお豊かな才能と人間性と情熱・情感を持続する一人の人物、文化価値の担体の、「文化」と「経済」への位置取り、それらとの関係、理解・感覚の内容というようなものを極めて率直・簡潔に表明している。

　これは一つの「文化」現象であり、ゴッホやモディリアニらの奇矯な生涯もそれぞれの「文化」現象、また筆者の如き平々凡々たる路傍の草の生涯もやはり一個の「文化」現象である。ただ、強いてこれらの間の区別を述べれば、人間とその集団、その社会への文化的・経済的、もっと総合的に言えば文化経済的な寄与・貢献の度合いにおいて、筆者らは、最も正統派の（ただし平凡な）文化価値担体として人間・集団・社会への貢献に見るべきところがなく、ガースナーらは正統派の（ただし有為な）文化価値担体として人間・集団・社会への貢献に見るべきところがあり、ゴッホ・モディリアニらは異端の文化価値担体として、人間・集団・社会へのその貢献が歴史を超えて実に広大であった、ということであろう。なお、最後に、路傍の草からの注釈をあえて加えるならば、「価値」はその価値をいずれ理解し受け入れ享受し利用し共有する、多数の「価値の感受者」が存在することによって初めて「価値の創造者」たちを超えて集団へ社会へ歴史へと、その光を拡げていくことになるのであろう、と考える。

　現在「異端」とされる多くの事象の中の幾つかが、現在の「正統」とみなし得る文化の主流の本質を、知的に、或いは感性的に揺さぶり、やがてその正統の主流に新たな「正統」を加え、かつ、これにより既往の「正統」を大なり小なり変質させ、或いは、より豊饒（ほうじょう）な「正統」の主流を形成する形で、文化価値の世界を沃化させていく。

　我々人間が紡ぎ出す文化は、経済とも多様な作用を交わしつつ、このようにして絶えず新たな「異端」の群がやがて「正統」を沃化・変容させる形で、

未来への道を歩み続ける。

　我々人間の精神史ないし歴史とは結局，この構図の反復・連続であるということができよう。そして，なぜこのような沃化ないし変化の構図が人間にとって必然的なのかと言えば，それは我々人類というものが一人ひとり，生え替わり生まれ変わって連綿とそよぎ続ける，あの群生する「考える葦」たちに他ならないからである。こうして，我々の国家・社会は，端的に言えば今後ますます，文化が経済を支え，経済の意義と機能とを高める形で，持続し進化していくものと考える。

3．日本と世界を結ぶ視点

　本書の全体を通じて，国際交流・国際協力等，日本と世界を結ぶ視点が欠落していると感じる向きがあるであろう。これは別段，筆者がそのことを失念しているからではない。それは，本章の冒頭でも述べた通り，次のような筆者の考え方によるものである。

　即ち，筆者は「文化・経済の相互作用」の諸相について述べつつ，現代社会で大きな意義を持つ（それだけにまた，そこから種々の問題・課題も出てきている）「国際関係・国際交流」の視点から踏み込んで，種々述べることを控えてきた。その理由は，本書の基本目的が「文化経済学の原理」の考察に在り，この立場からすれば，国際交流・国際協力等の視点は，同心円における内円を照射するものというより外円を照射するものであり，内円そのものの考察が「原理」にとってはより本質的な命題であると考えているからである。従って，引き続く順序としてならば，その視点から種々のテーマ（例えば，文化・経済を巡って現に展開されつつある，国連を中心とする諸活動，地球規模の環境・文化や諸地域の環境・文化の維持・保全に関する NGO 活動や 2 国間・多数国間の諸活動その他）を取り上げるべきなのであろう。別段それらの意義を軽視しているのではないし，失念しているわけでもない。

　国際的な事柄に関係している人々は個人としてであれ団体・組織の成員としてであれ，自国の文化を意識的・無意識的に「内円」としながら，日本人として或いはコスモポリタンとして海外と結びついている。このことは無論，日本人に限ったことではなく，その人が中国人であっても韓国人であっても

全く同じことである。彼らはそれぞれ中国文化という「内円」，韓国文化という「内円」の担体として海外の人々と関係を持ちつつ，そこに「外円」を作り出していく。曙太郎が日本国籍を得たとしても，彼の内円はアメリカ文化であり，歳月を重ねるうちにその内円が日米双方の文化で成り立つようになっていくのだと思う。

　近年，日本の企業その他の諸組織が外国人を専任・非常勤の形で雇用・採用する事例が増えつつある。これは，組織の系列・資本関係からの雇用・採用であれその他の理由による雇用・採用であれ，外国文化を内円とする人物を日本の組織に招き入れることで，雇用・採用された外国人たちは自己の内円に根ざしつつ，仕事や私生活等を含めて日本人たちとともに外円を作り出し，新しい視点や新しい構想，新しい内容を持った仕事・文化を生み出してくれる。常にそのように優れた外国人ばかりが雇用・採用されるわけではないけれども，一般的にはそのような成果が期待されつつ彼らは登場する。そして，無論このような事情は日本人が海外で活躍する場合も逆に同じことである。例えば，昨今，その独りよがりや無能・無責任ぶりが厳しく批判されることの多い日本の外務官僚だが，彼らもその理想的な姿としては，奥深い日本人としての内円を胸に，海外の任地でその国の人々と素晴らしい外円を築き上げていくことである。民間企業の人々や各種NPO・NGOの人々が世界各地で活躍する時も，この構造は全く同じである。

第4節　文化・経済均衡原理

1．文化と経済の均衡ということ

　文化と経済との強くて深い相互作用・相互関係について様々なことを考え合わせ来ると，当然の成り行きとして，我々人間社会に深く根ざしたこの二つの広大かつ複合的な現象の間には，国家的レベル或いは地域的レベルで比較可能な，しかも様々な意味を含む指数ないし係数が存在し得るのではないか，という発想に逢着する。それは，以下のようなことである。

　それぞれの国と国，地域と地域とを対照してみると，無論いずれも，それぞれの形状・特性・規模において文化現象と経済現象とを保有しているが，

本書の各章で種々論及してきたような文化・経済の相互作用・相互関係の全般にわたり，各国・各地域はそれぞれ，その時期，その歴史的沿革，その与件において固有の形で，文化的状況と経済的状況との間に均衡関係を成り立たせている，と思われるのである。本節の標題に用いた「文化・経済均衡原理」とは，このような各国・各地域に固有の文化現象と経済現象との個別的均衡関係の存在と，そのような関係の遍在性を表現しようとしたものである。

　究極のところ，「文化」というものを本書で扱ったようないわゆる広義の文化として認識した場合，時には大きな外来ないし内生の刺激・圧力がかなり唐突な社会的変動をその国，その地域にもたらすことがあるにしても，本書の全体を通じて様々な形で述べてきた通り，各国・各地域の文化・文明の在り方は，あたかも我々自身の「血液」が全身の「骨肉」に行き渡ることにより心身の活動を支えているように，その国その地域の経済活動，経済の仕組みに対し，強くかつ固有の作用・影響を及ぼしているし，また逆に，経済もそこでの文化・文明に対して強くかつ固有の作用・影響を及ぼすので，上に述べたような，各国・各地域に固有の「文化と経済との均衡」とでも言うべき現象が，将来の均衡変位を孕みつつ，常に成り立っているのだと思えるのである。

　しかし，このように述べたところで，本節で提起しようとしている「文化・経済均衡原理」，更には，その指数化の核として後述する「文化・経済均衡係数」というような発想は，一般の人々の文化観・絶対的（非相対的）文化価値観の常識に逆らう異端の暴論とみなされる恐れもある。

　　　　草遍路　涯は大師*の　懐に　　　（*：弘法大師）
　　　　接待の　こころに触れし　冬遍路　　　八十翁　幸月

　ご覧になったかたも多いであろう。ある夜，NHK総合テレビ「にんげんドキュメント」で放映された四国八十八ヵ所の老遍路の日々を追った記録で紹介された，自作俳句の一部である（なお，この老人はその後，このテレビ報道により12年前の知人殺傷未遂容疑で逮捕されたので本書の記述から削除することも考えたが，筆者としては親鸞上人の教えを想起し，また，筆

者らが知らない本人の内奥と彼を迎えた人々の今後の心の変遷を思い，このまま残すこととした）。一人ひとりの人間において，あるいは，それぞれの地域社会や国において，文化とは一般的にこのような形，価値形態をとるので，このようなものの真髄を世俗経済と客観的な形で結びつけることは，極めて多くの場合，無理であり，邪道でさえある。

　それは自明の真実であるとして，にもかかわらずその一方，本書でも縷々(るる)記述してきたように，例えば，この老翁の生存の支柱を成す文化価値としての永い遍路をその蔭で静かに支えた道筋の接待者たちのささやかな経済状態や野宿を多少は容易にするそこここのインフラ，生活用具の存在，治安の維持，緊急時の連携・医療体制の準備，涙金とは言え支給されていたらしい年金その他，国や地域の社会経済がもたらす種々の仕組みが，老翁の吸う大気と同様，本人の意識・無意識に関わりなく彼を包んでいたのである。文化と経済との間には，このように，はじめに述べたような異次元関係が在りながら，しかも同時に，本書で述べてきたような多種多様の，密接不可分の相互作用・相互関係もまた在るのである。

　その故に，この後者の仕組み・態様に軸足を移して考える時，各国・各地域の「経済」状況と「文化」状況との間にそれぞれ固有の相互作用・相互関係が成り立っている以上，その状況は，各国・各地域に固有の「文化・経済均衡」の状態を呈していると言うことができ，これらの状態に関して「経済」事象と「文化」事象の双方につき各研究者が特定の研究目的・意図の下に，複数・特定の指標群を設定し，適切なモデル式により特定の「文化・経済均衡係数」とでも言うべき指数を算出すれば，限定的にであれその限りにおいて各国・各地域の特定の文化・経済均衡状態の相互比較や類型化の分析材料が得られ，その後の学問的認識の深化・発達に役立つ可能性が増すであろうと考えるのである。「文化・経済均衡原理」といい「文化・経済均衡係数」というものがこのように限定的・選択的な性格のものである，ということをまずはお含み置き願いたい。

　さてそこで，この「文化・経済均衡原理」の内部構造にアクセスする方法について述べよう。

以下に示す手法が最適のものだというわけではないが，少なくとも一つの着想・アプローチとしては，次のような単純なモデル式とその構成因子・因数を設け，これを用いて各国・各地域に固有の文化・経済関係の特性としての諸数値を当てはめ計算することにより，一定の制約条件の下での，状況比較や様々な角度からの類型化等が可能になると考える。その基本的なモデル式とは，次のようにごく単純な等式である。

$$E_n(e_1, e_2, \cdots, e_p) = K_n \cdot C_n(c_1, c_2, \cdots, c_q) \cdot V_n(v_1, v_2, \cdots, v_r)$$

…(1)

① この等式において，各文字はそれぞれ次の各指標を表している。
- E_nは対象国（対象地域）の経済項。$e_1, \cdots, e_p$は同経済項の構成因子として選定する各因数。
- C_nはその国（その地域）の文化項。$c_1, \cdots, c_q$は同文化項の構成因子として選定する各因数。
- V_nはその国（その地域）の文明項。$v_1, \cdots, v_r$は同文明項の構成因子として選定する各因数。
- K_nはその国（その地域）の「均衡係数」。

② この等式において，各カッコ内の諸因子は必ずしもすべてが単純な数値として直ちに演算されるとは限らず，その因子自体についてまず別の数的処理が必要なこともあり得るが，ここではモデル構造を分かりやすく示すために，このような単純化した表現を採ることとした。

③ この等式は形式自体は極めて単純だが，その含意はさほど単純ではない。即ち，各項の各因子はそれぞれ確たる価値判断をもって選定され準備されるべきもので，この等式は比喩的に言えば，Economicsに属するよりも，Political Economyに属する判断を要求している。つまり，各因子に何を採用するかは，その選定者の文化面・経済面での価値判断・価値志向に依存しており，従って，そのことがこの構造式の意味全体を左右することになる。ただし，各国・各地域にかかる算定がその式により統一的に為される限り，その結果に基づいて為される各種の比較・類型化等もそれなりに統一的な意味を持つことはできる。

2．各項の構成因子

① ここに示す「経済」項の構成因子としては例えばストック概念としての国富やフロー概念としてのGDP，雇用率，家計収入，労働分配率，ジニ係数，特許登録件数等がすぐに挙げられようが，これらの諸数値のうち「率」でない数量値は，多くの場合，「人口1,000人対」とか「人口10万人対」というような形にしなければ意味のある比較は不可能である（以下，同じ）。

② 「文化」項の構成因子としては，例えば，義務教育普及率や識字率，大学進学率，学術研究開発費，公園面積，公共図書館蔵書数，新聞発行部数，書籍出版部数，公共図書館・博物館・美術館，内外旅行者数，プロスポーツ観客動員数，年間休日数その他，種々の指標が挙げられよう。

③ 「文明」項の構成因子としては，例えば，住宅面積，上下水道整備率，インターネット普及率，幼児・若年生存率，医師・歯科医師・医療技術者数，病院病床数，病院患者数，鉄道混雑率，幹線道路・鉄道延長距離，内外空路旅客数その他を挙げることができよう。

④ なお，例えば，耐久消費財普及率でも，嗜好性の幅が大きいピアノとか，熱帯・亜熱帯地方で需要が低いガス湯沸かし器等を採用しても意味がない。また，租税・社会保障費といった国民負担率のような因子もそれぞれの国家・社会の基本理念・基本構想に根ざしている要素が強いので，その点をよく考慮しないと，比較因子として不適切なものを混入させる原因になる。

3．文化・経済均衡係数

これらの諸指標（因子）から合成されるこの均衡式によって算出される各国（各地域）の「均衡係数」は，いわばその国（その地域）の経済の規範や水準と，文化（＋文明）の規模や水準との間の大小関係を表現するものであり，上記(1)式を次の(2)式のように分数式にした時，分母の合成値の増減と分子の合成値の増減との正比例関係が高いと，均衡係数の数値は圏域の経済や文化・文明の規模の違いにかかわらず，さほど変化しない。

$$K_n = \frac{E_n(e_1, e_2, \cdots, e_p)}{C_n(c_1, c_2, \cdots, c_q) \cdot V_n(v_1, v_2, \cdots, v_r)} \quad \cdots(2)$$

この(2)式を見れば，例えば，分子の数値が時点を隔てて横ばいの時に，分母を構成する因数の幾つかが数値を増せば，それにつれて左辺の「均衡係数」の値は小さくなる。つまり，この状態の方が，以前の状態よりも，その国（その地域）での文化性（＋文明性）が，このモデル式が示す限りにおいて，重みを増したことを示すことになる。

なお，この均衡原理ないし均衡係数を用いるということは，①各国・各地域において，それぞれの国家・地域の歴史・時代・社会を基盤として文化・経済均衡がそれぞれ動的に成立している。②均衡係数によって各国（各地域）を比較しようとする場合，その判断は，本書の第3章第2節において言及した静的ないわゆる「文化相対主義」を承知の上で，各国（各地域）の客観的比較にそれなりの意義を認める立場に立っている。というような認識に根ざすものである，ということが言えよう。

ここに示した基礎的なモデル式については，もっと精緻（せいち）な数式化・モデル化が幾通りも可能であると思われるが，そのような場合には，例えば，幅広い学問分野や行政分野等の学者・専門家や経済学者等によって「文化」（・「文明」）・「経済」の適切な指標・因子を選定・合成するという，基礎的検討作業が伴うことが期待される。

なお，筆者が以上の着想について幾ばくかの意義を感じているのは，この構造式が，「文化と経済との有意義な結合・相互作用を目指す上において大切な物の考え方」を整理し拡げ深化するために，それなりに役立つであろうと思える点にある。無論，もっと巧みな数式化・モデル化が期待されるが，他方，この種の因果構造は（ちょうど人の指先の肉と，適度の固さとしなやかさを持つ爪でこそ大小・硬軟の諸物を極めて適切に扱えるように），むしろ文章の力によって，もっと適切に説明・処理できる場合も多いのである。

これらの諸点について詳細な議論を展開するには更にもう1章を立てる必要があるが，ここではこれ以上深入りすることを差し控えたい。「文化」と「経済」の間には，ヘーゲルの観念論史観を逆立ちさせたところにマルクス

第 11 章　文化・経済論の別視点　　　　　　　325

の唯物史観が成立したのと同様，マルクスの認識を逆立ちにした形での上部・下部構造の関係がある，とまでは常には言い難い，繊細な弁証法の連鎖が見られる。つまり，筆者は，上下構造という形ではない「相互均衡作用」としての史的弁証論，「文化・経済均衡原理」という仕組みを，各時代の各国・各地域の「文化」と「経済」との間に認識している者なのである。

4．作業モデルの例示と解説

　以上，文化・経済均衡原理とその核心を成す文化・経済均衡係数という，多くの誤解を招きかねない構想について一応の説明を行ってきたが，以下，具体的な作業・手順の一例を示すこととする。

　まず，各項の構成因子の選択という最も重要な作業を行うが，「経済項」の構成因子としてどのような指標（因数）を選択するかは，この項に対してそもそもどのような価値を付託するのかという，選択者の判断・意図にかかっているし，「文化項」の構成因子，あるいは「文明項」の構成因子としての諸指標（因数）の選択においても同様に，それらの選択者の判断・意図が選択内容を決定づける鍵となる。

　次に，ここに提示するモデルでは，均衡係数の算出に用いる数値として，各指標の統計数値を直接は使わず，各指標ごとの諸数値についてそれらを階層化し，数段階の「評点」を設け，それらの評点により「係数」算出の作業を行う方式を採用する。そのようなことをする理由は，この間接的方法によって，我々がこの種の作業を行う際によく陥りがちな，僅少な数値の差にこだわってマクロ的レベルでの物事の本質を見誤ることを避けるためである。そこで，この「評点」方式による場合の主なポイントについて触れておく。

〈「評点」の設定〉

　対象とする国や地域につき，数段階の評点を設定。

　→ここでの例示では，階差つまりは算定結果を際立たせるために「3段階，5－3－1点」の階層により評点を設定。

〈「評点」の加重〉

　「何を課題の中心に据えるか」により，諸構成因子の間に重要度の軽重を

加味すべき必要がある場合もあろう。その場合，重要因子の評点値を2倍増・3倍増とするような加重操作を適切に行うことも一つの方法と思われるが，ここの例示ではその操作をせず。

以下，具体的な作業に入るが，「均衡係数（K_n）」の算出作業に当たっては，取り上げる各圏域（各国，各地域）についての各種情報・統計資料を十分に整えていなければ，この作業は進められず，無理に進めても満足な結果は得られない。この点こそ，作業全体を通じての最も重要なポイントである。

(1) 「経済項」の各構成因子の選定と，評点の設定

$e1$：対象圏域の住民1人当たり総生産（GNP）

　　高数値ほど高評点（→単位＝米ドル。域内総生産。その圏域の文化・経済の発展を支える最も基礎的な経済基盤として選定）。

$e2$：対象圏域の特許登録件数（実用新案を除く）

　　高数値ほど高評点（→単位＝件。その圏域の当面の経済成長力を見るだけならば設備投資・諸財生産動向その他の指標を知ればよいが，これらの景気反応型のものよりも，経済発展の基本的体力というべき技術開発力を見ることを重視する見地から標記の指標を選定。対外登録件数は，重複ケースがあるので除外）。

$e3$：対象圏域の年間自動車生産台数

　　高数値ほど高評点（→単位＝千台。先進工業諸国の象徴的代表産業である自動車産業の生産規模の現状を，諸圏域の産業動向の典型的な指標として選定）。

$e4$：対象圏域の完全失業率

　　低数値ほど高評点（→単位＝％。圏域により例えば，パート労働・ワークシェアリングその他の就労形態についての社会的評価や各就労形態の利用の仕方等が異なるので，単純に共通の解釈はできないが，概括的に最もよく雇用状態を表示する標記の指標を選定）。

$e5$：対象圏域のジニ係数

　　低数値ほど高評点（→圏域により，所得再分配についての意図・政

第 11 章　文化・経済論の別視点　　327

表 11.1　「経済項」の各構成因子の評点作成表

区分	A国	B国	C国	D国	E国	F国	G国	H国	I国
$e1$	456 1	9,671 3	38,163 5	34,733 5	22,837 5	21,977 5	25,622 5	1,543 1	3,550 1
$e2$	1,711 1	52,890 5	141,448 5	147,520 5	51,685 5	46,213 5	18,482 3	— 1	2,825 1
$e3$	854 1	2,946 3	9,777 5	11,425 5	5,692 5	3,628 5	289 1	— 1	1,799 3
$e4$	— 1	4.1 5	5.4 3	5.0 5	9.4 1	8.8 1	5.1 5	— 3	6.2 3
$e5$	0.38 1	— 3	0.25 5	0.41 1	0.28 5	0.31 3	0.28 5	— 3	0.61 1

(注1)　各欄の上段の数値＝実数値。下段＝3階層評点（上位から5－3－1点）。
(注2)　実数値が欠けている場合＝他のデータ等から，評点を推計。

策は異なるが，どの立場であれ本係数算定に用いる所得額は，制度的再分配の結果としての実効所得が妥当。圏域の各成員にとって，本係数が小さいほど文化に関する各人のアクセシビリティは概括的に大きく，そこでの経済事象の性格も，概括的には向文化的）。

(2)　「文化項」の各構成因子の選定と，評点の設定

$c1$：対象圏域の識字率（男女合計）

　　高数値ほど高評点（→単位＝％。対象圏域の人々の価値観・人生観・社会観等は様々だが，それにもかかわらず最も基礎的な文化力として，識字率は当該圏域の文化的基盤の水準を客観的に示す指標）。

$c2$：対象圏域の人口千人当たり日刊紙発行部数

　　高数値ほど高評点（→単位＝部。日刊紙の単位人口当たりの発行部数の多寡（たか）がその圏域の文化水準を単純に示すとは言えまいが，そこでの情報内容の多様性・流通量等の概括的な目安を表示するものとして選定）。

$c3$：対象圏域への年間外国人観光客数

　　高数値ほど高評点（→単位＝千人。観光が，その土地の「文化」一

表 11.2 「文化項」の各構成因子の評点作成表

区分	A国	B国	C国	D国	E国	F国	G国	H国	I国
$c1$	56.5 1	98.+ 5	99.+ 5	97.+ 5	99.+ 5	99.+ 5	99.+ 5	55.3 1	85.0 3
$c2$	31 1	394 5	578 5	212 3	311 3	218 3	445 5	38 1	40 1
$c3$	2,641 3	5,322 3	4,757 1	50,891 5	18,983 5	75,500 5	2,746 1	5,116 3	5,313 3
$c4$	— 1	2,516 3	5,203 5	6,709 5	4,502 3	5,516 5	5,820 5	— 1	— 1
$c5$	46.5 1	47.5 1	43.0 3	34.5 5	37.9 5	39.0 3	36.9 5	52.0 1	43.0 3

（注1）各欄の上段の数値＝実数値。下段＝3階層評点（上位から5－3－1点）。
（注2）実数値が欠けている場合＝他のデータ等から，評点を推計。なお，「$c1$」における各評点は，世界各国比較の上で位置づけた結果による。

般の質・水準の高低を表象する最適の指標であるとは言えないが，少なくとも外部からその土地を見た場合の文化の魅力度を一面において客観的に表示するものとして選定）。

$c4$：対象圏域の生徒1人当たり公財政支出初等中等教育費

　　高数値ほど高評価（→単位＝米ドル。当該圏域の文化・経済の継承・発展を担う基礎教育に対する政府の取り組みをある程度まで表示するものとして選定。ただし，現実には各圏域の経済力の差，物価水準の違い等への留意が必要）。

$c5$：対象圏域の週間実労働時間数（全産業）

　　低数値ほど高評価（→単位＝時間。種々の文化事象は経済事象，ここでは諸職業活動と様々な形で融合し合っているので，両者の関係を常に対立的に理解するのは正しくないが，他面，多くの文化事象が勤務時間外の余暇時間において展開されるのもまた事実であるため，ここではその余暇の側面に着目して選定）。

(3) 「文明項」の構成因子の選定と，評点の設定

$v1$：対象圏域の人口千人当たり医師・病床乗数

　　高数値ほど高評点（→単位＝人・病床。圏域住民の文化的な環境・条件を整える上で概括的に高い意義をもつ健康・衛生分野の総合的状況は当該圏域の医師・看護士等の医療従事者，高次ないし普通医療施設数・病床数等によって総合的に示されようが，ここでは，「人口千人当たり病床数×同 医師数」を選定）。

$v2$：対象圏域の人口千人当たりテレビ台数

　　高数値ほど高評点（→単位＝台。各種の情報流通メディアの普及・利用状況についてはパソコン所有台数・携帯電話所有台数その他，種々の指標が使えるが，経済・文化・文明情報への安定的・中心的なアクセスメディアとしてテレビを選定）。

$v3$：対象圏域の住民1人当たり炭酸ガス年間排出量

　　低数値ほど高評点（→単位＝トン。炭素換算。発熱系産業システムの活動規模が大きい圏域での大量排出が目立つが，大気浄化・地球環境保護が国際的目標）。

$v4$：対象圏域の生存出生児千人当たり5歳未満児年間死亡者数

表11.3　「文明項」の各構成因子の評点作成表

区分	A国	B国	C国	D国	E国	F国	G国	H国	I国
$v1$	0.3 1	7.2 3	31.2 5	9.7 3	32.6 5	25.5 5	11.5 3	3.4 1	4.0 1
$v2$	65 1	348 3	686 5	806 5	567 3	595 5	519 3	119 1	223 1
$v3$	0.3 5	2.1 3	2.4 3	5.4 1	2.8 1	1.7 3	2.8 1	1.1 5	0.5 5
$v4$	88 1	10 3	5 5	9 3	6 5	6 5	4 5	52 1	39 1
$v5$	3.4 1	1.9 1	9.2 3	23.1 5	8.0 3	15.2 5	24.0 5	1.0 1	10.3 3

（注）各欄の上段の数値＝実数値。下段＝3階層評点（上位から5－3－1点）。

低数値ほど高評点（→単位＝人。対象圏域における基礎的・複合的な文明度を表示する上で最も適切な指標の一つとして選定）。

$v5$：対象圏域の人口千人当たり道路延長

高数値ほど高評点（→単位＝km。人と人，土地と土地等を結ぶ交通手段は道路・鉄道・空路・海路の別を問わず，文化・経済の交流・流通にとって情報化時代の今も重要なインフラだが，ここでは鉄道よりも多用途の道路網を選定）。

(4) 「均衡係数（K_n）」の算出

ここまでの作業によって得られた3つの項それぞれの各評点を，各対象圏

表11.4　対象圏域別の評点一覧表

区分	A国	B国	C国	D国	E国	F国	G国	H国	I国
$e1$	1	3	5	5	5	5	5	1	1
$e2$	1	5	5	5	5	5	3	1	1
$e3$	1	3	5	5	5	3	1	1	3
$e4$	1	5	3	5	1	1	5	3	3
$e5$	1	3	5	1	5	3	5	3	1
e計	5	19	23	21	21	17	19	9	9

区分	A国	B国	C国	D国	E国	F国	G国	H国	I国
$c1$	1	5	5	5	5	5	5	1	3
$c2$	1	5	5	3	3	3	5	1	1
$c3$	1	3	1	5	5	5	1	3	3
$c4$	1	3	5	5	3	5	5	1	1
$c5$	1	1	3	5	5	3	5	1	3
c計	5	17	19	23	21	21	21	7	11

区分	A国	B国	C国	D国	E国	F国	G国	H国	I国
$v1$	1	3	5	3	5	5	3	1	1
$v2$	1	3	5	5	3	5	3	1	1
$v3$	5	3	3	1	1	3	1	5	5
$v4$	1	3	5	3	5	5	5	1	1
$v5$	1	1	3	5	3	5	5	1	3
v計	9	13	21	17	17	23	17	9	11

第11章　文化・経済論の別視点　　　331

域ごとに，前述の(2)式に当てはめれば9個の均衡係数（K_n）を算出できるが，その際，筆者としては単純加算方式を採ることとする。つまり，実際の算出作業に際しては，ここでも当事者の構想・判断により種々の異なる手法が採用されることとなろう。

　途中を省(はぶ)くとかえって読者に不便をおかけするかも知れないので，煩瑣(はんさ)と思われるかも知れないが，前出の3表から，各国ごとの各評点（階層点）を集めたものを表11.4として示しておく。

　これらの結果を用いて，筆者が原理的にこれで良いと考えている単純加算方式によって算出した9個の均衡係数は，次の通りである。

$K_n(n=1\sim9)=$　A：0.36　　B：0.63　　C：0.58　　D：0.53　　E：0.55
　　　　　　　　　F：0.39　　G：0.50　　H：0.56　　I：0.41

　そもそもこの均衡式は，変形した(2)式から分かるように，各圏域の経済事象の質と規模の総体（＝分子）と，その圏域の文化・文明の質と規模の総体（＝分母）との対比を考察して，その結果の比較・分類・分析の中から，種々の総合的・政策的な思考を求めていくことを目指すものである。

　ここでのモデルに即して言えば，均衡係数がA：0.36とかF：0.39のように小さい圏域は「そこでの経済事象と比較して，文化・文明事象が相対的に大きい状態で，今は均衡している圏域」であり，他方，均衡係数がB：0.63とかC：0.58のように大きい圏域は「そこでの経済事象と比較して，文化・文明事象が相対的に小さい状態で，今は均衡している圏域」である，ということになる。ちなみに，ここで試用した9個の圏域とは，A国＝インド，B国＝韓国，C国＝日本，D国＝アメリカ，E国＝ドイツ，F国＝フランス，G国＝スウェーデン，H国＝エジプト，I国＝ブラジルという，9つの諸国である。

　以上，提示し説明してきた「文化・経済均衡原理」（その均衡式と，そこから導く均衡係数）は，世上よく行われている，国家間レベルから市町村間レベルその他に至る，圏域比較の実状が，とかく経済事象での比較や文化事象での比較，文明事象での比較といった手法，いわば統一体である個々の人

間・人格の複合的・総合的・有機的な属性統合体を，各局部にバラバラに分解して，用を済ませるような手法によってなされているのに対し，こちらの手法もまた当事者の視点・価値観・課題意識等のバイアスから逃れ得ているとは言えないにせよ，ともかく在来の処理方法よりは半歩なりと文化・経済総合の見地から，もっと有機的で高次の思考方法を工夫したいという思いから構想したものである。

　局部的データに基づいて対策を構想する人々は概して局部的対策・局部的構想で満足しがちだが，より複合的・有機的なデータをも重視する人々は概してより複合的・有機的な対策・構想にも思い至る傾向がある。これは，やむを得ない体質的な違いだろう。本章において筆者が提示したこの構想について，そもそも適切な説明をなし得たかどうか甚だ疑問だが，この種の試みが人々のもっと高度で多彩な思索に対し一つの挑発になるならば，まことに幸いなことである。

5．文化と経済 —— 未来への旅 ——

　「知らざる神へ……」筆者にとって旧約・新約聖書を通じて最も好きな言葉の一つである[21]。人間は，犬や猫，馬や猿たちと同様，自分の理解能力を超えた，あるいは，知見の範囲を超えた未知の存在・力を感じ，あるいは予測し，先端科学の学説の基盤をなす学説の深奥の部分を「仮説」と考え，あるいは，多くの宗教（神への志向。無神論とはその形での絶対真理への志向であり，疑神論・不可知論もまたそれぞれの形での絶対真理への志向である）を信仰という飛躍をもって自分につなぎ留め，あるいはその行為を放置しながら，生きてきたし，これからも生きていく。

　筆者は本書において，「卑小な文化」と「卑小とは言えない文化」というような視点，あるいは「文化・経済均衡原理（文化・経済均衡係数）」というような発想，つまりは，沈黙の方がむしろ金である類の争論の種を意図的に蒔いてきたが，これらの微弱な言説等にかかわりなく，我々の茫漠たる文化は我々の流転する経済とともに大河を成して未来へと流れ続ける。その行方を誰が知ろう。千年ののち，筆者が「卑小な文化」と称した種類の文化は，大河のどの辺りをどのような形で流れているのだろう。それは，今のそれら

の文化と遺伝子は同じでも，まったく異形(いぎょう)の子孫なのだろうか。千年ののち，税制や公債制度，いやそもそも貨幣の存否を含めて，社会経済の信用システムや，「勤労と遊び」のシステム等はどのような形に変わっているのだろう。様々に予測することは可能でも，すべては遠く霧の彼方に在る。

　お互いにはっきりと分かっていることは，文化にも経済にも，与えられる遠い未来の地図はなく，我々やその子孫が日々考え迷いつつ，共にオールを漕ぎ続けるということである。パスカルが「ひ弱だが考える葦である」と評した我々は意志と感性と知性の子供である。このような我々が漕ぎ続ける先には，どのような早瀬，どのような滝が待っているのか。予測し，期待し，迷いながら，我々はみんなで大河を漕ぎ続けていく。

[注]

1) 竹内芳郎『文化の理論のために』岩波書店，1981年。
2) 同書，280〜281頁。
3) 同書，392頁。
4) 同書，266頁。
5) 同書，390頁。
6) 同書，260頁。
7) 夏目漱石講演「現代日本の開化」『朝日講演集』(朝日新聞合資会社，1911年)所収。
8) ホイジンガ (Johan Huizinga)『ホモ・ルーデンス—文化のもつ遊びの要素についての或る定義づけの試み—』里見元一郎訳，河出書房，1989年。
9) 同書，11〜41頁。
10) 同書，86〜134頁。
11) 日本国憲法の「栄典」規定と(「位階令」に基づく位階及び「勲章条例」に基づく勲章以外の)勲章制度及びその他の主な栄誉制度(抜粋)
「日本国憲法」
　　第14条第3項　栄誉，勲章その他の栄典の授与は，いかなる特権も伴はない。栄典の授与は，現にこれを有し，又は将来これを受ける者の一代に限り，その効力を有する。
「文化勲章令」(昭和12年勅令第9号)
　　文化勲章ハ文化ノ発達ニ関シ勲績卓絶ナル者ニ之ヲ賜フ
「文化功労者年金法」(昭和26年法律第125号)
　　第1条　この法律は，文化の向上発達に関し特に功績顕著な者(以下「文化功労者」という)に年金を支給し，これを顕彰することを目的とする。
　　第3条(1)　文化功労者には，終身，政令で定める額の年金を支給する。

「文化財保護法」（昭和25年法律第214号）

　第56条の3　文部科学大臣は，無形文化財のうち重要なものを重要無形文化財に指定することができる。

　　2　文部科学大臣は，前項の規定による指定をするに当たっては，当該重要無形文化財の保持者……を認定しなければならない（引用者注：いわゆる「人間国宝」の規定）。

「日本芸術院令」（昭和24年政令第281号）

　第1条　日本芸術院は，芸術上の功績顕著な芸術家を優遇するための栄誉機関とする。

　第2条　日本芸術院は，院長一人及び会員120人以内で組織する。

　　2　日本芸術院に次の三部を置く。

　　　第一部　美術　　第二部　文芸　　第三部　音楽，演劇，舞踊

　第3条　会員は，部会が推薦し，総会の承認を経た候補者につき，院長の申出により，文部科学大臣が任命する。

　　2　前項の部会の推薦する者は，部会において芸術上の功績顕著な芸術家につき選挙を行い，部会員の過半数の投票を得た者とする。

　第4条　会員は，終身とする。ただし，会員が退任を申し出た場合には，総会の承認を経て，これを認めることができる。

「日本学士院法」（昭和31年法律第27号）

　第1条　日本学士院は，学術上功績顕著な科学者を優遇するための機関とし，この法律の定めるところにより，学術の発達に寄与するため必要な事業を行うことを目的とする。

　第2条　2　会員の定員は，150人とする。

　　3　日本学士院に，次の二部を置き，会員は，その専攻する部門により，いずれかの部に分属する。

　　　第一部　　人文科学部門　　　　第二部　　自然科学部門

　第3条　会員は，学術上功績顕著な科学者のうちから，日本学士院の定めるところにより，日本学士院において選定する。

　　2　会員は，終身とする。

　第9条　会員には，予算の範囲内で，文部科学大臣の定めるところにより，年金を支給することができる。

12）ホイジンガ，上掲書，326〜349頁。

13）ヘルマン・ヘッセ（Hermann Hesse）『ガラス玉演戯』高橋健二訳，新潮社，1982年。

14）同書，332〜333頁。

15）同書，328〜329頁。

16）同書，210〜211頁。

17）参考までに，美術工芸品の場合を例にとって，それらを取り巻く社会システムの一例に過ぎないが，行政的側面に限った形でおおよそのイメージ図を示す。

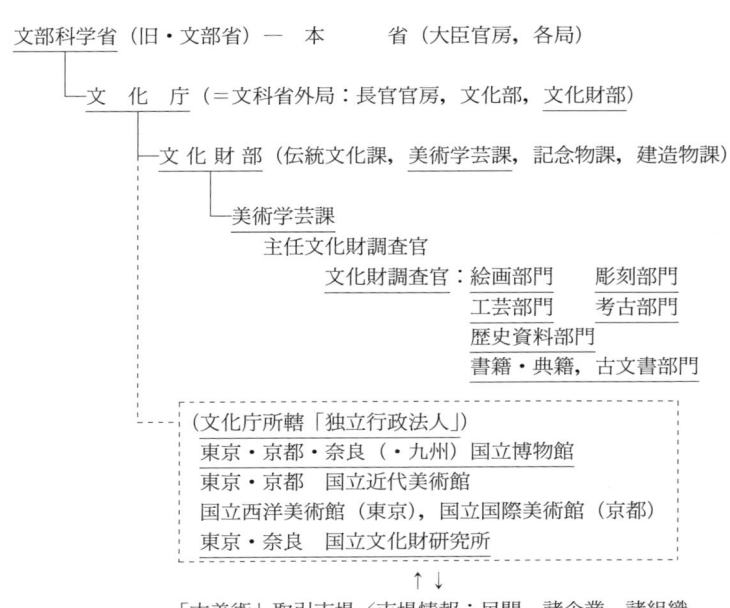

第11章　文化・経済論の別視点　　　　　　　　　　335

```
文部科学省（旧・文部省）─　本　　　省（大臣官房，各局）
    └─文　化　庁（＝文科省外局：長官官房，文化部，文化財部）
            └─文　化　財　部（伝統文化課，美術学芸課，記念物課，建造物課）
                    └─美術学芸課
                        主任文化財調査官
                            文化財調査官：絵画部門　　彫刻部門
                                        工芸部門　　考古部門
                                        歴史資料部門
                                        書籍・典籍，古文書部門
    ┊
    ┊   （文化庁所轄「独立行政法人」）
    ┊    東京・京都・奈良（・九州）国立博物館
    └───  東京・京都　国立近代美術館
         国立西洋美術館（東京），国立国際美術館（京都）
         東京・奈良　国立文化財研究所
```
　　　　　　　　　　　　　↑↓
　　　　　「古美術」取引市場／市場情報：民間　諸企業，諸組織
　　　　　　　　　　　　　　　　　　　　　　（全国規模，各地方規模等）

18) 竹内芳郎『文化の理論のために』岩波書店，1981年，9頁。
19) 「わが国の産業の輝かしい伝統」とは書いたが，これはまた，世界の産業先進諸国にも当然見られる輝かしい伝統でもある。例えば，米国IBM会長のルイス・ガースナーも次のように述べている。

　　　自分の会社の弱点ばかりあげつらい，愚痴をこぼしている管理者のために働きたいと思う人がいるだろうか。我々は皆……勝ち組に入りたいと思っているのだ。社内のどのレベルの管理職も……そうした感情面を重視すべきだと私は思う。……ビジネスは勝つことを目指した競争であり……一つの組織として統一的に明快に前進しなければならない。IBM取締役会が私の後任を選ぶ際，「情熱」が条件の上位にあった。サム・パルミサーノは才能豊かな傑出した幹部だが，彼がIBMを心から愛し，その将来について強烈な情熱を持っているからこそ，私も推薦したのだ。……今にして思うのは，私は常に，そして最後までIBMのアウトサイダーだったということだ（引用者注：同会長はIBM生え抜きの人物ではなく，その卓越した経営手腕から請われて，傾く巨艦の艦長の座に就いたものである）。サムをはじめ経営幹部のほとんどは，私と一緒にIBM再生の立て役者になったが……彼らはIBMで育ち，その栄光の日々から苦難の日々，そして回復の過程をすべて体験している。そのルーツは私より深く経験も豊かだ。サムには伝統の継承という，私が決してできなかったことができる。それは過去に戻るのではなく，過去の最良，最高の部分を基にしながら未来に向けて挑戦し続け，

変化し続けることだ（L. ガースナー「私の履歴書」日本経済新聞，平成14年11月29日付け朝刊）。

20) 筆者が「日本経済の足腰を形成している小企業・零細企業群の自律革新を強力に支援する，文化力の認識迄も視野に入れた「産官連携」の構想とその実現の動きが出てきて欲しい」と述べた点は，他国の識者においても，同じような認識があるらしく，前注で引用させて頂いたL. ガースナーIBM会長が，翌朝の同欄（連載最終回）で次のように述べている。

　　　昨年以来，たくさんの会社から社外取締役にという依頼があったが，すべて断ってきた。正式な取締役会メンバーになる気はない。今後は中小企業を支援するような仕事をしていきたいと考えている。

21)「知らざる神へ……」＝新約聖書「使徒行伝」第17章23を参照。

　　パウロがアテネの市内で見つけた祭壇に刻まれていた句で，彼はこれを引き合いにアレオパゴスで有名な演説をした。（中略）おそらくアテネのものもパウサニアス，フィロストラトスなどが記しているように，「知られない神々に」と複数で書かれていたものであろう。パウロはこれを故意に単数に読み，（中略）これをキリスト教の神，天地創造の唯一神（ゆいいつしん）と結びつけた（馬場嘉市編集『新聖書大辞典』昭和46年，㈱キリスト新聞社刊行，708頁）。

付表1　バブル経済ピーク時から小泉内閣に至る主要経済動向

平成元（1989）年	消費税（3％）導入。宇野内閣発足。海部内閣発足。12月，日経平均株価，※史上最高値38,915円超。
〃 2（1990）年	円急落，東京外為市場で一時1ドル149円5銭。日銀の公定歩合引き上げピーク5.25％→6.0％（→現在，ゼロ金利政策＋量的金融緩和）
〃 3（1991）年	「総合土地政策推進要綱」閣議決定（以後1年で公示地価4.6％下落）。 全国市街地価格指数：平成2年3月末＝100→12年9月末＝72.3。 日銀の公定歩合引き下げ開始。6.0％→5.5％（以後，引き下げ基調）。宮沢内閣発足。
〃 4（1992）年	緊急経済対策を決定。（公共事業の前倒し執行等）→総合経済対策（総額10兆7,000億円）決定。→以後，積極財政（内需補強策）を橋本内閣の途中まで断続（なお，平成5年に細川内閣，6年に羽田内閣，村山内閣が発足）。
〃 7（1995）年	円高，東京外為市場で一時1ドル79円75銭と最高値を更新。全国消費者物価指数の総合指数，昭和46年以降初めて前年比0.1％下落。 （7年100→11年102）。有効求人倍率：平成2年1.43→11年0.49
〃 9（1997）年	4月，橋本内閣（前年発足）消費税率引き上げ3％→5％，6月には医療費患者負担引き上げ（医療保険改革法成立）。7月，アジア通貨危機。11月，北海道拓殖銀行破綻，山一証券破綻。平成15（2003）年度までの財政健全化目標を定めた財政構造改革法を制定＝緊縮財政（財政再建）路線。→日経平均株価が大幅続落1万5,000円割れ。同年度の実質経済成長率－0.7％（＝23年ぶり，戦後最悪のマイナス成長）。
〃 10（1998）年	橋本内閣，総合経済対策を決定（総額16兆6,500億円）。同年度の政府経済見通し－1.8％。小渕内閣発足。緊急経済対策を決定（総額23兆9,000億円＝過去最大規模）。
〃 11（1999）年	金融再生委員会，大手都銀15行の申請に対し，公的資金7兆5,000億円を資本注入。ニューヨーク株式市場のダウ工業株30種平均が一時1万ドルを初めて突破（1万2ドル弱）。
〃 12（2000）年	小渕首相急逝，森内閣発足。消費者物価指数が前年比－0.7％（11年も－0.5％）と2年連続マイナスで，下落幅は調査開始以来最大。cf.「価格破壊」・「内外価格差の是正」・「デフレ不況」。日銀，ゼロ金利政策の解除を決定。

〃 13（2001）年	1月，中央省庁再編制。3月，内閣府が「日本経済のデフレ」を認定（月例経済報告閣僚会議）。日銀，量的金融緩和を決定，ゼロ金利政策の実質的復活。小泉内閣発足→政権の基本路線＝産官構造改革・行財政改革・規制緩和・財政再建・不良債権処理・金融再生・地方分権の推進等。7月の完全失業率が前月比0.1％悪化し，初の5％台に（→その後5.6％前後へ）。
〃 15（2003）年	4月，日経平均株価，バブル後最安値7,608円弱。※その後，漸増（ぜんぞう）。

(注1) 出典：主として内閣府経済社会総合研究所編『経済要覧』中「主要経済年誌」から選択・加工。

(注2) 本表において最高・最低株価という両極端の激変を示すことになったが，これらに※印を特に付した理由は以下の通り。世上よく代表的証券市場での株価の変動が一国の経済の総合的な体力・体調を端的に表す「体温」のように理解されていて，それは一面その通りなのだが，誰にでもすぐ分かるように，表中の「史上最高値（きいたかね）」とは何のことはない，当時，極めて多くのエコノミックアニマルが集団発熱で狂っていた時の異常体温を示す数値に他ならず，この株価には反面教師の意義しかないのである。もちろん安値（やすね）が良いというのではないが，時節時節の株価水準の意味は，冷静に考えるべき性質のものである。

付表2　日本の経済的基盤に関する参考資料

項　目	概　　　　　　　　　要			
国民総人口の高齢化予測	＊「高齢者」＝65歳以上。表示年＝1997年→2010年→2050年 　男性高齢者数：　　　　820万人→　　1,200万人→1,400万人 　女性高齢者数：　　　1,160万人→　　1,600万人→1,900万人 　合　　　計：　　　　1,980万人→　　2,800万人→3,300万人 ＊総　人　口：1億2,600万人→1億2,800万人→1億人強 　高　齢　化　率：16％→22％→32％ ＊高齢化率の国際比較（表示年＝1997年→2020年） 　日　　本　16％→27％　　フランス　15％→21％ 　ド イ ツ　15％→20％　　イギリス　15％→19％ 　アメリカ　13％→17％			
経済・景気動向に関する主な指標	＊日本の諸指標：	2001年度	2002年度	2003年度
	名目国内総生産（GDP）	503兆円	500兆円	499兆円
	対前年度増減率（名目）	−2.5％	−0.6％	−0.2％
	同　　　（実質）	−1.4％	0.9％	0.6％
	内需寄与度（名目）	−2.0％	−0.9％	−0.1％
	同　　　（実質）	−1.0％	0.4％	0.6％
	外需寄与度（名目）	−0.5％	0.4％	−0.1％
	同　　　（実質）	−0.5％	0.5％	0.1％
	国民所得	370兆円	367兆円	366兆円
	雇用者報酬	276兆円	269兆円	268兆円
	完全失業率	5.2％	5.4％	5.6％
	鉱工業生産指数増減率	−10.2％	3.1％	2.0％
	国内企業物価指数騰落率	−2.4％	−1.7％	−0.9％
	消費者物価指数騰落率	−1.0％	−0.8％	−0.4％
	貿易収支	9兆円	11兆円	11兆円
	＊国際通貨基金（IMF）国際経済見通し：東アジアは日銀試算。			
	※実質GDP前年比伸び率：	2002年	2003年	2004年
	アメリカ	2.4％	2.2％	3.6％
	欧州連合（EU）	1.0％	3.3％	2.4％
	内，ユーロ圏	0.8％	1.1％	2.3％
	内，ドイツ	0.2％	0.5％	1.9％
	同，フランス	1.2％	1.2％	2.4％
	イギリス	1.8％	2.0％	2.5％
	東アジア	6.7％	6.3％	6.4％
	内，NIEs	4.7％	4.1％	4.5％
	同，ASEAN−4	4.3％	3.9％	4.3％
	同，中国	8.0％	7.5％	7.5％
	日　　本	0.1％	0.8％	1.0％

項　　目	概　　　　　　要			
	世　界	3.0％	3.2％	4.1％
	※消費者物価前年比伸び率：	2002年	2003年	2004年
	アメリカ	1.6％	2.3％	2.3％
	欧州連合（EU）	2.1％	2.2％	1.8％
	内，ユーロ圏	2.3％	2.0％	1.5％
	内，ドイツ	1.4％	1.0％	0.7％
	同，フランス	1.9％	2.0％	1.6％
	イギリス	2.2％	2.8％	2.7％
	東アジア	0.8％	1.5％	2.3％
	内，NIEs	1.0％	1.8％	1.9％
	同，ASEAN－4	6.2％	5.3％	4.9％
	同，中国	－0.8％	0.2％	1.5％
	日　本	－0.9％	－0.7％	－0.6％
	(注) NIEs＝韓国・台湾・香港・シンガポール。ASEAN－4＝タイ・マレーシア・フィリピン・インドネシア。			
中期経済財政展望	＊経済財政諮問会議（議長・小泉首相）策定「中期経済財政展望」：平成13年11月／景気動向への政策的配慮の下に，プライマリーバランスをほぼ10年後（2010年～2015年）に黒字化（注：2001年度当初予算収支の赤字＝約11兆1,500億円）。 ＊2003年度以降の歳出規模を，現行水準を上回らない程度に抑えて中期的に財政規律を維持するとともに，景気対応策にも留意。不良債権処理，ペイオフ解禁，規制緩和，IT関連・都市再生等7分野への公共事業費の重点的配分ほか歳出の質を高める財政構造改革等，構造改革を推進。成長可能な新産業として，高齢化・環境保護に対応する新たなサービス産業や，アジア諸国・地域と連携した高付加価値型の貿易産業等への期待・支援。→これらの実施促進により，今後2年程度の集中調整期間中の0％近辺の低経済成長を経て，2004年度以降は実質1.5％，名目2.5％の経済成長が可能。			
国土計画の今後の在り方	＊国土審議会（国土交通相諮問機関）基本政策部会中間報告：平成13年11月／諸プロジェクトを網羅した従来の開発構想提案型の全国総合開発計画の見直し（現行＝第五次計画「21世紀の国土のグランドデザイン――地域の自立の促進と美しい国土の創造――」目標年次2010～2015年）。 ＊施策の重点・優先度・実現時系列が不明確，事業・施設等整備の発想で終始→これらの反省，及び，施策の効果・成果を重視する「目標管理」型計画への転換。			
都市再生プロジェクト	＊都市再生本部（本部長・小泉首相）・第三次都市再生プロジェクト：平成13年12月／民間主導による東京・大阪都市圏の再開発。			

項　　目	概　　要
	＊火災可能性が高い密集市街地の重点的整備（10年計画），再開発用土地買収の強制力を一定の民間事業者に付与するなど民間活力を発揮させる制度の創設，海・河川の再生構想の策定，老朽マンション建て替えを円滑にする区分所有法改正，工場・大学等の新増設を抑制する工場等制限法の廃止，その他。
大手銀行グループの財務体質等	＊大手銀行7グループの収益構造：業務粗利益（＝手数料収入・融資利ざや・債券売買益）の拡大を妨げる銀行資金需要の低迷，不良債権発生回避の融資抑制→収益横ばい。リストラ依存の経費削減策の限界。（政府＝金融再生プログラムにより銀行収益力の強化を要請。） （注）みずほHD←第一勧業・富士・日本興業銀行。UFJ・HD←三和・東海・東洋信託銀行。三菱東京FG←東京三菱・三菱信託銀行。りそなHD←あさひ・大和・近畿大阪・奈良銀行。三井トラストHD←中央三井信託銀行（分社）。三井住友FG←三井住友・わかしお銀行等。住友信託銀行。 ＊不良債権処理状況：平成15年3月末現在：14兆9,000億円→同16年3月末現在：11兆2,000億円へ。（株式売却方法＝株式相場への悪影響を回避するため日銀買い取り，銀行等保有株式買取機構，企業の自社株買い，ETF（株価指数連動型上場投資信託）への拠出等を利用。）平成15年5月現在，地方銀行の貸出残高175兆円のうち不良債権14兆円（8％）。 ＊大手銀行7グループの税効果資本：平成15年3月末現在，各グループの自己資本に対する，算入「繰り延べ税金資産」の割合＝住友信託40％，三菱東京42％，みずほ56％，三井住友59％，UFJ59％，りそな99％，三井トラスト100％。 ＊大手銀行7グループの保有株式残高：平成16年3月末時点で，中核的自己資本の80％以下に削減。（銀行の株式保有を自己資本の範囲までとする政府規制＝平成16年9月から実施。）
日本の産業の課題，現状と見通し	＊産業構造審議会（経済産業相諮問機関）新成長政策部会報告：平成13年11月／必要な方策＝各企業における得意分野への特化や適切な産業等の再編，知識情報流出を防ぐ知的財産権保護戦略の強化，政府における研究開発投資の充実，規制緩和・各種インフラ整備等による高コスト構造の是正等。 ＊自動車産業＝優位性維持。環境・安全・情報対応技術力が国際競争力を左右。 家電・IT製品産業＝ハードウェア面の優位性は低下。高度部品の技術開発力と知的財産権戦略が国際的比較優位を左右。 電子材料・部品，デバイス製造装置産業＝半導体需要の変動が大きく影響する産業構造。高い国際競争力をもつ技術力の維持が課題。

項　　目	概　　　　　　　要
	化学産業＝半導体・液晶向け材料は優位性を維持。適切な事業統合，企業再編等が今後の課題（その他の産業分野＝省略）。 ＊小売り業界＝閉鎖大型店舗（面積１万平米以上のデパート，スーパー）49 店舗中，入居相手店の確定店 22 店舗……立地難，不況環境の影響。→営業順調店の一部は店舗網拡大に積極的。優れた品揃え，高品質，伝統や地場への回帰・活用，適切な特化等に成功した店舗・地域等→順調な営業・拡充傾向を維持。 ＊日本貿易会：2003 年度貿易経常収支（為替レート：１ドル 120 円，原油価格：１バレル 25 ドル，世界経済実質成長率：３％見込み）＝輸出額 51 兆 1,540 億円（過去最高）。輸入額 38 兆 200 億円。経常収支（黒字幅）14 兆 6,200 億円。（1998 年度に次ぐ過去２番目の水準。） ＊関連：地域経済振興策の一環として，地方財政再建促進特別措置法を改正，自治体所有地の国立大学等への無償貸与等の協力策を推進。
労働生産性の国際比較	＊社会経済生産性本部算定：平成 13 年 11 月／1999 年分の各国 GDP（購買力平価換算）により就業者一人当たり付加価値を算出。日本＝先進７ヵ国では最下位（２年連続）。製造業は高位だが，建設業・サービス業等が低位。 ＊労働生産性の単位＝ドル。（　）内＝前年順位。 　①(1)ルクセンブルク　　72,289　　②(2)アメリカ　　　68,579 　③(3)ベルギー　　　　　65,906　　④(4)イタリア　　　63,708 　⑤(5)アイルランド　　　59,774　　⑥(6)フランス　　　57,302 　⑱(18)イギリス　　　　　49,603　　⑲(19)日　本　　　　48,282 ＊アメリカ調査会社 J.D.パワー＆アソシエイツ：2002 年，乗用車購入後 90 日以内に不具合を感じた件数ランキング（100 台当たり）： 　　1(1)位　トヨタ　　107 件　　2(2)位　ホンダ　　　113 件 　　3(4)位　Ｇ　Ｍ　　130 件　　4(5)位　ダイムラー　141 件 　　5(7)位　フォード　143 件　　6(3)位　日　産　　　152 件 　　6(6)位　Ｖ　Ｗ　　152 件　　　　　　　（調査規模：６万５千人）
供給サイドの立て直し	＊大企業ほどリストラ……厚生労働省「雇用管理調査」（2003 年１月調査，従業員 30 人以上の企業約 4,500 社回答（＝77％））：希望退職（2000〜2002 年）実施率＝回答全企業の８％が実施。→従業員規模 1,000〜5,000 人未満の企業の 25％，同 5,000 人以上の企業の 27％強が実施。企業残留者＝かなりの者が「労働時間の延長，人材の流出，士気の低下」等を指摘。（零細企業の相当数は，「希望退職」よりも「倒産」懸念。） ＊明・暗同居の消費性向と企業倒産件数： 　　　　　　　昭和 35 年（1960）　平成２年（1990）　平成 11 年（1999） 　消費性向　　　85.3％　　　　　　87.4％　　　　　　89.3％

項　　目	概　　　　　　　要
	倒産件数　　　1,096件　　　　7,157件　　　　16,741件 （注1）「消費性向」は，家計の可処分所得に対する最終消費支出の割合（GDPベース）。 （注2）「倒産件数」は，昭和59（1984）年度の20,363件をピークに，バブル経済期に向かって漸減（ボトムは平成元（1989）年度の6,653件），再び漸増して平成9（1997）年度以降1万7,000件前後で推移。
科学技術力の強化による高付加価値路線の持続	＊国策としての知的財産権（特許権・著作権等）保護体制・保護法制等の整備・強化を促進。 ＊国・地方政府と大学・企業等の三者等連携による先端科学技術・新型科学技術の開発・製品化の強化・推進。

（注）本表の各指標等は，厚生労働省国立社会保障・人口問題研究所統計，日本銀行まとめ「主要金融経済指標」，内閣府経済社会総合研究所編「経済要覧」及び政府・各種審議会の報告・調査，社会経済生産性本部試算，日本経済新聞記事等から選択・加工。

索　引

あ行

IT　30-31, 44, 60, 68, 70, 179
アイヌ文化　43
アジア　10, 14, 247, 279
遊び　293-295, 297-298, 306-307
アメリカ　26, 30, 33, 37-38, 43, 248-249, 254, 279, 301, 331
荒井一博　121
粟田房穂　107, 118
位階令　333
イギリス　24, 37-38, 249, 254, 280
池上惇　23
意匠法　69
イスラム教　ii, 45
イタリア　37-38, 249
異端　23, 316-317
イノベーション　30-31
異文化　46, 51, 57
今右衛門（今泉）　73
EU経済　ii, 27, 248
インド　331
インフレ・ターゲット論　34
ウィーンの旧態と都市拡張計画　224-225
ウィーンの都市計画成功の構造とその二面性　226-230
植木浩　23
ウェッブ夫妻　24
ウェーバー（マクス・）　17
ヴェルナー（リチャード・）　279
ヴォルフレン（カレル・）　2, 135
栄典制度　296, 333
エキゾティズム商品　63
エコツーリズム　24, 67

エジプト　44, 331
NGO, NPO活動　63, 67, 97, 292, 318-319
縁故債　256, 264
エンターテインメント性　110-111
円建て国内債券　38, 255
エンロン　34, 280
大矢野栄次　213

か行

下位概念　16, 18
海外旅行　36-37, 239
下位文化　45
カオス　287-288
価格破壊　311
科学・技術　29, 289-290
垣内恵美子　126
柿右衛門（酒井田）　73
下級財　64, 71
学習社会　291
学術・研究開発の経済的機能等　7, 38, 142, 168-171
格付け会社　38, 255
学問　4, 6, 9, 13-15, 17-20, 29, 42, 289-291, 295, 297-298
学問の交響楽性　16, 291
学問の体系　6, 15, 20, 42
貸倒れ引当金引当率　33
貸出債権の分類　33
ガースナー（ルイス・）　316-317, 335-336
課題認識・解決行動としての街づくり　82-84
価値基準　ii, 46, 51

学科とコース　22-23
学校教育　12，291-292
カナダ　37-38
株価　26，30，33
下部構造　29
貨幣経済　27，66
ガラス玉演戯　298-299
借換え公債　256
カリキュラム　6，21，24
ガルブレイス（ジョン・K・）　129
考える葦　318，333
環境　7，14，21，24-26，104，217
環境アセスメント論　24，234-235
環境・資源問題　23，245
観光学・同地理学　17，24，79
観光（関連）産業　21，103-105
観光客　101，112
観光経済論　24，102
観光情報・発信システム　106，116-118
観光振興策　7，24，72，107，112
観光における規模の経済，比較優位，政府等の役割　112-113，115
観光における研究開発・技術革新　112，114
観光の雇用・経済効果　113-115
観光の本質・コンテンツ　21，37，67，101-102，106
観光をしない人々　102
韓国　46，331
感性的文化　284，290，293，296，298-299，307
感性に対する文化の作用　285-286
観念　29，324
企業　4，6，11-12，42
企業活動　24，32-33，35，247-248
企業メセナ協議会　63
奇形化風習　54
議決権の平等規定と差別規定　278
技術革新（イノベーション）　142，291
技術・技法　22，24，43
規制制度　28，34，66-67

キツネ狩り　54
キューブリック（スタンリー・）　27
教育　20，42，67
教育・学習システム　12，31，149-151
教育・学習システムの近未来像　176-178
教育・学習施設・設備の公共事業　155-159
教育・学習の水準　178
教育・学習費用と産業　141，143-145，292
供犠祭式　56，58
狭義の文化　13，42
供給サイド　12，34-35，71-72，313
行政オンブズマン　80，292
行政政策　4，79
京都　73，106
キリスト教　ii，336
銀行　33-34，248，280
金融機関　32-33，35-36，38，255
金融論　14，28，33-34，38，71
金利　34，71
勤労（労働）観　ii，36-37
国の行財政の概念　94-95
クラウディングアウト　70
クラーク（アーサー・）　27
クリーンエネルギー　241-242
グリーン国富論　103-105
グリーンツーリズム　24，67
黒川紀章　211，213
勲章授与基準・勲章条例　296，333
景観論　7，24，79，218，222-223
景気後退局面　30，32
景気循環　10，291
経済　iii-v，2-10，13，20-21，25-29，36-37，42
経済学　4-6，11-16，20-25，27-28，79
経済学史・経済史　14，24，27
経済学スウェーデン銀行賞　284
経済価値観　66，202-203，220
経済活動　7，21-22，26-28，32，42

経済現象　　4, 14, 21, 23-24
経済合理性　　22, 42, 48
経済財　　60, 103
経済情勢　　4, 7, 25, 28, 30, 37
経済政策・成長率　　1, 10, 14, 30-31
経済的基盤　　30, 37-38
経済の振興　　21, 24, 29
芸術　　20, 42, 44, 47, 290, 297, 298-300
芸術家・芸術関係者　　42, 300-301
芸術経営論　　17, 24, 42
芸術文化　　ii, 3-4, 42, 67
契約の不完備性と取引費用　　123, 125
経路依存性　　213
ケインズ（ジョン・M・）　　28, 35, 110
ゲーテ　　18, 237, 296
圏域力　　242-243
原基準の堕落・腐敗例　　275-279
顕彰システム　　296-297
限定合理性　　213
原点・原基準としての文化経済観　　273-275
元老院　　304
小泉内閣　　1-2, 34, 36-37, 248, 296
広域国際交流圏の形成　　87-88
甲殻類のような学校システム　　176, 305
豪華な設備・サービス　　47, 72
黄河文明　　43
広義の文化　　20, 29, 59, 127, 130
広義の文化経済学　　11, 14
公共財　　71, 274
公共事業・公共投資　　4, 70, 80
公権力　　256-258, 296
公債制度　　254-255, 332
公債発行・消化システムの制約条件と長所　　258-259
公債フル活用国家宣言　　259, 262, 264
構造改革　　34, 130-131
高層建築物否定の動き　　214-215
高層マンションの独善性，上階部撤去判決　　213, 277

交通工学・交通網　　79, 238-239
高等教育進学率と高等教育　　163-167
行動様式　　5, 20, 42
高度経済成長　　iv, 9, 11, 29
高度商品・高度情報社会　　iv, 9-11, 65, 67, 69
高付加価値路線　　10, 31
効用関数　　122
国債　　33-34, 38
国際関係　　20, 42, 213, 318-319
国際経済　　10, 14, 37
国際決済銀行（BIS）　　38
国際通貨基金（IMF）　　38
国際標準規格・国際比較　　iv, 36-37
国際連合・ユネスコ　　ii, 99, 291
国税　　77, 254
国税庁民間給与実態統計調査　　253
国土交通省　　238, 246, 275, 277-278
国土の未来像　　238, 279
国宝　　45, 47
国民経済　　35-36, 64, 70
国民・住民と政府・政治との連帯　　211-213
個人の消費と所得，所得格差　　7, 32, 250-251, 253
コストパフォーマンス　　7, 311
コスモス　　287-288
国家　　i, iii-v, 1-3, 5-6, 20, 31, 42
ゴッホ　　74, 300, 302, 317
雇用　　32, 34-36, 60
娯楽文化　　55, 67

さ 行

財，財物　　12, 26-27, 64
財政学　　14, 17, 79
財政構造　　34, 77, 248
財政政策　　2, 4, 35, 256, 268
財政制度と憲法との関係　　262-263, 266-267
財政制度の錯誤　　257, 265

財政制度の文化経済観　264
最先端技術　64-65，70
佐伯祐三　300
堺屋太一　127
サービス産業　9，10，12，21，26-27，35，64，67，291
産官学の連携と経済　172-173，314
残虐な観衆　55
サンセット方式　268
サン・ピエトロ大聖堂　74
飼育物・共生物に関する諸産業と市場　307-308
シーガイア　66
事業　2，7，182-183
資金流通・資金需要　30，34
自国通貨建て国内債券　38
自然環境論　21，242-245，287-288
自然科学　14，20，22，24，291
市町村合併　3，77
実演芸術　12-13
実験系学問　15，20
実質破綻先債権　33
実用的道具・実用品　44，47，127
使徒行伝　336
死の狂宴　55
司馬遼太郎　ii
島国根性　36
ジャガー　64
社会　i-ii，iv，2-3，5-7，9，10，12，20，42
社会科学　iii，14，20，291
社会学　43，79
社会活動　7，13，43
社会観・社会状況　ii，5，24，288
社会システムの進化　306，309
社会制度　7，31，45
写真芸術　301-302
借金常識の錯誤　255
宗教　ii，20，42，45，56，58
自由財　103
終身雇用制とゲーム論　125-126

修正文化（的）相対主義　53-54
集団　3，42，44
柔軟な高性能の教育・学習システム　176，305
住民　7，24，79
重要文化財・重要無形文化財　45，47，334
重要無形文化財保持者（人間国宝）　47，334
主権と公権力，主権者の自覚・自負　27，268-270
主権と公権力に不可欠の文化経済観　271-272
主体価値　49
需要サイド　6，34，71-72
狩猟・採取型消耗経済　27
循環型社会づくり　104
準公共財　71，274
シュンペーター（ジョセフ・）　23-24，290
上位概念　16，18
生涯学習　12，67，178，291-292
松下村塾　178
上級財　64-65，71
商工業重視型経済　27
少子化時代の公共事業　153-154
消費財　25-27，71
消費者　11-12，24，31-32
商標法　69
商品取引市場　26，60
商品コンテンツのPR　72
上部構造　29
情報，情報文化論　12，24，67
情報アクセシビリティ　67，69
情報工学　30，79
情報化社会　24，67
情報の商品特性　69-70
食文化　302-303
所得水準　8，36
白洲次郎　i
人格・社会・経済を規制する文化性

253, 280-281
新古典派経済学　121-122
人的資源　2, 36
人文科学　iii, 14, 20, 39, 291
信用経済システム　27, 332
数式（数的）処理とそのモデル　23, 121, 127, 129
スクラップ＆ビルド方式　268
鈴木董　38
進まない生涯学習システム化　306
スターリン（イオシフ・）　56, 313
スポーツ　24, 55, 67
スミス（アダム・）　17-18, 38
世阿弥　44
税制　8, 71, 254-256, 332
生活文化　ii, 3, 5, 20, 31, 42
政策　4, 19, 181-182, 197-202
政策評価　185, 187-195
生産関係　25-27, 31
生産財としての文化　127
生産性と雇用制度　126
政治経済学　5, 24
聖書　332, 336
正常財　64, 71
精神文化　ii, 36, 43
税制・公債制度と景気変動との関係　268
税制と公債制度との補完関係　260
生存活動　27, 29
正統　23, 317
政府の信用力　64, 256, 264
政府部門と政府系諸機関　6-7, 181, 292
世界遺産登録制度　99
世界経済　10, 30-31, 36
世代間負担不公平論　260, 266
積極財政政策　28, 268
雪舟　302
設備投資　31, 33
全国総合開発計画　97-98
全国都市ランキング　97
相互依存性と信頼度の定義式　123-125
総合保養地域整備法（リゾート法）　108
総務省　32, 35
組織と組織文化　ii, 3, 7-8, 75, 130-131, 319

た行

大学の教学の自立性と課題　162-163
耐久文化経済財の内容・機能・特質　231
第三セクター　258, 261-262, 292
大都市のリノベーション　86-87
瀧廉太郎　73
竹内芳郎　286
駄田井正　25, 42, 96
脱工業社会　iv, 5, 9-11
建物の区分所有等に関する法律　277
田中耕一　290
地域　i-ii, iv-v, 6-7, 20-21, 42-43, 67, 77, 96
地域経済　17, 64, 78-79
地域社会　4-5, 31, 45, 67
地域社会のソフト・ハードウェアの整備　84-86
地域住民　47, 51-52, 67, 77
地域振興　4, 7, 79
地域振興における文化的視点　91-94
地域文化開発論　24
地域連携軸の展開　87
知価社会　5, 27, 127
知情一体的文化　284-285, 296
知性に対する文化の作用　285-286
知的所有権保護制度　17, 24, 68-69
知的文化　284, 289-290, 293, 296, 298-299, 307
地方交付税交付金制度　77
地方債・地方税　77, 256
地方自治体・地方公共団体　4, 77, 254
地方自治体の行財政概念　95-96
中位概念　16
中央銀行　254, 279
中国　46, 247
著作権制度　69

地理学・地理情報システム論　24，79
都留重人　23
デフレ　5，10，32，35-36，38，248，267，311，314
デリバティブズ　28，30，38
天皇　284
ドイツ　29，37-38，249，254，331
東映・太秦映画村　111
闘牛文化　iv，54-55，58
東京ディズニーリゾート　73，102，107-108
道徳観　ii，297
東畑精一　24
特殊的文化様式　45
特定公益増進法人　64
特定非営利活動促進法（NPO法）　97
都市　4，7，21，70，97
都市高層化路線への批判　211
都市計画　14，75，79
都市政策下のグレシャム現象　203-207
都市（自治体）の行財政力　97
特許法　69

な行

内面的環境論　236-238
ナイル川　44
中山伊知郎　24
夏目漱石　12，289-290
ナノテクノロジー　35
日本　i-ii，iv，1-4，9-10，29，37，250，253，279，289，331
日本学士院　334
日本型システムの平等性　280-281
日本銀行　34，279
日本芸術院　334
日本国憲法　49，77，333
日本人・日本文化　ii，3，36，42，46，253
ニューヨーク　26，36，53，102
人間性　28，307，310
額賀福志郎　1-3

根木昭　19
年次有給休暇　37，240
農業重視型経済　27
ノーベル賞　284，289-290
ノリタケ　64

は行

バイオテクノロジー　35
拝金性　22
俳句　iv
ハイテク産業　30
パウロ　336
爆発的な融合　19
舶来趣味　63
パスカル（ブレーズ・）　46，51，102，333
破綻懸念先債権　33
破綻先債権　33
馬場嘉市　336
バブル経済　1-2，9，29，32，36-37，248，267，280
バブル経済の崩壊　29-30，32，248，267，311
林健久　254
パラダイム　9，42，288
バランスシート不況　71
パリ　106
阪神淡路大震災　248
パンセ　46，51，102
ハンブルグ　106
非営利組織論　17，24，63
PFI方式　80，258，261-262
美学　289
比較優位　10
ピカソ　30
非公募債　256
非実験系学問　15，20
美術・美術工芸品　21，290，334
卑小とは言えない文化　54-57，59，332
卑小な文化　54-59，76，310，332
非対称的情報　67-68

索　引

ヒトラー（アドルフ・）　56
姫岡勤　43, 75
ピュリッツァー賞　302
ファウスト　237, 296
ファジー領域　41, 44, 47-48
ファンダメンタルズ　34-36, 38, 264
フィレンツェ　106
風土　7, 217-219, 221-222
不況期　1, 34, 36, 70-71
複合的学問　9, 19, 21
福沢諭吉　75
福原義春　23
フセイン（サダム・）　ii, 27
仏教　ii
物質重視型経済　27
物質主義　22, 29, 289
物質文化・物質文明　43, 45
普通財　64
部分文化　45
普遍的文化パターン　43, 45
プラザ合意　247
ブラジル　331
プラトン　295
フランス　37-38, 42, 249, 254, 331
ブランド　73, 75
不良債権処理　32-35, 248
文化概念　i-v, 2-5, 7-10, 13, 20-21, 25-26, 29, 36-37, 41-48, 51, 55-58, 60, 119-120, 287-289, 293-295, 297-298, 302, 307, 317
文化遺産　20, 42
文化価値観　58-59, 202-203, 220, 272, 275
文化価値観の重要性　209-211, 272
文化感覚　8, 21, 55, 66, 72
文化・教育行財政論　24
文化勲章令　284, 289, 333
文化経済学　ii-iv, 3-7, 9, 11-13, 16-17, 19-25, 38, 41-42, 45, 47-48, 59, 71, 119-121, 130-131, 317
文化経済学科　6, 21-25

文化経済学会・日本　126
文化・経済均衡係数　iv-v, 8, 319-324, 332
文化・経済均衡係数の算出モデル　325-332
文化・経済均衡原理　iv-v, 8, 59, 319-321, 325, 331-332
文化・経済均衡原理の基本モデル式　322-324
文化・経済均衡モデル式の構成因子　325-331
文化・経済均衡モデル式の構成項　325-331
文化芸術活動　13, 99
文化功労者年金法　333
「文化」個性の統計数値化　139
文化財　4, 45, 98-99
文化財保護　4, 98-99, 334
文化産業・文化資本　12, 24, 47, 61
文化支援・文化政策　11, 13, 19, 58
文化集団・文化人類学　26, 42, 44, 49, 75
文化情報　46, 51, 68
文化庁所轄諸独立行政法人　335
文化的アイデンティティ・文化要素　23, 38, 48, 56
文化的商品　73, 127, 128
文化的商品の特色と言えないもの　128-129
文化的相対主義　11, 47, 51-54, 58
文化特性とその複合　46
文化と経済との関係学　23
文化と経済との均衡　59, 319-321
文化の経済的・社会的効用　57-58
文化の故郷　287
文化の進化・複合・深化・変容・動態論　46, 53, 286, 306
文化の相対性　47, 51, 53
文化の費用・消費的側面　59
文化の付加価値・生産的側面　60-61
文化要素　42, 44, 57-58

文化立国　　2, 11
文化論の基盤　　54
文教関連市場　　7, 145-146
文教財政　　146-149
文教施設関連の公共事業　　151-153
文明概念　　iv, 7, 21, 26, 40, 42-44, 75, 272, 275, 288-289, 301-302
文明開化・文明的要素　　7, 43-44, 288-289
文明論之概略　　75
ヘーゲル　　324
ヘッセ（ヘルマン・）　　298-299
偏在型の情報　　68
弁証法　　287, 325
ベンチャー・キャピタル（～ビジネス）　　30, 253
ホイジンガ（ヨハン・）　　293, 295, 297-298, 306
法人所得（～税）　　250, 252
補助科学　　16, 24
ポスト工業社会　　24, 60, 64, 67-68, 71, 127
没倫理性　　22, 55
ホモ・ルーデンス　　293, 297-298
保有株式圧縮　　34
ポリネシア文化　　43
本能的蛮性　　56

ま行

マクロの損害　　311
マーシャル（アルフレッド・）　　23, 29
街づくり　　11-12, 79, 84-94
松尾芭蕉　　iv
マッカーサー（ダグラス・）　　313
マルクス（カール・）　　17, 28-29, 325
丸山眞男　　75
マンション管理規約モデルの経済主義　　275, 278, 281
マンション居住者数　　279
三橋規宏　　104
民族　　iv, 43, 45, 47, 51, 58

無体財産権　　69
室町文化　　44
メセナ活動　　63
メソポタミア文明　　43
モーツァルト　　73
モディリアニ　　300, 317
モネ　　300
モリス（ウィリアム・）　　12, 23-24, 47, 66
文部科学省（旧文部省）　　21, 24, 335

や行

山之内克子　　223, 245
唯物史観　　29, 325
有効需要不足　　4, 34, 36, 70
有効需要の起爆剤・仕掛け　　65, 71-72
ユビキタス・コンピュータ（遍在型～）　　179
要管理先（要注意先）債権　　32-33
幼稚産業としての観光の例　　112, 114
余暇後進国・日本と先進国・欧米　　110-111
横山大観　　300
吉川元忠　　279
吉田茂　　i

ら行

ラスキン（ジョン・）　　23-24, 47, 66
ラッセル（バートランド・）　　18
リスク管理債権　　32
リゾート文化　　109, 111
流動性のワナ　　71
リューベック　　106
領域円　　19
領域連携　　18
リルケ（ライナー・）　　iv
ルツェルン　　73, 106
レオナルド・ダ・ヴィンチ　　17
（アメリカ）連邦公開市場委員会（FOMC）　　33
（　〃　各地区）連邦準備銀行（FRB）

33
（アメリカ）連邦準備制度理事会（FRB）
　33-34
歴史的風土保存区域　　99，245
劣等財　　64，71
労働条件（〜時間，日）　36-37

ロールスロイス　　73-74

わ行

若手人材　　253
ワークシェアリング　　103
ワシントン D.C.　　26

著者紹介

森　正直（もり・まさなお）
　　　　　東京都出身
昭和39年　東京大学教育学部卒業
　同　年　文部省入省，内閣審議官・文化庁伝統文化課長・文部省高等学校課長・同省主任視学官等を歴任
平成6年　国立メディア教育開発センター教授
　同10年　久留米大学教授（経済学部・大学院）
　同15年　同特任教授（　　同　　　上　　　）
著書・論文　『教育・学術の文化経済学』芙蓉書房，「文化・経済相互作用の諸相」久留米大学『比較文化研究』第28・30・32輯，「地方自治体の政策評価」福岡県市町村研究所『研究年報』（平成13年度）所収・単著，ほか多数。

自宅　　東京都千代田区一番町20-6
E-Mail　　emkamm@sepia.ocn.ne.jp

〈久留米大学経済叢書11〉
ぶんかけいざいがくげんり
文化経済学原理
　　2003年9月20日　初版発行

　　　著　者　森　　　正　直
　　　発行者　福　留　久　大
　　　発行所　（財）九州大学出版会
　　　　〒812-0053　福岡市東区箱崎7-1-146
　　　　　　　　　　　九州大学構内
　　　　　電話　092-641-0515（直通）
　　　　　振替　01710-6-3677
　　　印刷／九州電算㈱・大同印刷㈱　製本／篠原製本㈱
　　　© 2003 Printed in Japan　　ISBN4-87378-798-X

久留米大学経済叢書

1 **唐代財政史研究（運輸編）**
　清木場　東　　　　　　　　　Ａ５判・408頁・6,000円

2 **セイ法則体系**──マルクス理論の性格とその現代経済学体系への位置づけ──
　松尾　匡　　　　　　　　　　Ａ５判・216頁・3,200円

3 **A Framework of Economic Models in the Medium-run**
　──Toward a Non-Mechanical Model with Innovation──
　駄田井　正　　　　　　　　　菊判・152頁・5,000円

4 **経済時系列分析再考**
　原田康平　　　　　　　　　　Ａ５判・190頁・3,200円

5 **現代のイギリス経済**
　中村靖志　　　　　　　　　　Ａ５判・314頁・3,800円

6 **韓国型資本主義の解明**──伝統文化と経済──
　金　恩喜・咸　翰姫・尹　澤林／櫻井　浩 訳　Ａ５判・176頁・2,800円

7 **ケインズ経済学の可能性**──複雑系をヒントに──
　大矢野栄次　　　　　　　　　Ａ５判・252頁・3,200円

8 **現代スイス財政連邦主義**
　世利洋介　　　　　　　　　　Ａ５判・404頁・4,800円

9 **技術革新と経済構造**
　秋本耕二　　　　　　　　　　Ａ５判・304頁・3,800円

10 **地域文化開発論**
　西川芳昭　　　　　　　　　　Ａ５判・284頁・3,300円

（表示価格は税別）

九州大学出版会